인재대국
2012

Copyright ⓒ 2012, 이주호 外
이 책은 한국경제신문 (주)한경BP가 발행한 것으로,
본사의 허락 없이 이 책의 일부 또는 전체를
복사하거나 전재하는 행위를 금합니다.

인재대국 2012

| 대한민국의 교육과학기술정책 |

이주호 · 홍성창 · 배성근 · 서유미 · 김영철 · 김영곤 · 김환식 · 한석수
신익현 · 이진규 · 이상진 · 이준순 · 오석환 · 윤소영 · 성삼제 · 정종철
김관복 · 김영윤 · 김웅권 · 양성광 · 구자문 · 이근재 · 최은옥 · 오태석
오승현 · 송기동 · 고경모 · 조율래 · 노경원 · 용홍택 · 이진석 · 강영순

한국경제신문

| 개정증보판 머리말 |

지난 5년 간 이명박 정부가 핵심 국정과제로서 추진한 인재대국이 이제 모습을 드러내고 있다. 지난해 발간된 『인재대국』을 통해 변화하고 있는 대한민국의 교육과학기술정책을 소개한 바 있다. 이후 정책현장에서 정책에 대한 이해가 높아지고 보다 심도 깊은 논의가 이어졌다. 또한 2012년 경주에서 열린 아시아태평양경제협력체APEC 교육장관회의를 계기로 발간된 영문판 『Positive Changes』도 우리의 인재정책에 대한 세계의 관심을 높였다.

한국의 경제성장에서 인적자본과 과학기술 발전은 서로 뗄 수 없는 관계이다. 인재양성과 경제성장은 서로 궤를 같이하면서 한강의 기적을 일구어 냈다. 그러나 급속한 교육 기회 확대와 연구개발 투자에 비하여 질적 성장을 위한 개혁이 미진했다. 과도한 대학진학과 입시위주의 학교교육, 사교육, 등록금, 육아비용 등 높은 교육비 부담, 국제수준에 미치지 못하는 대학과 연구개발의 경쟁력이 여전히 약점으로 지적되고 있다.

1995년 이후 5·31 교육개혁을 시작으로 문민의 정부, 국민의 정부, 참여정부에서 모두 개혁을 위한 시도는 있어 왔다. 그러나 실제 정책전환이나 현장의 변화로 이어지지 못하고, 우리 교육과학기술의 약점들이 극복되지 못한 채 난제로 남게 되었다. 이후 2007년 대통령 선거를 계기로 미래인재 양성이 국정의 최우선 숙제로 부각 되었다. 이명박 정부와 교육과학기술부 출범으로 '입시위주 교육에서 글로벌 인재양성', '창의 융합을 통한 과학기술 강국'을 위한 비전과 노력이 추진되었다.

이번 개정증보판 『인재대국 2012』는 개발연대 '한강의 기적'에 이어 인재대국으로 선진국에 진입하는 새로운 기적을 만들어 가는 대한민국 교육과학기술 정책현장의 이야기이다.

개인적으로는 1995년 대통령직속 교육개혁위원회의 전문위원으로 활동하면서 본격적으로 교육개혁에 참여하였고, 이후 대학 교수로서, 국회의원으로서 우리의 교육과 인재 정책의 문제점과 대안을 고민해 왔다. 그리고 2007년 대통령 선거를 계기로 공약작업에 참여하게 되었고, 이후 대통령실 교육과학문화수석과 교육과학기술부 차관, 장관으로 일하면서 실제 정책 집행과 현장 소통에 주력해 왔다.

지난 5년의 흔들림 없는 일관된 정책추진으로 많은 성과가 나타나기 시작했다. 불가능이라 여겨져 왔던 변화들이 객관적 데이터와 현장의 의견으로 입증되고 있다. 대학진학률 감소와 고졸 취업률 증가, 사교육비 감소와 대학등록금 인하, 입시교육에서 창의인성교육으로의 전환, 대학 구조조정, 교육과 과학기술의 융합을 통한 대학과 과학기술의 국제 경쟁력 제고 등 적지 않은 변화가 이어지고 있다. 앞으로도 국민과 정부의 관심과 노력에 따라 정책의 현장 정착은 더욱 순조로워질 것으로 확신한다.

　이번 개정증보판에는 각 챕터 별로 지난해와 올해 진전된 정책변화와 함께 향후의 과제를 추가하였다. 그리고 올해 강조되었던 정책을 반영하여 제8장 '인성교육 시대를 열다', 제15장 '지역대학 시대를 열다', 제18장 '개방과 융합의 국제과학비즈니스벨트'를 추가하였다. 아울러 제1장 '인재대국 2012: 회고와 전망'을 통해 대한민국 교육과 과학기술의 과거와 현재를 진단하고 향후를 전망하였다.

2012년 10월

교육과학기술부 장관 **이주호**

| 머리말 |

 세계가 대한민국을 주목하고 있다. 세계 여러 나라가 우리의 경제성장과 사회개혁을 관심 있게 지켜보고 있으며, 미국 오바마 대통령의 한국 교육 예찬도 끊이지 않고 있다. 한류韓流로 대표되는 우리의 문화는 주변 아시아를 넘어 미주, 유럽, 중동, 아프리카에 이르기까지 전 지구적으로 확산되고 있다. 더불어 한글을 배우거나 한국으로 유학 오는 외국인들도 크게 늘어가고 있다. 2010년 G20 세계정상회의는 달라진 대한민국의 위상을 대변했다.
 대한민국이 식민과 전쟁의 아픔을 딛고 빠른 기간 내에 최빈국에서 경제대국으로, 원조 수혜국에서 공여국으로 성장한 기적 뒤에는 우리 국민들의 배움에 대한 의지와 정부의 연구에 대한 투자가 있었다. 그 기본은 바로 사람이었다. 각자 분야에서 자신의 역할에 최선

을 다하고 변화를 이끌었던 인재들이 있었기에 대한민국은 세계가 부러워하는 나라로 변모할 수 있었다. 한편, 세계가 주목하는 것은 단지 우리의 지난 경험만은 아니다. 우리가 직면한 문제를 합리적으로 해결하면서 만들어 가는 대한민국의 미래 모습을 세계는 기대하고 있다.

지금 대한민국은 인재대국으로 새롭게 도약하고 있다. '인재대국'은 이명박 정부가 출범과 함께 내건 5대 국정지표 중 하나이자, 선진 일류국가라는 비전을 실현하기 위한 핵심 과제이다. 지난 약 4년 동안 정부를 비롯한 여러 기관들은 인재대국 실현을 위해 끊임없이 노력해 왔다. 교육과학기술정책도 과거 산업사회에 필요한 인력을 공급하는 수준에 머무르지 않고, 이제는 미래사회를 만들어가는 창의적 인재를 길러내는 패러다임 전환을 진행하고 있다. 새로운 정책들이 좋은 효과로 이어지고, 교육과 연구 현장에서 뿌리를 내리면서, 그 중심에 있는 우리의 학생들과 국민들이 인재대국의 주인공으로 거듭나고 있다.

교육과학기술부 장관으로 취임한 이후 일주일에 평균 두 번 이상 정책현장과 소통하기 위해 노력하고 있다. 유치원부터 학교, 대학, 연구소 등을 방문하고 학부모, 교사, 과학기술자, 교수, 학생들을 만나 교육과학기술정책에 대한 의견을 나누고 또 강연도 많이 하고 있다.

강연의 주제는 '긍정의 변화'다. 대한민국의 인재 양성과 과학기술에 우리 미래가 달려있다는 메시지를 전하고, 정부가 추진하는 여러 정책들에 대해 소통하고 있다. 온라인에서도 '긍정의 변화'라는 이름의 블로그를 운영하면서 보다 많은 분들과 공감을 나누고 있다.

이명박 정부 출범 초기에는 과거 수년 동안 지연돼왔던 정책 결정이 한꺼번에 이루어지고 주요 정책 변화가 이어지면서 현장에서 혼란이 없지 않았다. 그러나 최근 현장에서 우수한 정책 사례가 확산되고, 서서히 정책 효과가 나타나면서 정부정책에 대한 신뢰도 높아지고 있다. 한편 과연 지금의 정책들이 정부가 바뀌더라도 일관성 있게 추진될 것인지 걱정하는 질문을 최근 현장과 강연장에서 많이 받는다. 이 책을 준비하게 된 여러 이유 중 하나이다.

물론 정책이 쉽게 방향을 바꾸는 일은 없을 것이다. 지금 정부가 추진하는 정책은 이념이나 정파를 떠나 대한민국의 미래를 위한 선택들이다. 그간 치우친 이념이나 정파적 힘으로 박아놓은 대못이 정책의 성공을 보장하지 못한다는 사실을 목격해왔다. 정책의 변화가 현장에서 뿌리를 내릴 때 비로소 정책의 성패를 말할 수 있을 것이다. 정책을 바꾸고 제도를 새롭게 만드는 데 그치지 않고 당사자들을 설득하고, 국민들이 변화를 효과로 체감할 때 정책은 유지된다. 교육과 과학기술 분야처럼 정착 기간이 오래 걸리는 정책들은 더욱 그렇다. 이제 정부의 개혁정책이 현장에서 긍정적 변화로 이어지고 있고, 앞으로 더 큰 흐름으로 자리 잡을 것으로 확신한다.

장관직은 현장의 변화를 이끌고 지원할 수 있는 막중한 자리이다. 변화는 어느 한 사람의 힘만으로는 불가능하다. 변화를 이끌어내기 위해서는 무엇보다 정부부처의 공무원들을 설득하는 작업이 최우선의 과제였다. 초기에는 직원들과 시각 차이도 적지 않았고, 그만큼 더 많은 회의와 토론, 상호 간의 이해와 설득을 거쳤다. 이제 담당 정책 책임자들과 추진 당시의 희망과 고뇌, 그리고 현장 변화를 소재로 함께 글을 쓰고 책을 발간할 수 있게 되어 정말 기쁘다.

이 책을 통해 현장과 정책 담당자들, 전임과 후임 담당자들, 관련 업무를 맡고 있는 직원들이 한 번 더 소통할 수 있는 기회가 됐으면 한다. 담당자들이 직접 소통하고 글을 쓰면서 정책이 가져온 변화를 다시금 체감하고, 정책의 성공을 위해 한 번 더 열정을 가다듬는 좋은 계기가 되었으리라 생각한다.

결국 정책은 학교, 대학, 연구소 등 현장에서 완성된다. 앞으로 미래를 위한 개혁이 현장의 변화로 뿌리내리기 위해서는 더 많은 노력이 필요하다. 아직 미진한 부분도 있고, 보다 세심하게 조정해야 할 부분도 있다. 대한민국 미래에 대한 희망이 개혁의 힘으로 이어졌듯, 이제는 현장의 변화로 이어질 때이다. 이 책이 국민들에게 교육과학기술정책에 대한 더 많은 관심과 현장의 변화를 이끄는 든든한 힘이 되기를 기대한다.

이명박 정부의 교육과학기술정책이 수립되고 차질 없이 진행되는 데 대해 도움을 주신 많은 분들에게 깊은 감사의 마음을 전한다. 먼저, 어려운 정책 결정 과정에서 항상 미래를 내다보는 혜안을 가지고 우리에게 방향을 제시해주신 이명박 대통령님, 날카로운 비판과 대안을 아끼지 않은 국회 교육과학기술위원회 의원님들, 밤낮도 주말도 없이 사무실과 정책현장을 오가며 업무에 매진하는 교육과학기술부

직원 분들에게도 감사의 말씀을 전한다. 그리고 누구보다도 교육과학기술 현장에 계신 학생, 교사, 학부모, 교수, 연구자 분들에게 머리 숙여 진심으로 감사의 마음을 드린다.

2011년 10월

교육과학기술부 장관 **이주호**

차례

개정증보판 머리말 __ 4
머리말 __ 7

• PART 1 • 대한민국은 인재대국이다

CHAPTER 01 인재대국 2012 : 회고와 전망 __ 16
　　　　　　이주호/홍성창
CHAPTER 02 인재대국으로 가는 긍정의 변화 __ 42
　　　　　　이주호/홍성창
CHAPTER 03 세계가 주목하는 한국의 교육과학기술 __ 78
　　　　　　배성근/서유미

• PART 2 • 어느 누구, 어떤 재능도 놓치지 않는다

CHAPTER 04 위풍당당 신 고졸시대 __ 112
　　　　　　김영철/김영곤/김환식
CHAPTER 05 뒤처지는 학생 끌어올리기 __ 140
　　　　　　한석수/신익현
CHAPTER 06 사교육 악순환에서 공교육 선순환으로 __ 154
　　　　　　이진규
CHAPTER 07 모두를 위한 교육 __ 185
　　　　　　이상진/이준순/오석환

• PART 3 • 창의인성을 갖춘 글로벌 인재를 키운다

CHAPTER 08 인성교육 시대를 열다 __ 218
　　　　　　오석환/윤소영/홍성창
CHAPTER 09 꿈을 이루는 입시 __ 236
　　　　　　성삼제/정종철

CHAPTER 10 깨어나는 교실 ___ 254
이진규

CHAPTER 11 만천오백오십 개 학교가 깨어난다 ___ 298
김관복/성삼제/김영윤/이진규

CHAPTER 12 교원의 열정을 되살리다 ___ 327
김관복/김영윤

• PART 4 • 대학의 변화로 선진 일류국가의 문턱을 넘는다

CHAPTER 13 세계수준의 연구대학 ___ 362
김응권/양성광/구자문/이근재

CHAPTER 14 잘 가르치는 대학 ___ 390
최은옥/김응권/홍성창/오태석

CHAPTER 15 지역대학 시대를 열다 ___ 427
오태석/오승현

CHAPTER 16 등록금 부담 줄이기 ___ 458
송기동/고경모

• PART 5 • 창의·융합으로 과학기술 르네상스를 열다

CHAPTER 17 과학기술 르네상스 ___ 488
조율래/노경원/이근재

CHAPTER 18 개방과 융합의 국제과학비즈니스벨트 ___ 508
용홍택/조율래

CHAPTER 19 원자력에서 우주까지 ___ 525
양성광/노경원

CHAPTER 20 다빈치처럼 ___ 552
이진석/강영순

CHAPTER 21 연구자 세상 ___ 575
양성광/노경원/이근재

편집후기 ___ 594

PART 1

대한민국은 인재대국이다

"교육은 인재를 만들고 인재는 미래를 만든다."

이명박 대통령

우리나라는 현재 글로벌 사회가 직면한 문제를 창의적으로 해결하는 리더들이 많은 인재대국으로 거듭나고 있다. 과거 산업화 시대의 '인적자원(人的資源) 공급'의 틀에서 탈피해 글로벌시대, 지식정보화사회를 이끌어 갈 '글로벌 인재양성' 패러다임으로 전환하고 있다. 과학기술도 우수인재 확보를 통해 과거 선진국 추격형에서 벗어나 '창조형 과학기술강국'으로 도약하고 있다.
교육과학기술부의 출범은 단순한 행정부처 개편 이상의 의미를 갖는다. 교육과 과학기술 모두 창의적으로 문제를 해결할 수 있는 우수한 인재를 길러내는 데 성패가 달렸다. 그만큼 두 분야의 정책이 별개가 아니라 인재대국 전략이라는 하나의 틀에서 계획되고 추진돼야 한다. 교과부는 인재대국으로 도약하기 위한 대한민국의 미래전략으로 출범했다. (본문 중에서)

CHAPTER 1

인재대국 2012 : 회고와 전망

이주호 | 홍성창[1]

선순환

교육과 과학기술이 경제사회 발전에 중요한 요인이라는 사실은 널리 알려져 있다. 세계은행(World Bank, 1993)은 『The East Asian Miracle』에서 경제성장의 요인으로 교육의 중요성을 언급하면서 한국을 좋은 사례로 제시했다. 보고서는 대한민국이 다른 동아시아 국가들에 비해 짧은 기간 내에 초등교육 의무화에 성공하였으며, 이것이 경제성장에 크게 기여했음을 실증하였다. 교육을 통해 배출된 우

---

1 현 교육과학기술부 장관정책보좌관. 대통령실 행정관, 국회의원 보좌관 등 역임

인재와 경제사회발전의 선순환

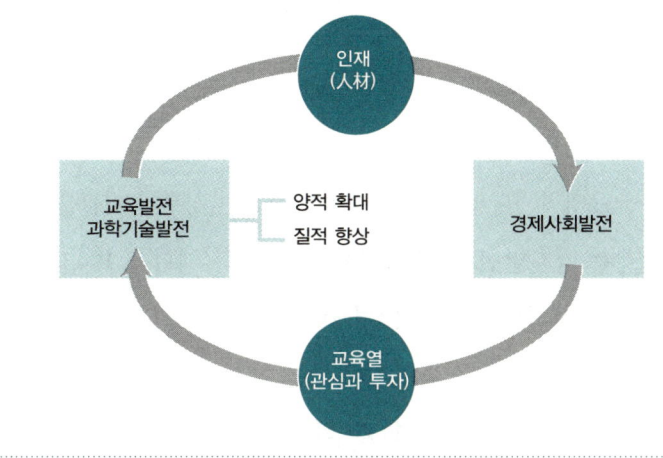

수 인재들이 경제성장을 이끌고, 경제성장은 다시 보다 많은 일자리와 교육과 과학기술에 대한 투자 증가로 이어졌다. 소득 증가에 따른 가정과 민간의 교육투자와 늘어난 정부 예산은 다시 더 많은 사람들에게 보다 많은 교육 기회로 되돌아갔다. 이와 함께 사회복지, 보건의료, 노동 부문의 투자도 늘어나 절대빈곤을 타파하고 소득분배를 개선할 수 있었다. 인재를 바탕으로 교육과 과학기술, 경제사회의 전반적 발전이 서로를 이끄는 선순환 구조가 작동한 것이다.

그렇다면 이러한 한국의 인재양성과 경제사회발전의 선순환은 어떻게 가능했을까? 우선 높은 교육열과 문화적 토대를 들 수 있다. 한국은 전통적으로 학문을 숭상하는 유교문화권에 속해 있다. 정보의 교류, 의사소통을 촉진하기 위해 과학적이고 실용적 언어인 한글을 독창적으로 개발할 정도로 지식에 대한 열의가 대단한 민족이다. 아울러 과거 일제강점기에 억압되었던 지식과 교육에 대한 열의는 독립과 건국 이후 폭발적으로 증가했다. 이어 급속한 경제성장으로 계층 간 이동이 활발해지면서 자녀교육에 대한 필요성이 인식되었고 실제 투자증가가 이루어졌다.[2]

둘째, 교육과학기술과 경제를 연계 발전시킨 정부의 역할을 들 수 있다. 정부는 국가발전계획인 '경제개발 5개년 계획'을 1962년부터 수립하고 추진해 왔다. 특히 제3차 계획(1972~1976년)은 '인력개발과 과학기술' 부문에서 교육의 충실화, 실업교육의 강화, 기술계 인력 양성, 기술도입의 촉진, 연구개발의 촉진 등 교육과 과학기술 부문의 구체적 추진전략과 정책수단을 포함하고 있다. 공업화 촉진과 중화학공업 육성을 위한 인력자원 부문의 폭넓은 발전의 필요성을 인식하고, 교육기회의 확대와 그 내용의 충실화, 연구개발 및 직업훈련 강화를 강조하였다. 또한 제3차 계획부터는 과학기술개발 5개년 계획을 연구개발, 인력개발, 국제기술협력, 자원조사, 원자력개발 등 5개 분야별로 상세하게 수립하여 정책을 추진하였다.

제4차 계획(1977~1981년)에는 국민교육과 인력개발, 초등교육의 충실화, 의무교육 연장기반 조성, 고등교육기관의 확대, 실업교육의 강화와 직업훈련의 확대가 포함되었다. 제5차 계획은 '경제사회발전 5개년 계획'(1982~1986년)으로 명칭을 바꾸고 유아교육기회 확대, 의무

---

[2] 교육열의 성장촉진 효과에 대한 국제비교 연구(김태종·이영, 2006)에서 우리나라의 교육열은 매년 성장률을 0.6% 포인트에서 0.8% 포인트 높이는 것으로 분석되었다.
김태종·이영(2006). 교육열의 경제적 가치 추정을 위한 실증연구. 교육혁신위원회

교육 연한연장, 초중등교육 시설 개선, 고등교육과 과학기술교육 강화 등을 추진하였다. 제6차 계획(1987~1991년)은 '교육의 질적 향상과 제도개선'이라는 전략 하에 지방대학 육성, 사학의 교육환경 개선, 초중등 교육 여건 개선, 대학교육의 질적 개선, 과학기술교육의 강화, 평생교육의 진흥과 교육제도 개선 등을 포함시켜, 그 구체적 추진계획을 수립하였다.

셋째, 교육과 과학기술 발전에 있어서 시장과 정부의 절묘한 조화를 들 수 있다. 정부 초기에는 부족한 재정여력으로 인해 교육과 과학기술에 대한 투자를 전면적으로 확대할 수는 없었다. 정부는 먼저 초등학교 의무교육에 집중적으로 투자하고 이후 중등교육, 직업교육과 인력양성, 연구개발 등으로 투자 분야를 점차 확대하였다. 한편 정부의 부족한 투자는 민간이 보충했다. 특히 늘어나는 중등교육 수요를 공립학교만으로 충족할 수 없었는데, 당시 사립학교들이 그 수요를 상당 수준 흡수하였다. 사립에 재학하는 중학생의 비중은 1968년 50.3%였으며, 사립 고등학생 비중은 1980년 60%에 달했다. 고등교육의 사립비중은 더욱 높았다. 학생 수 기준으로 1970년 66.1%이던 사립대학의 비중은 1980년 71.3%, 1990년 79.2%, 2012년 현재 85.6%를 차지하고 있다. 민간의 학교법인 설립 등 교육기부가 없었다면 교육기회의 확대와 진학률의 증가는 사실상 어려웠을 것이다.

연구개발투자에서도 정부와 민간의 공동 노력을 볼 수 있다. 1969년 정부와 공공부문을 제외한 순수 민간의 투자비중이 18.4%

GDP 대비 교육 및 R&D투자 규모 추이

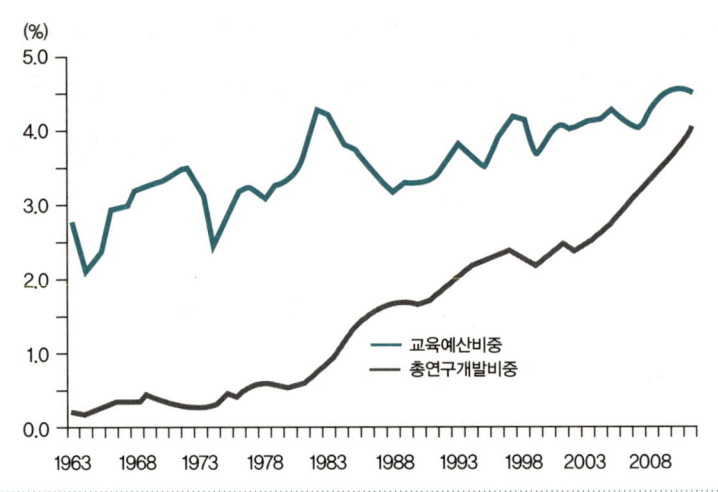

였으나, 경제성장에 발맞춰 지속적으로 증가하여 1980년 48.4%, 1990년 84.1%까지 상승하였다. 이후 정부의 투자규모가 크게 늘어나면서 2011년 기준으로 정부가 26.1%, 민간이 73.7%를 차지하고 있다.

교육과 과학기술에 대한 국민적 관심, 정부의 선도적 역할, 민간의 적극적 참여가 한국의 인재양성과 경제발전의 원동력이라 할 수 있다. 정부의 교육예산과 정부와 민간의 총연구개발비 추이에서 보듯이, 경제규모의 성장과 더불어 전체 GDP 대비 교육과 연구개발에 대한 국가 차원의 투자도 꾸준히 증가해 왔음을 알 수 있다.

이러한 경제발전과 인재양성의 선순환은 세계가 주목하는 놀라운 성과로 이어졌다. 대표적으로 중등교육의 높은 학업성취도를 들 수 있다. 경제개발협력기구(OECD)가 15세 학생을 대상으로 시행하고 있는 학업성취도 국제비교연구(PISA) 결과, 매번 높은 학업성취도를 보이고 있다. PISA 2009[3]에서는 OECD 회원국 중 읽기 1~2위, 수학 1~2위, 과학 2~4위로 최상위의 성취수준을 보였다. 수학·과학 성취도 추이변화 국제비교 연구(TIMSS 2007)[4]와 국제 수학 과학 올림피아드 대회에서도 매번 우수한 성적을 거두고 있다. 높은 인지적 능력과 더불어 지식정보화 사회에서 필수적 역량이라 할 수 있는 디지털 문해력도 최고 수준을 보이고 있다.[5] 우수한 과학 인프라도 강점으로 꼽힌다. 국제경영개발원(IMD)에서 발표하는 국가경쟁력 순위에서 한국의 과학 인프라는 세계적으로 상위권에 속해 있다. 정부와 민간의 연구개발에 대한 높은 투자와 이공계 과학기술인력의 배출 규모가 경쟁력 순위를 견인하고 있다. 그리고 학부모의 자녀 교육에 대한 지속적 투자도 여전히 강점이자 성과이다.

---

[3] OECD가 3년 주기로 실시하는 국제 학업성취도 평가이며, 2009년은 총 65개국 만 15세 학생 약 47만 명을 대상으로 조사하였다. 우리나라는 698,272명의 만 15세 모집단 중 5,123명(고등학교 137개, 중학교 20개교) 학생이 참여하였다.

[4] 국제 교육성취도 평가 협회(International Association for the Evaluation of Educational Achievement)에서 총 50개국 약 23만 명을 대상으로 조사한 평가결과이다. 우리나라는 150개교의 중학교 2학년 5,448명의 학생들이 참가하였다.

[5] OECD PISA에서 최초로 실시한 2009 디지털 읽기 소양 평가(Digital Reading Assessment, DRA)결과 우리나라가 전체 19개 참여국 중 1위를 차지하였다. 디지털 읽기 소양 평가는 전체 19개 참여국(OECD 회원국 16개국과 비회원국 3개국)에서 약 3만 8천 명의 학생들이 참가하였으며, 우리나라는 총 157개(고등학교 137개, 중학교 20개) 학교에서 1,488명의 학생들이 참여하였다.

개혁의 지연과 거품

1980년대에 들어 세계가 글로벌 시대, 지식정보시대로 변모하면서 개인의 자율적 역량과 창의성에 대한 요구가 차츰 강조되기 시작했다. 정치 분야는 1980년대 후반부터 민주화 과정을 거쳐 헌법 개정을 이루었고, 경제 분야는 1990년대의 규제완화와 1990년대 후반의 금융위기를 겪으면서 구조개혁을 추진하였다. 반면 교육 분야는 그 변화가 더디게 진행되면서 인재양성 체제에 약점이 드러나기 시작했다. 변화의 요구에 대한 근본적인 개혁 없이 산업화시대 교육 체제를 답보하는 상태가 지속되었다. 사실 교육의 질적 향상은 정부가 주도하는 투자확대 정책으로만 해결되지는 않는다. 실제 교육을 담당하고 있는 개별 학교와 대학을 둘러싼 구조를 혁신해서 이들의 자율성과 창의성을 이끌어내야 하기 때문이다.

이를 위해 교육의 틀을 새롭게 구성하려는 다양한 제안들이 등장하기 시작했다. 김영삼 대통령의 문민정부는 1995년 5·31 교육개혁 방안을 제안하였다. 그러나 1997년 아시아 외환위기와 뒤이은 정권교체 과정에서, 교육정책의 환경도 많은 변화를 겪게 된다. 교원노조가 합법화되었고, 정치권에서도 교육개혁의 방향을 놓고 대립하기 시작하였다. 5·31 개혁안이 교육의 시장화를 초래하여 교육의 질을 떨어뜨릴 것이라는 비판이 거세지면서 개혁의 방향도 모호해지게 되었다. 교육현장은 이전에 볼 수 없었던 이념 갈등과 정치적 논쟁에 휘말려 더욱 혼란에 휩싸이게 된다. 정부도 여러 이해관계와 견해의 차이를 조율하지 못하였고, 여전히 과거의 관료적 통제로 학교와 대학의 교육의 질적 향상을 가로막고 있었다. 결국 문민정부에서 참여정부에 이르기까지 무수한 아이디어와 정책안들이 쏟아져 나왔지만, 이러한 정책들이 실제 교육 현장의 변화나 질적 향상으로 이어지지는 못하고 오히려 더욱 풀기 어려운 난제를 만들어 버렸다.

이 시기 국민과 사회가 요구하는 교육서비스의 수준은 지속적으로 높아지고 있었다. 그러나 학교와 대학은 과거의 획일적 입시교육의 틀을 벗어나지 못했고 인재양성 체계는 위기에 봉착했다. 산업화시대 당시 작동되던 양적 확대에 의한 순환체계가 한계에 다다른 반면, 교육의 질적 향상이라는 체제 개혁으로 전환되지 못했다. 결국 지나친 양적 팽창으로 인한 각종 부작용이 양산되는 일종의 몇 가지 교육 거품이 일어나기 시작했다.

첫째, 무분별한 대학진학 현상이다. 교육에 대한 국가적 투자는 증가하였으나, 그에 따른 질적 향상이 이루어지지 않아 부실한 교육이 확대되는 부작용이 발생하였다. 대표적으로 무분별한 대학진학을 들 수 있다. 심지어 직업교육을 위한 특성화고[6] 학생들까지도 대입 경쟁에 뛰어들면서 대학진학률은 급격히 높아졌다. 자신의 진로나 적성을 고려하지 않는 무분별한 대학진학은 직업교육기관들의 위기를 초래하였을 뿐만 아니라, 결국 대학생활 부적응, 졸업 후에는 청년실업

---

6 실업계고, 전문계고, 특성화고 등으로 명칭이 변경되었으나, 여기서는 특성화고교로 쓰기로 한다.

으로 이어지는 악순환의 흐름에 이르게 된다.

둘째, 입시위주의 교육이 악화되었다. 주입식 교육과 획일적 입시 제도가 유지되는 가운데, 급격하게 팽창한 대학과 고등교육 기회로 인해 과거 일부 학생과 가계에 한정되었던 대입 경쟁 압박이 모든 학생과 학부모로 확대되었다. 정부가 대입에서의 내신반영 비율을 조정하고, 학교내신까지 상대평가제인 등급제로 전환되면서 학교교육은 더욱 입시위주 교육으로 내몰렸다. 창의성과 바른 인성 함양을 위한 교육은 여전히 제자리를 잡지 못하고 뒷전으로 밀리게 되었다.

셋째, 높아지는 교육비 부담이다. 점수 위주의 대학입시와 입시위주 학교교육은 사교육비 부담으로 이어졌다. 학생들은 입시를 위해 학원과 개인과외에 더욱 의존하게 되었으며, 학생과 가계는 수능뿐만 아니라, 내신과 논술을 위한 사교육까지 감당해야 했다. 또한 고등교육이 보편화 단계에 접어들면서 가계의 부담은 다시 값비싼 등록금 걱정으로 이어졌다. 정부의 교육재정은 고등교육의 급속한 팽창을 뒷받침할 여력이 없었다. 학자금 대출, 이자지원, 국가장학제도 등은 초보적인 수준에 그쳤다. 더군다나 다양한 재원 출처 없이 학생의 등록금에만 의지하는 사립대학들이 대부분이어서 고등교육의 팽창은 곧바로 가계의 경제적 부담으로 이어졌다. 초등학교 입학 이전의 유치원 학비와 학원비도 상당한 부담으로 작용하였다.

무분별한 대학 진학, 입시위주 교육의 악화, 높아지는 교육비 부담 등 교육거품이 일어나는 동안, 대한민국의 대학과 연구개발의 국제 경쟁력도 문제에 봉착하게 된다. 늘어난 고등교육의 수요에도 불구하고 국내대학은 아직 세계적 유수대학들과 경쟁할 수 있는 단계에 오르지 못하고 있었다. 영국의 QS[Quacquarelli Symonds][7]에서 발표하는 세계 대학순위에서 서울대는 2004년 118위에 그쳤다. 2007년에 서울대 51위, KAIST 131위로 다소 상승하였으나, 여전히 국내 대학들의 국제경쟁력은 미흡한 수준이었다. 인근 아시아 지역의 홍콩대, 싱가포르국립대, 도쿄대, 홍콩과기대 등 명문대학들에 비하면 국내 대학들의 경쟁력은 낮게 평가되었다.

연구개발에 있어서는 특히 창의적 연구역량 부족이 노정되었다. 국제경영개발원[IMD]에서 발간하는 세계경쟁력연감에 따르면, 우리나라의 '과학연구 수준이 국제적 기준보다 높은 정도'가 세계 21위 수준인 것으로 나타났다. 기업과 대학 간의 지식과 연구협력이 잘 이루어지고 있는 정도를 묻는 '산학간의 지식전달 정도'는 세계 25위 수준에 머무르고 있다. 앞서 보았듯이, 대한민국이 연구개발 투자, 연구인력 규모, 과학논문 수 등 양적인 측면에서의 과학 인프라는 세계적 경쟁력을 갖추었다. 그러나 질적인 측면에서는 여전히 세계적 수준에 미치지는 못한다고 인식되고 있었다. 또한 창의적 연구 아이디어를 촉발하는 기업과 대학 간의 지식이전도 활발하지 않았다. 연구기관, 대학, 기업 간의 보이지 않는 장벽이 창의와 융합을 통한 연구의 질적 수준 제고에 걸림돌이 되고 있었던 것이다.

---

[7] 학계평판(40%), 기업계 평판(10%), 교수 1인당 논문피인용지수(20%), 교수 대 학생비율(20%), 외국인 학생 및 교수비율(10%)을 합산하여 평가한다.

긍정의 변화

이명박 정부는 경제사회 발전과 교육과학기술 발전의 선순환 체제를 다시 작동시키고자 하였다. 즉 선순환 체제가 양적 확대를 넘어 질적 향상을 이룰 수 있도록 근본적인 제도개혁을 일관되게 추진해 왔다. 이에 따라 교육의 거품이 걷히고 대학과 연구개발의 국제경쟁력이 높아지는 긍정의 변화가 시작되었다.

대학진학률의 감소와 신(新) 고졸시대

가장 대표적 변화는 대학진학률의 감소이다. 취학적령 인구 대비 고교 취학률은 1994년 80%를 상회하기 시작하였고, 1995년을 기점으로 고졸자의 대학진학률은 절반이 넘는 51.4%에 다다르게 되었다. 사실상 양적인 측면에서 보면 선진국의 수준에 이른 것이다.[8] 그러나 그 이후로도 대학진학률은 멈추지 않고 지속적으로 상승하여 1997년 60.1%, 2001년 70.5%, 2004년 81.3%, 2008년에는 83.8%까지 상승하였다. 이러한 대학진학률의 상승은 득보다 실이 많을 수 있는 양적 확대의 과정으로, 1990년 중반 이후는 교육거품이 발생

---

[8] Trow(1961)는 순취학률(해당 연령에 속하는 재적 학생수/ 취학적령 인구)을 기준으로 대중화 단계는 15%, 보편화 단계는 50%를 경계점으로 삼았다. 이 경우 한국 고등교육은 1982년 대중화 단계에 진입한 후 1999년 50.1%로 보편화단계로 진입하였다(김기석·박환보, 2010). 본문에서는 대학취학률이 아닌 대학진학률을 기준으로 설명하였다.
김기석·박환보(2010). 고등교육의 팽창: 민영화에 의한 고등교육의 보편화.『한국교육 60년』, 서울대학교출판문화원.

하는 시기라 할 수 있다. 그리고 이를 개선하기 위한 교육개혁은 계속 지연되면서 경제발전과 교육과학기술 발전간의 선순환 체제가 작동을 멈추게 되었던 것이다.

이명박 정부는 중등교육의 질적 향상을 위하여 진로와 직업교육을 강화하였다. 특성화고교 중 일부 학교를 마이스터고로 지정하여 직업교육을 선도하였다. 특성화고교 졸업생의 취업을 돕기 위해 팔을 걷어 부치고 민간기업과 공공부문의 참여를 이끌어 냈다. 기피학교 취급을 받던 특성화고교가 우수한 학생들이 몰리는 선호학교가 되었다. 굳이 대학에 가지 않더라도 좋은 일자리를 얻어 자신의 꿈을 펼칠 수 있는 새로운 길이 열린 것이다. 그 결과 2008년 83.8%까지 치솟았던 고졸자의 대학진학률이 2009년 81.9%로 최초로 하락한데 이어, 2010년 79%, 2011년 72.5%, 그리고 2012년 71.3% 수준으로 낮아지게 되었다.[9]

특성화고교 졸업자의 진학자와 취업자 비중을 살펴보면 변화의 원인을 보다 자세히 알 수 있다. 1991년에는 전체 졸업자 중 80.1%의 졸업생이 취업을, 7.8%의 졸업생이 진학을 하였다. 그러나 이후 특성화고교 졸업생의 대학진학이 늘어나면서 2002년 그 비율은 역전되었다. 2009년에는 진학자 비중은 74.0%까지 높아진 반면, 취업자 비중은 16.8%까지 추락하였다. 그러나 이명박 정부가 추진한 고교 단계에서의 직업교육 정책이 서서히 성과를 나타내기 시작하면서 2010년

---

[9] 2011년부터 대학진학자의 조사기준이 기존 대학합격자에서 대학등록자로 변경됨에 따라, 이후 대학진학률 수치가 다소 더 낮아졌을 수 있다.

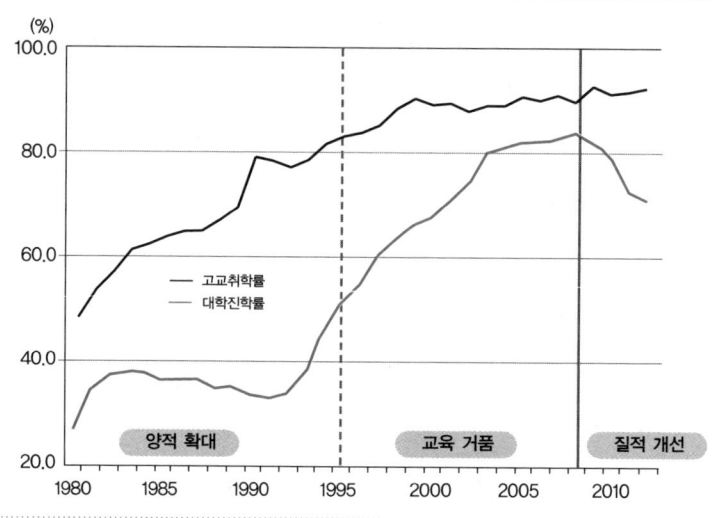

고교 취학률과 대학 진학률

부터 취업자 비중이 연속 3년간 늘어나, 2012년에 33%로 상승하였다.[10] 드디어 신新 고졸시대가 도래한 것이다.

이와 함께 취업 이후 학업을 계속할 수 있는 후진학後進學 제도도 확충되었다. 사립대학들은 물론 국립대학들도 직장에 근무하고 있는 사람들에게 고등교육의 기회를 제공하기 위한 재직자 특별전형의 기회를 넓혀가고 있다. 고졸 취업률 제고를 위한 시도교육청의 노력, 특성화고교 졸업생 입영 연기 제도도 신 고졸시대 개막에 한 몫을 담당하고 있다.

---

10 2011년부터 고교 직업 교육기관(마이스터고, 특성화고, 종합고의 전문계 학급)의 취업자 조사에서는 종합고의 일반계 학급졸업자를 제외하고 있다. 이 경우 2012년 취업자 비중은 37.5%로 잠정 추정된다.

특성화고 졸업자의 진학 비중과 취업 비중

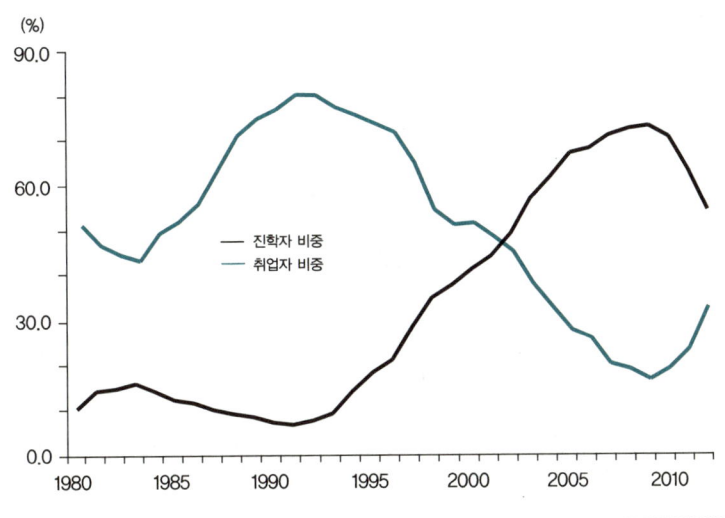

입시위주 교육을 넘어 창의인성 교육으로

획일적 입시위주 교육에서 벗어나지 못하고서는 창의성과 인성을 갖춘 인재를 키울 수 없다. 2008학년도에 처음 도입되어 이명박 정부에서 본격적으로 추진된 입학사정관 제도는 학생들의 학교생활과 학교교육에 많은 변화를 가져왔다. 방과 후에 무작정 사교육 기관으로 향하던 학생들이 자신의 진로와 적성에 대해 고민하기 시작했다. 다양한 창의체험, 독서, 봉사, 동아리 활동도 살아나게 되었다. 2008학년도에 전체 대입모집 인원의 1%도 안 되는 254명이이었던 입학사정관 전형이 2013학년도에는 모집인원의 13.6%(4만 7,600여 명)에 이르렀다. 실제 사정관 전형을 준비하고 지원하는 학생은 이보다 훨씬 많

대학입학사정관 제도의 증가 추이

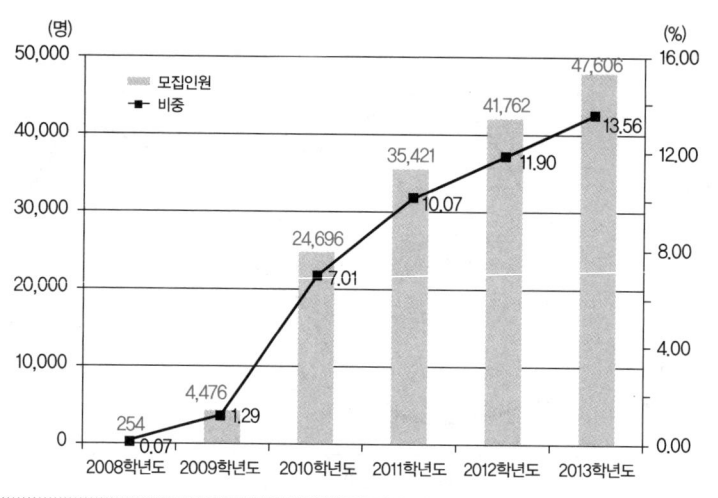

고, 국내 명문대학들이 입학사정관제도를 선도적으로 운용하고 있어 그 파급효과가 더욱 크다. 전임 입학사정관의 규모도 2007년 42명에서, 2010년 512명, 2012년 618명으로 늘어났고, 향후에도 지속 확대될 전망이다.

대학입시뿐만 아니라 일부 특수목적고교의 과도한 입시부담도 경감되었다. 일부 학원들은 초등학생을 대상으로 한 특목고 입시반까지 운영하기도 하였다. 정부는 정상적인 중학교 교육과정을 벗어나 고교 수준, 심지어 대학 이상의 수준을 요구하는 지필고사와 면접을 금지시켰다. 대신 자기주도학습전형을 도입하여 학생이 스스로 관심 분야를 찾고 다양한 경험을 할 수 있도록 유도하였고, 동시에 사교육의 부담도 덜게 하였다.

또한 획일적 입시교육의 틀을 깨고 다양한 창의인성 교육프로그램을 실행할 수 있는 학교들을 자율형 사립고, 자율형 공립고로 지정하여 새로운 학교교육의 사례를 확산하고 있다. 체육과 예술 활동을 통한 리더십과 인성을 강조하는 고교, 사회적 배려 대상인 학생들을 적극 배려하여 다양한 계층의 학생들이 함께 학습하는 선도적 학교도 나타나고 있다.

이와 함께 2012년 2월 발표된 학교폭력 근절 종합대책 이후 인성교육도 강화되고 있다. 스포츠클럽, 학생 오케스트라, 예술 동아리 등 다양한 활동이 늘어나고 학생 스스로 학교규칙을 만들고 준수하는 문화가 확산되고 있다. 지식전달 위주로 진행되던 사회, 도덕, 국어 교과수업은 실제 과제를 수행하는 프로젝트형 수업으로 탈바꿈하고 있다. 뿐만 아니라 인성교육실천을 위한 범국민적 운동이 시작되는 등 본격적인 인성교육 시대가 열리고 있다.

교육비 부담의 획기적 경감

과도한 사교육비 부담은 한국 교육의 가장 어두운 그림자이다. 사교육비 증가추세는 1997년 외환위기로 인해 잠시 주춤하다가, 2000년대에 접어들면서 매년 10% 이상씩 증가하였다. 2003년 조사된 초중등학생의 사교육비는 13조 6천억 원(한국교육개발원 조사) 규모였다가 2007년 20조 4백억 원(통계청 조사)으로 4년 동안 약 50% 가까이 증가한 것으로 추정된다. 그러나 2008년과 2009년에 사교육비 증가추세는 4% 이내로 완화되었으며, 2010년에 최초로 절대 규모가 감소세로 전환되었다. 이어 2011년에는 2년 연속 감소세를 유지해 2010년 20조 9천억 원에서 20조 1천억 원으로 줄어들었다. 국내총생산(GDP) 규모와 대비해서도 2003년 1.78%에서 2007년 2.06%로 큰 폭으로 상승하였다가, 2011년에는 1.63%로 다시 낮아졌다.

학생 1인당 사교육비 규모를 보더라도 감소추세로 전환되었다. 물가상승률을 감안한 실질 사교육비는 2010년 4.0%, 2011년 3.8%씩 2년 연속 감소한 것으로 조사되었다. 이와 함께 사교육을 받는 학생들의 비율도 2007년 77%에서 2011년 71.7%로 줄어들었고, 주당 사교육시간도 2007년 7.8시간에서 2011년 6.6시간으로 15% 가량 줄어들었다.

대학등록금 측면에서는 명목등록금이 줄어드는 역사적 사건이 발

사교육비 규모 추이

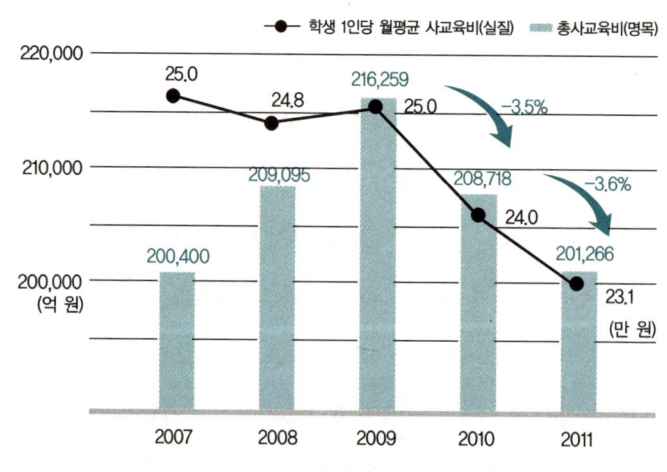

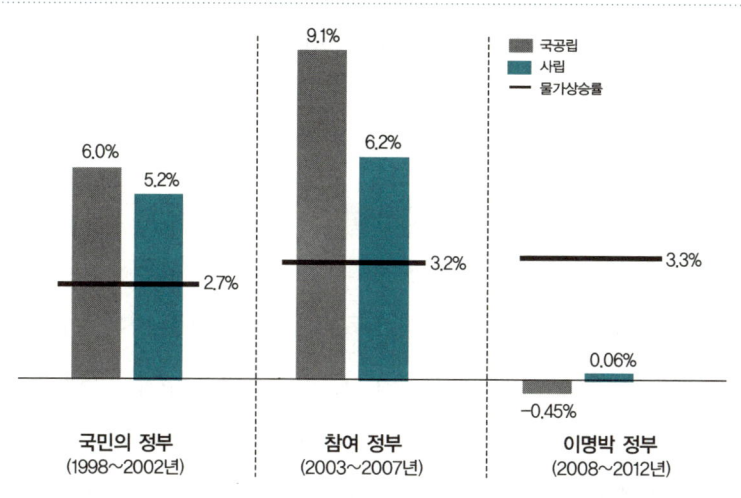

대학등록금 인상률 현황

생했다. 등록금은 자율화 정책이후 물가상승률을 웃돌며 끊임없이 상승하였다. 2000년부터 2008년 사이에 국립대 등록금은 약 90%, 사립대는 63.6% 상승하였다. 역대 정부별로 살펴보면 국민의 정부에서 국립대 6.0%, 사립대 5.2%, 참여정부에서 국립대 9.1%, 사립대 6.2% 씩 해마다 등록금이 인상된 셈이다. 그러나 이명박 정부 출범 이후 지속적으로 증가하던 등록금 상승 폭이 안정세로 돌아섰고 2012년도에는 명목등록금이 감소하였다. 이 기간 동안 연평균으로 따지면 국립대는 0.45% 감소하였고, 사립대는 0.06% 증가한 셈이다.

정부는 초기부터 대학과 함께 등록금 안정화 노력을 실시하여 2009년에 등록금 인상률을 물가상승률 이하인 0.5% 이내로 안정화 시켰다. 이후 국가장학금을 대폭 확충하여 학생들의 등록금 부담을 경감하면서 동시에 대학의 자구노력과 연계한 재원배분 방식을 도입하였다. 그 결과 2012년 국립대는 5.5%, 사립대는 3.9% 가량 명목 등록금이 인하되었다.

국가장학금 규모도 2007년 979억 원에서 2012년 1조 9,240억 원으로 대폭 증가하였다. 수혜학생의 규모도 2007년 2만 7,000명에서 2012년 약 100만 명으로 증가한 것으로 추산된다. 등록금 인하와 국가장학금 증대로 실제 학생과 가계의 등록금 부담이 대폭 줄어들게 되었다. 소득기준 7분위 이하 학생들의 평균적인 등록금 부담은 25% 가량 경감되었고, 기초생활보장수급자는 국립대에 재학하는 경우 100%, 사립대에 재학하는 경우 약 70%가량의 등록금 부담이 줄어들었다.

한편 취학 전 아이들의 유아교육 비용을 덜기 위해 만 5세 아이들을 위한 유아, 보육 통합 프로그램인 누리과정을 도입하고, 과거 소득기준 하위 70% 가정에만 지원하던 보조금을 전체 가정으로 확대하고 지원액수도 늘렸다. 2013년부터는 만 3세 아이들부터 누리과정이 적용되어 가정의 육아 부담을 상당 부분 덜어줄 수 있을 것이다.

대학의 구조조정과 높아진 경쟁력

사실 80%가 넘는 사립대학 비중과 80%가 넘는 대학진학률 등 국내의 특수한 고등교육의 환경을 감안할 때 대학정책의 추진은 쉽지 않은 과제였다. 이명박 정부는 객관적인 데이터에 기반하여 대학 지원체제와 구조개혁의 틀을 구축하고, 대학자율화, 국립대학의 지배구조개혁, 대학 연구역량 강화 등에 초점을 맞추었다.

무엇보다 대학정보공시를 통해 고등교육 정책의 데이터 기반을 확고하게 구축하였다. 이를 바탕으로 교육역량 강화사업 등 지표중심의 재정지원과 상시적인 구조조정의 틀을 마련하였다. 특히 정보공시를 바탕으로 정부재정 지원제한 대학, 학자금 대출제한 대학, 경영부실 대학, 퇴출로 이어지는 구조조정의 틀을 마련하였다. 실제로 2008년 이후 5개 대학에 대한 정부의 폐쇄명령이 있었고, 1개 대학은 자진 폐교를 신청하는 등 본격적인 구조조정이 이어지고 있다.

다른 한편, 국내 대학의 세계경쟁력을 높이기 위해 네 차례에 걸친 대학자율화 조치를 실행하였고 블록펀딩(묶음예산) 방식의 재정지원을 통해 대학의 자율성을 최대한 보장하였다. 동시에 세계수준의 연구대학 World Class University 육성 사업을 통해 30개 국내대학에 340명의 해외석학을 초빙하였다. 서울대는 법인화를 통해서 자율적인 지배구조를 확립하고 세계 유수의 대학들과 경쟁할 수 있게 되었다. 이와 함께 국립대학 총장직선제 개선을 포함한 국립대학 선진화를 추진하고, 산학협력 강화, 지역대학 육성 등으로 대학경쟁력을 끌어올리기 위한 종합적 대책이 추진되어 왔다.

이러한 정책적 지원에 힘입어 국내 대학들의 세계 평가 순위가 많이 상승하였다. 2007년 QS Quacquarelli Symonds의 세계대학평가에서 200위권 내 국내 대학은 서울대(51위)와 카이스트(132위) 단 두 개에 지나지 않았다. 반면 2012년에는 서울대(37위), 카이스트(63위), 포스텍(97위), 연세대(112위), 고려대(137위), 성균관대(179위) 등으로 그 숫자가 6개 대학으로 늘었다. THE Times Higher Education의 평가에서도

2010년 109위에 머물던 서울대의 경쟁력이 2012년 59위로 크게 상승하였다.

창의와 융합의 과학기술 기반 구축

이명박 정부는 과학기술부분에서도 근본적 변화를 이루어냈다. 그 결과 과학분야의 세계경쟁력 지표가 꾸준히 상승하였다. 정부의 연구개발 투자는 국민의 정부(1998~2002년) 23조 1,000억 원, 참여정부(2003~2007년) 40조 1,000억 원에 비하여 이명박 정부(2008~2012년)에서는 68조 원으로 대폭 늘어났다. 또한 OECD 통계자료에 따르면 2011년 한국의 총연구개발 투자규모는 450억 달러로, 미국, 일본, 중국, 독일, 프랑스에 이은 세계 6위 수준이며, 이는 영국보다도 큰 규모이다. 국내총생산GDP 대비 총연구개발 투자비중은 2007년 세계 5위 수준에서 2011년 세계 2위 수준으로 올라섰다. IMD가 평가한 우리나라의 과학경쟁력은 2007년 7위에서 2012년 미국, 일본, 독일, 이스라엘에 이어 5위로 상승하였다. 또한 풍부한 연구개발인력(7위), 과학 분야 논문 수(9위)도 우수한 과학인프라의 한 축을 형성하고 있다.

반면 질적인 측면에서는 선진국과 비교해 여전히 미흡하는 평가가 있다. 학문분야 노벨상 수상자가 아직 없다는 사실이 이를 말해주고 있다. 그러나 단기간 내에 국내 기초과학 연구 수준을 국제적으로 끌어올리거나 노벨상 수상자를 만들어 낼 수는 없다. 재정 투자를 대폭 늘린다 하더라도 실제 연구를 담당할 인재들의 역량이 부족하다면 사상누각에 불과하다. 이명박 정부는 과거 양적 지표 중심으로 선진국을 모방하고 추격하는 전략에서 벗어나 창의와 융합을 통하여 혁신을 선도하는 과학기술 강국이라는 새로운 비전을 수립하였다. 그리고 기존의 과학기술에 대한 투자를 대폭 늘리는 동시에 그 핵심이 되는 우수 인재 육성과 확보에 역점을 두었다.

과학기술과 교육 부처의 통합으로 대학교육과 초중등교육 단계에서부터 과학기술의 토대인 기초연구와 창의성 교육을 강화하였다. 초중등교육에서는 영재교육 대상자가 2007년 전체 학생의 0.6%에 그쳤으나, 2011년 기준으로 1.6%인 11만 2,000명으로 대폭 늘어났다. 융합인재교육STEAM을 통해서는 학교교육에서부터 과학기술 지식, 융합적 사고, 예술적 감성을 고루 갖춘 인재를 육성하고 있다. PISA 2006에서 참가국 중 7~13위였던 과학소양의 순위가 PISA 2009에서는 4~7위로 높아지고, 소양 점수도 522점에서 538점으로 크게 향상된 것도 눈에 띄는 변화이다.

대학의 경우, 개인 기초연구 사업에 참여하는 이공계 교수의 비율이 2008년 16.4%에서 2012년 32.0%로 크게 늘었다. 이공계 교수 10명 중 3명은 개인 기초연구를 지원받고 있는 셈이다. 여기에 필요한 개인 기초연구비도 2008년 3,640억 원에서 2012년 8,000억 원으로 두 배 이상 늘어났다. 한국연구재단을 출범시키고 전문가 프로젝트 관리체제(PM)를 확립해서 연구자 중심의 지원체제를 정착시켰다.

한편, 과학기술 인재를 확보하고 국내 과학기술 수준을 획기적으로 끌어올리기 위해 국제과학비즈니스벨트를 구축하고 있다. 총 5조 2,000억 원을 투자해서 3,000명의 연구인력을 고용할 예정이며 세계적 수준의 과학자들이 초빙되고 있다. 특히 기초과학연구원과 중이온가속기의 설립은 기초과학 수준 제고와 국내 과학기술의 국제경쟁력에 새로운 이정표가 될 것이다.

2012년 이후의 전망

2012년은 경제사회 발전과 인재양성의 새로운 선순환 체제가 다시 자리를 잡고 변화를 일구어 내기 시작한 시점이다. 동시에 우리 사회가 직면한 기회와 위협에 슬기롭게 대처해야 할 때이기도 하다. 더군다나 새로운 정부의 출범을 앞두고 있는 만큼 2012년은 대한민국이 인재대국으로 한 단계 더 도약할 수 있을지를 가늠하는 매우 중요한 시점이다.

기회요인

건국 이후 우리나라가 겪은 성장과 위기극복의 경험은 세계 여러 국가들에게 희망의 메시지를 전하고 있다. 특히 최근 부쩍 높아진 대한민국의 위상은 앞으로 우리에게 더 많은 가능성의 기회가 있음을 말해주고 있다. 원조를 받던 나라에서 원조를 주는 국가들의 모임에 가입(2009년)하였고, G20 정상회담(2010년), 핵안보정상회의(2012년) 등을 연이어 개최하며 국제사회에서 선진국들과 어깨를 나란히 하게 되었다. 금년에는 1인당 소득 2만 달러, 인구 5,000만 명 이상의 선진국 모임이라는 '20~50클럽'에 세계 7번째로 가입하게 되었다. 또한 경주에서 APEC 교육장관회의가 열려 세계 교육정상들에게 대한민국의 우수한 교육현장을 알렸다.

뿐만 아니라 최근 한국의 음악, 영화, 드라마 등 한국의 대중문화가 세계적으로 선풍을 불러일으키며 '한류韓流' 붐을 이어가고 있다. 이는 한국의 언어와 역사에 대한 관심으로 이어지고, 한국 방문과 유학으로까지 이어지고 있다. 뿐만 아니라 정보통신IT 기술과 주력 산업업종은 세계적 경쟁력을 더해가고 있다. 대중문화와 경쟁력 있는 산업분야가 정보통신기술과 접목되면서 더 큰 시너지효과를 가져오고 있다.

위협요인

반면 우리가 주목해야 할 위협요인들도 있다. 첫째, 학령인구의 급격한 감소이다. 이는 학생의 등록금에 의존하고 있는 고등교육에 큰 위협요인이 된다. 2012학년도 66만 8,000명인 고교 졸업생은 2020년에는 대학의 모집정원에도 미치지 못하는 55만 명으로, 2021년 49만 명, 2030년 40만 명, 2050년에는 지금의 절반 수준에도 못 미치는 30만 명 수준으로 하락한다. 학령인구의 감소는 단기적으로는 학생 일인당 투자와 교육여건을 개선할 수 있지만, 장기적으로는 학교와 대학의 구조조정의 큰 여파로 밀려들 것이며, 생산가능인구의 감소로 이어져 우리 경제의 성장과 지속가능성에 큰 위협이 될 것이다.

둘째, 우리 사회는 다문화, 탈북 가정 등 다문화 사회로 변모하고 있다. 2012년 기준 국내 거주하는 외국인 근로자, 결혼 이민자, 혼인 귀화자 등 외국인 주민은 140만 명을 넘어섰으며, 다문화가정 학생은 현재 전체 학생의 약 0.7% 수준인 4만 7,000명으로 조사되었다. 현재의 빠른 증가추이를 감안하면 2014년도에는 전체 학생의 1% 이상을 차지할 전망이다. 국내 탈북주민도 2만 명을 넘어서면서, 이들과 이들의 자녀들이 새로운 체제와 문화에 적응하는 일도 중요한 과제이다. 다양한 배경을 가진 아이들이 학교생활을 통해서 서로 다른 점을 배우고 졸업 후 좋은 일자리를 갖고 안정적으로 한국 사회의 일부가 되도록 지원해야 하고, 이것을 미래 한국사회의 발전 동력으로 삼아야 한다.

셋째, 가정의 인성교육 기능이 약화되었다. 최근 일련의 흉악한 사건들이나 학교폭력 문제에서 보듯이 가정이나 사회의 인성교육 여건이 악화되고 있다. 점수 위주의 입시교육에만 치중하는 일부 부모의 왜곡된 자녀교육관도 올바른 인재 양성의 걸림돌로 작용되고 있다. 아이들 교육문제는 가정이나 학교도 어쩔 수 없다는 사회적 무력감도 미래 세대의 성장을 위협하는 심각한 요인이 아닐 수 없다.

넷째, 창의성을 가로막는 사회적 분위기이다. 지식정보화 시대에서 학문 전공이나 업무 간 높은 장벽, 세대 간 의사소통을 가로막는 연공서열 문화, 권위주의 등은 여전히 우리 사회가 해결해야 할 문제로 남아 있다. 전공분야별 높은 벽은 학문 간 융합을 가로막고 창의적 후속 세대 양성에 걸림돌로 작용하고 있다. 대학과 정부출연 연구기관, 대학과 산업체와의 높은 경계는 창의적 연구의 기회를 가로막고 있다.

전망

앞으로 5년 내지 10년간은 우리 사회에 중대한 시점이 될 것이다. 위협요인에 효과적으로 대처하면서 기회요인을 잘 활용하는 동시에 지금까지 추진되어 온 인재대국의 전략을 지속 확대하면서 현장에서 깊이 뿌리를 내릴 수 있어야 하기 때문이다.

신 고졸시대를 더욱 활짝 열어가는 동시에 창의 인성교육의 시대, 지역대학의 시대, 융합 과학기술의 시대를 열어나가야 한다. 특히 교육과 과학기술 정책은 모두, 공무원들이 아닌 교사, 연구자 등 현장의 전문가들에 의해 최종적으로 집행된다. 대개 정책의 성공 여부는 결정에 있지 않고 집행에 있다. 새로운 정책결정이 본래 의도대로 현장에서 저절로 실현되지 않는다. 정책은 곧 집행게임이라는 말도 있다. 그만큼 현장과 소통하고 설득하는 일이 중요하다. 이를 위해서는 학교, 대학, 연구기관 등 개별 기관의 자율성을 최대한 보장하는 개혁의 방향에 흔들림이 없어야 한다. 정부는 이들이 자율적 역량과 책무성을 갖도록 돕는 파트너가 되어야 한다. 현장의 문제가 지나치게 정치적 문제로 확대되기 이전에 선제적으로 대응하는 역할도 필요하다.

인재대국 대한민국의 2012년은 압축적 경제 발전과 양적 성장을 이어오던 우리 사회가 질적 향상과 긍정의 변화를 경험하고 있는 시기이다. 교육과 과학기술의 질적 향상은 현장에서 이루어지는 만큼 현장의 문제점을 파악하고 해결하는 데 주력해야 한다. 『인재대국 2012』가 향후 대한민국 발전의 도약대가 되리라 확신한다.

CHAPTER 2

인재대국으로 가는 긍정의 변화

이주호 | 홍성창[1]

교육은 인재를, 인재는 미래를 만든다

대한민국 기적을 이룬 교육, 과학기술의 힘

"교육은 인재를 만들고 인재는 미래를 만든다."

이명박 대통령이 자주 언급하는 말씀이다. 대한민국을 인재대국으로 발전시키려 하는 대통령의 강한 의지를 읽을 수 있다. 교육정책을 통해 인재를 양성하고, 이들이 과학기술을 통해 미래를 만들어나가게 한다는 측면에서 교육과학기술부는 인재대국의 국가전략을 실행하는

---

1 현 교육과학기술부 장관정책보좌관. 대통령실 행정관, 국회의원 보좌관 등으로 근무

핵심부서이다. 대한민국은 군사대국, 자원대국, 금융대국은 아니었지만 전통적으로 인재대국으로서의 면모를 가진 나라였다. 특히 6·25 전쟁 이후 눈부신 경제발전, 그 이후의 민주화 과정도 따지고 보면 인재대국으로 가는 여정이었다. 우리 앞에 놓인 많은 도전들도 결국 우리가 가지고 있는 교육과 과학기술의 장점을 충분히 활용해 극복해야 하며, 이를 통해 진정한 인재대국으로 도약할 수 있다.

우리나라가 전쟁의 폐해를 딛고 일어나 세계가 부러워하는 경제와 정치적 성공을 거둔 저력도 바로 교육의 힘, 사람의 힘이다. 전쟁통 피난살이에서도 내일을 위한 희망을 버리지 않았으며, 다음 세대를 위한 교육도 포기하지 않았다. 변변한 건물이 없어도 '천막교실', 지붕이 없는 '길거리교실'에서 대한민국의 미래는 자라나고 있었다.

이는 '한강의 기적'이라 불리는 대한민국 산업화 성공의 밑거름이 됐다. 1960~1970년대에도 중등교육 보편화가 비교적 빠르게 진행되면서 교육대중화가 촉진됐다. 하지만 당시 학생은 많고 교실은 비좁아 '콩나물교실'의 고통과 입시 부담을 감내해야 했다. 하지만 중등교육 대중화를 통해 산업현장에 필요한 생산인력을 확보할 수 있었고, 교육이 좋은 일자리로 연결되면서 계층 간 격차 완화와 사회통합의 기능을 담당했다. 동시에 고등교육 수요가 증가하고 대학생이 늘어나면서 시민의식도 높아지게 됐다.

1990년대에 들어서면서부터 상황이 달라졌다. 공교육에 대한 불신이 커져갔다. 입시 위주의 주입식 교육에 대한 불만과 함께 교실붕괴, 학교붕괴, 사교육 악순환이라는 말이 확산됐다. 학교는 획일적인 규제와 입시 위주 교육으로 자율과 특색을 잃어버리고 있었다. 학생들은 학원에서 공부하고, 학교에서는 잠자는 기현상이 벌어졌다. 잠자는 교실, 평준화의 덫에 걸린 학교에서 아이들과 우리의 미래를 기약할 수 있을까.

교육이 인재를 양성한다면 과학기술은 인재가 만드는 미래다. 과학기술은 경제의 뿌리이자, 일자리의 보고이기도 하다. 과학기술의 성공 여부가 우리나라 산업발전과 경제성장의 원동력이 되는 만큼 과학기술에 미래가 달려있다고 봐도 무방하다. 2008년 10월 이명박 대통령은 과학장학생들을 격려하는 자리에서 "아무리 큰 유전油田도 훌륭한 과학기술자 한 사람만 못한 시대이기 때문에, 젊은 과학도들이 있어 대한민국의 미래는 희망적이다"라고 강조하기도 했다.

2009년 12월 멀리 중동에서 날아든 기쁜 소식을 아직 기억하는 국민들이 많으리라 본다. 아랍에미리트UAE에서 발주한 400억 달러(약 47조 원) 규모의 원자력발전 건설 프로젝트를 한국이 수주했다는 뉴스였다. 건국 이후 최대 규모의 수주일 뿐만 아니라 세계 원자력발전 시장의 새로운 강자로 급부상했다는 평가도 이어졌다. 과거 모래사막 위에서 석유를 캐던 구슬땀이 이제는 원자력발전소를 세우는 과학과 기술의 힘으로 진화했다.

원자력발전 수출 뒤에는 과학기술에 대한 투자와 과학자들의 열정이 있었다. 1959년 이승만 대통령은 서울 공릉에서 국내 최초 연구용 원자로인 '트리가 마크'TRIGA MARK-Ⅱ 기공식에 참가해 첫 삽을 떴다. 같은 해 지금의 국내 원자력연구원인 '원자력연구소'가 출범됐다. 이후 1978년 고리에 우리나라 최초의 원자력발전소가 가동됐고, 2009년 원자력발전 수출로 이어졌다. 50년이라는 짧은 기간 동안 세계가 놀라워하는 성과를 일궈냈다.

뿐만 아니다. 2011년 IMD가 발표하는 국가과학경쟁력 순위에서 한국이 5위를 차지했다. 해방 이후 짧은 기간 내에 세계적 과학강국으로 변모한 배경에는 정부의 전략적 과학기술 투자가 이어졌기에 가능했다. 허허벌판 대덕에 연구단지를 조성하고, 정부 연구소를 집중 지원했다. 연구개발비 규모도 1966년 GDP 대비 0.3% 수준이었으나, 2010년 3.7%로 꾸준히 늘려왔다.

그러나 기술경쟁력은 여전히 세계 18위 정도에 머물러 있고, 우수 인재들이 기초연구 분야 진학을 꺼려하는 이공계 기피 현상이 문제로 지적돼왔다. 교육, 연구개발, 산업 간 실질적 협력이 부족하다는 의견도 많다.

인재가 미래다

변화하는 시대와 사회적 환경은 우리나라 인재와 미래 정책에 큰 영향을 주고 있다. 현재 겪고 있는 글로벌 다문화, 저출산 고령화, 지식 정보화 등은 새로운 도전이자 기회이다. 이런 도전들도 결국 어떻게 인재를 잘 키울 것인가, 또 어떻게 인재들이 과학기술을 활용해 미래를 만들어가게 할 것인가라는 차원에서 접근할 때 근본적이고 효율적으로 대응할 수 있다. 결국 인재대국의 전략을 통해 새로운 도전을 이겨내고 진정한 인재대국으로 나가야 한다.

한국은 다른 서구 선진국이나 주변의 일본, 중국에 비해 경제 규모도 적고, 인구수도 적다. 당연히 정부 예산, R&D 규모, 연구자 숫자도 적다. 현재 국내총생산GDP 대비 연구개발 투자 비율은 3.7%로 미국의 2.8%, 중국의 1.5%, 일본의 3.4%보다는 높은 수준이다. 그러나 연구비 절대규모를 비교하면 미국은 우리나라의 13.4배, 중국은 2.5배, 일본은 5.7배나 된다. 연구에 종사하는 사람들도 미국은 5.8배, 중국은 6.5배, 일본은 2.8배로 많다. 그만큼 인재 한 명, 재정 지원 사업 하나가 다른 나라의 몇 배로 중요하다는 것을 말해준다. 사람 한 명 한 명, 예산 한 푼을 허투루 쓸 수 없는 이유이다. 즉 인재대국 발전 전략은 양적 접근이 아닌 질적 접근이다. 우리나라보다 인구가 많은 나라들은 많지만, 우리는 사람들의 역량으로 승부해야 한다. 5천만 한 명 한 명이 인재로 거듭날 때 진정한 인재대국이 될 수 있다.

가속화되는 저출산, 고령화도 위기가 아닐 수 없다. 초고령화 사회에서 전체 인구수는 크게 줄어들지 않지만, 노동인구는 급격하게 줄어들게 된다. 보통 15세부터 64세 사이의 인구를 노동인구(a), 65세 이상의 인구를 노인인구(b)로 구분해 비교하는 노인부양비율(b/a)이 고령화지표로 자주 인용된다. 2010년 노인부양비율은 15% 수준으로, 사회 전체적으로 노동인구 6~7명이 벌어서 노인 한 명을 부양하는 상황이다. 2030년에 부양비율은 38%로 오를 전망이다. 노동인구 2~3명이 노인 한 명을 부양해야 하기 때문에, 한 사람이 지금의 두세 사람 몫을 해야 한다.

올해 초등학교 5학년 아이들이 50세가 되는 2050년에는 상황이 더

고령화와 노인부양비율

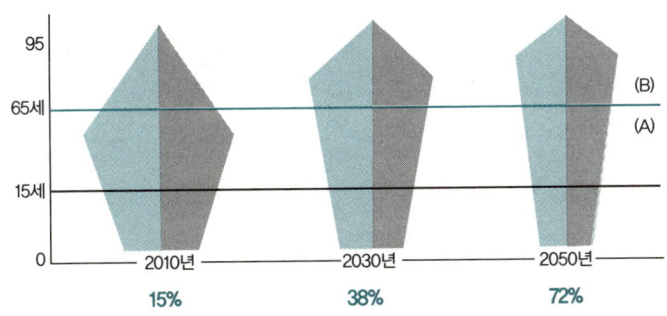

*노인부양비율=65세 이상 인구(B)/15~64세 인구(A)

욱 심각해진다. 부양비율은 72%로 오르고, 노동인구 1.3명 당 노인 1명을 부양해야 한다. 실제로는 15세 이하의 어린아이와 학생들까지도 부양해야 하기 때문에 그 부담은 더 크다. 가계는 자녀 양육과 교육, 부모님 봉양뿐만 아니라 사회적으로도 복지에 필요한 각종 세금, 공적연금을 비롯한 준조세 등이 늘어나는 경제적 부담을 감내해야 한다. 결국 지금과 비교하면 한 사람이 여섯, 일곱 사람 몫을 해야 한다는 계산이다. 자라나는 우리 자녀 세대 한 명 한 명이 얼마나 귀중한 존재인지, 어떻게 길러야 하는지 깊게 고민하지 않을 수 없는 대목이다.

저출산의 여파는 고스란히 학교에 영향을 미치고 있다. 콩나물교실이 최고조에 이르렀던 1964년 교사 1인당 학생 수는 62.6명이었다. 이후 교육 예산을 늘려 학교를 증축하고 교사를 증원하면서 그 숫자는 점차 줄어왔으며, 2010년 현재 약 18.7명 수준으로 낮아졌다.

줄어드는 학생 수는 대학입시에도 변화를 가져오고 있다. 고등학교

변화하는 교육환경

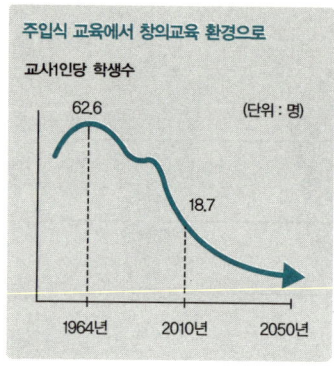

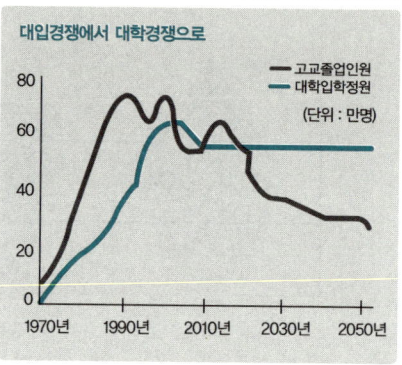

졸업자 수가 줄어들면서 입시경쟁이 대학경쟁으로 변화하고 있다. 대학들이 보다 좋은 학생을 확보하기 위해 스스로 혁신하는 노력이 필요한 시점이다. 고등학교를 졸업하는 인원은 2021년에 현재보다 20%가 줄어들고, 2024년에 40% 수준으로 떨어질 것으로 예측된다. 게다가 최근 특성화고와 마이스터고 학생들의 고졸 후 취업 증가 추세가 확대되면, 대학 입학생 수의 감소 추세는 더욱 빨라질 것이다.

학생 수 감소가 우리 교육의 위기임이 분명하지만, 동시에 이를 기회로 활용할 수 있다. 학생의 감소는 그만큼 한 명 한 명에 대한 관심과 투자를 늘게 한다. 과거 콩나물교실에서 상상할 수 없는 개인 맞춤형 수업도 가능하고, 획일적 입시 위주 교육에서 벗어나 학생의 특성과 소질을 키우는 학생 중심 교육이 가능하다. 대학입시는 학생 간 점수 경쟁에서 대학들의 우수 인재 모시기와 잘 가르치기 경쟁으로 변화하게 된다.

교육과학기술부의 인재대국 4대 전략

변화하는 환경이나 시대가 곧바로 학교교육과 입시교육의 변화를 가져오지 않는다. 준비하지 않는 곳에는 미래도, 인재도 없다. 변화된 환경에서도 틀에 박힌 교육체제가 유지된다면 위기에 봉착할 수밖에 없다.

어떤 인재를 길러내는지가 우리나라의 미래를 결정한다. 여태까지와 같이 시험문제 잘 풀고 점수 높은 학생을 뽑아 가르치는 교육을 할 것인가, 아니면 학생 개개인의 가능성과 잠재력을 키워줄 것인가. 학원에서 길러진 시험선수들이 만드는 미래와 창의성, 인성을 고루 갖춘 글로벌 인재들이 만드는 미래는 분명 다를 것이다.

또한 세계는 전공의 경계, 대학과 연구기관, 정부와 민간, 국경을 넘나드는 과학기술 혁신으로 미래를 준비하고 있다. 우리나라의 과학기술이 선진국을 모방해 추격하던 단계를 졸업하고 세계 일류 수준으로 거듭나기 위해서는 획기적 쇄신이 불가피하다. 글로벌 시장에서 신기술 개발은 세계 1위가 아니면 2위나 10위나 별 의미 없는 성과가 되기 십상이다. 우리나라의 과학기술도 미래를 이끌어갈 수 있는 새로운 성장 전략이 필요하다.

그간 산업화, 민주화 경험에서 알 수 있듯이 시대 변화, 사회 발전도 결국 사람의 몫이다. 변화하는 시대를 이끌기 위해서는 사람의 역할도 달라질 수밖에 없다. 과거 생산력이 우선이던 산업시대에 사람은 생산의 한 요소인 '인력'이나 '인적자원'으로 불렸다. 인력, 인적자원은 경제적 관점에서 사람을 노동력 제공자나 경제의 한 생산요소로 간주하는 의미가 내포돼있다.

지식정보 사회에서는 '인력'이 아니라 '인재'가 필요하다. 인재는 경제와 생산을 우선하는 개념이다. 지식정보 사회, 네트워크 사회에서 창의성, 문제해결, 의사소통 등의 역량을 갖추고 경제성장이나 사회발전을 선도하는 자기주도적 인간이 인재라고 할 수 있다.

우리나라는 현재 글로벌 사회가 직면한 문제를 창의적으로 해결하는 리더들이 많은 인재대국으로 거듭나고 있다. 과거 산업화 시대의 '인적자원人的資源 공급'의 틀에서 탈피해 글로벌 시대, 지식정보화 사회를 이끌어갈 '글로벌 인재 양성' 패러다임으로 전환하고 있다. 과학기술도 우수 인재 확보를 통해 과거 선진국 추격형에서 벗어나 '창조형 과학기술강국'으로 도약하고 있다.

교육과학기술부의 출범은 단순한 행정부처 개편 이상의 의미를 갖는다. 교육과 과학기술 모두 창의적으로 문제를 해결할 수 있는 우수한 인재를 길러내는 데 성패가 달렸다. 그만큼 두 분야의 정책이 별개가 아니라 인재대국 전략이라는 하나의 틀에서 계획되고 추진돼야 한다. 교육과학기술부는 인재대국으로 도약하기 위한 대한민국의 미래전략으로 출범했다.

교육과 과학기술 정책을 총괄하는 교육과학기술부는 인재 양성에서부터 미래 기술에 이르는 체계적 전략을 수립했다. △어느 누구, 어떤 재능도 놓치지 않기 위한 모두를 위한 교육체제 마련 △창의인성을 갖춘 글로벌 인재 양성 △선진 일류 국가 진입을 위한 대학 개혁 △창의와 융합을 통한 과학기술 혁신 등 4개 전략이다.

어느 누구 어떤 재능도 놓치지 않는다

굳이 저출산 고령화 추세를 거론하지 않아도 학생 한 명 한 명은 소중한 존재다. 이들이 자신의 재능과 꿈을 마음껏 펼칠 수 있도록 돕는 것이 교육 본연의 역할이다. 자칫 제때 배워야 할 것을 배우지 못하고, 기초적 학습능력을 갖추지 못하면 교육 격차가 점점 심해질 수 있다. 자신의 재능을 펼치지 못하거나 꿈을 잃어버린다면, 자기 자신뿐 아니라 사회적 차원에서도 커다란 손실이다.

누리과정과 기초학력 책임 지도

5세 어린이를 위한 누리과정 도입은 공정한 출발선을 확보한다는 점에서 매우 중요한 변화이다. 2012년부터 다섯 살 어린이들은 유치원이나 어린이집에 상관없이 양질의 교육프로그램과 보육서비스를 받게 된다. 유아교육과 보육을 담당하는 교육과학기술부와 복지부가 과거의 업무 영역의 한계를 벗어나 인재와 미래를 생각하는 관점에서 이뤄낸 대타협의 성과이다. 이제 5세 어린이들은 학교에 입학하기 이전에도 보다 체계적으로 국가의 보살핌을 받게 됐다.

지금까지 기초학력을 갖추지 못한 학생들에 대한 관심과 지원도 부족했던 것이 사실이다. 이명박 정부는 한 명의 학생도 뒤쳐지지 않고 학교교육에서 기초학력만큼은 국가가 책임지고 지도하도록 하고 있다. 학력 격차가 이후 교육 기회의 격차로 악화되지 않도록 적극적으로 발 벗고 나선 것이다. 국가 수준의 학업성취도평가 체제를 혁신해 2008년부터 해당 학년의 모든 학생들에게 시험에 응시하도록 하고, 학교별로 성취 수준을 학교공시를 통해 공개하도록 했다. 그 결과 해마다 기초학력 미달 학생 비율이 확연히 감소하는 성과로 이어지고 있다.

마이스터고와 직업교육의 재탄생

공정한 교육 기회는 다양한 학습과 좋은 일자리로 연결된다. 학생들의 특기와 적성이 각자 다르기 때문에 그에 맞는 다양한 학습 기회와 진로, 진학 모형이 형성될 때 공정한 교육이 보장된다. 그러기 위해서는 모든 학생들이 획일화된 교육을 받고 명문대 진학을 목표로 하는 획일적 입시 경쟁의 구조를 탈피해야 한다. 마이스터고는 고등학교를 졸업하면 대학에 가야 한다는 획일적 '고졸 후 대입' 진로진학 공식을 깼다. 학교가 학생의 특성과 꿈을 살리고, 졸업 후에 좋은 일자리를 연결해주는 새로운 통로 역할을 하고 있다. 고등학교가 얼마든지 달라질 수 있다는 희망을 함께 보여줬다.

마이스터고의 활약은 직업교육 특성화고교의 분발로 이어지고 있다. 금융권에서 고졸자를 채용하겠다는 소식이 잇따르고 있으며, 산업직종별, 지역별로 특성화고와 산업체 간 협력에 봇물이 터졌다. 마이스터고를 시작으로 직업교육은 일대 혁신이 일어나고 있다. 중학교, 고등학교 단계에서 직업교육, 진로교육도 한층 확대돼 학생들이 자신의 꿈을 키우고 적성을 발견할 수 있는 기회가 늘어나게 됐다.

사교육 악순환 차단

공교육 밖에서 일어나는 사교육을 줄이는 일 역시 모든 학생들에게 보다 공정한 기회를 주는 일이다. 과도한 사교육은 학생들의 심신 건강을 해치고, 학생들의 공부에 대한 흥미와 자기주도적 학습역량을 빼앗아 '공부구경꾼'으로 전락시킬 우려가 높다. 사교육에 주도권을 빼앗긴 학교는 잠자는 교실로 변하고 학습 분위기를 훼손해 교사와 학생들에게까지 영향을 미친다. 가정에서의 불합리한 사교육 투자는 부모 세대의 노후를 위협하고 국가 전체적으로 소비심리를 위축시킬 수 있다. 어느 누구에도 도움이 되지 않는 '사교육 악순환' 구조이다.

늘어만 가던 사교육비에도 큰 변화가 생겼다. 지난 외환위기에도 꺾이지 않았던 사교육비 규모가 2009년 21조 6000억 원에서 2010년 20조 9000억 원으로 3.5%, 물가상승율을 감안한다면 실제 6.4%가 감

줄어든 사교육비

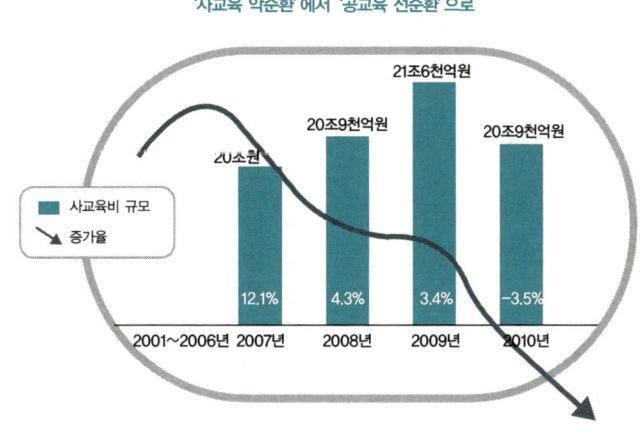

소했다. 학생 수가 줄어든 것을 감안한 학생 1인당 월평균 사교육비도 월 24만 원으로 2009년보다 약 0.8% 줄었다.

2010년 사교육비 감소는 여러 대책들이 주효했다. 학교 안 방과후학교를 늘려 질을 높였고, 수능 대비 사교육을 줄이기 위해 EBS 수능강의를 확대했다. 학생들이 어려워하는 만큼 사교육이 많은 영어와 수학 과목의 내용과 수업 방식을 개선하고 있다. 학원 영업시간을 합리적으로 조정하고 학원 운영의 투명성을 높인 대책들도 영향이 적지 않았다.

인하 폭이 그다지 크지는 않지만, 분명 커다란 변화의 시작이다. 무엇보다 사교육은 줄지 않을 것이라는 사람들의 편견이 깨졌고 사교육은 잡히지 않는다는 담당자들의 인식이 바뀌었다. '사교육 악순환'의 흐름이 '공교육 선순환'의 흐름으로 전환되는 계기가 된 것이다. 앞으로 창의인성 강화, 입시제도 개선 등 개혁 정책이 본격적으로 효과를 발휘한다면 사교육비는 더욱 빠르게 줄어들 것이다. 점수 경쟁 사교육에 빼앗겼던 아이들의 시간과 부모들의 투자도 이제는 잠재력과 창의성을 위해 제자리를 잡아가리라 믿는다.

모두를 위한 맞춤형 교육 지원

한 명의 학생도 뒤처지지 않고 건강한 대한민국의 인재로 성장할 수 있도록 보살피는 이명박 정부의 노력은 이 뿐만이 아니다. 국가장학제도는 이명박 정부가 역점을 두고 구축하는 '교육 희망사다리'이자, 공정한 교육 기회의 토대이다. 돈이 없어서 공부를 마음껏 하지 못하거나, 학비 걱정 때문에 공부를 포기하는 학생은 없어야 한다. 특성화고 학생들에게 모두 장학금을 지급하게 됐고, 가정형편이 여유롭지 못한 대학생을 위해서 기초생활수급자 및 차상위계층 장학금, 저소득층 성적우수장학금, 전문대학 우수장학금 등을 신설했다.

대학생과 가계의 학비 부담을 줄이기 위해 '든든학자금 제도'를 도입했다. 기존의 학자금 대출과 달리 재학 중에 이자나 원금을 납부하지 않고, 일정한 소득이 생기면 갚아나가기 시작하는 취업 후 학자금 상환제도다. 부모들도 대학생 자녀의 학비 마련 걱정을 한시름 놓을 수 있게 됐고, 학생도 부모에게 의지하고 않고 스스로 대학 공부를 마칠 수 있게 됐다.

장학제도와 함께 실제 등록금 부담을 낮추는 정부의 노력도 구체화되고 있다. 해마다 오르는 등록금에 대해 정부는 속수무책이었고, 대학도 사회적 책무를 다하지 못했다. 지난 2004년부터 2008년까지 물가가 3.2% 오를 때, 국립대 등록금은 9.1%, 사립대는 6.2%나 올랐다. 그러나 이명박 정부의 노력과 대학의 협력으로 2009년 이후에는 1.5% 이하로 낮아졌다. 그간 물가가 2.7% 오른 점을 감안하면 실질적으로 감소됐다고 할 수 있다. 정부는 이에 머무르지 않고 보다 더 피부에 와닿는 등록금 부담 경감을 위해 노력하고 있다.

이명박 정부의 교육정책이 효율과 경쟁을 우선한다는 평가가 많다. 그러나 획일적 교육과 치열한 입시, 사교육 경쟁 등 단선적인 진로진학의 틀에서 무너지던 교육의 형평성을 되살리고 있다. 다양한 학생들의 차이를 인정하고, 각자에 맞는 진로를 열어주고, 필요한 도움을 제때 해주는 '모두를 위한 교육'을 완성시키고 있다.

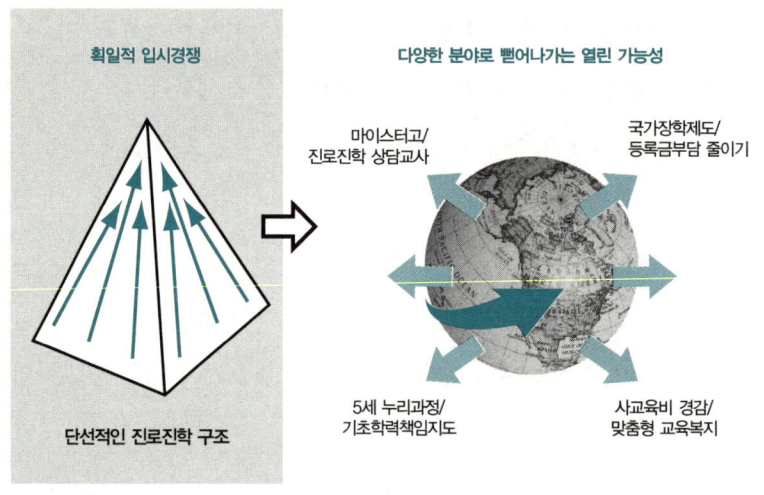

획일적 진로 모형에서 열린 가능성으로

오랜 숙제로 남아있던 유아교육과 보육 간 협력인 '5세 누리과정 도입', 학업성취도평가와 학교공시를 통한 '기초학력책임제도', 마이스터고 등 직업교육 선진화, 사교육비 감소, 맞춤형 '국가장학제도'와 등록금 부담 경감과 같은 굵직한 변화들을 일궈냈다. 이런 정책들은 공정한 교육 기회를 통해 우리 사회가 보다 안정적으로 성장할 수 있는 토대가 될 것이다.

창의인성을 갖춘 글로벌 인재를 키운다

공정한 교육 기회 보장과 함께 창의인성교육을 통해 우리 아이들을 글로벌 인재로 키우는 것이 이명박 정부 교육과 미래 정책의 다른 한 축이다. 학생들에게 창의성을 어떻게 가르쳐야 하는지 궁금해하는 경우가 많다. '창의'라는 이름의 과목을 만들어 주입식으로 가르친다고 창의력이 발휘되진 않는다. 입시 과목에 '창의'와 '인성'을 새로 만들어도 달라지는 것은 없다. 창의성은 교실수업, 학교경영, 입시제도 등 교육제도 전반과 사회를 감싸고 있는 공기와 같은 환경이다. 입시 위주 교육이 창의성과 인성을 강조하는 분위기로 전환될 때 비로소 학생의 생각과 생활까지 전달된다.

창의인성 교육과 입학사정관제도

그간 한국 교육의 가장 큰 문제점이 입시 위주였다는 점은 누구도 부인하기 어려운 사실이다. 모든 학교에서 똑같은 교육과정과 교과서를 가지고 수업을 해야 하고, 그것도 한 명의 교사가 많은 수의 학생들을 가르치니 주입식 수업과 획일적 평가가 불가피했다. 입시제도도 국가가 출제하고 채점해서 통보하는 시험점수에 지나치게 의존해왔다. 학생이 학교에서 무엇을 어떻게 배웠고, 어떠한 활동과 경험을 했는지는 그다지 중요하게 여기지 않았다. 학생의 학교생활과 소질보다 점수에 의존해 학생을 선발하는 체제가 굳어져왔다.

학교는 본연의 창의성과 인성을 함양시키는 교육보다 입시 위주 교육에 치중할 수밖에 없었다. 학생들은 꿈과 적성에 상관없이 자신의 점수에 맞춰 대학과 학과를 선택하고 점수를 높이기 위해 학원과 과외 등 사교육에 매달려야 했다. 학생들은 명문대 진학, 입시 위주 교육, 과도한 사교육이라는 획일적 경쟁의 틀, '레드오션'에 갇혀 시험선수로 길러지는 악순환이 계속됐다. 점수 위주 입시 체제에서 학교와 학생은 많은 것을 포기해야만 했다.

입시제도는 학교의 교육 내용과, 특히 학생의 생활에까지 많은 영향을 준다. 학교교육과 학생의 학교생활을 종합적으로 고려해 선발하는 체제가 보다 이상적이다. 그래야지만 교육과정, 교수학습, 평가가 유기적이고 균형적으로 이뤄지고 학교교육이 살아난다. 학교교육이 살아나야 학생들의 다양한 재능과 꿈이 살아날 수 있다.

창의인성교육은 결국 입시제도와 불가분의 관계이다. 지금까지 시험점수 위주의 입시제도에서 포기해야만 했던 다양하고 소중한 경험과 과정을 살려내야 한다. 이명박 정부에 들어와서 본격적으로 도입

입학사정관제도와 창의인성교육

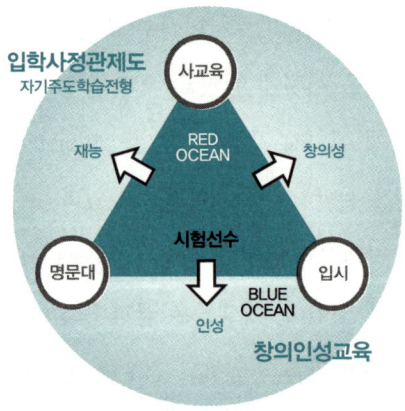

된 '입학사정관제도'는 이런 변화의 시작이다. 학생들이 획일적 경쟁의 틀인 레드오션에서 벗어나 무한한 가능성의 영역인 '블루오션'으로 뻗어갈 수 있도록 유도하는 정책이다. 시험점수로 평가되지 않는 창의성, 재능, 인성을 종합적으로 평가하는 선진화된 전형 제도이자, 덕성, 체력, 지성을 고루 갖춘 전인全人을 육성하자는 것이다.

입학사정관제도 도입 이후 학교교육과 학생생활에 긍정의 변화가 나타나고 있다. 학생들이 수업과 학교생활에 적극 참여하고 있으며, 학교에서 창의체험활동을 포함한 다양한 활동들이 살아나고 있다. 방과 후에 사교육에 시달리던 학생들이 다양한 체험활동, 봉사활동으로 인성을 개발하고 자신의 진로와 적성에 대해 생각하는 시간이 늘어났다. 현 정부 들어 전면 확산되고 있는 교과교실제, 학생들 스스로 학교생활의 원칙을 만들고 지키는 학교문화 선진화 등으로 학생들의 표정이 한결 더 밝아졌다.

고교 진학 단계의 자기주도학습전형 도입의 효과도 나타나고 있다. 특목고 진학을 위해 학교에서 가르쳐주지 않는 어려운 시험문제를 학원에서 배워야 하는 폐단도 많이 사라졌다. 학생과 학부모 스스로가 사교육을 줄일 필요성을 느끼고, 학생 스스로 호기심을 갖고 관심 분야의 문제를 해결하려는 분위기도 점차 형성되고 있다.

변화하는 학교교육과 학생문화

입시의 변화만으로 학교를 바꿀 수는 없다. 창의인성교육을 위해서는 입시제도와 학교교육이 조화를 이루며 변화해야 한다. 획일적 학교에서 창의적 인재 육성을 기대하기 어렵다. 이명박 정부에서 역점을 두고 추진하는 학교자율화 조치, 고교다양화 정책, 교육 과정 규제 완화, 창의경영학교 사업 등은 학교의 창의적 변화를 지원하는 사업이다.

변화를 이끌 역량과 의지를 갖춘 학교는 자율형 사립고(50개교), 자율형 공립고(116개교)로 지정해 선도적 모형을 제시했다. 정부 간섭을 최소화하고, 학교 현장의 자율성을 최대한 존중하는 모형이다. 농산어촌 지역에는 지역 특성을 고려해서 기숙형고(150개교) 건립을 지원하는 새로운 교육 모형을 제시했다. 마이스터고(28개교) 역시 보다 다양해진 고교의 대표적 유형이다.

초등학교와 중학교를 위해서도 각기 특색을 살리는 창의경영학교를 발굴해 지원하고 있다. 전국의 1만여 개 학교 중 현재 2,050개교가 학력향상형, 사교육절감형, 교육과정혁신형, 자율형 등의 모형으로 지원을 받아, 창의인성교육과 학생맞춤형 교육을 확산시키고 있다.

교육과정 개편을 통해서도 현장의 자율성과 다양성을 살리고 있다. 주입식 학습량을 20% 줄이는 대신, 체험과 참여하는 수업 기회를 늘려 지식과 창의성을 동시에 쌓도록 했다. 수학은 문제풀이 반복학습에서 생각하는 힘을 키우는 공부로, 영어는 실용영어 중심의 수업으로 전환되고 있다.

아울러 역사 교육 내실화로 대한민국을 자랑스럽게 생각하고 사랑하는 역사관을 갖도록 하고, 예술과 체육을 강조해 전인적 소양을 함양하도록 했다. 집중이수제와 블록타임제 도입을 통해 불필요한 학습 부담을 줄이도록 했다. 국민교육공통과정을 중학교 3학년 과정으로 완성하고, 고등학교 과정은 고교마다의 특색을 살리도록 한 것도 큰 변화이다.

동아리활동, 봉사활동 등 교과외 활동도 '창의적 체험활동'으로 통합하고 시수도 늘렸다. 프로그램 개발과 함께 활동에 필요한 정보를 알려주고 활동을 기록 관리할 수 있는 시스템도 갖췄다.

최근 지역사회와 기업의 참여로 확산되고 있는 교육기부 운동은 학생들에게 보다 적극적인 학습 기회를 마련하고 있다. 교실이나 학교에서 경험하기 어려운 다양한 프로그램을 생생하게 체험하고 다양한 분야에 관심과 흥미를 가질 수 있도록 도움을 주고 있다.

입시제도, 학교교육의 변화는 학생의 역할과 학교문화에도 영향을 미치고 있다. 주입식 수업과 타율적 학교문화에서 탈피해 학생들의 적극적 참여와 실천이 중심이 되는 교실수업과 학교문화로 변화하고 있다. 학생이 자신의 관심 분야와 수준을 선택해서 해당 교실로 이동해서 수업에 참여하는 교과교실제가 대표적 사례이다. 2014년까지 전국의 모든 중·고교에 교과교실체제가 완성돼 창의적 수업의 기반이 갖춰진다.

학생들이 직접 참여해 복장, 상벌 등 규율을 만들고 스스로 지키는 문화도 확산되고 있다. 입학식, 졸업식 등의 학교 행사도 본인들이 직접 기획하고 준비하는 학교가 늘고 있다. 참여와 실천을 통해서 자율을 배우고, 공동체에 대한 책임감도 키우는 새로운 문화가 만들어지고 있는 것이다.

교사와 학생이 만나는 학교와 교실이 정책의 최일선 현장이다. 결

교원정책의 틀

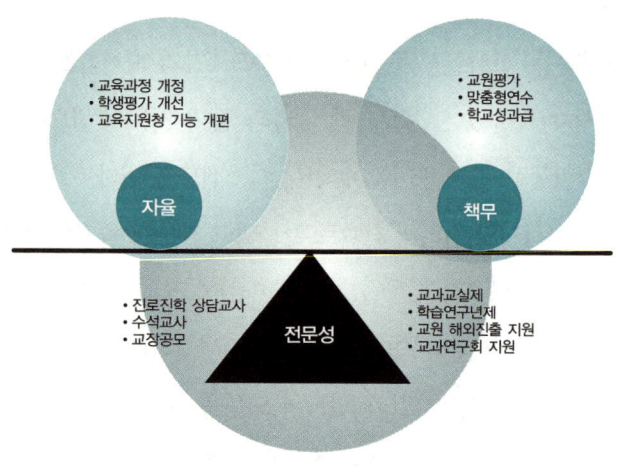

 국 학교와 교실 변화의 열쇠는 교사에게 있다. 학생을 이끄는 교사, 학교를 책임지는 교장의 역할은 다른 어떤 것으로도 대체될 수 없다. 창의적 교육과 글로벌 인재는 교사의 열정과 교장의 리더십으로 완성된다. 그 중요성만큼이나 중대한 변화가 일어났다.

 몇 십 년 동안 미결된 채 숙제로 남아있던 교원평가가 전면 실행됐고, 수석교사제와 교장공모제가 법제화되고 대폭 확대됐다. 또한 이명박 정부 들어 학습연구년제가 처음 도입됐고, 예비교사들을 위해 임용시험 6개월 이전에 과목별 선발 규모를 미리 알려주는 사전예고제를 시작했다. 교원정책의 핵심은 전문성에 바탕을 둔 자율성과 책무성의 조화로 요약된다. 교단의 열정이 깨어나고 학교의 가능성이 커지는 긍정의 변화가 확산돼야 한다.

최근 고교다양화, 학교자율화 정책 등 학교 제도의 변화를 평준화 해체나 비평준화 회귀로 오해하는 시각도 있다. 그러나 과거로 돌아가는 것이 아닌 새로운 미래를 만들어가는 과정이다. 학교가 자율을 통해 교육의 다양성을 추구하고 입시제도와 조화를 이뤄 선진적 교육체제를 구축하는 단계이다. 평준화와 비평준화 이분법 시대를 뛰어 넘어 다양화로 패러다임이 전환되고 있는 것이다. 정부는 현장과 끊임없이 소통하면서 새로운 학교교육의 틀을 만들어가고 있다. 여기에 국민의 관심과 지원이 더해진다면 '긍정의 변화'는 점차 '긍정의 현실'로 다가올 수 있다.

대학의 변화로 선진 일류 국가 문턱을 넘는다

대학 개혁은 대한민국의 선진국 진입을 위한 시험대이며, 고등교육은 글로벌 시대, 지식정보 사회에서 한국이 세계 일류 국가로 거듭날 수 있는 전략 분야이다.

상위권 대학의 국제경쟁력 제고를 위한 규제 완화와 동시에 부실 대학구조조정 촉진 등 시스템 개혁이 급선무이다. 교육과학기술부는 대학구조조정과 경쟁력 강화를 위해 체계적으로 접근하고 있다. 2008년 말 개통된 대학알리미 사이트를 통해 그간 대학이 공개를 꺼려하던 충원률, 취업률, 연구 성과, 예결산 자료 등 핵심 정보들을 공개하기 시작했다. 대학정보공시는 대학 간 건전한 경쟁을 촉진하고, 경영의 투명성을 일신하는 계기가 됐다. 또한 대학 운영 성과와 정부 정책의 책무성까지 강화했다. 과거 일회성 사업계획서와 요식적 성과 평가 중심의 재정사업을 중단하고, 공시된 지표에 근거한 객관적이고 투명한 기준으로 선정과 평가가 이뤄지고 있다. 대학들로서는 추가적인 행정 서류작성의 부담이 사라졌으며, 지원금의 용도도 훨씬 자율적으로 결정할 수 있게 됐다.

취업후 학자금 상환제도 도입과 함께, 2010년 처음으로 학자금 대출 제한 대학을 발표하면서 실질적인 대학구조조정에 착수했다. 또한 대학 경영이 어렵다고 판단되는 부실 대학들을 선별해 경영 개선 컨설팅과 구조조정을 요구하고 있다. 앞으로 부실 대학의 학교 폐쇄 절차와 학교법인의 해산 절차가 보다 체계화될 것으로 전망된다.

여기에 국내 대학의 경쟁력을 세계적 수준으로 끌어올리기 위한 변화가 이어지고 있다. 국립 서울대의 경우 국내 대학 중 최고라는 평가를 받지만 여전히 국제경쟁력이 취약하다. 2010년 12월 국회를 통과한 서울대 법인화법은 새로운 전기를 마련했다. 정부 조직의 일부로서 운영되던 인사와 예산의 제약에서 벗어나, 자체 이사회를 통해 자율적 의사결정과 예산 편성 집행을 통해 세계 대학들과 경쟁할 수 있는 기반을 마련했다. 대학들이 해외 우수 석학을 초빙할 수 있도록 지원하는 '세계 수준의 연구중심대학 육성사업WCU'을 통해 대학의 국제경쟁력을 높이고 있다.

등록금에만 의존하던 고등교육 재정 구조에도 큰 변화가 불가피한 상황에 닥쳤다. 고등교육이 이미 보편화된 상태이기 때문에 대학 학비를 학생과 가계에만 부담 지울 수는 없다. 대학 스스로 경영 개선을 통해 재정효율성을 높이는 자구 노력과 함께 연구비, 기부금, 수익사업 등 재원을 다변화해 등록금 의존도를 낮춰야 한다. 정부 역시 가계의 높은 대학 등록금 부담을 줄이기 위해 적극 노력하고 있다. 학생들을 제대로 교육시키지 못하는 부실 대학의 퇴출이나 구조조정을 진행 중이다. 대학 구조개혁을 위한 정책의 구체화와 함께 대학 학비 부담 경감을 위한 세부 실행 방안도 마련해갈 예정이다.

대학구조개혁과 등록금 부담 경감을 위해서는 결국 대학이 스스로 나서서 문제를 해결하도록 대학의 자율성을 최대한 존중하여야 한다. 산업화 시대부터 굳어버린 전공체제와 교육 내용으로는 미래를 이끌 다양한 글로벌 인재를 길러낼 수 없다. 최근 학부교육과 교양교육에 많은 관심을 가지고 노력하는 변화가 나타나고 있다. 어떤 커리큘럼으로 인재를 기를 것인지에 대한 고민이 확산되고 있다. 대학교육은 대학의 자율역량이 전적으로 중요한 만큼, 정부는 잘하는 대학을 발굴하고 지원해서 이들 대학이 다른 대학을 선도하도록 유도하고 있다.

'대학교육역량강화사업'은 대학과 전문대학이 학생 교육에 대한 고민을 촉진시킨 대표적 사업이다. 또한 '학부교육선진화 선도대학 지원사업ACE'을 통해서도 대학이 스스로 학부교육 강화와 창의융합 인재 양성을 위한 혁신을 하도록 지원하고 있다. 대학과 산업, 지역사회의 동반 성장에도 역점을 두고 있다. 대학이 지역사회의 인재를 발굴해 육성하고, 기업 및 산업체들과 활발한 교류를 하도록 '산학협력 선도대학LINC'을 지원하고 있다.

대학 개혁은 선진국 문턱에 와있는 대한민국이 풀어야 할, 가장 어렵지만 해내야 할 숙제이다. 경제나 안보와 달리 교육 문제는 우리 사회 내부의 힘으로 해결의 실마리를 찾을 수밖에 없다. 대학 개혁이야말로 곧 우리 사회 선진화의 시험대인 것이다.

창의 융합으로 과학기술 르네상스를 연다

우리나라 경제성장에서 과학기술의 역할을 빼놓을 수 없다. 과학기술은 경제의 뿌리이고, 경제 영토 확장과 일자리 창출의 첨병 역할을 해 왔다. 개발도상국가였던 시기에는 선진국의 산업과 기술을 따라잡기 위한 정부 주도의 강력한 기술 개발 투자가 주효했다. 1966년 한국과학기술연구소KIST, 1971년 한국과학원KAIS, 1970년대 중반 대덕연구단지, 이후 잇달아 설립된 정부출연연구소 등은 과학기술과 경제의 압축 성장에 큰 기여를 했다.

모방 추격에서 창의 선도로
이제 한국은 선진국을 모방하고 추격하는 개발도상국가에서 세계 사회를 이끌어갈 선진 국가로 진입을 눈앞에 두고 있다. 과학기술 발전 전략도 과거 산업화 시대의 패러다임을 졸업하고 글로벌 시장을 이끄는 창의적 틀을 갖춰야 한다. 정부 주도의 출연연 육성과 연구단지 조성 등은 우리나라가 짧은 기간 동안 과학기술의 세계 경쟁력을 끌어올리는 데 큰 역할을 했다. 특히 정부출연연구소는 국내 연구개발제도 정착과 연구 수준 향상의 견인차 역할을 했다. 1969년 당시 총연구개발비의 86.4%를 국공립연구소와 정부출연연구소가, 1979년에는 51.6%를 출연연이 사용했다. 이후 민간과 대학의 연구비 규모가 늘어나면서 출연연의 비중이 낮아지기는 했으나, 정부와 출연연이 국가 연구개발을 주도했다고 볼 수 있다.

특정 기관을 집중 육성해 단기간 압축 성장의 효과를 거둔 반면 부작용도 있었다. 산업현장에 필요한 산업기술 연구에 초점이 맞춰지다 보니, 기초과학이나 순수연구 분야에 대한 지원이 미약해 전체적인 과학기술의 기초체력을 키우지 못했다. 특정 기관과 산업 분야 중심의 연구 지원은 과학기술의 저변을 확대하는 데도 한계로 지적된다. 이공계 중심의 연구 풍토는 다른 학문 분야와의 소통과 융합 측면에서 한계점을 드러냈다. 대학과 정부연구소 간의 분절은 창의적 인재와 기초학문 분야 육성에도 문제를 드러내고 있다.

연구비 규모를 보더라도 정부 주도 출연연 중심의 연구개발 전략을 재점검할 때가 됐다. 1970년 정부와 민간의 연구개발비 비율이 71:29이었던 것이 2009년에는 29:71로 바뀌었다. 후발 도상국의 한계를 뛰어넘어 창조적 과학기술을 개발하기 위한 새로운 전략이 절실한 상황이다.

모든 과학기술은 융합의 결과, 창의성의 산물이다. 망해가던 애플을 살려낸 스티브 잡스는 매번 신제품을 낼 때마다 기술과 인문교양 간의 융합을 강조한다. 기술만으로는 창의성이 나올 수 없다는 것이다. 그는 "소크라테스와 반나절을 보낼 수 있다면, 우리 회사의 모든 기술을 그에게 건네줄 용의가 있다"고까지 말했다. 오늘날 우리가 하늘을 날 수 있는 것은 단지 유체역학 이론이나 비행기 제작 기술 덕분만은 아니다. 새가 되어 하늘을 날아보려 했던 인간의 엉뚱한 창의성과 이카루스의 추락을 극복하려 했던 인간 도전정신에서 시작됐다.

2001년 12월 미국 과학재단과 상무부가 함께 펴낸 융합기술convergent technology에 관한 보고서는 "나노기술, 생명공학 기술, 정보기술, 인지과학 등 4대 분야NBIC의 상호의존적 결합을 융합기술"이라고 정의하고, "기술 융합으로 르네상스 정신을 살릴 때가 됐다"고 밝혔다. 르네상스의 특징은 학문이 전문 분야별로 쪼개지지 않고 예술, 기술, 과학이 상당 부분 동일한 원리에 바탕하고 있다는 점이다. 다시 말해 창의적 개인이 '오늘은 화가, 내일은 기술자, 모레는 작가'가 될 수 있었다. 기술 융합이 완벽하게 구현되는 2020년 전후로 인류가 새로운 르네상스를 맞아 누구나 능력을 발휘하는 사회가 도래할 가능성이 높다는 전망이 나오고 있다(이인식, 2008).[2]

우리 사회가 빠르게 변화하는 세계 과학기술의 흐름에 뒤쳐지지 않고, 선진국으로 진입할 수 있는 발판을 마련하기 위해 이명박 정부는 과학기술의 새로운 패러다임을 마련했다. 그 핵심 키워드는 인재, 창의, 융합으로 요약된다.

과학기술도 결국 우수 인재 확보에 성패가 달린 만큼, 교육 단계에

---

[2] 이인식(2008). 『지식의 대융합』. 고즈윈.

서부터 창의적 과학기술인재를 육성해야만 창의적 성과물이 나올 수 있다. 이제 교육과 연구가 별개가 아닌 경계를 초월한 융합이 창의적 과학기술을 위한 핵심전략으로 작용한다. 이를 위해 학교교육에서부터 '융합인재교육STEAM'을 통해 창의적 인재를 기르고, 대학의 강의실과 연구실의 구분을 허물어 융합 인재를 길러내고 있다. 학부과정부터 과학자에 이르는 과정까지 정부가 우수 인재를 집중 지원하는 '글로벌박사 장학금GPS' 시스템도 갖췄다.

기존 연구 지원 체제를 그대로 두고 창의와 융합을 이뤄낼 수 없다. 대학과 연구기관, 학문 분야별, 연구와 산업, 과학기술과 생활문화 간의 벽을 허물어야 혁신이 가능하다. 교육과학기술부 출범으로 이런 장벽들이 낮아지고 협력과 융합이 강화되고 있다. 교육 연구, 과학기술, 생활문화를 융합한 '국가과학비지니스벨트'와 더불어 교육과학기술부, 기재부, 지경부가 합의해 만든 '국가과학기술위원회'의 재편, 한국과학재단, 한국학술진흥재단을 통합한 '한국연구재단' 출범 등은 창의와 융합을 위한 정부의 리더십을 보여준다. 기존의 과학 문화를 이끌어온 역할에 창의인재 육성 기능을 추가한 '과학창의재단'의 출범도 과학과 교육의 대표적 융합 사례이다.

우수 과학기술 인재 확보, 정부의 연구개발 지원 체제 개편과 함께 기초원천 부문, 미래 전략 분야에 대한 투자는 지속적으로 강화하고 있다. 특히 창의성이 잘 발현될 수 있도록 개인기초연구, 우수 연구자들의 집단기초연구 등을 활성화하고 있다. 미래 우리 사회의 먹을거리를 책임지는 녹색성장, 원천기술, 원자력, 우주개발 등에 대한 투자도 획기적으로 증가하고 있다.

과학기술도 결국 인재가 핵심

창의와 융합은 연구실뿐 아니라 우리의 일상생활, 교실, 강의실, 사무실, 생산현장에서도 일어나고 있다. 창의와 융합은 과학이론에서만 나타나지 않고 예술, 역사, 철학, 인문 등 어디에서나 시작될 수 있다. 그리고 그 시작의 핵심은 사람이다. 과학기술 강국, 선진국으로 진입하는 관건은 얼마나 많은 연구개발비를 투자하느냐가 아니라, 얼마나 훌륭한 과학기술 인재들을 어떻게 많이 확보하느냐가 최우선이다.

교육과학기술부가 역점을 두는 융합인재교육STEAM은 학교교육에서 학생들이 어려운 시험과목으로 생각하는 과학이나 수학 과목을 기술, 예술 등과 접목시켜 흥미와 함께 융합적 사고력을 키우기 위한 정책이다. 학교에서는 과목, 대학에서는 전공의 벽에 가려 시도되지 못했던 주제별 학습을 권장하고 있다. 과학이론 따로, 활용기술 따로가 아닌 이론과 응용기술을 동시에 배우고 활용하는 실습과 체험을 강화하고 있다. 또한 기존 주입식 지식 전달의 수업 방식에 그치지 않고, 실제 문제해결 방법을 함께 찾아보는 수업 방식으로 학생들의 적극적인 참여를 유도하고 있다. 이는 단지 학교교육에만 적용되는 원리가 아니다. 대학 학부교육에서도 전공 간 경계를 허무는 융합 인재 양성에 적용되고 있으며, 대학원 과정에서도 새로운 학문 분야 신설과 혁신적 융합연구에까지 확대된다.

한 명 한 명이 누구나 소중하고 각자의 재능을 살리는 일은 매우 중

창의적 과학기술 인재 양성 체계

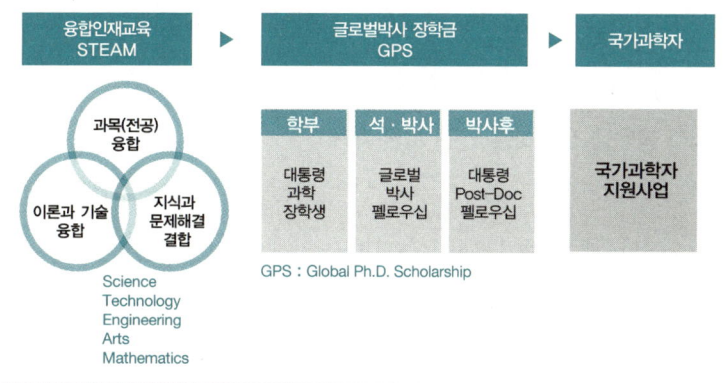

요하다. 그중에 좋은 두뇌로 훌륭한 연구 성과를 만들어낼 수 있는 인재를 발굴하지 못하거나 해외에 빼앗기는 일은 국가 차원에서 매우 불행한 일이다. 그래서 예비 과학자들을 위해 학부과정에서 박사후 단계까지 끊임없이 국가가 지원하는 체제를 완성했다. 이전에 학문 분야에 따라 분절되고 사업 담당 부서가 달라 체계적으로 지원되지 못했던 장학과 연구 지원 사업을 '글로벌박사 장학금GPS'으로 통합했다.

대학과 정부 연구소 간의 통합과 협력이 촉진되고, 연구 성과 활용 촉진 시스템이 자리 잡는다면 보다 우수한 인재들이 과학기술계로 더 많이 진출하려 할 것이다. 연구자들에게 단지 안정적 일자리를 제공한다고 해서 과학기술의 발전이 보장되지 않는다. 과학자들이 창의적 연구에 도전하고 성과를 적극적으로 활용할 수 있는 연구환경을 조성해 마음껏 창의력을 발휘할 수 있도록 해야 한다. 이공계 기피 현상은 결국 과학기술계의 혁신과 선진화로 풀어야 할 문제이다.

창의와 융합을 촉진하는 연구 지원 체계

정부는 변화하는 시대와 환경을 읽고 과학기술 발전을 위한 새로운 전략을 준비해야 한다. 과거 추격형 전략에서 선도형 전략으로 전환하기 위해서는 정부 역할 자체의 변화도 필수적이다. 정부나 출연연구기관 주도의 연구개발패러다임을 재점검하고, 창의와 융합을 촉진하기 위한 연구지원체제를 마련해야 한다.

대학과 연구기관의 융합을 통해 잠재적 창의성을 극대화할 필요가 있다. 기술 변화 속도에 대처하려면 다양한 개인이나 조직들이 서로의 강점을 살리는 전략도 모색해야 한다. 대학과 출연연의 협력과 융합은 과학기술 발전의 새로운 기회의 장이 될 것이다. 상대적으로 대학은 연구 인력이 많고 기초학문 등 학술적 연구 분야에 강점이 있으며, 연구소는 우수한 실용화 기술, 연구설비, 연구지원체계에서 장점이 있다. 실제 대학과 연구기관 간 협력으로 이뤄낸 연구 성과가 대학 단독 수행 연구성과에 비해 특허, 기술료 측면에서 우수하다는 연구 결과가 있다(황석원 외, 2008).[3]

창의적 기술 연구는 개방과 협업으로 이뤄지는 만큼 산·학·연 융합이 어느 때보다 절실하다. 기초학문·응용연구·산업기술, 강의

---

[3] 황석원 외(2008), 학연협력의 경제사회적 효과분석을 통한 학연협력 기반의 R&D 정책방향 제시.

실·연구실·생산현장, 교수·연구원·기업 간의 융합은 결국 기초학문 육성과 연구 역량 강화, 스핀오프spin-off로 이어질 것이다. 정부는 이러한 산·학·연 융합의 선순환이 정착될 수 있도록 다각적인 노력을 진행 중이다.

연구자 지원 체계 면에서도 많은 변화가 있었다. 과학기술부와 교육부의 통합으로 한국과학재단과 한국학술진흥재단의 통합이 뒤따랐다. 2009년 과학기술과 인문사회 분야를 아우르는 연구지원 기관인 '한국연구재단NRF'을 출범시켜 연구지원의 전문성을 강화했다. 해당 분야의 최고 전문가를 연구사업관리전문가PM로 초빙해 연구개발 사업의 기획과 관리를 담당하게 했다. 연구자들이 연구에 전념할 수 있도록 행정적 절차를 줄이고, 자율성과 투명성을 살리는 연구지원 체제로 선진화하고 있다.

2011년 새롭게 출범한 '국가과학기술위원회'도 교육과학기술부 출범, 국제과학비지니스벨트 사업과 함께 혁신적 연구자 지원 전략이자, 과학기술 발전 전략 중 하나다. 역대 정부에서도 과학기술정책 종합 조정 역할을 담당할 기구에 대해 여러 시도가 있었다. 1972년 종합과학기술심의회(총리 소속), 1982년 대통령이 주재하는 기술진흥확대회의, 1984년 기술진흥심의회(위원장 과기처 장관), 1999년 국가과학기술위원회(위원장 대통령), 2004년 과학기술관계장관회의(의장 과기부 총리), 과학기술혁신본부 설치 등의 변화를 거쳐왔다. 그러나 실제 부처 간의 업무를 조정할 권한이나 영향력이 부족했던 것이 사실이다. 2011년 3월 공식 출범한 국가과학기술위원회는 대학, 출연연구소, 예산을 각각 맡고 있는 교육과학기술부, 지식경제부, 기획재정부 세 개 부처가 문제인식과 해결방안을 공감했다는 점에서 매우 뜻깊은 일이다. 각 부처에 흩어져있는 국가 R&D에 대한 종합 조정기능을 강화하기 위해, 기존 비상설 자문위원회를 대통령 소속 상설 행정위원회로 개편해 실질적 행정 권한을 부여했다. 조직의 독립성과 전문성을 확보하기 위해 고유 사업 부서 인력의 약 절반 정도를 민간 전문가로 충원했다. 국과위는 앞으로 국가의 과학기술 전략을 수립하고, 각 부처의 과학기술 업무의 정합성을 높여 과학기술 강국의 디딤돌 역할을 할 것이다.

국제과학비지니스벨트, 융합의 결정체

국제과학비즈니스벨트는 과학기술은 물론 교육, 산업, 문화 간 융합 프로젝트이다. 정부 출범 이후 각계각층의 여론 수렴을 거쳐 2010년 말 관련 법률이 국회를 통과했고, 이후 2011년 5월 구체적 입지선정 등 추진계획이 발표됐다. 확정 과정에 여러 우여곡절이 있었으나, 국가의 미래를 설계하는 핵심정책에 큰 걸음을 내딛은 셈이다.

국제과학비지니스벨트가 본격적으로 운영되면 국내 기초연구 역량은 획기적 전기를 마련할 것이다. 3,000여 개 이상의 이공계 고급 일자리를 창출해냄으로써 우수 인재의 해외 유출을 막고, 해외에 머무르는 우리나라의 우수 인력이 다시 국내로 돌아오게 만드는 기반 역할을 하게 된다. 또한 외국의 우수한 인재들이 한국으로 모이는 계기가 될 수 있다. 국제과학비지니스벨트에서는 대한민국뿐 아니라 인류의 미래를 책임질 창조적 지식과 원천기술 개발이 이뤄진다. 이를 통해 선진국 추격형에서 선도형 R&D로 전환하고, 과학기술은 물론 교육과 산업으로 세계를 이끄는 교육과학기술 강국으로 변모할 것이다.

과학기술의 不屈과 屈起

과학기술은 불굴과 굴기의 연속이다. 실패에서 좌절이 아닌 희망을 배우면서, 어려움에 굴하지 않는 불굴의 정신과 다시 시작해서 성과를 이뤄내는 굴기의 업적이 오늘날 대한민국을 만들었다. 이명박 정부는 2008년 금융위기 상황에서도 연구개발비 투자를 지속적으로 늘리고 있으며, 기초원천 분야에 대한 투자를 꾸준히 확대하고 있다. 미래의 성장 동력을 찾는 '글로벌프론티어사업단'을 2010년 3개 선정했으며, 2011년에 4개를 추가로 선정하는 등 지원을 강화하고 있다. 창의적, 도전적 연구를 지원하기 위해 이공계 교수들의 개인 기초연구 참여율을 2012년까지 35%로 확대할 계획이다.

한편 두 번의 실패를 밑거름 삼아 한국형 발사체KSLV-II의 성공적 발사, 위성 개발, 녹색성장 등도 전략적으로 매우 중요한 숙제이다. 정부는 원자력발전에 선도적 역할을 하는 연구용 원자로를 2009년 최초로 수출한 경험을 살려 원자력 기술을 선도하는 한편, 새롭게 출범할 '원자력안전위원회'의 성공적 안착에도 노력할 것이다. 뇌과학 분야도 세계적 고령화 추세와 함께 여러 분야에 걸친 융합기술 분야이기 때문에 그 중요성이 높다. 2013년 새롭게 출범하는 '한국뇌연구원'을 계기로 이 분야는 물론 관련 분야의 학문과 기술이 함께 성장하도록 지원할 계획이다.

　이제 과학기술은 연구개발이나 경제를 넘어 우리의 사고방식, 생활, 문화에까지 확산되고 있다. 과학기술의 중요성을 어렸을 때부터 인식시키고 보다 많은 인재들을 이 분야로 끌어오기 위한 노력을 심화하고 있다. 학문과 전공 분야 간의 높은 장벽을 허물고, 대학과 연구소 간의 폐쇄성을 극복해 창의적 연구개발과 성과 확산이 이어지도록 하고 있다. 이를 위해 과학기술 인재 양성, 연구개발 지원, 창의적 연구 환경 조성 등도 글로벌 수준으로 진화시키고 있다.

　이명박 정부 출범 이후 학교교육의 창의성이 강화됐고, 대학을 비롯한 각종 연구에서 학문 간, 기관 간 융합이 촉진됐다. 또한 예비 과학자들을 국가가 지원하는 체제도 완성했다. 뿐만 아니라 국제과학비지니스벨트, 국가과학기술위원회, 원자력위원회 출범 등 과학기술 분야 연구 지원과 행정 체제가 강화됐다. 과학기술 르네상스를 향한 새로운 항해가 시작되고 있다.

긍정의 변화

이명박 정부와 교육과학기술부 출범 이후 수년 동안 지연돼왔던 많은 정책 결정이 이뤄졌다. 그리고 정책이 흔들림없이 일관적으로 추진되면서 그 효과가 서서히 나타나고 있다. 현재 정책현장에서 일어나는 변화는 보다 많은 사람들에게 혜택이 돌아가고, 모든 국민들이 함께 만들어가는 변화라는 의미에서 '긍정의 변화'이다. 또한 미래에 대한 자신감과 긍정적 마음을 가지고 만들어가는 교육과 과학기술 분야의 바람직한 변화이다. 부정적 선입견과 편견에서 벗어나 소통과 긍정에서 시작된 변화는 다음 세대의 밝은 미래를 만들어가는 결과로 이어질 것이다.

어느 누구 어떤 재능도 놓치지 않는 교육시스템, 창의인성을 갖춘 글로벌 인재 육성, 선진국 진입을 이끌 대학 개혁, 창의와 융합을 통한 과학기술 르네상스 등의 인재대국 4대 추진 전략은 뒤에 소개될 16개 중점과제 속에서 구체적 내용을 살펴볼 수 있다.

그러나 정책 변화만으로 정책의 성공을 보장하지 못한다. 학교, 대학, 연구소 등 정책현장에서 교사, 연구자, 학생, 학부모 등이 모두 변화를 체감할 때 정책이 성공적으로 뿌리내릴 수 있다. 16대 과제들이 현장에서 뿌리를 내리고, 긍정의 변화가 확산될 수 있도록 정부는 현장과의 소통을 더욱 강화할 것이다.

과거 아무도 상상하지 못했던 대한민국의 경제발전과 민주화의 역사는 이제 인재대국 건설로 이어지고 있다. 특히 2010년 G20 서울 정상회의 이후 세계 각국에서 우리나라의 교육과 과학기술 변화에 주목하고 있다. 대한민국은 더 이상 동북아시아의 작은 변방국가가 아니다. 지금 이 순간에도 글로벌 지식사회를 이끌고 미래기술을 선도하는 인재들이 성장하고 있는 곳, 바로 인재대국 대한민국이다.

CHAPTER 3

세계가 주목하는
한국의 교육과학기술

배성근[1] 서유미[2]

한국의 교육과학기술—글로벌 1부 리그로…

2012 APEC[3] 교육장관회의 – 교육과학기술 외교의 새 지평을 열다!

2012년 5월, 우리나라는 정부수립 이후 교육 분야 각료급 국제회의로는 최대 규모인 APEC교육장관회의를 21개 전회원국[4]과 교육전문가, 학생, 교사 등 600여명이 참가한 가운데 천년고도 경주에서 성공적으로 개최하였다.

---

1 현 경북대학교 사무국장, 국제협력관, 세계은행 파견관 등 역임
2 현 국제협력관, 전북대학교 사무국장, 순천대학교 사무국장 등 역임
3 아시아 태평양 경제협력체(Asia–Pacific Economic Cooperation)
4 21개 회원국 중 19개국 장·차관 참석

이명박 대통령은 영상 메시지를 통해 "대한민국 국민은 교육이 기적을 낳고 개인과 한 나라의 미래가 교육에 달려있다는 위대한 진실을 역사 속에서 체험해 왔다"고 언급하면서 "아·태 지역의 교육발전을 위한 APEC 회원국 간의 교류와 협력이 더욱 깊어지기를 기대한다"는 뜻을 전했다.

그리고 이주호 교육과학기술부 장관은 기조연설에서 교육혁신과 협력을 통해 미래의 도전과제에 대응할 것을 역설하면서, 반세기만에 국가를 일으켜 세운 한국 교육의 저력과 우수성을 다양한 정책 사례와 함께 각 국 대표단에 설명했다. 특히 학업 성취도 못지않게 창의·인성교육이 중요함을 강조하면서 한국의 '밥상머리 교육Dinning Table Education'을 소개하여 회원국 장·차관들과 언론의 많은 관심과 지지를 받았다.

2012 APEC 교육장관회의는 〈미래의 도전과 교육의 대응 : 글로벌 교육, 혁신교육 및 교육협력 강화〉[5]를 주제로 회원국 간 정책 공유를 통하여 미래교육의 비전을 제시하였다.

특히 교육협력Education Cooperation 세션에서는 교육을 통하여 역내 경제발전과 통합이라는 APEC의 목표에 접근했다는 점에서 회원국들은 의장국인 한국에게 아낌없는 찬사와 지지를 보냈다.

---

[5] Future Challenges and Educational Responses : Fostering Global, Innovative, and Cooperative Education

제5차 APEC 교육장관회의 주요의제

전체 주제		미래의 도전과 교육의 대응 : 글로벌 교육 · 혁신적 교육 및 교육협력의 강화 (Future Challenges and Educational Responses : Fostering Global, Innovative, and Cooperative Education)	비고 (주도국)
세부 주제	세계화	I. 글로벌 교육 : 대학 진학과 직업세계를 대비한 미래 역량의 배양 - 수학 · 과학교육 및 언어 · 다문화 교육 - 직업 · 기술교육 및 고등교육의 질	러시아/페루 중국/필리핀
	혁신	II. 혁신 교육 : 교육기술을 통한 혁신적인 지식전달 시스 템과 학습 방법의 창출 - 교육에서의 테크놀로지/ ICT - 교사 시스템	한국 미국/칠레
	협력	III 교육 협력 : 지속가능한 개발을 위한 교육 - APEC 교육장관회의 의제 실행을 위한 실질적 메커 니즘 구축 방안의 제안	한국

우리나라는 이번 교육장관회의에서 풍성한 결실을 맺었다. 지금까지 단순한 정보공유에 머물던 회원국 간 협력수준을 성과 중심의 실천적 프로젝트로 가시화하기 위해 2016년까지 교육협력 이니셔티브 기간으로 정하고 구체적인 실천방안을 마련하는 '교육협력프로젝트 Education Cooperation Project: ECP' 추진을 합의하였고, 우리나라 ICT 분야의 우수사례를 공유함으로써 교육현장의 희망찬 미래를 마음껏 보여주었다. 또한, 회의 기간 동안 진행된 12개 회원국 수석대표와 양자회담에서는 교사교류 확대, CAMPUS Asia[6] 사업을 통한 대학 간 교류

---

[6] Collective Action for Mobility Program of University Students in Asia

확대, ICT · 스마트 교육 협력 추진, 교육약정 체결 등을 통하여 한국 교육 외교의 리더십을 유감없이 발휘하였다.

특히, 미국과는 학교 폭력 예방을 위한 대응체계 구축 및 공동 연구를 실시하기로 합의하였다. 미국 수석대표로 참석한 앤소니 밀러 차관은 이번 회의를 통해 "오바마 대통령이 왜 한국교육을 모범사례로 언급[7]하는지 알겠다"면서 "다시 한 번 한국 교육에 깊은 인상을 받았다"고 하였다.

한국전쟁 이후 세계 최빈국 중 하나였던 우리나라가 교육의 힘으로 세계 리더 국가의 반열까지 올랐고, 이제 APEC 교육장관회의 개최를 계기로 교육과학기술 외교의 새로운 지평을 열게 되었다.

한국의 교육과학기술 – 세계와 通하다

이명박 정부 들어 교육과학기술 부문에서 큰 성과 중의 하나는 전 세계를 향한 글로벌 협력이 본격적으로 이루어 졌다는 것이다. 교육부문에서 호주, 베트남, 아제르바이잔(이상 2008년), 뉴질랜드, 인도네시아, 오스트리아, 칠레, 이탈리아(이상 2009년) 등과 교육 협력약정을 체결했다. 과학기술부문에서는 스위스, 러시아(이상 2008년), 스웨덴(2009년), 인도(2010년)와 협력약정을 체결하고 이스라엘, 스위스, 중국(이상 2009년), 몽골, 미국(이상 2010년) 등과 공동위원회를 개최하는 등 교육

---

[7] '한국 학부모들은 최상의 교육을 원한다' (2009.11.24. '교육혁신캠페인'에서)
'한국교육은 1등을 위해 뛴다' (2010.10.11.)
'한국에서는 교사가 국가건설자(Nation Builder)이다' (2011.1.25. '국정연설'에서)

과학기술 외교의 폭을 전 세계로 확대시켰다. 2012년 5월에는 덴마크와 '과학기술혁신 및 고등교육 분야 협력 양해각서'를 체결하면서 녹색기술을 중심으로 한 양국 간 협력의 초석을 닦았다.

특히, 2010년 G20 정상회의 이후 교육과학기술 협력을 위한 장관급 회담과 국제회의가 매우 많아지고 있다. 2011년에는 한-인도 장관급 과학기술공동위원회, 한-미 교육과학기술 장관급 회담, 한-브라질 과학기술공동위원회 등 굵직한 행사들이 잇따랐다. 비공개 양자 회담도 덴마크, EU, 인도네시아, 중국, 일본, 코스타리카, 호주, 영국, 태국 등 10개국이 훌쩍 넘는다.

2012년 5월에는 러시아 모스크바에서 10월에 있을 나로호 3차 발사를 위한 협력관계를 더욱 공고히 하기 위한 '한·러 우주 장관회담'과 교육 및 과학기술협력을 위한 '한·러 교육과학기술 장관회담'이 개최되어 양국 간 교사 교류, 학위 상호인정 협력을 포함한 대학 간 협력 강화, 첨단과학기술분야 연구 협력 확대 등에 대한 논의가 이루어졌다.

장관급 회담은 어렵게 성사되는 만큼 치밀한 사전 논의와 준비를 함으로써 최고의 성과를 창출하고 국가 간 협력관계의 틀이 한 단계 격상되기에 그 의미가 크다.

2012년 7월 대구 EXCO에서 열린 HFSP[8] 2012 수상자 총회Awardees

---

[8] 휴먼 프론티어 사이언스 프로그램, Human Frontier Science Program, 1987년 G7 정상회의에서 제안됐으며 뇌기능분야(뇌과학)와 인체기능분야(분자생물학)를 주연구 분야로 함.

Meeting는 향후 교육과 과학기술 융합분야에서 우리나라가 선도적인 국제협력 리더십을 발휘 할 수 있는 새로운 가능성을 엿볼 수 있는 기회가 되었다. 동 기간 중 교육과학기술부 이주호 장관과 생명과학분야 국내외 저명 석학들이 '뇌과학 활용방안 및 미래 사회를 대비할 수 있는 프런티어 사이언스 방향 모색'을 주제로 현대사회의 병폐(게임중독, 학교폭력, 자살 등) 해결에 있어 뇌과학의 역할을 논의하면서, 앞으로 뇌과학에 기초한 교육정책 추진에 대한 국민인식을 강조하였다.

우리나라 교육과학기술 외교의 큰 장점이자 특징 중 하나는 전 세계 어느 국가와도 협력 할 수 있는 리더십을 갖추고 있다는 것이다. 그 배경은 우리나라만이 갖고 있는, 최빈국에서 선진국까지 올라선 경험과 현재 갖추고 있는 교육과학기술 경쟁력에 근거한다 할 수 있겠다.

한편 이제 우리는 우리 교육의 문제점까지도 솔직하게 말하고 그 정책대안을 소개할 수 있는 단계에까지 와있다. 2011년 아셈[9] 교육장관회의에 참석한 이주호 장관은 덴마크 등 5개국과의 양자회담과 미국 교육부 차관과의 회담에서 입시위주 교육과 사교육 등 우리 교육의 과제들과 이들을 극복하고 우리 교육의 근간을 더욱 튼튼히 한 융합인재교육[10], 입학사정관제, 마이스터고 육성 등 최근 한국 교육의 '긍정의 변화'에 대하여 설명하였다. 국내 교육을 벤치마킹하려는 세

---

[9] ASEM: Asia Europe Meeting
[10] STEAM: science, technology, engineering, arts, mathematics

계 각국에 좋은 사례가 될 수 있다는 자신감의 표현이었다. 예전에는 자녀 교육을 위해 해외근무를 지원하던 해외주재원들이 이제는 교육환경을 고려해 자녀를 국내에 두고 해외 근무지로 떠나고 있으며, 선진국에 거주하는 해외 교민들도 한국 내 교육환경을 오히려 부러워 할 정도라 하니, 그만큼 우리 교육의 경쟁력이 높아졌다는 것을 증명한다.

과학기술 분야는 또 어떤가. 우리나라의 과학기술은 2011 IMD 평가[11]에서 과학경쟁력 세계 5위, 기술경쟁력 세계 14위로 인정받고 있다. 또한 우리나라는 자타가 공인하는 원자력기술 강국이며, 차세대 초전도 핵융합 연구 장치인 KSTAR[12]도 개발하여 세계 최초로 H모드[13]를 달성하였다.

이런 선진형 과학기술을 토대로 가까이 일본, 인도, 뉴질랜드에서부터 멀리는 독일, 프랑스, 스위스 등 선진 각국과 과학기술 분야 공동 R&D 연구를 진행하고 있다. 뉴질랜드와는 남극polar science, 그린에너지green energy, 기능성 음식functional food 분야에서, 스위스와는 바이오 에너지bio energy 및 나노기술nano technology, 독일과는 나노 및 환경 기술 분야nano and environmental technology에서 활발히 공동연

---

11 「2011 세계경쟁력연감」, IMD(International Institute for Management Development, 국제경영개발원)
12 Korea Superconducting Tokamak Advanced Research
13 특정 조건에서 플라즈마 밀폐성능이 2배 정도 높아지는 현상으로 핵융합 장치의 우수한 성능을 나타내는 지표

구를 하고 있다. 영국과는 미국의 위성위치확인시스템GPS에 대응하는 새로운 기술 개발을 협력하고 있다. 심지어 중남미의 코스타리카, 구소련권의 벨라루스 등에서도 과학기술 공동연구를 제안하고 있고, 2011년 10월에는 아프리카 등 세계 각지의 과학자들이 우리 과학기술의 발전상을 배우러 KIST(한국과학기술연구원)를 방문하기도 하였다.

최근에는 한류열풍과 함께 중남미, 중동, 아프리카 등 과거에 국제협력이 활발하지 않았던 지역의 국가들까지 가세하였다. 이제 전 세계가 우리나라를 달리 보고 있다. 중남미의 자원부국 브라질은 자국의 유능한 젊은이 10만 명을 선진 각국에 유학을 보내는 프로젝트[14]를 시작하면서 우리나라의 KAIST, 포항공대, 서울대, 연세대 등에 대거 유학을 보내기 위한 양해각서 체결을 제안해 왔다. 칠레[15]도 마찬가지이다. 그 뿐만 아니다. 북유럽의 강소국 덴마크도 학자 및 학생 교류 확대를 요청하고 있다.

특히 장기적인 국가 발전을 고민하고 있는 중동지역 국가들은 우리나라가 교육과학기술에 기초하여 국가 경제성장을 이룩한 것에 주목하고 먼 거리임에도 불구하고 교육과학기술 분야에서 우리와 협력을 원하고 있다. 지금 한국의 교육과학기술은 바야흐로 세계와 통하고 있다.

---

14 'Science without Borders'
15 'Beca Chile'

한국학교와 한국교육원, 그리고 세계로 나아가는 한국어

한국어 – 한류와 함께 세계 속으로

2011년 6월, 프랑스 파리의 '르 제니스 드 파리' 공연장에서는 국내 아이돌 가수들의 콘서트가 열렸다. 유럽 각지에서 온 1만 여명의 팬들은 우리말로 노래를 따라 부르며 열광하고, 우리말로 인터뷰에 응하는 등 우리나라에 대해 폭발적인 관심을 보였다. 한류 열풍은 한국어 교육의 확산으로 이어지고 있다. 유럽에 불고 있는 한류와 한국어 열풍은 교육과학기술부가 추진하는 '해외 초·중등학교 한국어 채택 사업'과도 맞물려 있다. 파리는 시드니, 도쿄와 함께 한국어 채택 사업의 3대 전략 거점 중 하나이다. 2011년 9월에 프랑스에서 한국어로서는 처음으로 고등학교 한 곳[16]에서 제2외국어 선택과목으로 채택되는 등 프랑스는 유럽에서 한국어 열풍의 교두보 역할을 톡톡히 하고 있다.

교육과학기술부는 한국어 교사 양성 체제 구축 및 해외 현지학교 파견, 해외 현지 정부 등과의 협력, '한국어능력시험[17]'의 제도적 정비 등 '한국어의 글로벌 확산 정책'을 입체적으로 추진하여 최근 가시적인 성과를 보이고 있다.

이명박 정부 들어 교육과학기술부는 '한국어 보급 확대 및 세계화

---

16 보르도의 외국어특성화고교인 프랑수아 마장디고교
17 한국어능력시험 : TOPIK(Test of Proficiency in Korean)

방안(2009. 1.)'을 기초로, 해외 현지 초·중등학교 대상으로 한국어 보급 사업을 본격적으로 진행하고 있다. 그 결과 2011년 말 기준, 22개국 695개[18] 초·중등학교에서 한국어를 가르치고 있다. 2011년에는 태국 정부의 요청으로 교육과학기술부가 54명의 한국어 교사를 태국 현지 학교로 파견하였다. 그 결과 태국 내 한국어 채택 학교가 2010년 11개교에서 2011년에는 59개로 대폭 증가하고 1만 7,000여 명의 학생이 한국어를 배우게 되었다.

이는 정부 차원으로 최초 파견 사례가 되었으며 이후 스리랑카, 필리핀, 인도네시아, 중국, 몽골 등에서도 한국어 교사 파견을 요청하는 계기가 되었다. 이렇듯 한국어에 대한 열정은 동남아시아 각 국으로 확산되고 있다. 특히 스리랑카 정부는 2012년 자국의 현직교사 100명을 한국어교사로 양성하고자 교육과학기술부에 한국어 교수요원의 파견을 요청하여 5명의 한국어 전문가를 2012년 6월 파견했다. 그리고 그들은 현재 스리랑카 한국어 교육의 선구자 역할을 하고 있다.

그러나 장기적인 관점에서 미국과 같이 큰 규모의 지역에서는 전문성 있는 한국어교원의 체계적인 양성을 위한 시스템 구축이 필요하다. 최근 들어 미국 내에서는 한국어과목을 채택하는 초·중등학교의 증가[19]와 이에 따른 한국어교원 부족 문제를 해결하기 위하여 2011년 캘리포니아주립대 LA캠퍼스[20]와 2012년 뉴욕주립대 스토니브룩이

---

18 교육과학기술부 조사 내부 자료 기준('11.12월말)이며, 자료를 제출하지 않은 일부국가는 제외함
19 미국 내 한국어채택교 : ('09년) 57개교 → ('10년) 71개교 → ('11년) 91개교
20 CSULA, (California State University, Los Angels)

각각 한국어교원 양성을 위한 양해각서MOU를 우리나라와 체결하였다. 이는 미국 현지에 한국어교원 양성체제를 구축하고 공인 자격과 전문성을 갖춘 교원을 배출함으로써 미국 내 한국어 보급 확대는 물론 향후 한국어 과목의 AP[21] 채택을 위한 기반이 마련 될 것으로 기대된다.

이 같은 한국어 교육 확산은 '한국어능력시험TOPIK'에 대한 인기도 급상승 시키고 있다. 한국어능력시험 성적을 활용하는 기관의 증가[22]와 응시생의 증가[23]는 시험제도의 개선[24]으로 이어졌고 이는 다시 한국어능력시험의 신뢰도 상승으로 선순환 되어 한국어능력시험은 이제 한국 교육의 글로벌화를 상징하는 대표 브랜드가 되었다. 또한, 2015년까지 말하기 평가를 도입하기 위해 현재 개발을 추진 중이다.

한편, 한국어능력시험은 해외 우수 인재 확보에도 도움이 된다. 예를 들어 '현지학교 한국어 수업→ 한국어능력시험TOPIK 응시→ 정부 초청장학생GKS'이라는 체계적인 해외 우수 인재 확보시스템의 방안으로 적용될 수 있다.

---

[21] AP(Advanced Placement) : 우수학생이 대학 교과목을 고등학교에서 먼저 이수하고 대학의 학점으로 인정하는 제도
[22] 대학교: 외국인 유학생 입학 및 졸업기준 반영, 법무부: 외국인 비자 신청 시 한국어능력시험 성적 제출, 삼성그룹: 자사 외국인 임직원의 어학능력 판단기준, 미 시애틀의 타코마교육청: 한국어학점인정제도 세계최초 도입
[23] 1997년 제1회 시험을 시작으로 2011년 제24회 시험까지 총 47개국에서 약 74만 5천여 명이 응시
[24] 시험횟수 증가(연 2회→연4회), 국내외 시험장 추가개설, 성적유효기간의 신규 설정, 시험의 공정성 확보를 위한 시행 시차 조정, 이미지 채점시스템 도입으로 채점의 효율성·신뢰성 제고

국내에서도 최근 들어 다문화 가정이 증가하면서 한국어능력시험이 또 다른 인기몰이를 하고 있다. 전북 김제시에 사는 카자흐스탄 출신의 한 결혼이주 여성은 "이번에 한국어능력시험 4급을 통과했는데, 내년에는 미용자격증에 도전 하겠다"고 한다. 한국어능력시험을 통한 교육지원은 다문화 가정의 국내 적응에도 큰 힘이 되고 있다.

한국학교와 한국교육원 - 글로벌 인재양성과 국제교류 협력의 거점

하루가 다르게 급변하는 글로벌화는 민족과 국경을 넘어 다문화, 다민족 사회가 전개될 것임을 예고한다. 각국은 국적을 불문하고 글로벌 경쟁력을 갖춘 우수 인재 확보 정책을 펼치고 있다. 세계 각지에서 유태인과 화교가 자국의 이익을 위해 활동하고 기여하는 사례들이 727만 여명의 재외동포가 전 세계에서 활약하고 있는 우리에게 의미하는 바가 매우 크다.

한국교육원은 1963년 4월 1일, 일본 오사카와 고베에서 처음 개설되었다. 당시는 재일교포들에게 민족교육 실시가 목적이었으나, 이후 재외교포들에 대한 한국어 보급, 현지 초·중등학교의 한국어 개설 지원, 한글학교 교육활동 지원, 외국인 유학생 유치활동 지원 등의 역할이 늘어나게 되었다. 미국, 유럽, CIS, 남미, 동남아시아, 오세아니아에 이르기까지 현재 16개국 38개 교육원이 개설 되어 한국어와 한국 교육의 글로벌화를 위한 거점으로서 역할을 강화 하고 있다.

한국학교는 65년의 역사 동안 세계 15개국 30개교로 성장하여 재외동포 학생들에게 국내 교육과정을 적용해 국내 대학에 진학할 수 있는 교육기회를 제공하고 있다. 또한 국내 학교와 교육 격차를 해소하기 위해 저소득층 학비지원 및 방과후학교 지원사업도 추진하고 있다. 정부는 현지 실정에 맞는 한국학교 특성화 모델 개발로 소재국에서 구성원으로 당당히 살아가기에 부족함이 없도록 교육 경쟁력을 높이고, 한민족의 정체성도 일깨우는 교육 지원을 하고 있다.

한국학교와 한국교육원은 향후 우리나라 교육이 글로벌 교육 허브로 가는 과정에서 해외의 우수인재 확보와 양성기관으로서 중요한 역할을 할 것으로 기대된다.

K-edu[25] : 글로벌 교육 허브를 향하여

하나 되는 아시아의 출발점 – CAMPUS Asia 사업 출범

유럽은 1980년대부터 각국 학생의 상호 교류를 지원하는 'ERASMUS' 프로그램을 통해 다양한 언어와 문화의 한계를 극복하고 경쟁력 있는 유럽 인재를 양성하고 있다. 이 프로그램은 유럽의 통합과 평화 정착, 학생의 경력 개발과 취업, 유럽 고등교육 영역의 경쟁력 향상에 공헌했다는 평가를 받고 있다. 세계 속의 아시아가 여러 분야(경제, 문화, 과학기술 등)에서 가지고 있는 위상과 비중이 커지고 있는 가운데 한·중·일 3국은 지역 협력과 동반성장을 위한 긍정적 마

---

[25] K-edu[kedju:](K-education), K-에듀

인드를 지닌 미래 인재를 육성할 학생 교류 프로그램의 필요성을 공감하였다. 이런 배경에서 2012년부터 서울대, 북경대, 동경대를 비롯한 각 국가별 10개 사업단을 선정하여 CAMPUS Asia 시범사업이 시작되었다.

좀 더 자세히 살펴보자면 CAMPUS Asia는 한·중·일 대학 간의 학생 교류 프로그램으로 언어, 문화 등의 한계를 극복하고 아시아 대학생 간 상호이해와 우호관계를 다지고 국제 감각을 키우는 동시에 아시아 협력과 발전을 위한 프로그램이라고 할 수 있다. CAMPUS Asia를 통해 중국과 일본의 수준 높은 대학생들을 보다 많이 우리나라 대학으로 유입할 수 있는 기회를 제공하고, 학점교류 및 공동 학위 제도 개발 및 운영을 통해 대학의 질적 발전과 경쟁력 강화를 이룰 수 있다. 장기적으로는 한·중·일을 넘어 아시아권 대학생 교류프로그램으로 점차 확대해 나갈 계획이다.

CAMPUS Asia를 추진하면서 3국은 한·중·일 고등교육교류 전문가위원회를 구축하였고, 비록 고등교육에 한정되긴 했지만 교육 분야에서도 정부 국장급 공무원과 대학·질보증기관·산업계 인사가 포함된 협의채널을 개설한 것을 성과로 들 수 있다. 이러한 지속적인 교육 협력을 통해 한·중·일 3국을 중심으로 한 동북아지역의 평화와 번영의 토대가 될 것으로 희망한다.

해외 우수교육기관의 유치

최근 수년 간 세계적으로 공신력 있는 기관의 지표공개를 보면 우리나라 교육에 대한 인지도나 관심이 높아지고는 있지만 여전히 고등교육 시장의 국제적 경쟁력은 낮은 편이다. 국내 고등교육기관은 규모만 놓고 보면 2011년 기준으로 434개 대학과 373만여 명의 학생, 8만 2,000여 명의 교원으로 이뤄진 세계적 규모이나, 대학 경쟁력은 2001년 32위에서 2011년 29위로 큰 변화가 없다.

싱가포르는 국제적인 교육도시를 만들기 위해 '글로벌 스쿨하우스 프로젝트Global Schoolhouse Project'를 추진하여 지난 10년 간 대학 경쟁력을 세계 10위권으로 올려놓았다. 고등교육 글로벌화를 위해 주요 경쟁 국가의 해외 우수 고등교육기관을 유치해 자국과 해외의 우수인력을 키우고 있는 것이다.

우리나라 역시 글로벌 교육서비스 활성화를 통해 '국경 없는 대학 Borderless University'으로 발전시켜 국제적 경쟁력을 확보할 수 있도록 국가차원의 지원이 필요하다. 이는 국내 수요자의 높은 교육서비스 요구를 만족시키고, 만성적 유학수지 적자(4,423백만 달러/2008년 기준)를 해소하는 열쇠가 될 수 있다. 현재 우리나라에는 네덜란드 STC 국제물류대학'(광양만권 경제자유구역), 독일 'FAU 화학생명공학대학'(부산진해 경제자유구역), 세계 대학순위 78위(2010, Times지 선정)에 오른 '한국뉴욕주립대'(인천 송도 경제자유구역)이 개교하여 운영 중이다. 또한 UCLA, 유타대 등 세계 우수 대학 11개교와 유치협약을 체결하였으며, 향후 경제자유구역별로 전략적인 유치계획을 수립하고 지원할 계획이다.

앞으로 범 부처차원의 『외국교육기관유치종합계획』을 만들어 우수 외국교육기관 유치를 확대함은 물론, 국내 대학과 선의의 경쟁과 협력을 통해 대학의 글로벌 경쟁력을 지속적으로 키워 나갈 것이다.

우수교사 해외진출 및 글로벌 교원양성

미국에서는 전체 교사의 반 이상이 베이비붐시대에 태어난 50세 이상으로 향후 10년 이내에「교사 정년퇴임 쓰나미Tsunami」로 인한 교사부족을 우려[26]하고 있다. 또한, 유네스코 통계국[27]과 세계노동기구[28]의 조사 보고서에 따르면 2015년까지 아시아와 아프리카를 중심으로 전 세계에 1,800만 명의 교사가 부족하다. 이에 따라 국내에서 글로벌 역량을 갖춘 교사를 양성해 선진국과 개도국으로의 진출 기회도 엿볼 수 있게 되었다. 따라서 교육과학기술부는 2011년 1월 '우수교원 해외진출 지원 5개년 계획'을 수립하고 글로벌 교원양성을 위한 다양한 해외 파견근무와 연수기회를 제공하고 있다. 2012년에는 미국 뉴욕·뉴저지 및 위스콘신 지역, 영국 노팅엄 지역과 상호 교사교류 및 공동수업 프로그램을 운영했다. 이 사업에 참가한 교사 대부분이 프로그램에 대한 높은 만족도를 보였으며, 향후 학교 현장에서 동 연수 경험을 활용하겠다고 응답했다. 2012년 6월에 한국을 방문한 미국 위스콘신 지역 영어 교사 미셸 세르프 씨는 한국 학생들의 긴 학업시간에 놀라면서, 선생님이 존경받는 교육환경과 어린이들이 예의바르고

---

[26] National Commission on Teaching and America's Future, USA TODAY, 2007
[27] UIS: UNESCO Institute for Statistics
[28] ILO: International Labour Office

그들에 대한 훈육이 부드럽고 조용하게 이루어지는 점을 인상 깊게 꼽았다. 동 사업의 성과를 바탕으로, 2013년부터는 호주·뉴질랜드·러시아 등으로 대상국을 확대하고, 미국립과학재단NSF과도 공동 출자하여 양자협력 프로그램으로 발전시켜 나가기로 하였다.

더불어 CERN(유럽핵입자물리연구소, 스위스), NASA(항공우주국, 미국) 등 세계적인 국제연구기관과 연계한 해외연수를 추진함으로써 단순 교실형 연수에서 프로젝트 기반 연수로 교원연수를 내실화 하였다.

교원의 글로벌 역량을 높이기 위해 선진국과의 교류에만 급급할 필요는 없다. 교육과학기술부는 '다국가 대상 양방향 교류'로 선진국과 개발도상국을 아우르는 교육 나눔의 변화를 모색하고 있다. 선진국 학교와는 현직교사 교류 및 공동수업을 확대하는 한편, 공적개발원조 ODA 차원에서 '다문화 대상국 교육글로벌화 지원 사업'을 통해 개발도상국 교원에 대한 연수도 지원하고 있다. 2012년부터 몽골, 필리핀, 스리랑카와 교사교류 및 교사 연수 지원 사업을 시작하였으며, 2013년부터는 인도네시아와 말레이시아 등으로 확대할 예정이다.

또한 2012년 한·중 수교 20주년을 맞이하여 양국 간 교사교류(중국어 원어민 교사↔한국어 교사)를 추진하고 있다. 중국 원어민 교사가 4월과 9월 두 차례 한국으로 파견되어 11개 시·도 교육청 초·중등학교에 배치되어 활동 중에 있으며, 9월에는 한국어 교사가 중국 산동성·흑룡강성 지역에 파견되었다. 외국과의 교사교류 및 공동수업은 협력 국가 간 상호교육의 이해를 높이고 양국 교사와 학교 현장의 글로벌화를 촉진하게 될 것이다.

교육과학기술부는 2012년부터 '글로벌 교원양성 거점대학' GTU: Global Teachers' University을 지정해 교·사대의 글로벌화를 촉진하고 교원양성단계에서부터 졸업 후 해외진출이 가능하도록 지원하기로 했다. 별도의 '글로벌교육과정'을 개설하여 해외교생실습은 물론 복수·공동학위 프로그램 등을 운영함으로써 졸업과 동시에 국내교사 자격증과 함께 해외교사 자격증까지 취득하도록 할 예정이다. 미국, 영국 등 선진국의 경우 수학·과학 교사가 부족한 상황으로 알려져 있기 때문에 국내에서 글로벌 역량을 갖춘 교사를 양성하여 선진국으로 진출할 기회를 제공하는 것이다. '글로벌 교원양성 거점대학' 사업은 2012년 경인교대의 시범 운영을 시작으로 글로벌 교육 역량이 우수한 교·사대로 점진적으로 확대해 나갈 예정이다.

과학기술, 글로벌 경쟁력을 향해

해외와 국내 연구기관의 소통

이명박 정부는 해외 연구기관의 국내 유치와 국내 연구기관이 해외진출을 본궤도에 올려놓고 있다. 우리나라는 이미 2003년에 프랑스 파스퇴르 연구소를 국내에 유치해 프랑스의 생명과학과 한국의 IT 경쟁력을 결합한 한국파스퇴르연구소를 설립한 바 있다. 한국파스퇴르연구소는 생명과학분야 기초연구성과와 신약개발을 연계한 중개연구에 초점을 맞추어 세계 수준의 초고속 대용량 약효검증 플랫폼을 구축하는 성과를 이루어냈다. 그리고 이러한 성장을 바탕으로 전 세계 32개 파스퇴르 분원 연구소의 소장들이 참석하는 국제 파스퇴르 네트워크 총회(2012년 9월 24~26일)를 개최하여 국제사회에서 한국 생명과학의 위상을 높이기도 하였다. 현 정부 들어 지방자치단체가 주도하는 해외 연구기관의 국내 유치 열기가 뜨겁다. 미국의 스크립스연구소(2009), 독일의 막스플랑크재단(2011) 등이 국내 연구진과 협력해 각각 강원대와 포항공대에 둥지를 틀었으며, 독일의 프라운호퍼 연구소도 전남 화순에 연구법인을 설립하였다.

'해외우수연구기관유치사업'은 2011년 현재 9개국 26개 해외 연구기관과의 국제 공동연구를 지원하고 있다. 해외 석학과의 공동연구를 지원하기 위해 2006년부터 시작한 글로벌연구실[29]사업에는 노벨상 수상자가 참여하는 등 수준 높은 국제공동연구가 이루어지고 있다.

교육과학기술부는 국내 연구소의 해외 진출도 독려하고 있다. 이미 유럽에 진출해 있는 'KIST-유럽 연구소' 지원도 강화하여 독일 현지의 협력 거점 연구기관으로 육성해 나가고 있다. 또한 해외 2개국 이상의 과학기술 선진국에 현지거점연구실을 설치하고, 국내 연구자를 파견해서 운영하는 등 우리 연구진이 다자간 국제공동연구를 주도하는 글로벌개방혁신연구센터GiRC사업을 '12년부터 시작하였다.

---

[29] GRL, Global Research Laboratory

대형 국제공동연구를 향한 도전

해외 연구진과의 국제 공동연구는 국내 연구를 통하여 얻을 수 없는 또 다른 성과를 내는 것으로 알려져 있다. 국제 공동연구는 국내 연구에 비해 우수한 연구 인력이 투입되고, 성공 가능성이 높은 분야에 집중되기 때문에 만족스러운 성과를 기대할 수 있다. 국제 공동연구에서 눈여겨 볼 것은 연구가 협업으로 진행되면서 효율적인 연구 분업이 이뤄진다는 것이다. 여기에 연구에 대한 경쟁심이 발휘될 소지도 높다.

이에 교육과학기술부는 국제 공동연구 참여를 늘리고, 개발도상국 지원 과학기술 프로그램 운영, 과학기술 선진 국가별 연구개발 협력을 추진하는 등 전략적 국제 공동연구 활동을 강화하고 있다. 우리나라의 과학기술 역량이 높아지면서 국제핵융합실험로ITER, 유럽핵입자물리연구소CERN 협력사업, 일본양성자가속기연구단지J-PARC 협력사업 등 글로벌 대형 연구프로젝트에 대한 참여 요구가 많아지고 있다. 특히 CERN 협력사업은 단순 참여에만 머물던 한국 물리학계가 국제 공동연구를 주도하는 발판을 마련했다는 점에서 주목된다. 한국은 CERN 협력사업을 통해 전 세계의 관심이 집중된 힉스입자의 발견에도 참여하고 있는데, 이러한 참여를 통하여 2012년 7월에 CERN이 "힉스로 추정되는 새로운 입자 발견"을 발표할 때에는 26개 공식 언어로 한국어가 포함되기도 하였다.

"CERN에서의 모든 연구는 혼자가 아닌 외국의 여러 학생과 박사 후 연구원, 교수들로 구성된 열 명 정도의 그룹으로 진행되기 때문에 복잡한 물리 실험 데이터 분석을 빠르고 정확하게 진행할 수 있었습니다. 학회에서 제가 발표자로 선정됐는데 물리 연구와 실험 결과를 분석하고, 수많은 토의와 회의를 소화하는 것이 어려웠습니다. 발표자가 되면서 어려움도 있었지만 더 뛰어난 분석 결과를 내놓고 싶다는 욕심을 불러오는 계기도 됐습니다."

- 고려대 박사과정 조미희 씨

CERN 협력사업은 미지의 과학기술 분야에 대한 대중의 관심을 이끌어내는 데도 큰 역할을 했다. '이휘소의 진실'(2010, KBS), '도시의 탄생'(2010, KBS), '다르마(진리)를 찾아서'(2011, KBS), '끈 이론'(2011, EBS) 등 핵입자물리학 분야를 다룬 다큐멘터리가 다수 제작됐다. 유럽만을 대상으로 하던 CERN의 고교 교사 양성프로그램에도 2011년부터 약 20명의 국내 교사들이 참여해 최첨단 물리학 교육을 받았다.

한편 '해외생물소재연구센터' 처럼 개발도상국의 천연 생물소재 자원과 우리나라 과학기술력이 결합한 공동연구 프로그램을 확대하는 것은 공적개발원조 관점에서도 의미 있는 과학기술 협력 활동이다. 현재 3개 권역(중국, 코스타리카, 인도네시아)에 연구센터를 설치해 해외 생물소재 확보와 생물자원집 발간 등을 추진 중에 있다. 앞으로 콩고민주공화국에 해외생물소재 센터를 추가로 설치해 아프리카 현지의 협력거점으로 활용 할 계획이다.

선진국 대상의 과학기술협력은 국가별로 성공 가능성이 높은 분야에 초점을 맞춰 국제 공동연구를 진행한다. 인력교류 등 협력모델을 구체화하기 위한 파일럿 프로그램인 '해외협력기반조성사업'이 추진되고 있는데, '해외우수기관유치사업'과 같은 대형 공동연구 사업의 진입을 위한 교두보 역할을 하고 있다.

세계 속 한인 과학기술자의 인맥

'여섯 다리만 건너면 세계인이 친구가 된다'는 서양 속담이 있다. 여기서 힌트를 얻었을까? 사이버 공간에서 인적 네트워크를 형성한다는 단순한 아이디어에 착안한 '페이스북'이 세계적으로 열풍이다. 창업자 마크 주커버그의 발상을 과학기술 분야로도 옮겨와 세계 과학기술자를 친구로 묶는 공간을 만들 수도 있지 않을까?

세계 과학기술 분야에서 인적 네트워크가 과학자의 평판과 업적에 미치는 영향은 크다. 국내 과학자들이 세계적인 저널, 과학단체에 진입하도록 지원해 세계 유수의 연구 네트워크와의 연대를 강화하는 것은 매우 중요하다.

교육과학기술부는 글로벌 연구개발 협력을 위한 과학기술자들의 인적 네트워크를 구축하고 있다. 신진 연구자 대상의 '이공분야 박사후 국외연수' 프로그램을 통해 해외 우수연구기관의 연수를 받고, 국제적 연구 네트워크에 진입할 수 있도록 지원한다.

국내·외 과학기술자간 교류 활성화를 위해 KOSEN(한민족과학기술자 네트워크), EKC(EU-Korea Conference on S&T), UKC(US-Korea Conference on S&T) 등 국내·외 한인 과학기술자 커뮤니티가 해외 과학자들과의 네트워크 형성 수단으로 활용돼왔다. 특히 코센KOSEN은 전 세계의 한민족 과학기술자들이 교류하는 휴먼 네트워크 사이트로, 1999년 개통한 이래 2011년 현재 40개국, 약 9만 명의 과학자들이 가입해 있다. 코센에서는 '미국 컬럼비아 대학의 모 교수를 직접 만나본 한 유학생의 사연', '경쟁관계인 A기업과 B기업의 사원이 서로 도움을 주고받은 일' 등 과학기술 분야의 유용한 정보를 공유할 수 있다. 또한 생소한 분야에 대한 질문도 편하게 올릴 수 있고, 관련 분야 연구자도 쉽게 만날 수 있다는 장점이 있다. 요즘처럼 학문의 경계가 허물어져 다학제 융합 연구가 활발해지는 시기에 과학자 간의 협력은 무엇보다 중요하다.

세계와 소통하는 한국형 ODA[30]

인재를 키운 교육과학기술 – 한국형 ODA의 소중한 자산

한국전쟁 직후 더글라스 맥아더 장군은 "한국이 다시 일어나기 위해서는 최소한 100년은 걸릴 것이다"라며 안타까움을 나타낸 적이 있다. 당시 우리나라는 세계에서 가장 가난한 나라 중 하나로 국제사회의 원조가 없었다면 배고픔이 해결되지 않는 국가였다. 1961년 우리나라 1인당 GDP는 82달러였다. 50여년이 지난 2011년에는 1인당

---

30 공적개발원조, Official development assistance

GDP가 2만 3,749달러로 289배 이상 증가해 세계 15위권의 경제대국으로 부상했다. 특히 2009년 OECD DAC(개발원조위원회)에도 24번째 회원국이 되었다. 이는 세계 원조역사에서 '원조를 받는 국가'가 '원조를 하는 국가'로 전환된 첫 사례라는 점에서 의미가 크다.

국토가 광활한 것도 아니고 천연자원이 풍부한 것도 아닌 나라, 전쟁 이후 폐허였던 나라가 이런 경제성장의 배경이 무엇인지를 궁금해 하며 세계 각국은 관심을 드러내고 있다. 우리는 말할 수 있다. 그 동력은 사람이며, 사람을 키운 것은 교육과 과학기술이라고……. 그리고 이러한 경험은 이제 우리나라 ODA 사업의 소중한 자산이 되었다.

한국형 ODA – 물고기 잡는 법을 전수하여 빈곤의 악순환을 끊다

교육과학기술부는 2009년부터 교육 분야 ODA 수요가 급증하게 되자, 11개의 '한국형 교육개발협력모델'을 개발하여 교육 노하우를 보급하고 있다.

일례로 2009년에는 성균관대와 하노이 약대가 공동으로 추진하는 '베트남 약학대학 설립을 위한 예비타당성 연구'를 지원했으며, 이를 토대로 대외경제협력기금EDCF을 활용해 베트남에 약학대학 설립을 추진 중이다. 하노이 약학대학 신축지원은 캄보디아 국립기술대와 라오스 스파노봉대에 이어 세 번째로 개발도상국 대학 설립을 지원하는 사례로는 가장 큰 규모였다.

2011년부터는 사하라 사막 이남의 5개 개발도상국(말라위, 잠비아,

보츠와나, 나미비아, 콩고민주공화국)을 대상으로 중등 수준에서의 한국형 직업기술교육을 지원하는 'BEAR Project'를 추진하고 있다. 'BEAR Project'는 유네스코[31] 저개발국 신탁기금을 활용해 국제기구와 함께 하는 공적개발 원조 사업이다. 국제기구의 전문성을 바탕으로 아프리카 지역의 인재 양성에 기여하면서 아프리카 국가들로부터 큰 호응을 얻고 있다.

개발도상국 과학기술지원사업은 개발도상국과의 국제공동연구, 기술협력 활성화, 기술이전 등을 통해 국제사회에 지식을 통한 기여를 하자는 것이다. 더불어 과학기술 인력의 국제화 능력도 키워주고 일자리 창출 효과도 거둘 수 있다.

2006년에 시작한 이 사업을 통해 현재까지 300여 명 이상의 전문가를 베트남, 라오스, 캄보디아 등 15개국 20여 개 기관에 파견했다. 과학기술 분야에서 퇴직한 전문가들이 적극 참여해 개발도상국의 성장을 지원할 뿐만 아니라, 과학기술인 개인적으로는 퇴직 후 새로운 인생을 설계하고 있다. 고령임에도 불구하고 2009년 개발도상국 과학기술지원단으로 파견돼 인도네시아 수산교육과 해양생물 기술 전수에 업적을 남긴 홍성윤 전 부경대 교수나 캄보디아 바탐방대의 원자력 분야에서 봉사활동을 한 하창주 교수의 사례가 좋은 본보기이다.

---

[31] UNESCO, United Nations Educational, Scientific and Cultural Organization

> "과학기술의 불모지에서 원자력공학을 하겠다는 무모한 도전을 개발도상국 과학기술지원단원TPC, Techno Peace Corps 으로 시작했습니다. 특별한 재정지원 없이 캄보디아의 바탐방대학에서 원자력공학과와 토목공학과를 신설하는 등 지식봉사사업을 해왔고 계속 이곳에 남아 보람 있는 삶을 살고 싶습니다."
>
> — 하창주 교수

2009년부터는 대학–연구기관을 중심으로 한 '기관협력사업'을 도입해 개발도상국 현지여건에 적합한 적정기술과 우리나라가 비교우위에 있는 IT, BT분야 기술을 전수하고 있다. 전주대는 캄보디아 국립기술대NPIC와 협력으로 캄보디아에 IT 교육과정 개발을 지원하고, 한동대학교는 태국 매해지역 나무가옥의 문제를 해결할 수 있는 흙벽돌집 건축기술을 전수했다. 이 기술은 한국의 아궁이에서 힌트를 얻어 조리와 온수, 난방문제까지 한 번에 해결할 수 있도록 자연순환식 온수난방시스템을 개발한 기술이다. 또한 현지에 진출한 우리나라 중소기업과 산학협력을 통해 기술 지도와 건축설계 기준을 마련하는 등 실용적 과학기술지원사업을 추진했다. 최근에 개발도상국들의 과학기술지원에 대한 수요가 급증하고 있어 향후 지원 규모를 확대할 계획이다.

현재 세계 여러 개발도상국들은 우리나라의 경제발전 경험과 함께 효과적인 교육시스템을 배우고 싶어 한다. 우리나라 국가 발전의 기초라고 할 수 있는 교육과학기술을 전수하는 것은 수억 달러의 경제원조에 버금가는 영향력과 효과를 발휘 할 수 있다.

Smart K-edu[32] - 글로벌 ODA의 새로운 흐름을 만들다

2011년 11월, 부산에서 세계개발원조 총회(HLF-4, 11.29~12.1)가 열렸다. 이 행사는 우리나라가 경제협력개발기구OECD와 함께 개최하는 개발원조 분야의 최대, 최고 권위의 국제회의로 전 세계 160여 개국 장관급, 70여개 국제기구 대표, 의회, 시민사회, 학계, 민간기업 등 2,500여 명이 참석한 매머드급 행사였다. 이 행사와 연계하여 열린 '국제교육ODA포럼'에서는 ODA 분야에서 '교육과 인재개발이 저개발국가의 역량개발에 미치는 중요성'이 논의 되었다. 개발도상국가들의 역량개발을 위한 교육ODA가 왜 중요하며 우리나라의 교육발전 및 국가발전 경험이 향후 교육ODA의 모델이 될 수 있음을 국제적으로 환기시켰다.

2012년 2월에는 아프리카 54개국 교육 발전 협의체인 ADEA[33]가 '한국의 날'을 지정하고 한국을 특별초청 하였다. ADEA에서 특정국가의 날을 지정한 것은 처음 있는 일로, 한국의 국가발전에 깊은 인상을 받은 이들이 한국 교육 시스템을 배워보자고 나선 것이다. '한국의 날' 행사에서는 한국의 교육 및 과학기술의 발전 경험과 노하우가 소개되었고, 'Smart Korea'라는 주제로 한국의 ICT 교육장비들과 이를 이용한 디지털 교과서, 이러닝 콘텐츠 등을 시연하였다. 행사에 참석한 아프리카 각국 교육장관들과 현지 언론은 한국 교육에

---

32 K-edu[kedju:](K-education), K-에듀
33 아프리카교육발전협의회, Association for Development of Education in Africa

연일 큰 관심을 표명하며 협력을 요청하였다. 이에 교육과학기술부는 '12. 6월 '한-아프리카 협력강화방안'을 수립하여 '12년에 89억 원인 예산 규모를 '16년에는 521억 원까지 늘리고, 교육과학기술을 통해 최빈국에서 OECD DAC회원국이 되기까지의 한국만의 독특한 발전경험을 ADEA와의 지속적인 협력을 통해 아프리카 전역에 전수해 나갈 예정이다. 이제 한국의 교육과학기술은 글로벌 ODA의 새로운 흐름을 만들어 나갈 것이다.

인재대국 대한민국, 함께 나누고 더 크는 글로벌 리더로

방글라데시의 우리나라 정부초청장학생GKS 출신인 한 연구원은 서울대 자연화학물실험실Natural Chemistry Lab에서 석사학위 취득 후 방글라데시로 귀국, 방글라데시 내 삼성 R&D 센터에서 연구 프로젝트를 책임지고 있다. 그리고 방글라데시의 형편이 어려운 학생들에게 한국어와 컴퓨터를 가르치는 중이다. 또한 정부초청장학생GKS 중 어느 중국 연구원은 서울대에서 연구생 과정 수료 후 상해 사범대학에 학과장으로 취임하여 외국어학부에 한국어학과 설치를 위해 준비 중에 있다. 그 외에도 중국 흑룡강성 교육부청장, 중국 국립대의 학장, 변호사 등 많은 정부초청장학생GKS 동문들이 모국에 성공적으로 정착하여 활동하고 있다.

이들은 특히 국가 간 고위급 회의 시 통·번역 지원, 각종 한국 문화행사 주관 등 공공·민간 외교 업무에 많은 역할을 담당하고 있다. 2008년 정부초청장학생으로 한국에서 공부한 터키 출신 유학생이 한국 유학 박람회 장소와 홍보를 지원해 터키 앙카라 대학과 에르지에스 대학에서 성공적으로 개최할 수 있었다. 또한 한국-체코 '친선교류협회', 대만 '한국어학회', 일본 오사카의 '서울을 사랑하는 모임' 등 각종 한국관련 단체에서 GKS 출신이 주도적으로 학술 및 문화행사를 운영하고 있다.

키르기즈스탄의 비쉬켁 인문대학교Bishkek Humanities University 한국학과 부교수로 근무하고 있는 쉐리쿨로바 미나라Sherikulova Minara 교수는 1997년부터 2005년까지 한국정부초청장학생으로서 언어학과 석·박사 학위 과정을 마쳤다. 그리고 본국에 돌아간 후 비쉬켁 인문대학에 신생학과인 한국학과 교수로 취임하여 한국학과를 학교에서 가장 인기있는 학과로 발전시키고 있다. 2012년 8월 10일 재초청 연수로 한국을 재방문했던 그녀는 "앞으로도 한국과 키르기즈스탄 공화국이 형제의 국가로 관계를 맺어가는 데에 다리 역할을 하고 싶다"고 밝혔다.

이러한 사례들은 인재 교류가 한국과 국제사회 간 문화 및 교류의 핵심적인 가교임을 보여주는 것들이다. 한국은 최근 글로벌 인재를 유치, 양성하여 이들을 국가 간 교류를 활성화 하고 한국의 경쟁력을 높이는 밑바탕으로 삼고자 노력하고 있다. 이를 위해 기존 정부초청장학생 사업을 'Global Korea Scholarship' 프로그램으로 국가 브랜드화하고, 한국어능력시험을 확대 실시하였으며, 한·중·일 대학 간 교류를 활성화하는 Campus Asia 사업을 출범시키는 등 교육의 국제화 노력을 아끼지 않았다.

이러한 노력에 힘입어, 한국에서 수학하는 외국인 유학생은 2004년 1만 7,000여 명에서 2011년 8만 9,000여 명으로 급격히 늘었다. 그러나 그 내실을 들여다보면 아직 갈 길이 멀다. 대학이 짧은 기간 많은 유학생을 유치하여 유학생에 대한 교육과 관리의 질이 떨어진다는 지적이 있다. 유학생의 60% 이상을 차지하는 중국인 유학생의 경우 한류의 영향으로 한국에 매력을 느껴 유학을 왔다가 대학의 미흡한 관리에 실망을 느끼고 반한감정을 가진 채 한국을 떠나는 경우도 있다고 한다.[34]

우수한 유학생을 유치하고, 이들이 한국에 우호적인 감정을 가지고 모국에 돌아가 한국과 가교역할을 하도록 지원하는 것, 또는 졸업 후 한국에 성공적으로 정착하도록 돕는 것이 유학정책이 지향해야 할 바람직한 방향일 것이다. 유학생의 양적 확대와 질적 관리의 두 마리 토끼를 잡기 위해 정부는 이른바 Study Korea 2020 Project를 수립하였다. 이로써, 유학생의 전략적 유치와 성공적인 한국정착을 도와 지속적으로 친한 네트워크를 육성할 계획이다. Study Korea 2020 Project는 2020년까지 우수한 유학생 20만 명을 한국에 유치한다는 도전적인 과제를 목표로 삼고 있다.

---

[34] 한국교육개발원 설문조사 결과, 전체 중국유학생 중 반한감정이 있다고 대답한 비율은 41%에 달하며, 이들의 반한 감정은 체류기간이 길수록 증가하는 경향이 있다고 한다. 2010년 조사.

또한 현재 책임운영기관인 국립국제교육원의 전문성과 자율성을 높이고 규모를 확대하여 일본의 JASSO(일본학생지원기구, Japan Student Services Organization)와 같은 유학생 유치 관리 전문기관으로 육성할 계획이다. 해외 유치 거점사무소를 설치하고 국내 유관부처와 연계성을 강화하여 유학생 유치 및 관리의 원-스탑One-stop 서비스 체계를 구축하여 적극적으로 유학생을 유치하는 조직 체계로의 정비가 필요한 것이다.

OECD 통계에 따르면 한국은 중국, 인도에 이은 세계 3위의 유학생 파견 국가이다.(Education at glance, 2011) 해외 유학생들은 세계 곳곳에서 활약하면서 글로벌 코리아의 브랜드가치를 높이고 있다. 인재 유출Brain Drain이 아닌 인재 순환Brain Circulation의 글로벌 인재대국 코리아로 거듭나야 한다. 이러한 관점에서 '20-50그룹'[35]에 속하게 된 우리나라가 한 단계 더 도약하기 위해서는 교류와 개방을 통한 우수한 인재의 영입이 필수 불가결하다. 2020년까지 우수인재 20만 명을 유치하여 한국이 동아시아의 경제적 허브일뿐만이 아니라 교육 허브로 우뚝 설 날을 기대해 본다.

또한 과거의 빈곤과 역경을 딛고 일어선 발전 경험을 개발도상국을 비롯한 세계 각국과 나눌 필요가 있다. 과거 선진국처럼 개발도상국에 단순히 '퍼주기'가 아닌 한국형 공적개발원조로 개발도상국

---

[35] 인구 5천만 명과 1인당 GDP 2만 달러를 동시에 달성한 OECD 지정국가군을 '20-50 클럽'이라고 지칭한다.

이 '원조의 덫Aid trap'에서 벗어나 스스로 발전할 수 있도록 지원해야 한다.

　이러한 노력들이 인재대국 대한민국이 함께 나누고 더 크는 글로벌 리더국가로서 21세기 새로운 장을 여는 출발점이 될 것이다.

PART 2
어느 누구, 어떤 재능도 놓치지 않는다

"마이스터고에선 내가 노력한 만큼 원하는 미래를 꿈꿀 수 있다는 확신이 들었어요. 저의 꿈은 좋은 회사에 입사하는 것 자체가 아니라 그곳에서 전기기기 분야의 명장이 되는 것입니다."
박치환 학생, 거제공고 선박전장 전공

감소액이 학생 1인당 월 2,000원 정도여서 체감을 못하겠다는 의견도 있지만, 끝없이 치솟기만 하던 사교육비가 처음으로 감소했다. 그간 어떤 정책에도 줄어들지 않는 사교육비로 인해 학습된 무기력에 빠졌던 교과부로서는 정책적 노력과 제도 개선을 통해 잘못된 사교육 관행을 바로잡을 수 있다는 자신감을 회복할 수 있는 계기였다.(본문 중에서)

CHAPTER 4

위풍당당 신(新) 고졸시대

김영철[1] | 김영곤[2] | 김환식[3]

'직업교육은 이류 교육' 편견에 대한 도전

언제부터인가 대학을 나오지 않거나, 화이트칼라가 아니면 제대로 대접받기 힘든 세상이 됐다. 기능 기술인에 대한 처우도, 실업계(전문계) 고교에 대한 인식도 곤두박질치기 시작했다. 지난 50년 간 우리나라 경제성장의 주역인 산업 역군을 배출해왔던 실업계고등학교는 바람 앞의 등불처럼 한치 앞도 내다볼 수 없는 운명에 처했다. 위기의 실업계고를 살리기 위해 도입한 정책도 효과가 제대로 나지 않았다. 지난

---

1 현 평생직업교육관. UNESCO 파견관, 정책총괄팀장, 대통령실 행정관 등 역임
2 현 경기도교육청 기획관리실장, 대학선진화과장, 기획담당관 등 역임
3 현 직업교육지원과장, UNESCO 파견관, 교육정보기획과장 등 역임

2001년 도입된 실업계 고교생을 위한 대학 입학 기회 확대는 오히려 실업계 고교가 직업교육기관으로서 가야 할 기회를 외면하고 재학생의 70% 이상이 대학으로 진학하는 결과를 낳았다. 대학 진학을 목적으로 한 일반고와 크게 다를 바 없어 직업교육기관으로서의 정체성이 흔들린 것이다. 더불어 '대학의 덫'에 걸린 대졸자의 하향 취업으로 고교 졸업자의 노동시장 진입은 더욱 어려워졌다. 노동시장의 인력수급 불일치가 청년실업을 심화시키며 사회 전반에 악순환을 초래했다.

아래 그림을 살펴보면, 2009년의 학교 단계별 진로 현황이 유지된다고 가정했을 때, 중학교 졸업생 100명 중 전문계 고교 졸업 후 취업자는 4명에 불과하다. 중학교 졸업생 100명 중 20%는 고등교육을 마쳤어도 미취업 상태임을 알 수 있다.

학생의 진로경로에 따른 노동시장 진입 규모 (한국직업능력개발원, 2009)

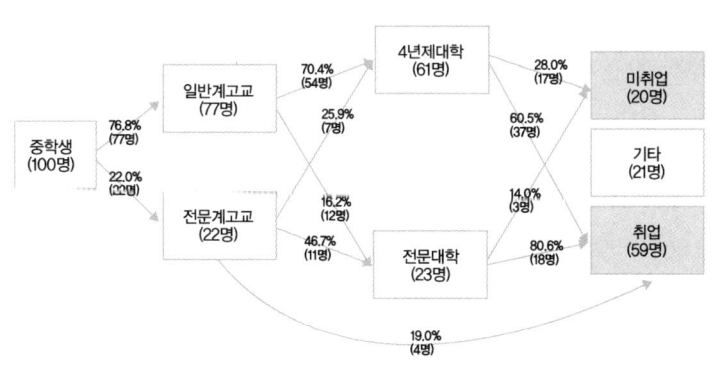

주: 1) 학교급 간 경로에서의 비율은 해당 단계의 진학 및 취업률임. 예를 들어 중학생→전문계 고교의 22.0%는 중학교 졸업생 가운데 전문계고로 입학한 비율임.
2) 이 자료는 종단자료가 아닌 2008년 기준의 진학 및 취업률을 적용한 것으로, 실제 규모와는 차이가 있을 수 있음.

김종관 전 서울 성동교육장은 성동공고에 교장으로 재임할 당시 전문계고의 학생 모집에 힘들었던 때를 떠올린다.

"학생 수가 줄어들면서 전문계고 관계자들은 염려가 참 많았어요. 전문계고 졸업생의 70% 이상이 대학에 진학하면서 학교 정체성도 흔들리고, 학생 모집에도 어려움을 겪었지요."

총체적 난국이었지만, 이대로 둘 수는 없었다. 정부는 고등학교 직업교육 살리기 대장정에 돌입했다. 첫 단추는 2010년 3월 첫발을 내딛은 마이스터고등학교였다. 전문계고 발전을 선도하겠다는 야심찬 프로젝트인 한국형 마이스터고 육성 사업은 산업수요 맞춤형 교육과정으로 졸업생 모두 취업시키겠다는 취지로 출발했다.

기대만큼 시작이 그리 화려하지는 않았다. 모두가 대학을 가는 현실에서 학력이 아닌 실력으로 승부하겠다는 마이스터고가 과연 성공할 수 있을까라는 우려의 목소리가 여기저기서 들렸다. 1970년대의 명문 공업고등학교가 21세기에도 과연 통할 수 있겠느냐는 것이다. 자녀를 마이스터고에 보낸 학부모도 걱정스럽기는 마찬가지였다. 고등학교 직업교육에 대한 산업계의 불신 또한 넘어야 할 산이었다. 무엇보다 학교현장에 만연한 패배의식을 걷어내고 '한번 해보자'는 긍정의 분위기를 만드는 것이 큰 과제였다.

먼저 이명박 대통령이 앞장섰다. 이 대통령은 2007년 후보자 시절부터 마이스터고 육성 의지를 밝혀왔다. 2009년에는 마이스터고로 가장 먼저 지정된 원주의료고(당시 원주정보공고)에 방문해 마이스터고에 대한 비전을 제시했다. "대학 가는 것보다 마이스터고에 들어가길

원하는 시대가 불과 몇 년 안에 올 것이다"라고 강조한 것이다. 2010년 3월에는 수도전기공고에서 개최된 마이스터고 합동 개교식에도 참석해 전문기술인이 성공하는 사회를 만들겠다는 정부의 강력한 지원 의지를 밝혔다.

"마이스터고를 나와서 사회에서 4년간 일하면 4년제 대학을 나온 것보다 더 나은 대우를 받는 세상을 만들겠습니다. 마이스터고는 미래 세계를 내다보며 현장에서 창의적이고 진취적인 전문기술을 습득하고, 각자의 흥미와 필요에 따라 실기와 이론을 겸비한 인재를 길러낼 것입니다. 마이스터고가 성공적으로 자리 잡고 땀 흘려 일하는 사람이 사회적으로 존경받을 때까지 관심과 지원을 아끼지 않을 것입니다."

성공의 기준을 바꾸는 학교, 마이스터고

개교 준비 과정부터 지금까지 쉴 새 없이 달려온 마이스터고에 대한 반응이 최근 우리 사회를 뜨겁게 달구고 있다. '기업 인사담당자가 줄 서는 학교', '하려이 벽을 뚫은 마이스터고'라는 별칭이 붙을 정도다. 학교현장에서도 긍정적인 반응이 줄을 잇고 있다.

충북반도체고 3학년으로, 하이닉스에 취업이 확정된 이지순 양의 가족은 '마이스터고 가족'이다. 언니의 영향을 받아, 여동생은 한국바이오마이스터고 1학년이 되었고, 남동생 역시 마이스터고 진학을 목표로 하고 있다.

"저와 제 여동생은 미래에 취업난으로 걱정하는 대학생이 되지 않아도 됩니다. 산업체와 유기적인 협력을 통해 100% 취업이 가능한 마이스터고에 진학하여 남들보다 먼저 꿈을 발견하고 실력을 펼칠 수 있게 되었기 때문입니다."

성균관대 교육학과 배상훈 교수의 '마이스터고 학생의 가정배경 및 정서적·심리적 특징분석(2011)' 연구 결과를 보면 마이스터고 학생들이 일반고와 특성화고 학생들에 비해 학교생활에 대한 만족도가 높고, 특히 학교에 대한 소속감과 자부심이 유의미하게 높다고 분석되었다. 이를 통해 마이스터고 학생들의 만족 수준을 짐작할 수 있다.

수도전기공고에 다니는 자녀를 둔 강덕훈 학부모는 마이스터고에 대한 자부심으로 학교 홍보에 나설 정도다.

"전공과 적성에 안 맞는 대학을 선택하는 것보다는 일찌감치 전공을 개발해 앞서가는 게 현명한 거죠. 마이스터고에 대한 긍지와 자부심을 갖고 많은 사람들에게 홍보하고 안내하고 있어요. 학교의 설립취지를 기업과 사회에서 수용만 해준다면 굳이 아이를 대학에 보낼 필요가 없다고 생각합니다."

학교에 근무하는 교사들 역시 긍정의 변화를 느끼고 있다. 부산자동차고의 최봉식 교사는 마이스터고의 역동적인 변화에 대한 기대감을 나타냈다.

"학교는 변화의 폭이 크지 않다는 게 일반적인 인식이지만, 마이스터고는 굉장히 역동적이고 변화 지향적입니다. 이런 변화를 이끈 것은 마이스터고의 학생들입니다. 학생들의 학업에 대한 열의는 선생님들까지 변화시키고 있습니다."

원주의료고의 김정호 교사도 달라지는 학교 이미지에 한층 고무돼 있다.

"우리 학교가 달라졌다는 걸 지역 전체가 느끼고 있습니다. 학생들도 교복을 입고 다니는 것을 자랑스럽게 생각하고요. 마이스터고 교복을 입은 학생을 보고 '막고(마지막에 가는 학교)'라고 부르는 주민은 아무도 없습니다."

마이스터고에 대한 기업의 반응도 긍정적으로 변하고 있다. 2012년부터 10년간 마이스터고 학생 1,000명을 채용하기로 한 위성욱 현대자동차 인사팀장은 "마이스터고 출신 학생들의 업무를 처리하는 능력이나 자세가 확실히 다르다."며 "전문 자격증과 지식을 두루 갖춘 고졸자가 많아지면서 현장 적응력이 빨라 기업의 만족도가 높다."고 평가했다.

이 같은 기업의 평가를 반영하듯 제도 도입 당시 45.2%에 불과하던 채용약정 비율은 2012년 3월 기준으로 84.8%에 달하고 있으며, 산학협력 기업체 수도 1,049개에서 1,611개로 늘어났다. 기업과의 산학협력 체제를 바탕으로 지난 2012년 6월 14일에는 마이스터고 최초로 평택기계공업고가 취업률 100%를 달성하여 이주호 장관, 평택기계공업고 학생의 취업예정 기업 대표, 학생 및 학부모 등 200여명이 모여 이를 기념하는 행사가 열리기도 하였다. 또한, 삼성전자 소프트웨어센터 웹컨버전스랩 프로그래머로 입사가 확정된 미림여자정보과학고 이정연 양, 중견기업 등에 연구개발직으로 28명이 취업 확정된 인천

전자마이스터고의 사례와 같이 마이스터고 학생들이 취업하는 분야도 생산기술 분야 뿐 아니라 전문 연구분야 등으로 점차 다양화되고 있다.

이명박 대통령도 2012년 3월 한국바이오마이스터고에서 개최된 제2기 마이스터고 합동 개교식에 참석해 "마이스터고가 2년이라는 짧은 시간에 '미래의 기술 명장을 길러내는 취업명품학교'로 확고히 자리 잡는 놀라운 성과를 거두었다"고 평가하였다.

취업명품학교 마이스터고의 성공 전략

마이스터고는 지난 2008년 국정과제 '고교다양화 300 프로젝트'의 일환으로 도입됐다. 산업수요 맞춤형 교육과정 운영으로 졸업 후 우선 취업을 지원하는 취업 선도학교로, 2010년에 21개교가 개교하였고 올해 7개교가 개교하여 현재 28개교가 운영중이며, 2013년 7개교가 추가로 개교할 예정이다. 학교와 기업이 함께 만드는 실무형 수업, 협약 기업을 오고 가며 배우는 현장 실습, 재직자 특별전형 등을 활용한 일과 학업 병행이 마이스터고의 핵심 경쟁력이라 할 수 있다.

전략 1. 전문기술인으로서의 비전 제시

마이스터고의 성공 전략 첫 번째는 전문기술인으로 육성한다는 명확

마이스터고 학생 성장경로 (한국형 마이스터고 육성 기본계획, 교육과학기술부, 2008)

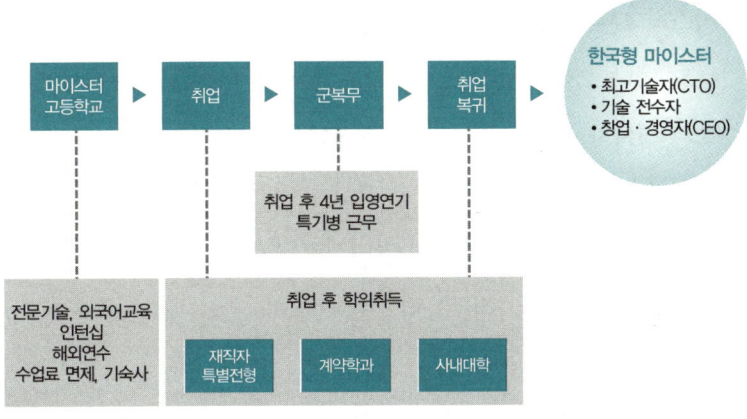

한 비전을 제시했다는 점이다. '한국형 마이스터고 육성 기본 계획'에서는 고교부터 졸업 후 취업, 군복무, 계속교육 등을 통해 기술명장(마이스터)으로의 성장경로 Career Path를 제시하고 있다.

이 같은 성장경로는 중학교 학생들과 학부모에게 어떤 학교에 진학해야 할지를 고민하게 하는 계기를 만들었다. 2010년 12월 마이스터고 첫 입학생들의 진학 동기를 확인한 결과 50% 이상의 학생이 마이스터고의 성장경로에 매력을 느껴 스스로 선택했으며, 30% 정도의 학생은 부모의 권유로 마이스터고에 진학한 것으로 나타났다. 또한 졸업 후 진로 계획에 대해 90% 이상의 학생들이 취업과 학업을 병행하면서 최고의 기술인이 될 의지를 밝혔다. 이처럼 마이스터고의 학생 성장경로는 학교가 지향하는 교육목표를 교육 수요자들에게 명확하게 전달하는 방향키가 되고 있다.

전략 2. 기업과 학교의 상생 파트너십

마이스터고는 기업과 학교 간 상생 파트너십에 기반한 교육 여건을 갖추고 있다. 28개의 마이스터고는 개교를 준비하는 과정에서 인력 수요가 명확하고 취업 후 성장 가능성이 높은 산업으로 교육 분야를 설정했다. 산업 맞춤형 교육과정 편성을 위해 관련 산업체의 경력자들을 교육과정 개발 연구진으로 참여시켜 커리큘럼 개편 작업을 진행했다. 이 과정에서 국가직무능력표준NCS; National Competency Standard, 직무분석 자료 등이 활용됐다.

울산마이스터고를 비롯한 11개 학교에서는 개방형 교장 공모를 통해 교장 자격증이 없는 산업체 경력자를 학교장으로 영입했다. 이들은 자신의 경력을 바탕으로 적극적으로 산업체 협력을 유도하고 기업 맞춤형 교육에 열정을 쏟았다. 학교와 산업체의 교두보 역할을 해준 교장들의 행보는 마이스터고를 산업계에 긍정적으로 인식시키는 효과를 만들어 내고 있다.

마이스터고는 산업수요 맞춤형 교육과정을 운영하는 과정에서 산학협력교육 시스템을 구축하여 왔고, 그 결과로 대학에서도 운영이 힘들었던 '기업 맞춤형 반'을 운영하고 있다.

기업 맞춤형 반 운영이 활발한 학교 중 하나인 동아마이스터고는 전자·기계계열 우수기업과 주문식 교육협약 체결 후 2학년을 대상으로 '삼성전자반', 'SIEMENS반', '서울반도체반' 등을 선발하여 방과후학교와 방학을 활용해 맞춤형 교육을 실시하고, 3학년 12월 중 취업을 전제로 해당 기업에 학생을 파견한다.

동아마이스터고 기업 맞춤형 과정 운영 사례

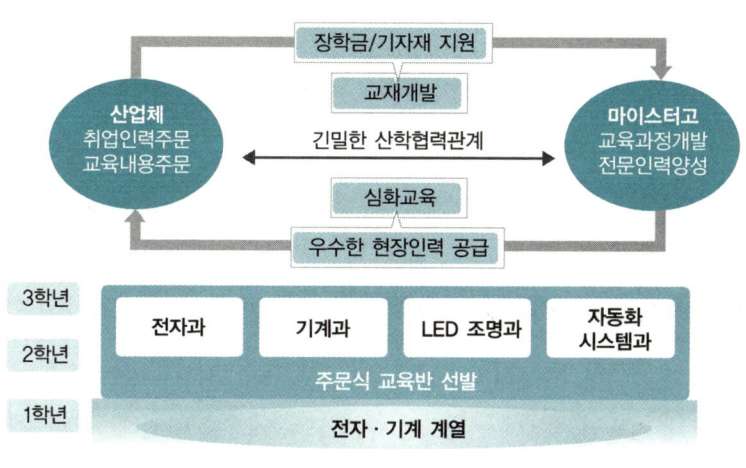

학교와 산업체의 협력 내용을 살펴보면 파격적인 지원 사례가 많다. 충북반도체고와 협력하고 있는 '하이닉스반도체(주)'에서는 28억 원 상당의 반도체 실습 장비를 기증한 것에 이어 교사의 산업체 장기 파견 연수까지 지원하고 있다. 또한 기업 맞춤형 교육과정을 운영하는 하이닉스 특별반 운영도 지원한다. 이처럼 학교와 연계된 산업체의 수는 2012년 3월 기준으로 총 1,611개이고, 이들 기업이 졸업생의 채용을 약정한 인원수는 3,056명에 달해, 21개 마이스터고 3학년 정원의 84.8%에 해당한다.

전략 3. '산업 맞춤형 교육'을 위한 학교의 노력

마이스터고의 성공이 있기까지 보이지 않는 곳에서 헌신적인 노력을 기울인 이들이 있다. 바로 밤낮없이 달려온 28개 마이스터고의 교사들이다.

교사들은 기존 학교를 마이스터고로 탈바꿈시키기 위해 학과 구조조정부터 단행했다. 구조조정 과정에서 구성원 사이에 갈등이 발생하기도 했지만, 과감히 진행할 수 있었던 것은 산업 수요를 반영하지 않고서는 직업교육이 살아남기 힘들다는 위기의식 때문이었다. 또한 이들은 산업계에 마이스터고의 우수성을 알리고 협력을 이끌어내기 위해 전국 각지를 발로 뛰었다. 산업체에 직접 찾아가 협력을 호소하고, 기업 내 임원진 회의에서 발언할 수 있도록 기회를 마련해줄 것을 부탁하기도 했다. 교육청과 지자체도 산학협력 체제를 만들기 위해 지원을 아끼지 않았다.

금오공고 김재천 마이스터 부장 교사는 새로운 학교 체제를 만들려 애쓰던 그간의 소회를 밝혔다.

"마이스터고로 새 출발하는 과정에서 침체된 특성화고의 패배주의를 극복해야 했고, 마이스터고의 비전을 설정하기 위해 밤새워 고민하기도 했습니다. 완성까지 멀고도 험난한 일임을 뼈져리게 느끼고 있지만, 새롭게 시작하는 마이스터고에 교사 스스로도 매료되고 있습니다."

마이스터고는 산업 맞춤형 교육을 모토로 하지만 기술·기능교육에만 몰입하는 것은 아니다. 방과 후 시간, 동아리 활동 등을 활용해 정보처리능력, 직장예절 등 직업기초능력 향상과 실무 외국어 교육에도 많은 투자를 하고 있다.

모든 마이스터고가 기숙사를 운영하고 있어, 재학생들은 아침 일찍부터 일과를 시작한다. 기술인으로서 기초체력을 기르기 위해 아침마다 태권도를 하는 학교도 있고, 바른 인성이 경쟁력이라는 생각에 주말에는 노작교육으로 품성을 기르는 학교도 있다. 또한 기술명장·명사 초청 특강을 들으며 마이스터고 학생들은 자신의 미래, 진로를 설계한다. 이런 학교의 모든 교육 활동들은 학교마다 구성된 산학협력협의회에서 공유된다. 학교의 교육 내용을 직접 전해 듣는 기업의 입장에서는 학교를 더욱 신뢰할 수 있는 계기가 된 셈이다.

힘차게 출발한 마이스터고의 운영을 계속 지원하기 위해 교육과학기술부는 한국직업능력개발원에 '마이스터고지원센터'를 설치했다. 2009년 출범한 마이스터고지원센터는 마이스터고 정책의 수립 단계부터 지금까지 관련 연구, 프로그램 개발, 모니터링과 컨설팅, 평가에 이르는 전 과정에 걸쳐 체계적인 지원을 하고 있다.

전략 4. 정부의 강력한 육성 의지

마이스터고가 성공할 수 있었던 비결 중 빼놓을 수 없는 것은 정책이 자리 잡을 수 있도록 일관성 있게 지원한 정부의 의지이다.

이명박 대통령은 2009~2012년까지 매년 빠지지 않고 마이스터고를 직접 방문해 관계자들을 격려했다. 원주의료고, 수도전기공고, 광주자동화설비공고, 한국바이오마이스터고 등 벌써 대통령이 방문한 마이스터고만 4개교에 달한다. 대통령의 이러한 관심은 교육과학기술부를 비롯한 다른 정부부처의 관심과 협력을 촉진하는 계기로 작용했다. 김황식 국무총리는 감사원장 시절 수원하이텍고를 방문해 재학생들에게 강연을 했고, 이재오 전 특임장관도 수도전기공고를 방문해 학교 관계자의 의견을 들었다. 이주호 교육과학기술부 장관은 청와대 수석 시절 마이스터고 제도를 직접 설계했고, 교육과학기술부 차관 시절부터 마이스터고 현장을 수차례 방문했다. 이주호 장관은 마이스터고 졸업생의 취업을 위한 기업과의 MOU 체결에도 나서고 있다. 삼성전자, 현대자동차, STS반도체통신, CJ대한통운, CJ제일제당 등 기업인들을 만나며 마이스터고의 우수성을 알리고, 협력을 적극 요청하였다.

기술강국 독일의 자존심을 '마이스터'들이 지키듯, 이제 '21세기 기술강국 코리아'를 만드는 새로운 주역으로 '마이스터고'가 자리매김하고 있다.

특성화고의 부활

특성화고에도 취업의 바람이 불다

마이스터고에 대한 기업의 채용 약정이 이어지면서 그 변화의 바람이 이웃 특성화고에도 긍정의 변화를 일으키고 있다.

교육과학기술부는 2008년 도입된 마이스터고의 성공 사례를 다른 특성화고로 전파하고 전체 특성화고를 취업중심 학교로 개편하기 위해 2010년 5월 '고등학교 직업교육 선진화 방안'을 발표했다. 마이스터고의 내실화와 특성화고의 정예화·전문화가 주요 내용이다. 학령인구 감소와 산업수요의 변화를 고려해 특성화고의 정예화를 추진해 가기 위하여 특성화고를 취업중심 학교로 전면 개편하고, 직업교육의 여건이 조성되기 어려운 인문계 중심의 종합고 등은 일반고로 전환하게 된다.

이를 실행하기 위해 특성화고 교육과정에 산업수요를 반영하는 등 특성화고의 전문교과 교육과정을 강화하였다. 대한상공회의소와 협력해 산업체 출신 우수 강사의 채용을 지원하고, 취업처 발굴을 위해 취업전문인력을 확대 배치하는 등 학교의 취업역량을 높이는 작업을 진행 중이다. 또한 국·영·수 등 교과 위주의 평가를 대신할 '직업기초능력평가'를 2012년 하반기에 전수 시범평가를 시작으로 2013년부터 정식으로 도입해 의사소통능력, 수리능력 등 직업 수행에 필요한 능력을 학생들이 학습하고 평가받을 수 있도록 했다. 뿐만 아니라 특성화고 학생에게 장학금을 지원함으로써 특성화고에 다니는 모든 학생들은 입학금과 등록금을 납부할 필요가 없이 안정적으로 공부할 수 있게 되었다. 또한, 안전한 환경에서 내실있는 훈련을 받도록 표준협약서 개정 및 현장실습 매뉴얼 제작 등 현장실습제도를 개선(2012년)하였으며, 글로벌 역량을 강화하기 위하여 해외현장실습 기회도 제공하는 등 특성화고가 취업 중심의 산학협력형 학교로 거듭나도록 다양한 지원책을 시행하고 있다.

관련 정부부처도 특성화고의 취업 촉진을 위해 발 벗고 나섰다. 특히 남학생 취업을 어렵게 하는 요인인 군 복무로 인한 경력 단절을 해소하기 위해 국방부, 병무청, 중기청이 지혜를 모았다. 고등학교 졸업생이 졸업 후 취업한 경우, 만 24세까지 입영을 연기할 수 있도록 했다. 또한 당초 폐지하기로 했던 산업기능요원제도를 유지시켜 마이스터고와 특성화고 졸업자들의 병역 대체 복무를 지원할 수 있도록 제도를 개선하였고, 고졸 취업자 군 복무 후 복직을 허용하는 기업에 해당 복직 근로자의 인건비에 대해 소득세액을 공제하는 조세감면 인센티브를 2013년도부터 도입하여 군 미필 학생의 취업 지원을 강화해 나가기로 했다. 또한 마이스터고 졸업생들이 군복무시에 기술특기병으로 근무할 수 있는 기회를 확대하는 방안도 논의되고 있다.

기술 습득과 군 복무, 취업이 연계되어 군 복무가 경력개발의 경로로 인식될 수 있는 길이 열린 것이다.

취업을 희망하는 학생은 모두 취업할 수 있도록 정부 부처 등이 적극 노력한 결과, 특성화고에서 취업을 희망하는 학생 중 취업한 비율은 '11년 63.6%에서 '12년 4월 89.7%로 증가하였고, 한국직업능력개발원의 '특성화고 진로이력 분석연구 2012'에 따르면 특성화고를 졸업한 취업자 중 75.7%가 정규직으로 채용되는 등 '취업의 질' 역시 높아지고 있다고 분석되어, 특성화고 졸업생의 취업의 양과 질 모두에서 긍정의 변화가 이루어지고 있음을 알 수 있다.

금융권, 대기업, 공공부문으로 확산된 고졸채용 문화

많은 이들이 1997년 IMF 여파에 따른 대량 실업사태를 기억할 것이다. IMF 사태 이후 금융권은 특성화고 졸업생에게 취업의 문을 닫았다. 불안한 경기 탓에 일자리가 줄어들었기 때문이다.

15년간 지속되던 채용 한파는 2011년에 이르러 눈 녹듯 사라졌다. 국민은행, 기업은행, 산업은행, 농협, 우리은행 등 금융권에서 앞다퉈 특성화고 졸업자를 채용하겠다고 나선 것이다. 산업은행은 특성화고 졸업생이 취업 후 계속교육을 원할 경우 교육 기회를 제공하고 장학금도 지원하겠다는 선물을 선사했다. 전국 은행들의 모임인 은행연합회에서는 향후 3년간 2,722명의 특성화고 졸업자를 채용하겠다고 발표했다. 제2금융권의 채용 계획 발표도 이어졌다.

또한 은행을 중심으로 한 금융권 일부에 국한됐던 고졸 인재 채용이 산업계 전반으로 빠르게 확산되고 있다. 기업들이 고졸 정규사원 채용에 적극 나서면서 학력이나 스펙 같은 간판보다 업무능력을 중시하는 쪽으로 패러다임이 바뀌고 있는 것이다. 언론들은 이러한 사회의 긍정적인 변화와 고졸 채용열기를 보도하기 바빴다.

- 삼성전자 '젊은 기술명장' 미리 뽑는다 – 채용 약정, 맞춤형 교육, 기술명장 교원 지원(2010.11, 중앙일보)
- 서울여상 "나는 상고商高다"…그 이름 지키며 98% 취업 신화(2011.7, 조선일보)
- "고졸의 부활" (2011.7.16, KBS 취재파일 4321)
- 특성화고·마이스터고 출신 기능인 공직임용 대폭 확대, 행안부, 기능인재 추천 채용 기계·전기 등 10개 직렬 50명 모집(2011.8.10, 행안부)
- '학력의 벽 깨고 변화 일군다'…고졸의 도전(2012.1.2, SBS뉴스)
- 기업들 우수 고졸인력 선점 경쟁(2012.5.3, 조선일보)

주요기관 고졸 인재 채용 계획 [4]

금융권

기관	채용 예정 인원
우리은행	200명
산업은행	120명
하나은행	133명
신한은행	120명
기업은행	110명
NH농협은행	100명
SC제일은행	70명
외환은행	49명
국민은행	20명
씨티은행	20명
수협은행	20명
광주은행	20명
경남은행	20명
대구은행	24명
부산은행	15명
전북은행	5명
제주은행	4명
총 17개 은행	**1,050명**

대기업

기관	채용 예정 인원
롯데그룹	6,500명
삼성그룹	9,100명 (고졸 공채 700명 포함)
포스코그룹	3,100명
한진그룹	320명
한화그룹	1,200명
현대자동차	2,200명 (전문대졸 포함)
KT그룹	1,400명
GS그룹	250명
LG그룹	5,700명 (전문대졸 포함)
CJ그룹	2,350명
SK그룹	2,100명
STX그룹	100명
총 12개 기업	**34,320명**

[4] 동 데이터는 언론보도, '12년 행안부 지역인재 9급 및 기능인재 견습직원 선발시험 시행계획 공고, '12년 지자체 특성화고졸 경력경쟁 임용시험 공고, '12년 시·도교육청 특성화고졸 경력경쟁 임용시험 공고, 기획재정부 발표('12.6.28일) 등을 토대로 작성한 자료로 실제 채용 인원과 다를 수 있음.

기관	채용 예정 인원
행정안전부 (국가직 공무원)	200명 (일반직) 100명, (기능직) 100명
16개 지방자치단체 (지방직 공무원)	211명 (일반직) 201명, (기능직) 10명
8개 교육청 (지방직 공무원)	34명 (일반직) 34명
288개 공공기관	2,508명
	38,323명

- ■ "승진에 학력차별 철폐"…기업들 호봉제서 능력급제로 속속전환 (2012.5.21, 한국경제)
- ■ 분위기 확 달라진 특성화고, "대학보다 취업"…특성화고 취업률 10%대→38%로, 은행·대기업 취직문 열리며 진학률은 절반 가까이 하락 신입생 커트라인 30% 올라(2012.8.2, 조선일보)
- ■ 30대그룹 고졸 채용, 작년보다 4,000명 늘어(2012.8.21, 조선일보)
- ■ 행안부, 특성화·마이스터고 졸업생 104명 첫 '지역인재 9급 추천채용'(2012.8.28, 서울신문)

많은 관심을 한 몸에 받으며 특성화고도 달라지기 시작했다. 정부의 특성화고와 마이스터고 지원이 늘고, 우수한 학생들이 입학하면서 학교 현장은 다시 교육의 방향 정비와 수준 제고를 위해 허리띠를 동여매고 있다. 학과 개편, 교육과정 개정 등을 통하여 산업 현장이 가장 필요로 하는 인재로 기르기 위해 부단히 노력하는 중이다.

학생들은 주위에서 좋은 기업에 취업하는 친구들을 보며 나도 할 수 있다는 희망을 가지게 되었고 목표의식이 뚜렷해졌다. 학생들이 나도 열심히 하면 취업 할 수 있다는 확신을 가지면서 수업분위기가 자기 주도적인 학습으로 이루어지고 선생님들의 의욕도 같이 상승하여 학교 분위기도 좋아지고 있다. 학생들의 태도가 달라진 모습에 학부모들의 관심도 높아지며 지역 사회에 학교의 변모된 모습을 자랑하기까지 한다. 더 이상 특성화고는 대학에 합격한 학생들의 진학 현황을 자랑거리로 내세우는 학교가 아닌 학생들이 희망하는 기업에 취업할 수 있도록 교육받는 학교로 변화를 이루어 내었고 학교 현장은 오늘도 분주히 움직이고 있다.

학력을 넘어 실력으로 승부하는 사회

학교와 기업체가 함께 하는 직업교육

개인의 소질과 적성을 고려하지 않는 무조건적인 대학 진학은 이제 한계에 다다랐다. 모두가 다 대학에 갈 필요는 없다는 점을 사회가 인식하고 변화의 당위성에도 공감하는 추세다. 학력 중심 사회에서 실력 중심 사회로 가는 변화의 한가운데에 마이스터고와 특성화고가 있다.

학력 편견 없이 실력으로 승부하고 대우받는 능력 중심 사회를 만들어가기 위해 필요한 것은 무엇일까? 학교에서 직접 학생들과 소통하는 현장 교사들의 조언에 귀 기울여보자. 수원하이텍고의 김유권 수석교사는 기업들이 인사제도 등에서 조금 더 노력해주길 기대하고 있다.

"향후 2~3년이 지나 마이스터고가 완전히 정착되면 고졸 산업역군이 우리나라의 산업발전을 견인하는 과거의 영광도 재현할 수 있을 것이라 생각합니다. 이를 위해 기업의 노력이 필요합니다. 능력 위주의 인사제도와 급여체제, 군 미필자 채용 확대, 계속교육에 대한 기회와 편의 제공 등이 과제라고 봅니다."

학교에서 꿈을 키우는 진로교육

고등학교 직업교육의 성공은 중학교 단계의 진로교육에 달려있다고 해도 과언이 아니다. 고등학교 진학을 앞둔 중학교 학생들부터 직업의식과 목표의식을 명확히 하도록 도움을 줘 진학 학교의 선택에 신중을 기하도록 여건을 마련해야 한다.

한 설문조사에 의하면 청소년들의 희망직종은 교사, 연예인 등 10여개의 직업에 불과하고, 이런 직종을 선호하는 이유도 직업적 안정성과 소득 때문이라고 한다. 이처럼 학생들의 좁고 편향된 직업관을 가지게 되는 이유는 중등교육에서 체계적인 진로교육과 직업 탐색의 기회가 실질적으로 주어지지 않는 현실과 밀접하게 연관되어 있다.

이에 정부는 2014년까지 모두 중·고등학교에 진로진학상담교사를 배치한다는 야심찬 진로교육 프로젝트를 2010년에 발표해 추진하고 있다. 새로 배치될 진로진학상담교사들을 통해 성적순에 의한 진학지도 관행에서 벗어나 학생의 적성과 소질, 학교의 특성과 진로 전망 등을 기반으로 한 진로교육이 차츰 실현되리라 기대하고 있다.

전교 1, 2등을 다투던 중학생이 마이스터고를 선택하여 세간에 화제가 된 서울 수도전기공고 1학년 천한성 군의 이야기는 진로교육에 대한 이러한 기대가 점차 현실화되고 있음을 보여주고 있다. 중학교에서 최상위권이었던 천군이 처음에 수도전기공고 진학을 결심하자 부모님과 담임선생님의 반대가 심했다고 한다. 그러나 천군은 수도전기공고 전기에너지과에 들어가 발전 분야에서 최고가 되겠다는 확고한 장래계획을 가지고 부모님과 선생님을 설득할 수 있었다. 황해룡 수도전기공고 교감은 "천군처럼 성적 좋은 학생이 마이스터고에 지원한 건 학생과 학부모가 이제 미래 직장과 적성을 고려해 고교를 선택하기 시작했다는 좋은 시그널"이라고 평가했다.

한국직업능력개발원의 방혜진 연구원은 "진로계획은 머리로만 고민할 게 아니라 몸도 함께 움직여 세워야 한다"며 "중학교 때는 진로탐색의 적기로 이때부터 다양한 활동과 상담으로 미래를 계획하는 시간을 가져야 한다"고 진로 직업체험학습의 중요성을 강조한다.

다행히도 2012년에 시행된 주5일제에 따라 토요일을 활용한 직업체험교육이 강화될 것으로 보인다. 미국의 Job Shadowing[5] 프로그램처럼 학생이 지역의 산업체를 방문해 직업 세계를 체험하는 진로탐색 활동을 교육에 도입하는 것이다. 기업과 공공기관에서 현장체험 및 견학을 하거나, 각 분야의 우수한 직업전문인과의 만나는 등 학생들의 직업체험 기회 확대를 위하여 교육과학기술부는 시도교육청의 다양한 진로체험 프로그램 개발·보급을 장려하고 있으며 단위학교

---

5   직업체험, 반나절 정도 기업체에 방문하여 직무수행 과정을 관찰하고 체험하는 학습을 의미.

에서 실정에 적합한 프로그램을 선택하여 활용토록 지원하고 있다. 또한 각 교육청별로 폐교 등 유휴 공간 및 공공시설(학생수련원, 청소년 수련관, 체육센터, 박물관 등)을 활용한 진로체험 시설이 구축되고 방학과 주말을 이용한 다양한 상설 진로캠프가 운영되어 진로체험의 장이 점차 확대되고 있다. 요컨대 진로체험은 학교와 지역사회가 인적·물적 자원을 공유하고 함께 노력함으로써 만들어가야 하는 공동교육시스템이며, 교육기부를 통해 진로체험이 더욱 활성화될 수 있는 가능성은 무한하다고 할 수 있다.

앞으로 학부모, 학생 대상의 미래 직업, 취업 관련 정보 제공과 학생들에게 맞춤형 진로진학 코칭서비스를 제공하는 등 그간 학원 등에서 이뤄지던 서비스가 이제 학교로 옮겨지게 될 것이다. 또한 학생들은 학교 밖에서 다양한 직업 현장을 미리 체험해 봄으로써, 목적 없는 스펙 쌓기에 열중하기 보다 자신의 소질과 적성을 고려하여 미래 직업을 결정하고, 자신의 꿈을 실현할 수 있는 적절한 교육을 선택할 수 있게 될 것이다. 학생들이 자신의 진로경로를 스스로 결정하고 미래의 꿈을 위해 매진할 수 있는 역량을 갖게 되는 것이다.

선취업-후진학으로 평생 학습

마이스터고와 특성화고는 '고등학교-대학-취업'이라는 기존 관행을 수정해 고등학교만 졸업해도 취업할 수 있는 우수 기술·기능인 양성을 목표로 한다. '진학 후 취업'이라는 공식을 깨고 '선취업-후진학' 전략을 택한 것이다. 일을 하면서 더욱 전문성을 키울 수 있도록 계속

공부할 수 있는 길을 열어주는 것도 국가의 중요한 임무이다.

 2010년부터 재직자 특별전형이 도입된 것이 그 시작이었다. 도입 첫 해에는 재직자 특별전형을 신설한 대학이 3개교에 불과했지만, 제도 도입 3년 만에 이 전형을 채택하는 대학이 23개교로 늘었고, 2013년에는 한양대, 고려대, 인하대, 순천대 등 67개교로 더욱 확대될 전망이다. 고졸 취업자들이 활용할 수 있는 후진학 경로는 매우 다양하다.[6] 하지만 일과 학습 병행을 인정하지 않는 기업 문화, 잔업으로 인한 시간 부족 등 해결해야 할 과제들이 여전히 존재한다. 기업에서는 근무손실 우려로 후진학에 대해 부정적으로 인식하고, 재직자의 경우 열악한 근무여건과 높은 교육비용으로 교육훈련 참여가 어렵다. 대학에서 이루어지는 이론 중심의 강의와 학령기 학생 위주의 학생선발 시스템 등도 재직자의 교육 참여를 저해하는 원인으로 작용하였다. 이를 완화하고자 정부는 「공생발전을 위한 열린 고용사회 구현 방안(2011.9)」, 「스마트 캠퍼스 구축방안(2012. 4)」, 「선취업 후진학 강화방안(2012. 7)」을 마련하여 고용보험기금 등과 연계한 장학금 지원 방안을 모색하고, 재직자 특별전형 뿐 아니라 방송통신대 이공계 과정 신설, 사이버대학 학과 신설, 세계 수준의 전문대학 및 기술사관 육성 프로그램 등을 통하여 후진학 경로를 다양화하고 있다. 또한, 재직자의 학비 부담을 완화하기 위하여 비과세 재형저축 신설을 제안하여

---

[6] 후진학 제도 현황('12년) : 계약학과(105교, 12,274명), 사내대학 (3교, 105명), 산업체 위탁교육(81교, 12,469명), 재직자 특별전형(23교, 1,027명), 방통대(1교, 63,000명), 사이버대(18교, 28,000명)

2012년 8월 조세특례제한법 개정을 통해 동 제도 도입을 확정하였다.

최근 고졸 채용이 확대되면서 대기업을 중심으로 기업이 학위과정을 운영할 수 있는 사내대학에 대한 관심이 높아지고 있다. 삼성전자공과대학교, 삼성중공업공과대학에 이어 2011년도에는 제과제빵 분야 기업 SPC㈜에서 새롭게 사내대학을 설치하였으며, 2012년도에는 산업은행, 대우조선해양, 현대중공업, LH공사에 사내대학이 설치될 예정이다.

산업체가 원하는 인재를 대학에 위탁해 기르는 계약학과의 경우에도 삼성중공업, 삼성전자, 현대중공업 등이 지역 대학들과 연계해 운영하고 있다. 또한, 채용조건형 계약학과의 기업 교육비용 부담률을 개선하는 등 기업이 후진학을 권장하는 분위기를 조성하도록 하기 위한 방안을 시행 중에 있다.

전문가들은 향후 미래사회는 직업의 생성소멸 주기가 단축되고 직업이 다변화될 것이라 예측한다. 급변하는 미래사회에서 후진학의 중요성은 더욱 증대될 것이다. 이에 따라 앞으로도 정부는 근로자가 일과 학업을 병행하며 지속적으로 직업능력을 개발하는 시스템이 구축되도록 지원을 계속해야 할 것이다.

정부와 함께 가꿔가는 직업교육 선진화

모두가 능력에 맞는 일자리를 가지고, 필요하면 언제든 교육받을 수 있는 사회가 공정사회의 모습일 것이다. 너무 많은 대졸자로 인한 하향 취업의 일상화, 높은 청년실업으로 인한 개인적·국가적 손실은 우리 사회 전반의 인력 수급 체계에 개선이 필요하다는 신호다. 일반교육 및 고등교육 중심에서 이제는 직업교육으로의 새로운 전환기를 맞고 있다.

이명박 정부의 직업교육 정책은 고교 직업교육을 되살려 인력 수급의 불일치를 해결하는 데 초점을 두고 있다. 마이스터고 육성으로 우선 꺼져가는 직업교육의 불씨를 살렸다. 이어 특성화고 체제 개편으로 직업교육의 책무성 강화를 유도하고, 학교교육과 고용시장이 협력하도록 하는 작업을 시작했다. 일과 학업의 병행 여건 마련으로 고졸자도 계속 성장할 수 있는 환경을 조성하고 있다.

이런 정책 방향에 따라 시·도교육청과 단위학교에서는 산업체와의 연계를 강화하여 취업률을 높이는 것을 최우선 과제로 설정하고 있다. 정부에서도 학교의 취업 역량을 향상시킬 수 있는 다양한 재정 지원 사업을 신설하고, 취업률과 연계한 지원을 하고 있다. 사실 직업교육은 학교교육부터 산업 분야, 노동시장까지 범정부적 차원에서 정책적 협력이 이뤄져야 하는 분야이다. 현 정부에서는 산업계와 유관부처의 적극적인 참여와 지원으로 어느 때보다 산학관 협력체제가 굳건히 구축되고 있다. 장기적으로는 재직 경력이 학습 경력으로 호환되는 평생학습 체제가 구축돼야 한다. 직업교육의 이수 결과가 노동시장에서 대우받을 수 있도록 하는 체제 정비는 앞으로 추진해가야 할 과제이다.

학력보다 능력을 우대하는 기업문화

능력중심 사회의 구현은 인력의 수요자인 기업의 변화에서부터 출발한다. 고교 졸업 후 취업에 대한 부정적인 인식이 쌓인 데에는 취업

후 직면하는 임금격차와 인사상 차별을 꼽을 수 있다. 특히 고교 졸업자와 대학 졸업자 사이의 임금격차가 연령이 증가하면서 더욱 심화되다는 사회적 인식이 특성화고에 입학하려는 중학생이나 특성화고 졸업자에게 대학을 선택하도록 하는 주된 요인으로 작용한다. 그러나 최근 한국직업능력개발원의 '2011년도 한국교육고용패널조사' 및 '교육-노동시장 생애경로조사(2009~2011)' 연구 결과 분석에 따르면, 고졸 남자의 월급은 대졸자보다 20만원이 더 많고 직장의 질도 차이가 없으며 여자의 경우 고졸과 전문대졸·대졸 간에 큰 차이가 없는 것으로 나타났다는데 주목해 볼 필요가 있다. 학력이 임금이나 일자리의 질을 결정하는 절대적 변수가 아니라는 것이다.

고졸 공채의 바람을 일으킨 삼성그룹은 올해 총 9,100명의 고졸 사원을 채용할 계획이다. 또한 고졸 사원이 3~5년 만에 대졸 사원과 동등한 직급이 되도록 인사규정을 바꿔서 학력 위주의 채용문화를 획기적으로 개선할 계획이라고 밝혔다. '고졸 채용의 전도사'로 활약하고 있는 삼성전자 인사팀 원기찬 부사장은 "공채를 통해 응시자들의 우수한 잠재 역량과 열정에 놀랐다. 학력을 우선하는 분위기가 바뀌려면 5~10년은 더 걸릴 줄 알았는데, 이번 공채를 진행하면서 3~5년이면 사회의 물줄기가 바뀔 것이란 확신을 갖게 됐다."고 한다. 삼성그룹의 이러한 변화는 사회의 학력 편중 현상을 극복할 수 있는 가능성을 확인한 시도였다고 평가되고 있다.

이러한 기업의 긍정의 변화가 현장에 확산되고 뿌리내리기 위해서는 기업이 학력과 학벌에 기반한 인사 관행을 타파하고, 능력중심의 인사제도를 확립하기 위한 노력을 지속하도록 해야 한다. 또한, 군 미필자에 대한 공정한 취업기회를 보장하도록 고용정책기본법을 개정하고, 군 미필자의 입영 시 고용보험을 활용하여 대체인력에 대한 인건비를 지원하는 등 정부차원의 노력도 함께 추진되어야 할 것이다. 아울러, 정부부처와 민간이 함께 직업교육 정책과 산업육성 정책, 인력정책 및 기업의 인사정책을 상호융합과 선순환의 관점에서 개선·발전시켜 나가는 노력을 지속적으로 추진해 나갈 때 고졸시대의 정착과 더불어 대한민국의 경쟁력 향상이 실현될 수 있을 것이다.

당당한 고졸인재 시대!

학교가 변하면서 학생들이 변했고, 긍정의 변화는 학부모와 기업까지 바꾸고 있다. 이제 여세를 몰아 기술인을 경시하고 학력만을 유일한 잣대로 여기던 우리 사회의 변화를 이끌어낼 차례다. 학력중심 사회에 반기를 들고 변화를 몸소 만들어가는 현장의 목소리를 들어보면 이미 긍정의 변화는 시작되었음을 느낄 수 있다.

"사회적인 편견과 부모의 욕심으로 자녀의 진로를 결정해서는 안 된다고 생각합니다. 이제는 학부모로써 특성화고의 진정한 지지자가 되겠습니다."
삼일상업고 박병우 교사·특성화고 학부모

"마이스터고에선 내가 노력한 만큼 원하는 미래를 꿈꿀 수 있다는 확신이 들었어요. 저의 꿈은 좋은 회사에 입사하는 것 자체가 아니라 그곳에서 전기기기 분야의 명장이 되는 것입니다. 또한 회사에 입사해서는 사내대학을 다니며 조선에 대해 더 공부하고 싶습니다. 나의 꿈에 한걸음 더 가까워 질 수 있기에…"

박치환 학생, 거제공고 선박전장 전공

이제 이들의 꿈이 실현될 수 있도록 하는 것은 우리 사회의 몫이다. 이제는 이 당찬 학생들이 마이스터고와 특성화고의 이름으로 당당히 자리 잡고, 학력의 벽을 넘어서서 실력을 발휘할 수 있는 사회를 만들어야 할 때이다. 기술명장의 꿈을 가지고 힘찬 첫걸음을 내딛은 이들이 장차 우리 사회에서 위풍당당하게 발전해 나가길 기대해본다.

CHAPTER 5

뒤처지는 학생 끌어올리기

한석수 [1] | 신익현 [2]

창의의 시작은 탄탄한 기초부터

『세계는 평평하다 The World is Flat』의 저자 토마스 프리드먼이 빌 게이츠 당시 마이크로소프트사 회장에게 아시아 교육에 비해 창의성을 강조하는 미국식 교육의 장점에 대해 의견을 물었을 때 빌 게이츠는 이렇게 이야기한다.

"일본이 기계적 암기교육을 하기 때문에 미국인과 경쟁 가능한 혁신적인 사고의 인재를 배출하지 못한다고 생각하는 사람들은 크게 잘못 보고 있는 것입니다."

---

1 전 교육정보통계국장. 정책조정기획관, 대학지원관 등 역임.
2 현 교육기반통계국장. 교육정보기획과장, 학교선진화과장 등 역임.

그러면서 저자에게 다음과 같이 반문했다.

"곱셈도 못하면서 소프트웨어를 개발하는 사람을 만나본 적이 없습니다. 누가 세계에서 가장 창의적인 비디오 게임을 개발했습니까? 창의적인 발명을 하기 위해서는 우선 기본을 이해해야 합니다."

빌 게이츠의 말처럼 기본적인 곱셈도 못하면서 소프트웨어를 개발할 수 없듯이 기초능력의 토대 없는 창의교육은 허울일 뿐이다. 교육의 본질로 돌아가 모든 학생에게 최소한의 기초능력을 보장해주는 것이 바로 학교의 역할이다.

'소통하고 배려하는 **창의적** 민주시민 육성(서울특별시교육청)'
'미래 사회를 선도하는 **창의** 인재 육성(부산광역시교육청)'
'바른 인성과 실력을 갖춘 **창의** 인재 육성(인천광역시교육청)'
'더불어 살아가는 **창의적** 민주시민 육성(경기도교육청)'
'바른 인성과 **창의성**을 갖춘 인재 육성(경상남도교육청)'

전국의 거의 모든 시·도교육청 교육지표에 공통적으로 제시하고 있는 단어는 '창의'라는 용어다. 물론 미래 사회에 요구되는 인재의 요건 중 창의성은 핵심적인 요소다. 문제는 학생들의 창의성을 신장시킬 수 있는 기초학력 수준도 만족스럽게 교육하느냐에 있다.

한국교육과정평가원에 의하면 '기초학력미달'이란 '해당 학년 학생에게 기대되는 최소 목표수준(20%)에 이르지 못해 별도의 보정 교육 없이는 다음 학년의 교수-학습 활동을 정상적으로 수행하기 어려운 경우'를 말한다. 쉽게 말해, 유급제도가 없는 우리 교육시스템에서 적절한 조치 없이 학년이 오르고 상급학교에 진학하면서 정상적인 학습이 어려울 수 있는 학생을 의미한다.

기초학력 보장이 최소한의 학습을 위한 바탕이 되는데 기초학력을 위한 학업성취도평가가 창의인성교육과 배치된다는 일부의 주장은 억지스런 면이 있다. 학습에 대한 흥미를 끌어내고 창의력을 키우기 위해서는 기초가 튼튼해야 한다. 기초학력 보장을 위한 교육과 창의인성교육은 동전의 양면과 같다.

표집과 전수, "단 한 명의 학생도 놓칠 수 없다"

2009년 2월 16일에는 2008년 실시된 국가수준 학업성취도평가 결과가 발표됐다. 전국의 모든 학생을 대상으로 한 첫 평가이기에 교육계에 종사하는 많은 사람들의 주목을 받았다. 특히 기초학력미달 학생 비율이 전국적으로 어느 정도인가가 관심의 초점이었다. 결과는 '기초학력미달 비율이 초등학교 6학년 2.3%, 중학교 3학년 10.2%, 고등학교 1학년 8.9%'에 달했다. 초등학생의 기초학력미달 수준은 예상대로 표집평가 때와 유사했지만 중학생은 10% 이상, 일반고 9% 학생이 기초학력 미달이라는 우려스러운 결과가 나왔다. 간단히 계산해도 상급학교나 상급학년으로 진학이 곤란한 학생이 중학생 200만 명 중 20만 명, 일반고 150만 명 중 13만 5,000명이 된다는 얘기다. 더욱 충격적인 것은 특성화고(전문계고)에 재학 중인 3분의1(35.7%) 이상 학생이 기초학력 미달이라는 사실이었다. 전국의 모든 교육청과 학교가 내세우는 창의교육 가치에 대한 신뢰성이 뿌리째 흔들리는 순간이었다.

하지만 첫 평가 발표 후 3년이 지난 2011 평가결과에서는 기초학력미달 비율이 절반 수준으로 떨어졌고 학생들의 학업성취도는 상당히 높아졌다. 2008년과 비교해 초등학교의 경우 기초학력미달 비율이 2.3%에서 0.8%로 줄었고, 중학교는 10.2%에서 3.7%로, 고등학교의 경우 8.9%에서 3.3%로 줄어들었다. 전체적으로 보면 평균적으로 2008년 7.2%였으나, 2009년 4.8%, 2010년 3.7%, 2011년은 2.6%로 기초학력미달 비율이 절반 이하로 줄었다. 보통 학력 이상의 비율 또한 2008년과 비교해 중학교는 57.6%에서 68.3%로 증가했고, 고등학교는 57.3%에서 83.2%로 향상됐다. 3년의 짧은 기간 동안 9만2천여 명(대상 학생 200만 명 중 4.6%)의 학생이 기초학력 미달에서 벗어난 것은

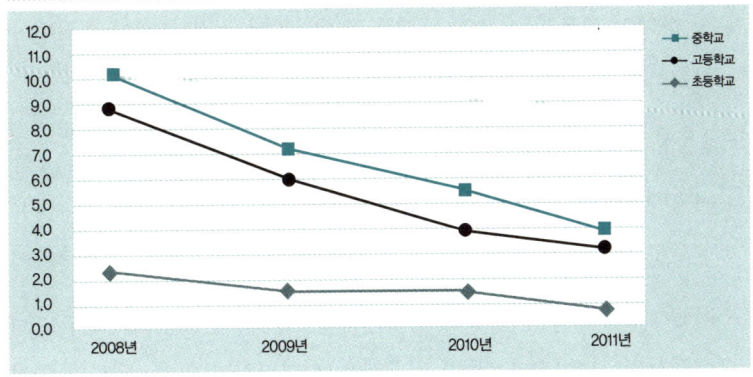

기초학력 미달학생 비율

학교와 지역사회가 함께 노력한 결과로 풀이된다.

정부는 2003년부터 실시해온 표집평가 방식의 문제점을 극복하기 위해 전체 학생을 대상으로 한 전수평가를 2008년부터 실시하고 학교 및 학생 개개인에 대한 적극적 지원 방안을 마련하고 있다. 2009년부터 기초학력미달 비율이 높은 학교들을 '학력향상형 창의경영학교'(2009년 1,440개교, 2010년 1,660개교, 2011년 1,517개교)로 지정해 집중 지원한 결과, 이들 학교들의 기초학력미달 비율이 2년 연속 대폭 감소(2008년 17.4%, 2009년 10.8%, 2010년 6.2%, 2011년 4.4%)했다.

기초학력미달 비율 : 전체학교, 학력향상형 창의경영학교 비교

구분	초6		중3		고2(일반고)	
	전체	학력향상형 창의경영학교	전체	학력향상형 창의경영학교	전체	학력향상형 창의경영학교
'09년→'11년(%)	1.6→0.8	3.5→1.1	7.2→3.7	13.4→6.1	5.9→3.3	18.6→8.0
감소폭(%p)	0.8	2.4	3.5	7.3	2.6	10.6
감소율(%)	50	68.6	48.6	54.5	55	57

이 같은 결과에 대해 비판이 제기되기도 한다. 일부에서는 과도한 경쟁 및 파행적 교육과정 운영 문제를 제기하면서 종전과 같이 표집평가를 실시하고 평가결과도 공개하지 말 것을 주장하고 있다. 하지만 시·도교육청 및 학교에서부터 책임감을 심어주고 학생 개개인의 성취 수준을 파악해 부족한 점을 제때에 보완하려면 전체 학교를 모두 평가하고 결과를 공개하는 것은 꼭 필요한 과정이다. 미국, 영국 등 선진국들의 경우에도 기초학력에 대한 학교의 책무성 강화를 위해 매년 전국 단위의 학업성취도평가를 전체 학교 대상으로 실시하고 있다. 특히 미국의

경우 연방정부로부터 재정 지원을 받는 모든 주는 의무적으로 학업성취도평가를 실시하고, 평가결과에 따른 책무성 보장 장치를 갖추고 있다.

한편 2008년 학업성취도평가 시행 초기에 큰 파장을 불러온 전북 임실교육청 사건은 평가제도의 보완과 일선 교육청의 행정 역량을 다시 살펴보게 하는 계기가 됐다. 시험감독, 답안지 채점, 결과 집계, 보고체계 전반에 걸쳐 문제가 확인되면서 교육과학기술부는 평가관리체제를 전면 개선[3]하게 됐다. 국가수준 평가단일화, 과목 축소 등 학생 평가부담을 줄이고, 평가의 신뢰도를 높이기 위한 조치도 추진 중이다.

학업성취도평가를 통한 기초학력보장 정책이 점차 학교현장에서 실효성을 거두면서 정부는 본격적으로 창의인성교육을 강화할 수 있게 됐다. 2011년부터 미래교육을 위한 융합인재교육STEAM[4]의 방향을 제시하는 토대가 마련된 것이다.

불가능을 가능으로 만든 학교들

중식 지원자가 전교생의 20%에 달하는 등 다른 지역에 비해 열악한

---

[3] **학업성취도평가 관리체제 개선(2009.4)**
△(답안지) 표준화된 OMR 카드 사용 △(채점) 교육청에서 채점단 구성 서답형문항 일괄 복수채점 △(시험감독) **복수 감독** 원칙 △(집계) 평가결과 **자동집계시스템**을 통해 보고(시·도, 지역교육청)
[4] **STEAM** : Science(과학), Technology(기술), Engineering(공학), Arts(예술), Mathematics(수학)

상황에 있는 숭인중학교(서울 동대문구)는 2008년 학업성취도평가에서 기초학력미달 비율 22.9%라는 최하위 성적을 기록했다. 이후 1년만인 2010년에는 기초학력미달 비율이 국어 0%, 영어 1% 등 평균 1.7%로 떨어지는 우수한 성과를 거뒀다. 교육전문가들은 이 학교가 '꼴찌학교에서 우수학교'로 변신한 이유로 교장의 리더십과 수준별 이동수업을 적극 시행한 교사·학생의 단합이 주된 요인이라고 진단했다.

숭인중의 홍영호 교장은 "교사들을 만날 때마다 열악한 환경의 학생들에게 꿈과 희망을 심어주고 미래 인재로 키워내자고 호소했다"며 "학교의 학력평가에 대한 성과는 모두 교사와 학생 등이 열심히 함께 동참했기 때문"이라고 교사와 학생에게 감사했다.

가정고(인천 서구)의 경우도 숭인중과 비슷하다. 지역의 사회경제적 배경이 열악해 보충교육을 받을 수 없는 형편인 학생들이 대다수를 이룬다. 이 학교는 2008년 학업성취도평가에서 기초학력미달 비율 20%로 전국 최하위권이었다. 그러나 2010년 평가에서 수학은 기초학력미달 학생이 23명에서 4명으로, 영어는 12명에서 1명으로 줄어드는 등 학력미달 비율이 평균 0.87%라는 놀라운 성과를 거뒀다. 학습결손으로 자신감을 잃고 있던 학생들과 1:1 교사 및 대학생 멘토링을 이어간 것이 주효했다.

두 학교의 사례를 통해 변화의 시작은 '소홀했던 기초학력미달 학생에 대한 관심을 높이고 적극적인 교육 프로그램을 개발해 지원하는 노력'에서 찾을 수 있다. 이런 과정을 거치면서 꼴찌학교에서 우수학교로의 변화, 평균 성적을 낮추는 미운 오리새끼에서 학교의 명

예를 높이는 백조가 되는 학생들로 긍정의 변화 바이러스를 확산시키게 된다. 학업성취도평가는 일부에서 제기하는 학교 서열화와 낙인효과의 우려에도 불구하고, 학교의 기초학력을 신장시키고 학생들에게 '할 수 있다'는 성취 동기까지 심어주고 있다.

학교와 교육청의 기본 책무 : 정보공시의 힘

이주호 교육과학기술부 장관은 2010년 학업성취도평가 결과를 발표하는 자리에서 "기초학력미달 학생의 비율을 줄이는 것은 공정한 교육의 출발점"이라고 밝혔다. 누적된 학습결손 문제에 대해 교육감은 학교장에게, 학교장은 담임교사에게, 담임교사는 학생과 가정에 그 책임을 미루는 오랜 관행을 벗어나 함께 책임을 공유하자는 주문이다. 학습결손 문제를 해결하는 것이 공교육의 기본을 회복하는 길이라는 점을 분명히 한 것이다.

한 명의 학생도 뒤처지지 않는 탄탄한 기초학력 보장체제를 만들기 위해서는 단위학교만의 노력으로는 불가능하다. 중앙과 지방정부, 단위학교 간에 학생들을 도와주기 위한 비전을 공유하고 역할을 분담해야 한다.

구체적으로 중앙정부 차원에서는 국가수준의 학업성취도평가 시행, 정보공시체제 구축(2008), 평가결과 가장 열악한 학교와 학생에 대한 지원을 확대해야 한다. 시·도교육청과 단위학교에서는 정부 정책

기초학력 보장을 위한 기관별 역할

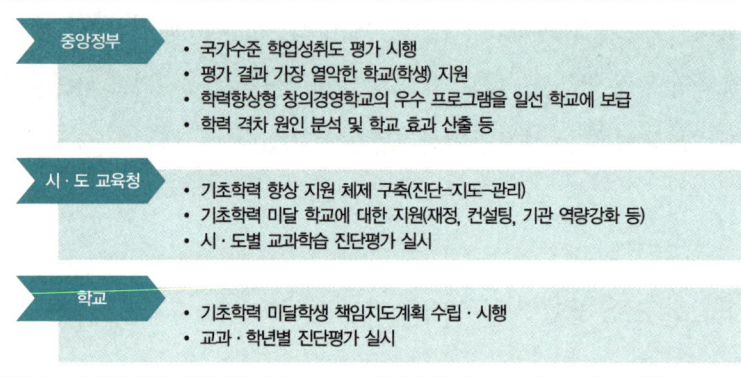

을 바탕으로 교사가 함께 하는 기초학력 예방, 진단, 지도관리 체제를 갖추는 것이 필요하다.

매년 11월이면 모든 학교의 평가결과를 '학교 알리미'라는 학교 정보공시 시스템을 통해 공개하고 있다. 한편 시·도교육청 평가지표 및 지방교육재정교부금 배분시 '기초학력미달 비율' 및 '향상도'를 반영해 단위학교의 기초학력 지원에 대한 책무성을 강화하고 있다.

특히 2010년부터 '학교 알리미'(http://www.schoolinfo.go.kr)를 통해 전국의 모든 학교의 성취수준(보통학력이상, 기초학력, 기초학력미달 3단계)을 공개함으로써 단위학교와 교육청이 상급기관이 아닌 교육 수요자에 대한 책임감을 느끼기 시작했다는 점은 주목할 만하다. 초·중·고 정보공시정책은 2008년 이후 진행된 학교자율화를 구체적으로 작동시키는 중요한 역할을 수행하고 있다. 학부모와 지역사회에 단위학교 성과를 책임있게 공개해 과거 수십 년간 이어져온 '중앙정부→

시·도교육청→단위학교'로의 수직적 구조가 조금씩 극복되고 있기 때문이다. 2011년부터 전년대비 향상도까지 추가해 공시 항목이 늘어나게 되면서 단위학교의 자율화는 더욱 가속화되고 있다.

정책 성과에 전 세계가 주목

2011년 5월 이주호 교육과학기술부 장관이 미국 연방교육부를 방문했을 때, 우리나라의 기초학력 보장정책이 짧은 기간 내에 성과를 낼 수 있었던 원인에 대해 깊은 관심을 보였다. 이에 우리나라와 미국은 양국의 기초학력 보장정책 발전을 위한 공동연구를 추진하기로 했다. 지난 10여년 동안 추진해왔음에도 불구하고 성과에 대해 논란이 많은 미 교육부의 NCLB No Child Left Behind 정책에 활용하겠다는 뜻이다.

2010년 12월에 발표한 OECD PISA(학업성취도 국제비교연구) 2009 결과에 대해서도 세계 각국의 반응이 뜨겁다. 한국의 성공사례를 발표해달라는 포르투갈 등 유럽국가의 초청이 이어지고 있고, PISA 회원국에서도 관심의 대상이다.

최근 방한한 Deborah Roseveare OECD 교육훈련정책과장은 우리나라의 PISA 결과에 대한 회원국들의 반응을 묻는 질문에 "지난 PISA 2009 읽기 결과, 한국은 1수준(최하위 성취수준) 학생이 약 6%로 OECD 국가의 평균이 18%임에 비춰 뛰어난 성과를 거뒀다"며 "성과에 대한 비결이 무엇인가에 대해 회원국들이 많은 관심을 갖고 있다"고 말했다.

수학과 과학 부문의 기초학력도 눈에 띄게 향상돼(과학 11.2%→6.3%) OECD에서 발행한 국제보고서는 이 같은 기초학력 향상의 원인으로 '국가수준의 학업성취도평가 등 기초학력 진단체제와 이에 따른 맞춤형 지원'이라고 분석하고 있다.

2009년 최초로 실시돼 2011년 발표된 디지털 읽기 소양 평가Digital Reading Assessment에서도 우리나라 학생들은 압도적인 차이로 참여국 중 1위를 차지했다. 특히 우리나라는 우수한 평균성적을 받는 동시에 상하층 학생 간의 점수 격차가 참여국 중 가장 적었다. 뿐만 아니라 불리한 사회경제적 조건을 극복하고 뛰어난 성취를 보인 학생resilient students의 비율이 56%로 OECD 국가 중 가장 높았다(OECD 평균 31%, 오스트리아 20%, 일본 42%, 핀란드 46% 등). 이 같은 결과는 의무교육체제를 통해 수월성과 형평성을 동시에 달성할 수 있음을 보여주는 사례로 OECD 국가의 주목을 받고 있다.

한 명의 낙오 없는 탄탄한 지원체제를 위해

"초등학교 6학년인 민우(가명)는 구구단을 못 외울 정도로 기초학력이 부족한 학생이에요. ADHD(주의력결핍·과잉행동장애)와 약간의 발작 증세를 보여 수업시간에 집중을 잘 못할 뿐만 아니라 가만히 있지 못해 다른 아이에게 피해가 가요. 하루라도 게임을 못하면 금단현상이 나타나는 게임중독 현상까지 있죠. 조부모와 함께 지내고 있어 가정에서의 지도를 기대하기 어려워 방과 후에 억지로 앉혀 놓고 가르쳐 보지만 다음 날이 되면 소용이 없어요. 정말 암담합니다."

서울의 한 초등학교 교사는 주의력 결핍 학생으로 인한 수업지도의 어려움을 호소한다. 한순간에 교실 분위기를 엉망으로 만들어버리는 학생, 누적된 학습부진과 선천적 문제로 아무리 가르쳐도 소용이 없는 학생들 앞에 교사는 무기력해진다. 이런 ADHD 등 정서·행동장애를 겪으면서 체계적인 지원을 받지 못하는 사각지대에 있는 학생들이 적지 않다. 현재 이런 정서·행동상의 장애뿐 아니라 인터넷 중독, 우울증 등 크고 작은 위기상황에 놓인 초·중·고 학생은 전체의 약 25%인 180만 명 정도인 것으로 추정되고 있다.

2008년부터 정부는 위기 학생들의 학교생활 적응을 돕기 위해 학교-교육청-지역사회 차원에서의 지원망을 지속적으로 확충해왔다. 단위학교에 Wee클래스[5](3,170개)를 설치해 학생과 상시 상담을 지원하고, 지역단위에 Wee센터(126개)를 구축해 학교에서 치료가 어려운 학생들에 대한 진단·상담·치료의 원스톱서비스를 지원하고 있다. 특히 2012년부터는 모든 교사에 대해 정서행동발달 장애학생 지도를 위한 온-오프라인 연수프로그램을 제공하고 있으며, 학부모의 인식

---

[5] Wee 클래스 : 단위학교에 설치된 1차 안전망으로 학교부적응이나 위기 학생 조기발견·예방 및 상담·치료 지원
Wee 센터 : 교육지원청에 설치된 2차 안전망으로 단위학교에서 선도·치유가 어려워 전문가의 지속적인 관리가 필요한 高위기 학생을 위한 진단-상담-치유 맞춤형 서비스 지원
Wee 스쿨 : 시·도교육청에 설치된 3차 안전망으로 장기적으로 치유가 필요한 高위기 학생을 위한 기숙형 장기위탁교육 서비스 지원

개선과 가정과 학교의 유기적 협력을 위해 학부모 대상의 연수 프로그램을 개발하고 있다. 또한, 시·도교육청별로 정서행동장애로 인한 학습부진학생 지원을 강화하기 위하여 '학습종합클리닉센터'[6]를 구축·운영하고 있다. 학습종합클리닉센터는 단위학교와 교사만의 노력으로는 해결하기 어려운 학생의 학습부진 원인을 진단하여 요인별로 맞춤형 학습코칭을 지원하는 서비스이다. 구현방안은 마치 119 서비스와 유사하다. 학교가 학습종합클리닉센터에 서비스를 신청하면 전문가가 즉시 학교로 찾아가서 전문적인 표준화검사 및 상담을 실시하고 요인분석결과에 따라 분야별 지원팀이 학교를 방문하여 학생을 돕는다. 또한 외부의료기관 등 지역사회의 분야별 전문기관과 긴밀한 협력 체제를 구축하고 학생을 유연하게 연계하는 역할도 하고 있다. 학습종합클리닉센터 운영을 통해 학습부진학생에 대한 지원이 그물망처럼 촘촘히 이루어지고 있는 것이다.

정부는 이런 선진적인 기초학력 예방-지도-지원체제 구축을 위해 2년간 총 600억 원을 집중 지원할 계획이며, 이 과정에서 선도적인 역할을 수행할 시·도교육청과 함께 협력해나갈 계획이다. 중장기적으로는 온라인을 통한 학습 진단·처방 체제도 구축하려 한다. 우선 시·도교육청 차원의 IBT internet based test 기반 기초학력 진단 처방 시스템을 구축하게 된다. 이를 통해 기초학력미달 학생의 정확한 수준을 측정하고 맞춤형 처방 제공 및 향상 과정까지 제공하게 된다. 나아

---

6 상반기 5개 → 하반기 17개로 확대 예정

가 국가수준 학업성취도평가의 IBT 방식 전환도 단계적으로 추진할 계획이다. 그리고 학생들의 기초학력향상을 지원하기 위하여 검증된 문항과 맞춤형 보정지도 자료를 지원하는 '온라인 향상도 평가시스템'을 구축하여 연말에 자율적으로 학교현장에서 시행할 수 있도록 추진중이다.

2012년에는 기초학력미달 학생 비율 1%대 진입이라는 목표 달성을 위하여 다양한 정책을 추진 중이다. 기초학력 보장은 학생들이 인생의 출발점에서 공정한 경기를 할 수 있도록 하는 최소한의 교육적 조치이다. 가정 형편 때문에 배움의 기회를 잃은 학생들이 좌절하지 않고 다시 한 걸음씩 나아갈 수 있도록 정부는 앞으로도 교육청, 학교와 머리를 맞댈 것이다. 잘 하는 학생은 더 잘 할 수 있도록 하고, 한 명의 학생도 뒤처짐 없이 함께 가는 교육이 실현되기 시작했다.

CHAPTER 6

사교육 악순환에서 공교육 선순환으로

이진규[1]

사교육비, 드디어 줄어들다

2010년, 사교육비 감소의 원년

2011년 2월 15일. 통계청은 도저히 잡힐 것 같지 않던 사교육비가 줄었다는 내용의 2010년 사교육비 조사결과를 발표했다. 과거 매년 10% 이상 증가하던 사교육비 총액이 2008년, 2009년에 3~4% 증가세로 완화되다가 2010년도에 사상 최초로 전년 대비 3.5%(7,541억 원) 감소한 것이다. 학생 1인당 월평균 사교육비는 전년 대비 0.8%(2천 원) 감소한 24만 원이었다[2].

---

1 현 창의인재정책관, 창의인재정책과장, 대통령실 행정관, 우주정책과장 등 역임.

이러한 감소 추세는 2011년 사교육비 조사 결과에서도 2010년 대비 3.6% 감소하는 등 지속 유지되었다. 전체 학생 수가 감소했다는 것을 감안하더라도, 사교육 관련 물가지수를 반영한 실질 사교육비 총액이 7.2%, 학생 1인당 월평균 실질 사교육비가 3.8%나 감소한 것은 큰 성과다.

그간 역대 정부에서 사교육비 경감을 위해 많은 노력을 했지만 이를 비웃기라도 하듯 사교육비는 계속 증가해 왔다.[3] 한국교육개발원이 발

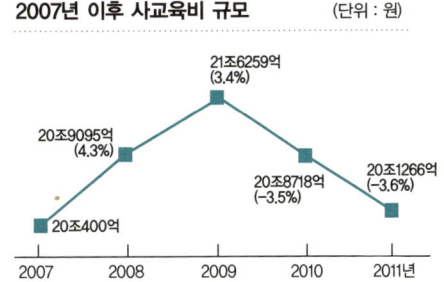

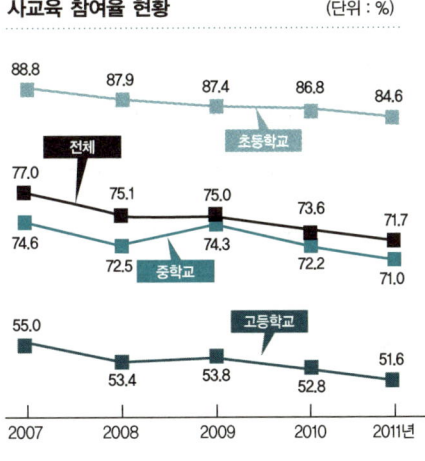

---

[2] 통계청이 조사, 발표하는 '산업활동 동향조사'의 학원생산지수가 2010년 4월부터 마이너스 성장률 추세로 돌아서고, 2010년 통계청 '가계동향조사'에서도 학원보습교육비가 2분기에 지난해 같은 기간에 비해 0.3% 감소했고, 3분기에는 3.4%까지 감소하는 등 사교육비 감소의 사전 징후가 있었다.

[3] "사교육 시장은 죽지 않습니다. 한곳을 누르면 다른 곳이 튀어 나오는 풍선과 같기 때문입니다. 정부가 어떤 교육정책을 내놔도 그에 맞는 과외 시장은 언제든 생깁니다. 교사 중에는 수업시간에 아이들에게 모르는 것은 학원에 가서 물어보라고 한답니다. 지금은 오히려 공교육이 사교육에 기생하는 수준에 이르렀습니다"라는 어느 학원 종사자의 말 속에는 사교육은 절대 패하지 않는다는 강한 믿음과 자부심마저 엿보일 정도다.

표한 사교육비 조사결과를 보면, 매번 조사 범위와 방법이 조금씩 달라 정확한 비교는 힘들지만, 조사 시기(1998년~2005년) 동안 사교육비는 연평균 약 10%의 증가율을 보였다. 통계청의 사교육비 통계조사가 실시된 2007년 이후에도 매년 사교육비의 절대액은 증가해왔다.

교육과학기술부가 2009년 5월 사교육대책팀을 신설하고 사교육 경감대책을 본격 추진한다고 했을 때도, 우리나라 교육환경의 특수성, 고질적인 사교육 의존의 병폐 등을 탓하며 사교육은 줄일 수 없다는 반응이 대부분이었다. 심지어 교육과학기술부 내부에서조차 회의적인 반응을 보였다.

이런 사회적 분위기에서 2010년의 최초의 사교육비 경감 소식은 놀라운 일이 아닐 수 없다. 감소액이 학생 1인당 월 2,000원 정도여서 체감을 못하겠다는 의견도 있지만, 끝없이 치솟기만 하던 사교육비가 처음으로 감소했다는 점 자체에 주목할 필요가 있다. 증감율도 아닌 사교육의 절대액이 줄어들었고, 다른 물가가 대부분 상승하는 가운데 이뤄진 성과이기에 더욱 의미가 있다. 우리나라 사교육 경감 정책의 역사를 새로 쓰는 긍정의 신호탄이었다. 그간 어떤 정책에도 줄어들지 않는 사교육비로 인해 학습된 무기력에 빠졌던 교육과학기술부로서는 정책적 노력과 제도 개선을 통해 잘못된 사교육 관행을 바로잡을 수 있다는 자신감을 회복할 수 있는 계기였다.

사교육비의 절대액이 계속 늘어나면, 그 사실 자체만으로도 사교육을 당연시하는 사회 분위기가 조성되고 '따라 하기식, 묻지마' 사교육을 조장할 위험도 높아지게 마련이다. 이런 상황에서 사교육비 증가세가 꺾이고 절대액까지 줄었다는 조사결과는 '사교육은 필수'라는 관행을 개선하는 데 큰 도움이 될 수 있다.

사교육 악순환의 현실

현실적으로 학교교육이 모든 학생들의 요구를 완벽하게 충족시켜줄 수 없기 때문에 필요한 경우 사교육을 통해 부족한 부분을 보완할 수도 있다. 그러나 대다수의 국민들이 인식하고 있듯 현재의 사교육은 과다한 비용 부담과 함께 불필요한 과잉 학습, 선행 학습, 입시 위주 학습을 유발하고 있어 문제다. 더 나아가 학생들의 자기주도적 학습 능력을 저해하고 정상적인 학교교육 운영을 방해하는 경우도 있다[4].

한 조사[5]에 의하면 아이를 갖지 않는 중요한 이유가 '출산·육아 비용이나 사교육 비용'이라고 응답한 비율이 77%에 달했다. 사교육이 자녀 양육에 큰 부담으로 작용하고 있는 것이다. 퇴직 후 삶이 길어지고 노령 인구를 부양할 젊은 세대가 충분치 않을 것이라는 진단에 따라 점점 노후대비가 중요해지고 있다. 하지만 노후대비를 위해 사용해야 할 부분이 사교육비로 허비되면서 가계뿐 아니라 우리나라 경제 전반에 걸쳐 부담으로 작용하고 있다. 사교육 문제가 저출산·고령화 사회의 그늘을 더욱 짙게 만들고 있는 것이다.

교육열이 유난히 높은 우리나라에서 사교육은 그 뿌리가 참으로 깊

---

4 이른바, '잠자는 학교'의 문제는 학교 자체의 요인도 있겠지만, 사교육을 통한 선행학습으로 흥미를 잃어버리고 수면시간이 줄어든 학생들의 집중력이 분산된 원인도 있을 것이다.
5 매일경제신문 (2010.2.11)

다. 1960년대에는 명문중학교 입학을 위한 초등학생들의 과외 문제가 사회 이슈화됐고, 이를 잠재우기 위해 1968년 7월 중학입시 무시험제도를 도입했다. 하지만 얼마 지나지 않아 중학교 단계에서 과외 열풍이 불었다. 정부는 1974년 고등학교 평준화 정책을 내놓았다. 이번엔 고등학생들에게 과외 전쟁의 불이 붙었다. 급기야 1980년 7월 과외 전면금지라는 극단적인 정책을 내놓기에 이른다. 2000년 4월 헌법재판소가 과외금지를 규정한 '학원설립 및 운영에 관한 법률'에 대해 위헌 결정[6]을 내리면서 사교육 시장은 급팽창하며 다변화하기 시작했다.

우리나라의 사교육은 종류도 참으로 다양하다. 국어나 영어, 수학과 같은 교과목의 점수 따는 비법을 알려주는 주는 사교육은 기본이다. 요즘 이공계 대학생들을 대상으로 수학 과외를 알선하는 인터넷 사이트까지 생겼다고 하니, 배속 태아의 조기 교육을 위한 학원, 사업기획이나 업무 보고와 같은 직장인의 직장생활 비법을 가르쳐주는 학원인들 안 생긴다고 어떻게 장담하겠는가. 피터 L. 번스타인Bernstein은 『황금의 지배』라는 저서에서 리디아인들을 '모든 물건을 판매 가능한 상품으로 바꾸는 최초의 소매상인'로 소개하고 있다. 천관런陳冠任은 『중국 각지 상인』라는 저서에서 텐진 상인들은 '새로운 브랜드를 창조하고 새로운 상품을 개발하는 특출난 재능으로 틈새시장을 공략하는 귀재'라고 했다. 하지만 리디아인이나 텐진 상인들도 사교육 시장에 있어서만큼은 대한민국에 와서 울고 갈 것 같다. 너무나도 다양한 사교육 '상품'

---

[6] 과외금지의 정당성은 인정하나 지나치게 광범위하게 금지함으로써 부모의 교육권과 자녀의 인격발현권 등 기본권을 침해했다는 것이다.

을 주변에서 흔히 접하게 되면서 국민들은 옷을 고르고 식당의 메뉴를 고르듯 사교육을 '구매'하는 일이 자연스러워졌다.

특히 IMF 외환위기와 초등학교 영어교과 채택 이후 영어 사교육 열풍이 걷잡을 수 없이 번졌다. 학년이 높

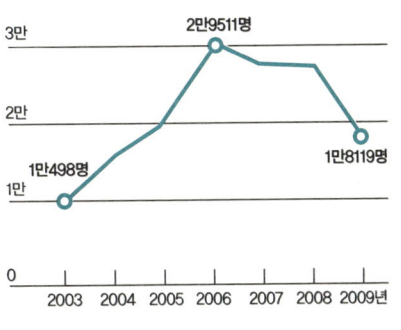

연도별 조기 유학생 수

자료 : 한국교육개발원

아질수록 영어 사교육 지출액도 늘었다. 2011년 사교육비 조사결과[7]에서도 영어에 지출하는 사교육비의 비중이 1인당 월평균 사교육비 24만 원 중 가장 높은 비중인 33%(8.1천 원)를 차지하고 있다.

영어 사교육의 팽창은 조기유학 열풍으로 이어졌다. 글로벌화가 촉진되면서 영어능력이 강조되고, 영어 실력이 입시경쟁뿐 아니라 취업 경쟁에도 필수적인 요소가 되면서, 유학을 위해 출국한 초·중·고 학생 수는 IMF 외환위기 이후인 1999년부터 지속적으로 늘어났다. 2006년을 정점으로 조기유학의 거품이 빠지고 있는 추세이기는 하다. 하지만 학교교육만으로 충분히 의사소통이 가능한 영어교육이 이뤄지지 않는다면, '기러기 아빠', '기러기 엄마'라는 가족 붕괴 현상과 과중한 사교육비 부담을 야기하는 조기유학, 고가의 해외 어학연

---

[7] 통계청이 전국 초·중·고 1,081개 학교 학부모 약 46,000명을 대상으로 연 2회('11.6월 : 3~5월 지출분, '11.10월 : 7~9월 지출분) 조사

수가 언제든 다시 사회적 이슈로 떠오를 수 있다.

교육정책을 만들 때도 정책의 필요성보다 사교육이 기승을 부리지 않을까를 우선 걱정해야 할 정도로 사교육은 정부 정책의 최우선 관심 영역이었다. 실제로 주5일수업제 등 최근 발표한 교육정책도 사교육 팽창 여부가 정책을 평가하는 주요 변수였다. 2010년의 사교육비 최초 감소는 이명박 정부가 강력한 의지를 가지고 일관되게 추진한 사교육 경감 정책의 성과이다.

사교육 줄이기, 공교육 강화에서 해법을 찾다

모두 입을 모아 사교육 악순환의 현실이 문제라고 인식하면서도 그간의 관행을 변화시키기란 쉽지 않은 상황이었다[8]. 모두들 사교육을 하고 있다고 생각하는 상황에서 자신의 아이에게 사교육을 시키지 않을 수 있는 학부모가 그리 많지 않을 것이다. 옆 집 아이가 다니는 학원의 수를 늘리면, 덩달아 우리 아이도 따라갈 수밖에 없다는 심리적 압박감이 학생들을 학원으로 향하게 하고 있었다[9].

사교육 악순환을 어떻게 극복할 것인가? 교육과학기술부는 그 해

---

[8] 이것은 서로를 신뢰하지 못하는 상황에서 개인의 합리적인 선택이 사회 전체적으로 최악의 상황을 가져온다는 게임 이론(Game Theory)의 유명한 '죄수의 딜레마(Prisoner's Dilemma)' 상황과 유사하다.

[9] 학부모들은 사교육 증가요인으로 학벌위주의 사회구조, 점수 위주의 학생선발 등과 함께 "사교육이 보편화 되어있어 사교육에 참여하지 않으면 불안하기 때문"이라는 이유를 중요하게 꼽고 있다.("2011년 사교육 의식조사 결과」, 전국 초·중·고 학생·학부모 80,500명 대상 설문조사)

법을 공교육 강화에서 찾았다. 공교육 강화의 방향은 '입시 위주의 교육'을 창의성과 바른 인성을 갖춘 '글로벌 인재 육성 교육'으로 바꾸는 것이다. 학생들이 획일적 경쟁의 틀인 '레드오션'에서 벗어나 무한한 가능성의 영역인 '블루오션'으로 뻗어갈 수 있도록 창의성, 재능, 잠재력을 종합적으로 평가하는 입학사정관제와 자기주도학습전형을 도입하고, 창의인성교육을 강화했다. 점수 위주의 입시체제에서는 암기 위주의 교육이 효과를 발휘한다. 점수를 높이기 위한 반복·주입식 사교육의 유혹이 강해질 수밖에 없는 상황이 된다.

이에 정부는 공교육 내실화가 사교육비 경감을 위한 근원적 처방이라 보고 2009년 '공교육 경쟁력 향상을 통한 사교육비 경감대책', 2011년 '공교육 강화-사교육 경감 선순환 방안'을 잇달아 내놓았다. 두 대책 모두 사교육 시장에 대한 직접적인 규제보다 공교육을 강화해 학교교육에 대한 신뢰와 만족도를 높여 자연스럽게 사교육비를 경감시키는 전략을 꾀하고 있다. 특히 2012년에는 선행학습 문제 해결을 위한 정부 대책을 발표하였다. 이것은 사교육 영역 중에서 선행학습 문제에 관심을 갖고 그것을 줄이기 위한 종합적 대책이란 점에서 의미가 크다. 선행학습이란 학생들이 학교에서 배우도록 편성된 교육과정에 앞서서 사교육기관에서 이루어지는 교육 또는 학습의 형태이다. 이러한 사교육기관에서의 선행학습은 학교교실 수업 정상화를 방해하고 학생들에게 학습효과가 투입된 시간과 비용에 비해 거의 없고 교육적 흥미를 저하하여 학생들의 자기주도적 학습능력을 키우지 못하게 하는 전형적인 교육적 악순환의 진화된 형태이다.

앞으로 만연된 선행학습에 대해 학부모들이 불필요함을 느껴 학생들이 그 이용을 줄이고 대학들은 학생선발전형에서 고등학교 교육과정에서 배운 내용과 기록을 충분히 활용하는 등 새로운 가치관과 평가문화의 정착을 위한 근본적인 변화를 모색하고 있다.

자기주도학습전형의 힘

"외고, 과학고, 자율고 모두 사교육 업체에서 상품을 구성할 수 없는 방식으로 전형이 개선됐다. 사교육 문제를 바로잡는 정책으로 상당한 효과를 거두었다고 생각한다. 특목고 대비 학원이 경우 자기주도학습전형으로 이제 뭔가 해볼 도리가 없는 것이 현실이다."

특목고 대비 전문 학원 관계자의 전언이다. 사교육비 감소의 원인으로 학교 다양화, 학원 운영의 투명성 강화 등이 꼽히고 있으나, 그 중 자기주도학습전형이 가장 효과적이었다는 평가가 많다. 특목고 진학 희망 중학생의 1인당 사교육비가 11.3% 감소했고, 강남지역의 높은 사교육비도 5.1%나 감소했기 때문이다.

그간 특목고 진학을 위한 중학교 단계의 사교육이 계속 문제로 지적되어왔다. 한나라당 여의도 연구소에서 2009년 6월 '사교육비 경감을 위한 7대 긴급대책'의 하나로 특목고 입시개선안을 발표하기도 했다. 특히 외고는 사교육의 주범으로 인식된 이후 외고 폐지론을 둘러싼 논란이 일기도 했다. 2009년 하반기에 관련 학교 및 교원단체를 비롯한 교육계와 정치권의 다양한 의견을 조율한 결과, 외고 폐지보다 입시를 개선하는 방향으로 가닥을 잡았다. 2009년부터 특목고 입시에서 경시대회 수상 실적을 반영하지 못하게 하고, 변형된 지필고사를 금지했으며, 고등학교 입시의 입학사정관제라고 할 수 있는 자기주도학습전형[10]을 도입했다.

'사교육걱정없는세상'이 2011년 6월 발표한 자료[11]를 보면, 특목고 등 고교 진학을 위한 사교육 참여율은 전체적으로 24.8% 감소했다. 고교 입시제도 개선이 실질적인 효과를 내고 있다는 것을 확인할 수 있다.

2011년 4월 서울경제신문[12]도 주요 특목고 학원의 2010년 매출액이 감소하고 있다고 보도했으며, 이는 특목고 입시제도 개선으로 학원 수강생이 줄었기 때문이라고 풀이하고 있다. 특목고 진학에 도움이 됐던 경시대회 수상 실적이 중요해지지 않자, 중학생의 올림피아드 응시자 수 역시 큰 폭으로 감소했다.

불필요한 사교육 수요를 유발하는 요인을 정확하게 추출해내고, 관련 제도를 개선하면 바꾸기 어렵다고 생각하는 관행들도 변할 수 있다는 것을 보여준 중요한 사례. 향후 추진되는 사교육 경감대책도 이같이 현장의 문제, 데이터에 근거한 정밀한 정책을 펼쳐 실질적인 효과를 거둘 수 있도록 할 계획이다.

---

10 자기주도학습전형이란, 학생의 자기주도적 학습 결과와 인성을 기준으로 학교별 입학전형위원회에서 창의적이고 잠재력 있는 학생을 선발하는 전형이다. 2012년 10월 현재 외고, 과학고 등 전국 161개교에서 실시될 예정이다. 자기주도학습전형에 합격하기 위해서는 스스로 세운 학습 목표에 따라 계획하여 학습하고 그 결과를 평가하는 과정을 통해 창의력과 문제해결력을 향상시키는 학습전략을 실천하는 것이 중요하다.
11 전국 고1학생 8,134명을 대상으로 고교 진학 대비를 위한 중학교 사교육 및 고등학교 1학년 학생들의 사교육 실태 조사('11. 4. 11 ~ 4. 29)
12 서울경제신문(2011.4.13), '특목고 학원의 매출이 전년(2010년) 대비 최대 60% 가까이 급감'

또 하나의 학교, 방과후학교

학교 속의 또 다른 학교로 '방과후학교'가 본격적으로 시작된 것은 2006년부터다. 하지만 뿌리는 1995년 교육개혁안의 '방과후교실'로 거슬러 올라간다. 1995년 교육개혁위원회는 제1차 교육개혁 방안 보고서에서 '개인의 다양성이 발휘될 수 있는 교육적 기회를 제공함으로써 학생들의 인성 및 창의성을 함양하기 위한 하나의 교육프로그램'으로 방과 후 교육활동을 도입, 실시할 것을 제안했다. '방과후학교[13]'는 사교육비 경감보다 학생들에게 소질과 특기·적성을 계발할 수 있는 기회를 넓혀주기 위해 시작됐다고 볼 수 있다. 이후 사교육비가 늘어나 국가 사회적으로 많은 문제가 발생하면서 방과후학교의 운영 목적이 사교육 수요를 공교육 체제 내로 흡수하는 것으로 정착하게 됐다. 이때부터 특기·적성 교육 외에 교과 보충학습, 초등학교에서의 방과 후 보육 프로그램이 방과후학교의 프로그램으로 자리매김하게 된다.

"방과후학교는 학원과 어떻게 다른가, 학교의 학원화는 아닌가"하며 방과후학교를 비판하는 경우도 있다. 그러나 방과후학교는 교육의 공공성과 서비스를 바탕으로 이익을 도모하지 아니하나, 사교육은 교육을 수단으로 영리를 추구하고 있다는 것이 근본적 차이이며, 학원이 선행학습, 반복학습 위주로 이뤄진다면, 방과후학교는 정규 교육과정을 보완해 보충·심화하는 데 중점을 둔다. 또한 학생들의 진로·적성을 고려해 저렴한 비용으로 다양한 예체능 활동을 할 수 있

---

[13] 1996년부터 일선 학교에서 시행되어온 방과 후 교육활동, 특기·적성교육 활동이 2006년 '방과후학교'라는 명칭으로 통합되었다.

도록 특기적성 프로그램도 강조하고 있다. 방과후학교는 정규 교육과정을 보강하고, 학생·학부모의 다양한 수요를 학교가 책임지고 '학교 안'에서 충족시키기 위한 공교육 프로그램이다. 방과후학교는 공교육의 연장, 또는 확장으로 볼 수 있다.

2012년 7월 교육과학기술부에서 전체 약 31만 명의 학부모를 대상으로 한 설문조사 결과[14]에 의하면, 방과후학교를 통한 사교육 절감효과에 대한 만족도는 72.3점(100점 척도)이다. 통계청의 2011년 사교육비 조사결과에서도 방과후학교에 참여한 학생은 미참여 학생에 비해 사교육비를 연간 47만 원 적게 지출했다.

교육과학기술부와 시·도교육청이 시행한 '2009 공교육 성공사례 수기 공모'에서 수상한 동마중학교(서울 성동구)의 문정선 학생은 방과후학교의 다양한 프로그램을 적절히 활용해 자신의 장점을 발견하고 성적 향상도 이뤘다고 한다.

"방과후학교 독서토론 논술반을 하면서 교내 논술대회에서 금상을 타고, 방송댄스반을 수강하면서 체육대회 때 특별공연을 했어요. 종합반 형태로 운영되는 교과 방과후학교를 통해 80점대 후반의 점수가 90점대 후반으로 올랐습니다."

2011년 6월 평생교육진흥원 전국학부모지원센터의 '사교육에 의존하지 않고 학습하기' 수기 공모에서 수상한 수곡중학교(충북 청주시)의 엄정현 학생 역시 방과 후 대학생 멘토링 프로그램을 적절히 활용

---

14 전체 초·중·고등학교 학생 중 방과후학교에 참여하고 있는 학생 및 학생의 학부모 대상 설문조사('12.7.2~7.20)

해 큰 효과를 봤다고 한다. 방과 후 대학생들이 학교로 찾아와 1:1로 학습지도를 해주면서 공부방법을 알게 되고 성적까지 오르게 됐다.

초등학교의 경우 '돌봄'이 방과후학교의 중요한 기능으로 정착되고 있다. 맞벌이 가정의 가장 큰 고민거리는 학교가 끝난 후 퇴근할 때까지 아이를 안전하게 맡길 데가 없다는 것이다. 울며 겨자먹기식으로 아이들을 학원에 보내는 경우가 많았다. 저소득층 자녀들의 경우는 학원에 갈 여력이 없어 부모가 없는 집에 방치되는 문제가 있었다. 교육과학기술부는 저소득층의 경제적 부담과 맞벌이 부부의 육아 고민을 해결하기 위한 대안으로 '방과후 돌봄교실'에 주목했다. 방과 후 보육기능을 담당하는 '초등돌봄교실'과 '엄마품 온종일 돌봄교실' 확산을 적극 추진하고 있다. 2012년 현재 전국 초등학교의 96%에 해당하는 5,652개교에서 7,086개 돌봄교실을 운영하고 있고, 그중 1,424교실에서 오전 6시 30분부터 오후 10시까지 엄마품 온종일 돌봄교실을 운영하고 있다.

속리산에 위치한 수정초등학교(충북 보은군)는 양질의 방과후학교와 돌봄교실 프로그램을 제공하는 것으로 유명하다. 특히 월~금요일 22시까지 야간보육을 위한 '밤에도 열린 학교' 프로그램을 제공해 좋은 반응을 얻고 있다. 이런 양질의 교육프로그램에 대해 입소문이 나면서 전교생이 65명에 불과했던 수정초등학교에 2010년도에만 서울·부산 등 대도시에서 13명이 전학을 왔다고 한다.

방과후학교 운영 원칙은 학생·학부모의 수요와 선택에 의한 단위학교 자율 운영에 있다. 예컨대 학교가 교과학습을 할 것인가, 특기·

적성 교육을 할 것인가를 정하는 것이 아니라, 학생·학부모의 수요를 조사한 후 학교가 진행할 수 있는 다양한 프로그램을 제시하고, 다시 학생·학부모가 선택하는 방식으로 운영한다면 학원보다 학교를 선택하게 될 것이다. 이를 위해 학교는 지역사회의 자원을 연계·활용하는 방안 등 다양한 시도를 하고 있다.

방과후학교 프로그램의 다양성과 질을 높이기 위해 언론기관·대학이 주도하는 사회적기업 등 역량 있고 공신력 있는 민간기관이 방과후학교에 참여할 수 있도록 문호를 개방했다. 또한 방과후학교 강사의 질을 획기적으로 높이고, 취약계층 지원 확대 및 돌봄기능의 강화, 방과후학교에 대한 기업의 교육기부를 확대·유도하는 것도 중요한 추진 사항이다.

학교공부, 수능 준비 도와주는 EBS

현실적으로 존재하는 학교교육 이외의 수요를 공교육 체제로 직접 흡수하기 위해 방과후학교 외에 EBS 수능강의 사업도 적극 추진되고 있다.

"EBS 교육방송은 학년에 맞춰 흥미롭게 편성되어 있어 아이들이 재미있어 합니다. 교육방송은 학교 교육과정에 맞춰 자습할 수 있는 가장 좋은 학습도우미라 생각합니다. 특히 EBS 인터넷 강의는 필요한 부분을 반복해서 학습할 수 있어 매우 좋았습니다."

사교육 없이 두 아이를 연세대와 KAIST에 진학시킨 어느 학부모의 EBS 수능강의에 대한 평가다.

EBS 수능강의는 2004년 4월 첫 방송된 이래 점차 강의의 양과 질을 높여가며(2011. 9월 현재 수능, 내신, 논술 등 총 1,320강좌 24,604편 제공) 가시적인 성과를 내고 있다. 특히 2010년부터는 수능을 EBS 수능 교재 및 강의와 연계함으로써 학교수업을 충실히 받고, EBS 강의를 통해 부족한 부분의 보완 및 심화학습을 하면 사교육 없이도 수능 준비가 가능하도록 했다.

한국교육개발원이 수행한 '2010년 EBS 수능강의 성과분석 연구'에 의하면, 학생들의 EBS 수능강의 이용률은 84.3%였으며, 학교시험에 도움이 된다는 응답이 89.3%에 달할 정도로 학생들의 호응이 높다. EBS 강좌로 인해 최소 6,526억 원, 간접효과까지 포함할 경우 최대 9,886억 원까지 사교육 억제 효과가 있는 것으로 분석됐다.

특히 사교육의 주요 원인인 영어교육은 EBS 강좌와 방과후학교가 연계된 형태로 진행돼 사교육 경감의 효과가 더욱 높아질 것으로 기대된다. 정규 수업만으로는 충분한 학습 시간을 확보하기 어려운 영어교과의 경우, '정규 수업-방과후학교-자율학습'의 완성형 학교 영어교육 체제를 마련한다는 전략을 가지고 있다. 학교수업에서 배운 내용을 방과 후 수업을 통해 보충·심화하고, 자율학습을 통해 스스로 공부할 수 있도록 하는 것이다. 방과 후 영어교육이 활성화될 수 있도록 2011년 하반기부터 EBS 영어교육 방송에서 단계별·수준별 방과 후 영어교육 교재, 방송프로그램 및 콘텐츠를 개발해 보급하고 있다. 이와 함께 교수·학습관리시스템, 평가·연습 시스템, 정보관리 시스템이 포함된 방과 후 영어교육 지원 센터를 구축해 학교를 지원하고 있다.

EBS 강의는 사교육비 경감뿐 아니라 학생들이 스스로 학습계획을 세워 공부하는 자기주도적 학습능력을 길러 준다. 또한 도서벽지 학생들에게 우수한 강사와 강의를 접할 수 있도록 해 교육 격차 해소에도 크게 기여하고 있다.

의사소통 중심으로 바뀌는 학교 영어교육

방과후학교와 EBS 수능강의도 사교육 절감에 도움이 되지만 사교육 문제의 근원적 해결을 위해서는 학교교육의 경쟁력을 높이고 신뢰를 회복시켜야 한다.

2011년 사교육비 통계조사 결과, 총 사교육비 20조 1,266억 원 중 영어 사교육비는 7조 원, 수학 사교육비는 6조 원으로 영어와 수학 사교육비가 총 사교육비에서 차지하는 비중이 65%를 넘어섰다. 영어, 수학에 대한 사교육비 부담이 가장 크다는 것은 그만큼 학교의 영어, 수학 교육이 학생들의 수준과 수요를 반영하지 못한다는 뜻이기도 하다.

초등학교 3학년부터 10년간 영어를 배워도 외국인 앞에서 벙어리가 되는 것을 경험한 부모들은 자녀의 영어교육을 학교가 아닌 학원에 맡기게 됐다. 조기유학이나 어학연수까지도 보낸다. 학교 밖에서는 입과 귀를 열어주기 위해 다양한 방법들이 동원되고 있으나, 학교는 틀에 박힌 방식으로 교과서를 읽고 해석하는 20세기 수업방식을 벗어나지 못했다. 학교에서부터 점수따기식 영어평가가 지속되는 한 영어 사교육은 감소할 수 없다.

이 같은 문제점을 인식하고, 이명박 정부는 "별도의 사교육에 의존하지 않고도 고등학교를 졸업하면 영어로 기본적 의사소통을 할 수 있도록 한다"는 영어교육의 비전을 새롭게 설정했다. '의사소통 중심의 영어교육, 학생들의 수준과 진로에 따른 맞춤형 영어교육, 학교가 중심이 되는 영어교육' 이라는 실용영어 중심의 3대 정책목표를 내놓았다. 이를 달성하기 위해 2008년부터 교육과정 및 평가방식 개선, 영어교사의 전문성 신장, 영어 친화적 환경 구축, 고품질 방과 후 영어교육을 추진하고 있다.

학생들의 능력과 필요에 따라 쉽고 재미있게 배울 수 있는 학교 영어수업으로 변화시키기 위해, 학교단위에서의 평가방법부터 개선하고 있다. 또한 수능의 평가방식도 듣기·말하기·쓰기·읽기를 균형감 있게 조정해 학생들의 실질적인 영어 의사소통 능력을 향상시키고, 학교 영어교육을 정상화시키는 방안을 마련하고 있다.

교육과학기술부는 '문제풀이' 능력이 아니라 '실용영어' 능력을 테스트하는 국가영어능력평가시험NEAT: National English Ability Test을 지난 2008년에 도입하기로 결정했다. 이후 문항 틀과 문제은행 개발, 채점자·평가자 양성·연수, 시험장 구축 등을 계획에 따라 추진하고 있다. 이 시험은 실용영어(3급)와 기초학술영어(2급)로 구분되며, 자신의 필요 수준에 맞게 응시 분야를 선택할 수 있다. 현행 수능은 응시자의 상대적인 순위에 따라 성적을 부여하는 상대평가로 무한경쟁이 불가피하다. 이에 비해 국가영어능력평가시험은 일정한 영어 역량에 도달했는지 여부를 평가하는 절대평가 방식이어서 영어에 대한 과잉학습이 완화될 수 있다. 국가영어능력평가시험이 수능을 대체할지의 여부는 2012년 말 학교에서의 준비 정도를 우선적으로 고려해 결정될 예정이다.

일부에서는 말하기 교육을 강화한다는 취지에 공감하면서도, 학교에서의 영어교육만으로 국가영어능력평가시험에 충분히 대비할 수 있을지 의문을 제기하면서 오히려 사교육 수요를 늘릴 수 있다는 비판을 하기도 한다.

이에 교육과학기술부는 실용 중심의 영어교육이 학교에서 제대로 추진될 수 있도록 지난 2008년부터 학교 영어교육의 역량을 높이기 위한 방안을 차근차근 추진해왔다. 학생들의 영어 의사소통 능력 향상을 위해 초등학교 3, 4학년은 주당 2시간, 5, 6학년은 주당 3시간으로 초등학교 영어 수업시수를 주당 1시간씩 확대했다. 또한 중등학교에서는 주당 1시간 이상 회화수업을 실시하고 말하기·쓰기 수행평가를 확대해 학교 영어수업을 실용영어 중심으로 개선해왔다. 영어교사들을 대상으로 의사소통 중심 수업을 위한 영어교사 심화연수, 학교단위 말하기·쓰기 평가방법 개선을 위한 특화 연수도 실시했다. 6,200여 명의 영어회화 전문강사와 8,500여 명의 원어민 영어보조교사도 배치했다. 아울러 초등학교에 영어체험교실(4,038개교)과 중·고등학교에 영어전용교실(4,382개교)을 만들어 영어를 쉽게 접할 수 있는 환경을 구축하고 있다.

교육과학기술부가 바라는 영어수업은 학생들이 영어에 대한 흥미와 자신감을 키우는 수업, 읽기·듣기와 같은 이해기능과 함께 말하기·쓰기의 표현기능을 함께 배우는 균형 잡힌 수업이다. 또한 영어

지식이 아닌 영어 학습법을 배우고, 자기주도적 학습 습관이 형성되는 수업이 변화의 핵심이다. 이 같은 변화를 통해 영어교과에 대한 과잉 기대와 사교육 수요도 서서히 감소할 것으로 예상하고 있다.

TaLK[15], 영어교육의 새로운 접근법

2008년, 취임 후 첫 미국 순방길에 나선 이명박 대통령은 순방 첫 목적지인 뉴욕에서 한인동포와의 만남을 가졌다. 이 자리에서 이 대통령은 한인 2세들의 한국 내 활동 기회를 확대해달라는 요구에 대해 "국내 초등학생들에게 영어교육을 가르치는 데 있어 교포들을 1년 또는 2년 코스로 모집하고 있고 올해 500명 정도를 뽑을 것"이라고 밝혔다[16]. 정부초청 영어봉사장학생 프로그램인 TaLK가 모습을 드러내는 순간이었다.

시행 4년째를 맞이하는 TaLK 프로그램을 통해 2012년 1학기까지 전국 500여 초등학교에서 걸쳐 영어봉사활동이 진행되고 있다. 이미 봉사활동을 경험했던 가족과 친구 등 지인의 권유로 지원하게 된 장학생이 많아졌으며, 한류의 영향으로 TaLK 장학생 활동과 병행해 한국 대중문화를 더욱 많이 경험하고 싶은 참여자가 증가하고 있다.

TaLK 프로그램은 도시 지역 학생들에 비해 상대적으로 원어민 교

---

15 "Teach and Learn in Korea"의 약칭으로서, 정부가 초청한 재외동포 대학생 및 외국인 대학생이 국내 선발 자원봉사 대학생들과 팀을 구성하여, 농산어촌 초등학교 방과후학교에서 영어를 가르치고(teach), 한국문화체험 등을 통해 한국을 배움으로써(learn) 미래 친한, 지한 인재를 육성하는 프로그램이다.
16 연합뉴스(2008.4.16) 이 대통령 "여러 분야에 교포2세들 스카우트"

사들을 접할 기회가 적은 농산어촌 지역에 재외동포 장학생들을 배치해 영어에 대한 흥미를 유발하며 자신감을 키워주고, 지역 간 영어교육 격차를 줄이기 위해 도입됐다. 또한 외국에 거주하는 재외동포 1.5세대, 2세대가 모국을 더 잘 이해할 수 있는 기회도 되고 있다. 우리나라에 관심이 있는 외국인 대학생이 한국어와 한국문화를 체험하게 함으로써 그들을 친한·지한 인재로 육성하고 있다.

2012년 2월에 실시한 만족도 조사결과[17]에 따르면, TaLK 원어민 장학생의 한국생활 만족도는 92%, 한국문화 체험 만족도는 84%로 나타났다. TaLK 프로그램이 학교 영어교육 개선에 기여하고 있다는 응답도 78%로 나타나 초등학교 영어교육의 새로운 모형으로 자리 잡고 있다는 평가를 받고 있다. 전북 정읍의 한 학부모는 "TaLK 프로그램 덕택에 우리 아이가 변하고, 내가 변하고, 학교가 변하고 있다"며 "영어 실력과는 상관없이 외국인을 스스럼없이 대할 수 있게 됐고 말을 걸거나 대화도 할 수 있다"고 만족해했다[18]. 사업이 진행되면서 훈훈한 미담사례도 끊이지 않고 있다[19].

TaLK 프로그램은 농산어촌 학생에 대한 영어교육 기회를 확대하

---

17 TaLK 참여 학교 초등학생, 학부모, 참여학교(교장, 교감 포함), 원어민 장학생, 국내대학 장학생 등 총 6,531명 대상 온라인 설문조사('11.12.26~'12.2.19)
18 국립국제교육원(2010.10) 2010 TaLK 우수 사례집
19 우리나라에서 생후 8개월 만에 미국으로 입양된 매튜 학생은 부산에서 TaLK 1기 장학생으로 근무를 시작했으나, 자원해서 근무여건이 더 열악한 가덕도라는 섬으로 근무지를 바꿨다. 그 이유는 가덕도에 있는 천가초등학교 학생의 절반이 섬의 보육원 아이라는 것을 알고, 이 아이들에게 보다 나은 영어교육을 시키고 싶어서였다. 또한 2기 장학생으로 호주에서 온 남궁 준 학생은 자신이 봉사했던 초등학교를 위해 아껴 모은 1,100만 원이라는 거금을 장학금으로 기탁했으며, 레이 리 군은 매년 30만 원의 장학금을 기탁할 것을 약속했다.

는 것으로부터 출발해 문화 이해를 바탕으로 재미있는 초등학교 영어 교육의 모델로 발전하고 있다.

'생각하는 힘'을 키우는 즐거운 수학시간

영어와 함께 학생들이 가장 어려워하는 교과가 바로 수학이다. 학생들이 어렵게 느끼는 이유는 교과 자체의 특성도 있겠지만, 학교 수학교육이 획일적, 문제풀이식 반복학습으로 이뤄져 흥미가 떨어지는 것이 가장 큰 요인으로 지목되고 있다. 많은 학생들은 "수학을 왜 배워야하는지 모르겠다. 미적분 같은 것 배워서 어디에 써먹는지 모르겠다' 라고 불평한다. 많은 학부모들은 "영어는 나중에 구직할 때 쓸모라도 있지만, 수학은 그렇지 않으면서도 입시 때문에 사교육비만 많이 드는 과목"이라고 인식한다.

수학에 흥미를 잃어버린 학생들이 시험을 위해 택할 수 있는 가장 손쉬운 방법은 학원에서 문제풀이 요령을 익히는 것이다. 수학이 논리력·추리력 등 학생들의 창의성 증진에 중요한 과목임에도 불구하고, '수학은 암기과목이다' 라는 어느 유명 수학학원의 광고 문구는 우리나라 수학교육의 현실을 단적으로 보여준다.

정해진 시수 동안 이수하기에 수학교과 내용이 너무 많아 충분한 설명을 하지 못하고 진도 나가기 위주의 수업이 이뤄지는 모습을 흔히 접한다. 게다가 학생 수준 차이를 고려하지 못한 채 수업이 진행되다보니 선행학습, 보충학습 수요를 만들게 됐다. 2011년 사교육비 조사결과, 전반적인 사교육비 감소에도 불구하고 학생 1인당 월평균 수학 사교육비는 7만원으로 전년대비 증가율[20]이 가장 높은 과목으로 나타났다.

교육과학기술부는 2011년 2월 '수학교육정책팀'을 신설하고, 수학 공교육 강화에 본격적으로 팔을 걷어붙였다. 2011년 3월부터는 초·중등 수학 공교육을 내실화하고 사교육 부담을 줄이기 위한 다각적인 검토와 방안 모색을 위해 교육현장 및 산·학·연 관계자가 참석하는 '수학교육개선위원회'를 구성했다. 교육과학기술부는 위원회의 자문을 받아 학생발달 단계에 따라 교과내용을 재설계하고, 실생활과 연계된 수학, 창의적인 수학, 맞춤형 수학으로 전환하기 위해 교육 내용, 교육방법, 평가제도 등을 전면적으로 개선하는 내용의 '수학교육 선진화 방안'을 2012년 1월 발표했다. 기존의 교과서는 요약된 설명과 공식, 문제 위주로 구성돼있어 누군가에게 의존할 수밖에 없는 형태로 짜여져 있었다. 앞으로 의미와 맥락, 사례 중심의 스토리텔링 방식[21]으로 수학교과서를 개편할 경우 사교육에 의존하지 않고도 흥미로운 수학 공부가 될 것으로 기대된다. 또 다양한 교구와 멀티미디어를 활용한 창의적인 수업이 가능한 수학교실이 도입되면 기존의 단순 문제풀이식 수동적 학습에서도 탈피될 수 있다.

집에서도 학생들이 자기주도적으로 수학 공부를 할 수 있도록 자기

---

20 2011년 학생 1인당 월평균 사교육비 : 수학 7만 원(2.9%↑), 영어 8.1만 원(1.3%↑), 국어 1.9만 원(9.5%↓)
21 예를 들어, 이진법의 경우 어디서, 누구에 의해, 어떤 과정을 통해 이진법이 탄생됐고, 현재 활용되는 곳은 어디인지 등을 설명해주며 개념을 터득하게 하는 방식이다.

주도 수학학습 지원사이트EBSm를 구축 중에 있다. 2013년 1월, 중학교 1학년 대상 사이트 오픈을 시작으로 2014년까지 초·중·고 전 과정에 대한 다양하고 흥미로운 수학 학습 콘텐츠를 제공할 계획이다.

해방 이후 교육과정 개정시 수학교과는 부분적으로 개정돼왔다. 부분적인 내용을 추가하거나 줄이고, 조정하는 정도였다. 하지만 교육 수요자의 입장을 고려해 수학을 왜 배우는지, 어떻게 배워야 하는지에 대해 근본적인 의문을 제기하고, 이에 대한 답을 찾아가는 시도는 이명박 정부가 최초가 아닌가 한다.

사교육 줄이기, 학부모가 해법을 찾다

학부모, 공교육의 새로운 축으로 등장

사교육 문제의 해결뿐 아니라 교육정책이 바로 서기 위해서는 학부모들의 협력이 필수적이다. 교육과학기술부가 여론조사기관에 의뢰해 전국 학부모 1,000명을 대상으로 설문조사를 실시한 결과(2009.2), 자녀교육에 대한 책임이 학교보다 학부모에게 더 있다는 의견이 60.4%로 높았다. 우리나라의 학부모는 세계적으로 교육열이 높기로 유명하나, 이에 비해 학부모가 교육에 참여하는 수준은 매우 낮은 편이다. 그간 학부모의 학교 참여가 '치맛바람'이라는 부정적 인식이 강했고, 참여방식도 학교 재정 후원 차원에 머물렀기 때문이다.

2011년 통계청의 사교육 의식조사 결과를 보면, 어머니가 자녀의 사교육 참여여부를 결정하는 비중이 매우 높았고, 주변의 학부모를 통해 사교육 관련 정보를 획득한다는 응답이 높았다[22].

"사교육의 열쇠는 학부모가 쥐고 있다. 아무리 훌륭한 정책을 추진한다고 해도 학부모들이 사교육을 선호하고 학부모와 학생이 사교육을 탈피하려는 의지가 없는 이상 사교육 문제 해결은 요원하다."

공한옥 부산 가남초등학교 교장의 이야기다. 정책적 노력과 함께 학부모의 인식 전환이 있어야 가시적인 사교육비 경감 효과가 나타난다는 것이다.

이에 교육과학기술부는 2009년 '학부모정책팀'[23]을 설치하고 '학부모 정책 추진 방향'을 확정해 발표했다. 그간 학교·학생·교원 중심으로 교육정책이 추진돼왔는데, 학부모를 지원하기 위한 부서를 신설하고 정책까지 마련한 것은 정부 수립 이후 처음 있는 일이었다. 또한 2010년부터 개최하고 있는 '좋은학교박람회'를 통해 많은 학교들이 학교교육의 다양하고 생생한 정보를 학생·학부모들에게 제공하고 있다. 이같이 학교들이 좋은 교육의 면모를 알리려는 것은 교육 수요자인 학부모의 중요성을 이해하기 때문이다.

학부모 정책의 주요 사업으로는 학부모 참여 지원, 교육정책 모니터링단 운영을 통한 의견 수렴, 학부모 교육 등이 있다.

학부모 학교 참여 지원사업은 전국의 초·중등학교 학부모회를 대

---

22 ① 어머니가 자녀의 사교육 참여여부를 결정하는 비율 : 초 83.8%, 중 73.4%, 고 51.0%
② 학부모의 사교육에 대한 정보 획득경로 : 주변 학부모 > 언론 및 인터넷 > 자녀 친구, 학원관계자 > 전단지
23 2010년부터는 학부모지원과로 정식 직제에 반영되었다.

상으로 공모해 학교당 300만 원 내외의 예산을 지원하고 있다. 학부모 참여지원사업으로 비용부담 없이 학부모회 활동에 참여할 수 있게 됨에 따라, 이전에 비해 학부모 참여율이 높아지고 있다. 과거 학부모의 '치맛바람'이 '내 아이'만을 위한 교육열이었다면, 지금은 '우리 아이', '우리 학교'를 위한 '건전한 치맛바람(또는 바짓바람)'이 학교현장에 일고 있다.

2009년 9월 구성된 학부모 교육정책 모니터단은 교육정책이 학교현장에서 어떻게 정착되고 있는지 점검하고, 개선 의견을 제출하는 등 정부와 학부모 사이의 의사소통 창구 역할을 하고 있다. 모니터단이 제출한 의견은 시·도교육청과 교육과학기술부에 전달되고, 담당부서에서는 이를 검토해 정책 반영 여부를 결정하고 결과를 모니터단에 알려준다. 이런 과정을 통해 학부모는 교육정책에 대한 이해도를 높이고, 정부는 학교현장의 의견을 정책에 반영할 수 있는 기회를 얻고 있다. 실제로 교육과학기술부는 주요 교육정책에 대해 학부모 교육정책 모니터링단을 적극 활용하고 있다. 예를 들어 2011년 7월 발표한 독서교육 활성화 방안에는 많은 학부모들이 지적한 기존의 스펙 쌓기식 독서교육의 문제점[24]을 개선 과제에 포함되어 있다.

학부모들이 직접 학교에 참여하도록 지원함과 동시에 정확한 정보를 제공하는 것도 중요하다. 이를 위해 시·도교육청과 단위학교 차원에서 학부모 교육 프로그램을 운영하고 있으며, 교육과학기술부 장

---

24 독서와 입시를 직접 연계하고 복잡한 시스템으로 관리할 경우, 독서교육 관련 사교육 기관의 컨설팅이 성행할 수밖에 없다는 것이었다.

관이 직접 학부모들이 관심을 갖는 교육정책을 설명하고 의견을 듣는 '학부모와 함께하는 교육정책 설명회'도 진행되었다. 또한 학부모들에게 필요한 정보 제공을 위해 '전국학부모지원센터홈페이지' (www.parents.go.kr)를 2011년 3월 개통했다. 이를 통해 학부모들이 필요한 교육정보를 찾을 수 있는 '허브hub' 역할을 함으로써 흩어져있는 교육정보를 일일이 찾아다니는 번거로움을 덜 수 있게 됐다. 학부모들 사이에 입소문이 퍼지면서 전국학부모지원센터 홈페이지 하루 방문객수가 약 4천여 명이 넘을 정도로 빠르게 자리 잡고 있다. 학부모지원센터가 정착되면 학부모들이 사설학원들의 진학정보 설명회에 끌려다니는 일도 줄일 수 있을 것이다.

학원법 개정을 이끌어 낸 학부모의 힘

학부모의 참여를 지원하는 사업이 진행되면서 교육정책 수립 및 추진에 대한 학부모들의 영향력도 커지고 있다. 2011년 6월 「학원의 설립·운영 및 과외교습에 관한 법률」(이하 학원법) 국회 통과는 학부모단체를 중심으로 학부모들이 힘을 모아 이룬 성과로 볼 수 있다.

개정 학원법은 학부모가 학원에 내는 교습비와 일체의 추가 경비를 학원비에 포함하고, 학원비 정보를 교육청 홈페이지에 공개하며, 등록·신고한 교습비를 초과해서 징수하지 못하도록 하는 것을 주요 골자로 한다. 또 규제가 적었던 온라인 학원들도 학원으로 편입해 관리하고, 불법 운영 학원 신고포상금제(학파라치)를 법제화하는 것도 포함했다. 개정 법안은 학원 운영의 투명성과 건전성을 높이는 한편 학부모들에게 정확한 정보를 제공하려는 취지에서 추진됐다.

  2009년 6월 정부 및 국회의원들이 학원법 일부 개정안을 제출한 이후 국회 논의 과정에서 한국학원총연합회를 중심으로 한 학원 관계자들의 반대 목소리가 커졌다. 신고포상금제 법제화는 학원을 잠재적 범죄 집단으로 보는 것이라는 점과 교습비 등은 자주 변동되므로 홈페이지 공개가 실효성이 없다는 점 등이 반대의 주요 이유였다. 2011년 3월 학원법 개정안이 국회 교육과학기술위원회를 통과하기는 했지만, 4월 임시국회 법제사법위원회에 상정조차 되지 못했다. 국회 일정 및 2012년 총선거 실시를 고려해볼 때, 6월 임시국회에서 학원법 개정안이 통과되지 못하면 개정법률안은 그대로 폐기될 위기에 처해있었다. 2011년 5월 전국 19세 이상의 성인 남녀 2,000명을 대상으로 한 여론조사에서 조사 대상의 94.6%가 학원법 개정안에 찬성한다는 결과가 나왔어도 6월 임시국회 통과가 쉽지만은 않아 보였다. 국회 앞에서 학원 관계자 1만여 명이 집회를 열며 국회의원들을 압박했기 때문이다.

  이에 대해 학부모단체들은 한목소리로 학원법 개정안 통과의 필요성을 지적하는 성명서를 발표했다. "학원법 개정의 근본 취지 자체를 부정하려는 학원연합회의 시위를 반대하며, 전 국민을 대상으로 학원법 개정 연대 서명운동에 돌입하겠다"는 것이었다.

  이번 사례는 교육사적 의미만이 아니라 교육 소비자 권리 회복이라는 측면에서도 의미가 있는 일이었다. 기존에 학부모들은 중요한 교육 소비자이면서도 의사 결정 과정에 충분하게 목소리를 내지 못했다. 하지만 이번 학원법 개정안 국회 통과에서 학부모들은 교육 소비자로서의 권리를 유감없이 발휘했다. 2011년 6월 29일 한국일보 사설은 '학원법 국회 처리는 학부모들의 승리'라고 표현하기도 했다.

이제는 공교육 선순환이다

『티핑 포인트Tipping Point』의 저자 말콤 글래드웰Malcolm Gladwell에 따르면 예기치 않은 극적인 변화의 순간에는 △소수의 법칙 △고착성의 요소 △상황의 힘이라는 세 가지 규칙이 있다고 한다. 변하지 않을 것 같은 사람들의 행동이 갑자기 변화하는 것은 소수의 영향력 있는 사람들의 메시지 전파, 사람들의 뇌리에 고정될 수 있는 메시지, 그리고 상황의 특수성이 작용할 때라는 것이다.

2010년은 사교육비 감소의 티핑 포인트가 시작되는 시점으로 볼 수 있다. 학생들이 즐겁고 창의적으로 학습하는 학교교육 환경까지 마련되면서, 사교육의 신화에서 벗어나 학교교육만으로도 원하는 대학에 진학하는 성과가 나타났기 때문이다. 사교육 없이 진학한 이들은 "사교육 없이도 충분히 원하는 삶을 살아갈 수 있고, 오히려 무절제한 사교육이 정상적인 성장에 도움이 되지 않는다"는 메시지를 전파하고 있다. 그들의 메시지는 사교육비 부담에 고통받고 있는 학부모와 제대로 쉴 시간 없이 학원으로 내몰리는 학생들의 인식을 바꾸고 있다.

자기주도학습의 효과

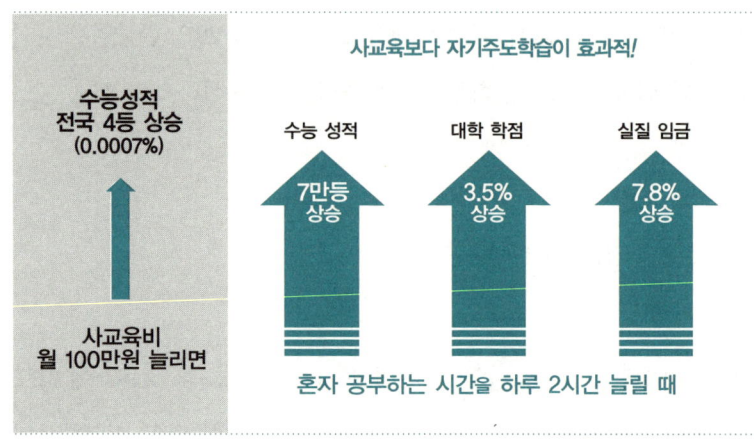

암기 위주의 단기 성적 향상은 모르겠지만 사교육은 장기적으로 자녀의 교육적 성장에 좋은 영향을 주지 못한다. 이는 한 연구결과에서도 나타난다.

"사교육비를 월 100만 원 늘리면 수능성적이 전국 4등 올라가는 효과가 나타날 뿐이지만, 혼자 공부하는 시간을 하루 2시간 늘리면 수능성적이 전국 7만등 상승하는 효과를 볼 수 있다[25]."

사교육이 기대보다 적은 효과를 나타낸다는 것도 문제지만 자기주도학습능력을 떨어뜨릴 수 있다는 데 더 큰 문제가 있다.

"학원은 결코 학생들의 자기주도적 학습능력을 길러주지 못하니

---

[25] 김희삼(2010). 「학업성취도, 진학 및 노동시장 성과에 대한 사교육의 효과분석」. 한국개발연구원.

다. 아니 더 정확하게는 학생들의 자기주도적 학습능력 신장이 학원 입장에서는 결코 달갑지 않은 일입니다."

학원이 자기주도학습을 저해한다는 것을 지적하는 전직 학원 강사의 고백이다. 그의 말을 뒤집어 보면, 학원은 생존 논리상 사교육 의존적 학생을 길러낼 수밖에 없다. 맹목적인 사교육 의존 학생들은 결국 자기주도학습능력을 발달시키지 못해 장기적으로 학업성취도가 떨어질 우려가 높다는 이야기다.

교육과학기술부는 대학이 성적보다 학생의 적성과 잠재력, 진로이력 등을 참고해 선발할 수 있도록 창의인성교육을 실현하는 학교교육 중심의 진학체제를 정착시키고 있다. 교실 수업의 변화, 특히 학교 중심 영어·수학 교육의 내실화, 방과 후 수업의 수준 향상 등 공교육을 지속적으로 강화하고 있다. 변화하고 있는 학교교육에 교육 주체 모두 관심을 가져준다면 불필요한 사교육 과잉의 덫에서 빠져나오는 시간이 조금 더 앞당겨질 수 있을 것이다.

사교육 수요는 남보다 조금 더 잘 하고 싶은 학생들의 욕구가 존재하는 이상 완전히 사라지기 힘들다. 그러나 이러한 사교육의 위치재적 성격을 고려하더라도 우리 사회는 사교육을 심각한 문제이자 학생과 학부모의 엄청난 부담으로 인식하고 있다. 그것은 사교육의 이면에 학업 성적, 대학 간판과 같은 하나의 성공 기준에 따라 이 기준보다 못 미치거나 남보다 조금 더 뒤쳐진다면 그것은 곧 실패한 인생이라는 우리 사회의 뿌리 깊은 인식이 자리하고 있기 때문이다.

교육과학기술부는 공교육 경쟁력을 강화하여 학생들의 사교육 의존도를 완화하는 한편, 이러한 우리사회의 뿌리 깊은 인식을 바로잡는 데에도 노력할 것이다. 입시제도를 다양화하고, 고졸자도 성공하는 사회를 만들고, 자기주도적 학습 역량을 강조하고, 학부모 교육을 활성화하는 것은 모두 우리 사회의 고정관념을 바꾸기 위한 노력이다. 이러한 노력이 서서히 모인다면, 학생과 학부모가 체감할 수 있을 정도의 사교육 경감이 이루어질 것이라 확신한다.

CHAPTER 7

모두를 위한 교육

이상진[1] | 이준순[2] | 오석환[3]

모두의 꿈을 키우는 '맞춤형 교육복지'

우리 사회가 다원화되고 가족의 구성도 다양해지면서 다문화, 북한이탈주민, 편부·모, 조손 가정 아이들도 늘어가고 있다. 또한 저출산 현상을 굳이 언급하지 않아도 아이 한 명 한 명이 얼마나 소중한지는 재론의 여지가 없다. 대한민국의 미래가 이들에 달려 있는 만큼 어느누구 어떤 재능도 놓치지 않아야 한다. 이를 위해 학생들의 기본적 학업과 특기적성 교육은 물론 정신건강, 체력증진, 안전사고, 진로진학,

---

1 전 제1차관, 인재정책실장, 교육복지국장 등 역임
2 전 교육복지국장, 학교지원국장, 서울시교육청 장학관 등 역임
3 현 학생지원국장, 학교지원국장, 기획담당관 등 역임

취업에 이르기까지 정부의 할 일도 늘어가고 있다.

학생들을 위한 정부의 관심과 지원도 늘어가고 있지만, 동시에 이들을 지원하는 정부의 일하는 방식도 변화하고 있다. 과거와 같은 일방적 시혜성 지원은 오히려 아이들이나 보호자에게 상처를 줄 수도 있다. 모든 아이들이 건강하게 자라고 각자의 꿈을 펼칠 수 있도록 도움을 주기 위해서는 자상한 마음가짐과 전략적 접근이 우선되어야 한다. 무작정 복지예산을 늘려 지원한다 해도 정작 아이들에게 가장 필요한 도움이 무엇인지 알지 못한다면, 귀중한 예산이 허투루 쓰일 우려가 많다.

모든 학생들에게 무료로 학교급식을 주는 데 중앙정부나 지방정부의 예산을 최우선적으로 쓰자는 주장도 있다. 그러나 한정된 예산을 감안한다면, 아이들에게 무료급식보다 더 시급하고 중요한 지원은 없는지 살피는 것이 순리이다. 밥이 필요한 아이에게는 밥과 함께 꿈을 주어야 한다. 그러나 꿈이 필요한 아이에게 밥만 주는 것은 도움이 되지 않는다. 무작정 복지 예산을 늘린다한 들, 아이들의 꿈을 키워줄 수 없는 이유가 바로 여기에 있다.

모든 학생들의 꿈을 실현하기 위한 '맞춤형 교육복지'는 그래서 보다 섬세하고 포괄적이어야 한다. 저출산과 다문화가 가속화되는 만큼 아이들을 한 해라도 일찍 공교육 틀 안에서 보살펴야 한다. 이후 공교육의 틀 안에서는 학업은 물론 특기적성활동까지 책임져서 부모의 사교육비 부담도 덜어야 한다. 진학과 진로지도도 내실화해서 각자가 적성을 발견하고, 굳이 대학공부 없이도 좋은 일자리를 가질 수 있도록 도와야 한다. 등록금이 없어 대학공부를 포기하는 이들이 없도록 장학제도를 혁신하는 일도 매우 중요한 일이다.

교육복지정책의 마스터플랜을 세우다

이명박 정부는 '자율과 경쟁'을 교육정책의 기조로 강조하면서 경쟁에 뒤처지는 학생들에 대한 교육복지 지원은 소홀하다는 비판이 있다. 그러나 이명박 정부는 어느 누구의 어떤 재능도 놓칠 수 없다는 전략을 바탕으로 교육복지에 적극적이고, 포괄적으로 접근하고 있다. 특히 교육복지정책이 단순한 구호에 그치지 않고 학생들에게 필요한 보다 실질적인 도움을 제공하기 위해 주요 정책들을 하나씩 실천하고 있다.

이명박 대통령은 취임사에서부터 "형편이 어려워도 공부할 수 있어야 합니다. 교육복지로 가난의 대물림을 끊겠습니다"라고 말하며 교육복지의 중요성을 강조해왔다. 이런 정책 기조는 이후 친서민 정책 강화와 공정사회 구현으로 이어지고 있다.

이명박 정부는 출범 첫 해 교육복지의 종합 마스터플랜인 '이명박 정부 교육복지 대책(2008~2012)'을 수립했다. 이 대책은 △유아부터 대학생까지 교육비 지원의 획기적인 확대 △기초학력 향상 지원 △방과후학교 활성화 △다문화 및 북한이탈 학생 교육지원 강화 △학교부적응 및 학업중단 학생 지원 △농어촌 학교 지원 등이 포함된다. 세심한 보살핌이 필요한 학생들에 대한 지원 방안이 총망라돼있다. 소외계층 학생 등 우선배려가 필요한 학생에 대한 지원을 확대하는 등 정부의 교육복지정책은 이를 바탕으로 보완되고 발전했다.

현 정부는 누구에게나 차별 없는 최선의 교육을 목표로, 모두를 위한 교육을 지향한다. 이를 위해 마이스터고를 비롯한 직업교육의 내실화, 기초학력 보장제도 도입, 사교육 감소-공교육 강화의 선순환 체제 구축 등을 추진하고 있으며, 이런 정책들의 기반 위에 맞춤형 교육복지정책을 추진하고 있다. 국민들이 공감하고 느낄 수 있는 복지정책을 개발하고, 지역·학교·학생의 특성을 충분히 반영한 맞춤형 교육복지의 중요성을 강조한다. 맞춤형 교육복지를 통한 공정한 교육 기회의 확대를 위해 일관된 노력을 기울이고 있다. 맞춤형 복지정책의 실현 과정에서 한정된 교육재정 투자의 효과도 극대화하려고 한다.

무상급식 논쟁을 넘어서

이미 다수의 역사적 사례가 보여주듯이 한 국가, 사회의 부담 능력과 여건을 넘는 복지혜택의 확대는 그 사회의 활력, 성장 동력의 기반을 잠식하기도 한다. 소요나 요구에 비해 늘 모자라고 한정될 수밖에 없는 것이 정부의 재정 상황이다. 이에 복지정책은 어느 분야보다 투자 우선순위에 대한 현명하고 합리적인 선택이 중요하다.

교육복지정책의 추진 과정에서 무상급식 논란을 빼놓을 수 없다. 무상급식의 실시 범위와 이에 수반되는 재정 투자의 시급성, 적정성 등을 둘러싸고 많은 혼선을 겪었다. 전면 무상급식과 보편적 복지의 관점에서 정부의 급식정책, 교육복지정책을 선택적 복지로 간주해 비판의 대상으로 삼기도 한다. 사실 전면 무상급식은 의무교육의 필수적인 요소도 아니고 선진국에서도 유사한 사례를 찾기가 쉽지 않다.

급식비 부담이 어려운 저소득층에 대한 급식 지원은 이미 시행하고 있고, 교육재정의 확충에 따라 연차적으로 지원 범위가 확대되고 있다. 전면 무상급식을 교육복지의 최우선 과제로 주장하며, 정부 복지정책의 한계를 지적하는 것은 단편적이고 이념적인 구분으로 판단한 것 같아 아쉽다.

더욱이 복지정책은 한번 시행되면 다시 되돌릴 수 없는 불가역적不可逆的 속성을 가진 경우가 많고, 재정 지출이 누적적으로 확대되는 특성이 있다. 그만큼 복지정책의 설계는 치밀해야 하고, 그 결정 과정은 신중해야 한다. 그렇기에 복지정책의 설계와 결정은 정부의 재정부담 능력과 우선순위, 사회의 여건, 중·장기적인 미래 추계 등을 포함한 여러 측면을 매우 신중하게 고려해 판단해야 한다.

전면 무상급식 실시를 교육복지의 최우선 과제로 삼아 급하게 달성하려는 것이 국민의 이익과 나라 발전에 도움을 줄 수 있는 현명하고 합리적인 선택일까? 한정된 재원으로 최대의 성과를 내야 하는 재정투자의 큰 원칙이나 정책의 우선순위에 맞지 않는다는 생각이 강하게 든다. 추진 과정에서 소모적인 갈등과 논란도 피하기 어렵다. 최근 복지혜택 축소 등을 둘러싸고 홍역을 치르는 일부 유럽국가의 사례가 어찌 남의 나라, 먼 나라만의 이야기일까?

우리나라는 저출산 현상이 큰 걱정거리이고, 고령화가 급속도로 진행되고 있다. 미래 세대는 20년, 30년 후에 보다 많은 노년층을 부양해야 한다. 우리 사회의 미래를 생각하면, 아이들 한 명 한 명이 소중하지 않을 수 없고, 어느 누구 어떤 재능 하나도 놓칠 수 없는 상황이다. 어떻게 하면 한 명의 아이도 뒤처지지 않고 제 몫을 할 수 있는 역량 있는 인재로 길러낼 수 있을까? 이 점에서 한정된 교육재정의 사용은 심각하게 고민해야 할 문제이다.

하나의 예로, 만 5세아 유아교육과 보육은 이미 1990년대 후반에 관련 법률 제정을 통해 무상 원칙이 천명되고 정부정책으로 채택됐으나, 그간 재정 사정 등 여러 이유 때문에 아직 부족하고 미흡한 점이 많은 분야이다. 우리 사회의 미래를 생각하면 교육복지정책의 중점은 유아단계부터 더 일찍 시작되었어야 한다. 무상급식보다 유아교육·보육에 대한 투자와 실질적인 혜택을 확대하는 것이 훨씬 시급하다.

사회가 다원화, 핵가족화되면서 다문화가정 자녀, 탈북 청소년, 편부모·조손 가정 등 배려가 필요한 아이들도 계속 늘어가고 있다. 도시화가 완성 단계에 이르면서 도농 간의 교육 격차 완화를 위한 농어촌 학교와 학생에 대한 배려도 중요한 과제이다. 장애아동을 위한 특수교육의 내실화도 선진국으로 가는 요건의 하나다. 여성 취업과 맞벌이 학부모가 늘면서 유치원과 초등학교에서의 돌봄기능도 보다 확대되고 촘촘해져야 한다.

이처럼 우선 배려가 필요한 많은 학생들에게 양질의 교육서비스를 제공하는 것은 당장 모든 학생들에게 무상으로 점심을 제공하는 것보다 훨씬 중요한 일이다. 교육복지의 우선순위는 우리 사회의 미래를 곱씹어보고, 학교현장이 가장 필요로 하고 효과가 높은 과제부터 추진돼야 한다. 이런 요건이 충족될 때, 복지 투자에 수반되는 막대한 재정의 정당성을 살리고 효율성도 높일 수 있다.

더 일찍, 더 따뜻하게, 더 촘촘하게, 더 안전하게

이명박 정부의 교육복지정책은 선택적 복지, 보편적 복지의 이분화된 구분을 넘어선다. 정부는 '어느 누구 어떤 재능도 놓치지 않는다' 는 매우 포괄적이고 적극적인 전략을 가지고 교육복지를 접근하고 있다. 정부의 교육복지정책은 미래 사회와 세대에 대한 강한 책임의식을 기반으로 한다. 교육복지의 효과는 실질적인 교육 격차의 해소와 공정한 교육 기회 보장으로 나타나야 한다. 국민들이 공감하고 느낄 수 있는 복지정책을 개발하고, 지역·학교·학생의 특성을 충분히 반영하려 한다. 교육복지 대상 학생들의 범위를 넓히는 것 못지않게 그들이 원하고 필요로 하는 교육복지의 내용으로 정책 수준을 한 단계 성숙시키고 있다.

 종합하면, 정부의 교육복지정책은 학교현장을 중심으로 더 일찍부터 시작하고, 더 따뜻하게 배려하고, 더 촘촘하게 설계하고, 더 안전하게 제공한다는 것에 목표를 둔다. 교육복지 투자의 효과는 단기간에 나타나기도 힘들고 측정하기도 어려운 경우가 많다. 하지만 정부의 노력과 성과가 차분히 축적되면 교육복지 수준이 한 단계 높아지고, 보다 선진화된 복지시스템 실현을 기대할 수 있다.

더 일찍, '누리과정'

유아교육은 미래 세대를 위한 임무

유아교육의 중요성은 아무리 강조해도 지나치지 않다. 세 살 버릇 여

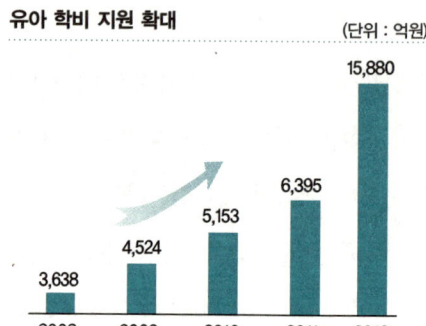

유아 학비 지원 확대 (단위: 억원)

든까지 간다는 오랜 지혜를 새삼 인용할 것도 없다. 유아단계 교육은 이후 인성교육, 전인교육의 기초가 된다. 출발선 평등을 통한 공정한 교육 기회의 보장은 이후 학교교육에서 실질적인 교육 격차 해소의 기반을 제공한다.

유아에 대한 교육 투자는 다른 생애단계보다 투자 대비 회수율이 월등하게 높다는 것을 다양한 사례를 통해 알 수 있다. 2000년 노벨 경제학상을 받은 시카고대학의 제임스 헤크만 James Heckman(2006)에 따르면 영유아기의 인적자본투자 회수율은 그 이후의 어떤 시기보다 높다는 점을 실증하고 있다. 그만큼 어렸을 때 국가가 나서서 아이들에게 좋은 교육과 보육 서비스를 제공해주는 것이 그 어떤 투자보다도 중요하다는 것을 보여준다.

OECD 국가들 또한 유아에 대한 국가적 투자에 박차를 가하고 있다. 프랑스는 이미 만 5세 취원율 100%의 무상교육을 이뤘고, 영국이나 스웨덴 등은 만 5세를 넘어 만 2세까지 교육지원 대상을 확대하고 있다. 유아 학비 지원 확대 등 유아교육 선진화는 현 정부 출범 이래 주요한 정책과제였다. 정부의 유아 학비 지원 규모는 2008년 이후 4년 만에 3,638억 원에서 1조 5,880억 원으로 4.4배 증가했다.

유아단계에서는 교육, 학습 learning과 보호, 보육 caring이 결합하는 것이 세계적인 추세이다. 유아교육·보육의 질적 향상을 통한 유아단계 교육 서비스의 강화는 이런 측면에서 시급하고 우선적인 과제라고 할 수 있다. 젊은 세대의 육아 부담 경감을 통해 날로 심각해지는 저출산 현상의 완화에도 기여할 수 있다. 유아교육·보육에 대한 획기적인 투자 확대는 현재 기성세대가 미래 세대를 위해 해야 하는 의무이다. 관련 부처들이 어려운 협의과정을 거쳐 2011년 5월에 발표한 '만 5세 공통과정 도입 추진계획'과 2012년 1월에 발표한 '3·4세 누리과정 도입계획'은 미래 세대에 대한 현 정부의 투자확대 의지를 보여주는 결실이라고 할 수 있다.

유아교육·보육의 신기원 '5세 누리과정'

2011년 5월 2일 이명박 대통령은 정례 라디오 연설에서 취학 전 유아에 대한 국가의 책임을 강화해 사실상 의무교육 기간을 9년에서 10년으로 확대해야 한다고 밝혔다. 이어 김황식 국무총리는 2012년부터 유치원과 어린이집에 다니는 만 5세 모든 어린이들이 새로운 공통과정을 배울 수 있게 하고, 국가의 지원도 매년 지속적으로 확대하겠다는 내용을 중심으로 '만 5세 공통과정 도입 추진계획'을 정부 합동으로 발표했다. 학부모가 유치원과 어린이집을 선택할 수 있도록 하면서 자녀가 어디를 다니든 동일한 수준의 교육을 받을 수 있도록 한다는 내용이었다.

'만 5세 공통과정'의 정책 명칭은 제도 도입 초기에 불렸으나, 제도 도입 취지를 잘 나타내면서 국민의 공감대를 형성하는 보다 친근하고 밝은 명칭을 공모하기로 방침을 정했다. 전 국민을 대상으로 명칭공모를 실시한 결과, 4,076명이 5,603건을 응모했고, 2차에 걸친 전문가 심사 등을 거쳐 '5세 누리과정'으로 선정했다. '5세 누리과정'의 '누리'는 '세상'을 뜻하는 순 우리말로 국가가 책임지는 교육과 보육을 통해 만 5세 어린이들이 유치원과 어린이집에서 행복한 세상을 열어가고, 따뜻한 보살핌 속에서 꿈과 희망을 마음껏 누리도록 하겠다는 의미를 담고 있다.

명칭 공모와 별도로 교육과학기술부는 보건복지부와 함께 '만 5세 공통과정 제정 TF'를 구성하여 유치원과 어린이집에서 각각 다르게 운영되고 있는 교육·보육과정을 통합하기 위한 작업에 들어갔다. 13차례의 TF 회의를 거쳐 2011년 8월 12일에는 공청회를 개최하였고, 9월 5일에는 공통 교육과정인 '5세 누리과정'을 고시하였다. 그리고 9월 30일에는 「유아교육법 시행령」, 「영유아보육법 시행령」과 「지방교육재정교부금법 시행령」 일부개정령이 각각 개정·공포됨으로써 제도 도입을 위한 법적 기반이 마무리되었다.

이와 더불어 교육과학기술부는 5세 누리과정의 원활한 현장 정착을 위해 2012년 1월과 2월에는 유치원 교사 14,728명, 어린이집 교사 18,090명 등 32,763명에 달하는 유치원과 어린이집 교사에 대한 연수를 실시하였고, 교사용 지도서와 교수·학습자료 개발을 완료하여 현장에 보급하는 등 실질적인 지원을 강구하였다.

'5세 누리과정' 도입에 따라 만 5세 유아에 대한 교육과 보육은 한층 내실화되었다. 그동안 유치원 교육과정은 연령 구분 없이 적용되어 연령간의 차별성이 부족했고, 어린이집 표준보육과정은 1일 12시간 운영으로 교육과 보육 서비스의 구별이 분명하지 않았다. 이제 만 5세 유아는 공통과정 적용과 초등학교와의 연계 강화, 3~5시간의 공통과정과 구분되는 방과후과정 운영을 통해 한층 내실화된 프로그램을 적용받게 되었다.

한편 2012년부터는 만 5세 유아에 대한 유아학비·보육료 지원 내용이 크게 달라졌다. 유아학비·보육료 지원대상은 2011년에 소득하위 70% 이하 가구에만 지원하였으나 2012년에는 보호자의 소득수준에 관계없이 지원하였다. 지원단가도 2012년부터 2016년까지 연차적으로 인상하여 지원하기로 하였다. 2011년에 월 17만 7천 원을 지원하던 유아학비와 보육료는 2012년에는 월 20만 원을 지원하였고, 2016에는 월 30만 원까지 인상할 예정이며, 소요되는 재원은 연차적으로 교육과학기술부의 지방교육재정교부금에서 부담한다.

5세 누리과정 도입은 유아들에 대한 교육과 보육의 질을 높이고 학부모들의 육아 부담 경감에 기여한다는 측면 외에도 성공적인 부처 간 공조 사례라는 점에서 더욱 의미가 있다. 현재 유치원에서 이루어지는 유아교육은 교육과학기술부가 담당하고, 어린이집을 통한 영유아 보육은 보건복지부가 관장한다.

5세 누리과정은 2009년 12월, 미래기획위원회에서 저출산 대책의 하나로 초등학교 취학 연령을 1년 앞당기는 방안을 제안하면서 논의가 시작되었다. 미래기획위원회의 제안 이후 교육과학기술부는 학계, 유아교육 및 보육계 관계자, 관련부처 등이 참여하는 TF를 구성했다.

치열한 논의와 연구를 거쳐 검토한 결과, 취학 연령의 하향 조정보다 만 5세 유아에 대한 투자 확대와 교육·보육의 질적 향상이 더 효율적이고 시급하다는 방향으로 의견이 모아졌다.

유치원과 어린이집에 다니는 만 5세 유아들에게 공통으로 적용되는 교육·보육과정 도입을 중심으로 어느 정도 초안이 마련된 이후에는 제안 부처인 교육과학기술부와 총리실, 기획재정부, 보건복지부, 행정안전부 등이 참여해 상당 기간 부처 간 협의가 진행됐다. 새로운 제도의 명칭, 커리큘럼, 시설 기준, 교원, 투자 계획 및 재원 확보, 관리체계, 법령 개정 문제 등 의제 자체가 만만치 않았다.

협의 과정이 순탄하기만 하지도 않았고, 크고 작은 우여곡절을 겪기도 했다. 유아교육과 보육의 다양한 문제는 지난 수십 년간 그 보완의 필요성을 누구나 인정하면서도 관련 기관·단체들의 이해관계 때문에 합의를 이루기 어려웠던 대표적인 숙제 중 하나다. 5세 누리과정 도입은 관련부처 간의 긴밀하고도 대승적인 협의와 양보의 결과였다. 2011년 6월 13일자 문화일보는 5세 누리과정 도입을 '부처 간 협력의 모범사례'로 선정했다.

3·4세 누리과정 도입 확대

정부는 2011년에 5세 누리과정 도입 계획을 발표한데 이어 2012년 1월 18일에는 관계부처 합동으로 '3~4세 누리과정 도입계획'을 발표하였다. 정부가 공식적으로 3~4세 누리과정 도입계획을 발표하기에 앞서 대통령은 여러 차례에 걸쳐 유아교육과 보육 투자의 중요성을 언급하였다. 2011년 12월 9일, 서울 동대문구 휘경유치원을 방문한 자리에서는 "5세 이하 아이들 모두를 국가가 책임지고 교육하도록 하겠다"고 말한 바 있고, 2011년 12월 14일 교육과학기술부의 2012년도 업무보고와 2012년 1월 2일 신년국정연설에서도 5세 누리과정의 만 3·4세 확대를 언급하였다.

유아교육 투자에 대한 확고한 대통령의 의지를 등에 업고 교육과학기술부는 '3~4세 누리과정 도입 방안' 마련을 준비하여, 2012년에 들어와서는 본격적으로 관계부처 협의에 착수하였다. 교육과학기술부가 마련한 기본계획을 토대로 2012년 1월에 국무총리실 및 기획재정부 주관으로 관계부처 국장급 회의를 하였고, 관계부처 장관회의를 거쳐 '3~4세 누리과정 도입계획'을 정부 정책으로 확정·발표하였다.

5세 누리과정은 1997년부터 만 5세아 무상교육·보육 원칙을 법률로 명시하고 있어 시행령 개정만으로 제도 도입이 가능하였으나, 만 3~4세 유아는 법률에서 기초생활 수급자 및 일정소득 이하 자녀로 지원 대상을 제한하고 있었으므로 소득수준에 관계없이 만 3~4세 모든 유아에게 교육·보육비를 지원하기 위해서는 「유아교육법」 등 법률을 개정할 필요가 있었다. 교육과학기술부는 제18대 국회의 임기 만료가 얼마 남지 않은 상황에서도 교육과학기술위원회 등 관련 위원회와 적극적으로 협의하였다. 그 결과 2012년 2월 27일에 유아 무상교육을 초등학교 취학전 1년에서 3년으로 확대하는 내용의 「유아교육법」 일부 개정안이 국회를 통과하였고, 3월 21일에 공포되었다.

3~4세 누리과정 도입계획 발표 후 교육과학기술부는 2012년 3월 초부터 '3~4세 누리과정 제정 TF'를 구성하고, 공통과정 마련을 위한 협의에 들어갔다. 5세 누리과정 도입에서와 같이 3월부터 6월까지 TF 회의를 13차례 개최하였고, 공청회 등을 거쳐 7월 10일에는 교육과학기술부와 보건복지부가 각각 3~5세 연령별 누리과정을 고시하였다.

누리과정의 도입으로 유치원과 어린이집에서 같은 내용을 가르치고, 부모의 소득수준에 관계없이 유아학비·보육료를 지원함으로써 사실상 의무교육 기간이 9년에서 12년으로 늘어나게 된다. 그러나 우리나라의 유아교육과 보육은 여전히 해결해야 할 과제가 많이 남아 있다. 2013년부터 3~5세 누리과정이 본격적으로 시행되므로, 누리과정이 유치원과 어린이집에서 당초 의도한대로 정착되는지를 확인하고 문제점이 발견될 경우 이를 보완하는 것이 중요하다. 뿐만 아니라 유아교육과 보육 서비스의 균등한 질을 유지하기 위한 시설 등 인프라를 확충하고, 유치원과 어린이집 간 교사 양성·임용·자격 및 보수 등에 대하여도 일원화할 수 있는 방안을 논의할 필요가 있다.

더 따뜻하게, 저소득층 교육비 지원

경제적인 이유로 소외받지 않도록

가난의 대물림은 계층의 고착화를 심화시키고, 사회의 역동성을 떨어제 때문에 친구들과 친해지는 것도 어려웠고, 수업시간에 선생님께서 하시는 말씀도 알아들을 수 없었습니다."

— 다문화가정 학생

"친구들이 북한 사람에 대한 편견을 가질까 봐 행동을 더 조심하게 되는데 어떨 땐 너무 조심해서 뭘 하든 자신감이 없어질 때도 있죠."

— 탈북 학생

다문화가정 자녀들과 탈북 청소년들은 우리 사회가 적극 포용해야 할 새로운 계층이다. 현 정부 들어 이들에 대한 지원정책도 대폭 강화됐다.

다문화가정 자녀들을 위해서는 매년 '다문화가정 학생 교육 지원 방안'을 마련하고 있다. 다문화가정 학생들의 부족한 기초학력을 높이기 위해 보충학습과 더불어 1:1 멘토링을 확대해 올해는 4,000명을 지원했고, 한국어 교육도 강화하고 있다.

탈북 청소년의 경우 종전에 여러 가지 이유로 소홀히 다뤄져온 분야이다. 이제 탈북 청소년들은 다가올 통일 시대에 우리 사회에서 꼭 필요로 하는 인재로 자라나야 한다. 탈북 청소년에 대해서도 정부는 2009년 '탈북 청소년을 위한 교육 지원 대책'을 수립해 지원을 확대하였다. 같은 해 9월에는 한국교육개발원KEDI 내에 탈북 청소년교육지원센터도 만들어졌다. 학습 공백 기간이 길어 기초학력이 떨어지는 탈북 청소년들을 위해 학교생활 안내, 교과지도, 생활 및 진로지도 등 학습을 포함한 학교생활 전반을 도와주는 멘토링을 시행하고 있다.

　다문화가정 학생들과 탈북 학생들에 대한 초창기 관심은 얼마나 빨리 우리나라 교육, 문화에 적응시킬 것인가에 있었다. 정책의 초점도 한국어 교육, 보충학습 등에 국한됐다. 그러나 최근 들어 다른 시각에서 이들을 살피기 시작하고 있다. 이들의 다름을 재능으로 키워줄 수 있는 방안을 고려한 것이다.

　2012년 3월 발표한 「다문화학생 교육 선진화방안」은 다문화학생이 가지고 있는 다름을 재능으로 키워줄 수 있는 지원 방안이 더욱 중요하게 고려되었다. 「다문화학생 교육 선진화 방안」에 따른 다문화교육 정책 추진 방향은 크게 세 가지로 요약된다. 우선 한 명의 다문화학생도 놓치지 않도록 학교 밖 다문화학생을 적극적으로 발굴하고 학교 안으로의 진입을 적극 지원한다. 그리고 다문화학생의 재능은 살리고 부족한 부분은 지원하며 다문화학생과 일반학생이 함께하는 상호 이해교육을 활성화하여 모든 학생을 위한 다문화교육을 강화한다. 마지막으로 학교가 중심이 되어 가정, 지역사회와 연계를 강화하여 다문화친화적인 교육체계를 구축한다는 것이다.

　탈북 청소년을 위해서는 멘토링 등 맞춤형 교육 지원체제를 강화하고, 학교 밖에 있는 탈북 청소년들도 학업을 중단하지 않도록 민간교육시설에 대한 재정 지원을 실시했으며, 탈북학생을 위한 학력인정 대안학교(고교)도 인가되었다. 이 같은 정책에 힘입어 2007년 평균 10% 가량에 이르던 탈북 학생의 학업중단률이 2012년 3.3% 가량으로 크게 낮아지는 성과를 보이고 있다. 나아가 우수 탈북 학생을 위한

탈북 청소년 중도탈락률 추이　　　　　　　　　　　　　　　　(단위 : 명, %)

구분		초	중	고	계
2008	2007 재학생 수	341	232	114	687
	학업중단 학생 수	12	30	32	74
	학업중단률	3.5	12.9	28.1	10.8
2012	2011 재학생 수	1,020	288	373	1,681
	학업중단 학생 수	27	11	18	56
	학업중단률	2.6	3.8	4.8	3.3

역량 계발 프로그램 운영 등 다양한 수요에 맞춘 교육지원도 늘여가고 있다.

다문화 재혼 가정이 늘어나면서 최근 사회문제화 되고 있는 중도입국자녀의 경우 우리말이 서툴고 경제적 어려움도 겪고 있어 두 명 중 한 명이 학교 밖에서 떠돌고 있는 것으로 파악되고 있다. 이들에게도 국내 사회에서 당당한 시민으로 성장해갈 수 있도록 도와주기 위해 2012년 3월에 서울과 충북 제천에 '다솜학교'가 문을 열었다. 또한, 2013년 3월에는 인천에도 '다솜학교'가 문을 열 예정이다.

지난 3년간 탈북학생 교육 지원 확대의 성과를 바탕으로 보다 체계적이고 내실있는 탈북학생 교육지원 정책을 추진하기 위하여 정부는 2012년 3월 '탈북학생 교육 발전 방안'을 수립하여 시행하고 있다. 동 계획에는 학교 중심의 통합교육 체제 강화와 학생별 맞춤형교육 내실화를 기본방침으로 초기적응교육과 정착지학교 교육의 연계, 체계적·통합적 맞춤형 교육, 진로·직업교육 및 우수 탈북학생 역량 계발과 함께 탈북학생·일반학생의 어울림 활동 지원, 교원연수 및 연구회 운영 등 탈북학생 교육 인프라 확충 등의 다양한 과제가 담겨 있으며, 관련기관이 적극 협력하여 정책을 추진하고 있다.

앞으로 정부는 중도동반 입국자녀를 포함한 다문화가정 학생, 탈북학생이 부적응으로 인해 학업을 중단하는 일이 없도록 개개인에게 필요한 맞춤형 교육을 제공할 것이다. 이 학생들이 우리 사회의 건강한 시민으로 성장해 글로벌 시대, 통일 한국의 인재로 자라날 수 있도록 적극 도울 계획이다.

내 집처럼 편안한 '엄마품 온종일 돌봄교실'

"교실에 있으면 집에 있는 것처럼 편안하고, 친구들과 오랫동안 놀 수 있어 좋아요."
— 서울 응암초 학생

"바쁜 엄마를 대신해 사랑으로 보살펴주는 곳, 다양한 교육활동으로 사교육의 부담을 덜어주는 곳이 학교라서 정말 행복합니다."
— 경기도 오목초 학부모

교육과학기술부에서 추진하는 '엄마품 온종일 돌봄교실'을 이용하는 학생과 학부모들의 반응이 뜨겁다. 그간 학교는 전통적으로 정해진 교과목을 가르치고 배우는 정규 교육과정을 운영하는 곳으로 인식됐지만, 맞벌이 가정, 한부모 가정, 다문화가정 등 가정의 형태가 다양해져 초등학교 역할이 '교육'에서 한 발 더 나아가 '돌봄'까지 확대됐다. 특히 아이들을 안심하고 맡길 곳이 없는 맞벌이를 하는 젊은 엄마들에게 학교 지원이 무엇보다 절실했다. 최근 한 조사

(2011.3, 고용부 남녀고용평등 의식조사)에서 여성 취업에 가장 큰 장애가 되는 요인으로 '육아부담'이 압도적인 비율(62.8%)로 1위를 차지했다. 젊은 워킹맘들에게 육아부담 해소를 위한 지원이 얼마나 필요한지를 잘 말해준다.

초등학교 돌봄교실은 저학년 아동을 대상으로 방과후부터 귀가 시까지 교육과 돌봄 기능을 결합해 다양한 프로그램들을 아이들의 수준과 요구에 맞춰 제공하고 있다. 2004년 초등학교 '방과 후 교실'이라는 명칭으로 시범운영되기 시작한 돌봄교실은 2006년 '초등보육교실'로 이름을 바꾸고 교실 수를 계속 늘려갔으며, 2009년에는 운영 시간을 야간까지 확대한 '종일돌봄교실'을 시범운영했다. 2010년에는 초등보육교실과 종일돌봄교실을 '초등돌봄교실'로 통합하고, 2011년에는 돌봄시간 연장 요구를 반영해 아침부터 저녁 늦게까지 운영하는 '엄마품 온종일 돌봄교실'을 도입했다. 그 결과 2012년 전국 초등학교의 96%에 해당하는 5,652개 초등학교에서 7,086개 초등돌봄교실을 운영하고 있고, 그중 1,424교실이 '엄마품 온종일 돌봄교실'이다.

'엄마품 온종일 돌봄교실'은 엄마 품처럼 편안하게 아이들을 돌보겠다는 의미를 담고 있다. 부모가 아침에 출근하며 아이를 맡기고 저녁에 퇴근하면서 데려가도록 하는 것으로, 학생들에게는 안전하게 머물 수 있는 공간을 제공하고, 부모들이 안심하고 일할 수 있는 여건을 조성한다. 엄마품 온종일 돌봄교실은 시행 첫 해부터 학생과 학부모들의 만족도가 매우 높게 나타나고 있으며 수요도 점점 증가하고 있다.

온종일 돌봄교실은 학교의 교실 부족과 예산 제약으로 아직 많은 학교에 설치되지 못하고 있다. 이에 교육과학기술부는 초등돌봄교실을 온종일 돌봄교실로 계속 전환해 수요가 있는 모든 초등학교에 설치될 수 있도록 지원할 계획이다. 온종일 돌봄교실이 안정적으로 정착되면 자녀에게 양질의 교육과 보살핌뿐 아니라 육아, 사교육비 부담도 완화하고 저출산 문제를 해결하는 효과까지 기대할 수 있다.

'스스로 찾아오고, 머물고 싶은' 농어촌 전원학교로의 변화

"매년 졸업생 수보다 입학생 수가 적어 학생 수가 감소 추세였는데 전원학교로 지정 후 활기를 띠고 있어요."
— 경남 서상초 교사

"제 아이가 학교 갔다 오면 너무너무 행복해 해요. 그날 있었던 일을 이야기하느라 밥을 못 먹어요."
— 강원 면온초 학부모

현 정부 들어 농어촌 지역 소외 학생에 대한 지원정책도 대폭 확충됐다. 우선 2008년 하반기부터 농어촌 학교의 돌봄기능을 대폭 보강하는 연중돌봄학교 지원 사업을 시작했다. 연중돌봄학교는 도시로의 학생 이탈이 많은 면지역의 학교를 대상으로 농촌 가정의 열악한 돌봄기능을 대폭 보강해 연중 교육—문화—복지서비스를 종합적으로 제공하여 학생은 학업에만 전념할 수 있도록 지원하는 학교이다. 2011년에 383개교를 운영하였으며 2012년에는 농어촌 전원학교로 전환하여 운영되고 있다.

또한 2009년부터 학교의 교육력을 강화하고, 학생의 학습권도 보장해 학생이 더 이상 떠나지 않고 돌아오는 농어촌 학교의 성공모델을 만들기 위해 '농어촌 전원학교' 지원 사업을 새롭게 기획해 추진하고 있다. 농어촌 전원학교란 면지역에 소재하는 초·중학교로 자연친화적 시설과 e-러닝 교실을 구축해 자연과 첨단기술이 조화된 환경에서 교육을 하게 된다. 자율학교로 지정돼 다양하고 특색 있는 방과후 프로그램, 도농교류 프로그램 등도 운영한다. 2010년 110개교에서 2011년 140개교로 확대되었고 2012년에는 농어촌 연중돌봄학교와 지원내용을 통합하여 총 289개교가 운영된다. 이들 전원학교는 지정 전에 비해 학생 수가 증가하고 있는 추세다. 강원도 면온초등학교의 경우 학생이 줄어들어 폐교 위기를 맞았었으나, 전원학교 지정 후 학생이 157명으로 늘어나 농어촌 명품학교로 자리매김하고 있다.

농어촌 전원학교가 성공적으로 안착하면 학생·학부모가 원하는 교육환경과 맞춤형 프로그램을 제공하는 '스스로 찾아오는, 머물고 싶은 학교'의 성공모델이 될 수 있다. 전원학교가 공교육의 바람직한 비전을 제시하면, 도시 지역 학교를 다니면서 사교육을 받아야 성공할 수 있다는 인식의 벽을 허무는 역할도 할 수 있다. 향후 귀농·귀촌 인구가 크게 늘어날 것이라는 전망과 함께 인성교육의 중요성에 대한 국민적 공감대도 형성되고 있다. 이는 농어촌 전원학교에 대한 지원이 한층 더 지속적으로 필요한 이유일 것이다. 농어촌 전원학교가 자연친화적 교육환경을 바탕으로 지역특성을 살린 양질의 교육을 꾸준히 제공한다면 교육수요자들이 농어촌 지역으로 안심하고 찾아올 것이며 그 속에서 자연스럽게 전원학교는 인성과 재능을 겸비한 따뜻한 인재를 길러낼 수 있는 명실상부한 '농어촌의 좋은 학교'가 될 것이다.

장애학생의 복지, 취업률 향상

"학교교육에 대해서는 대만족입니다. 그러나 학교 졸업 후가 걱정입니다. 아이들이 갈 곳이 없습니다. 다시 집으로 돌아와서 생활하게 될 것을 생각하면 막막합니다."
— 서울 특수학교 학부모

장애가 있는 자녀를 둔 학부모들의 최대 희망은 자녀가 학교 졸업 후 자립하고 취업을 통해 어엿한 사회인이 되는 것이다. 이런 기대에 부응하기 위해 2009년 '장애학생 진로·직업교육 내실화 방안'을 수립하고, 2010년 이후부터 구체적인 결실을 맺기 위해 다양한 사업을 진행하고 있다. '특수학교 학교기업의 설치 확대'와 '장애학생 통합형 직업교육 거점학교 운영'이 대표적인 지원사업이다. 학교기업은 특수학교에 다니는 장애학생을, 통합형 직업교육은 일반학교에 다니는 장애학생을 대상으로 한다. 이 사업의 추진으로 장애학생이 어떤 교육기관에 다니든지 더욱 질 높은 진로·직업교육의 혜택을 받고 졸업 후에는 취업을 통한 사회적 자립을 할 수 있도록 지원하고 있다.

특수학교의 학교기업은 2009년 5개 학교를 대상으로 시작해, 2010년 12개, 2011년에는 20개 학교로 확대됐다. 학교기업은 일반 사업장과 유사한 형태의 작업환경을 구성하고, 지역사회 요구를 분석해 취업 전망이 높은 직종을 선정하도록 하고 있다. 2009년부터 시작된 특수학교 학교기업 사업운영을 통하여 장애학생이 학교 졸업 후 바로 지역사회 사업체로 취직하는 기반이 조성되고 있다. 이런 노력에 힘입어 학교기업을 운영하는 특수학교의 입학 지원이 점차 증가하고 있다.

한편 통합형 직업교육은 특수학급이 3학급 이상 설치된 고등학교를 중심으로 운영하고 있는데, 해당학교 뿐 아니라 인근 학교 특수학급에 재학하는 장애학생 진로·직업교육 지원까지 제공하고 있다. 2010년 10개 고등학교를 시작으로, 2012년에 30개 고등학교로 확대됐다. 그 결과, 2010년 고등학교 졸업 장애학생의 취업률이 42.2%에서 2012년도에는 7.5% 증가된 49.7%로 취업률이 확대되었고, 전공과는 2010년도의 42.8%보다 8.4% 증가한 51.2%로 장애학생의 취업률이 대폭 확대되는 성과를 거두었다.

장애학생의 최종 사회통합의 목표인 자립과 취업을 위해 추진하고 있는 '장애학생 진로·직업교육 내실화 방안' 사업이 장애학생의 실질적인 취업기회 확대에 긍정적인 영향을 미치고 있다. 이에 앞으로도 장애학생의 취업기회를 확대할 수 있는 다양한 직종을 개발하고 체계적으로 직업교육을 제공할 수 있도록 진로·직업교육 여건을 개선하기 위한 노력을 지속적으로 기울여 나갈 것이다.

더 안전하게, 365일 안전한 학교 만들기

2010년 서울 시내 한 초등학교에서 방과후학교 수업을 들으려고 등교한 여학생이 납치, 성폭행을 당한 사건이 일어났다. 이 사건은 다른 사건과 달리 학교 안에서 납치를 당했다는 점에서 학교안전대책에 대한 문제점을 제기하며 대책 마련을 요구하는 목소리가 어느 때보다 높았다.

문제의 심각성을 인지한 정부는 교육과학기술부를 중심으로 행정안전부, 경찰청 등과 합동으로 실태조사를 하고 '365일 온종일 안전한 학교만들기' 기본계획을 수립하여, 학교안전강화대책을 착실히 이행하였다.

먼저, 고위험 안전취약학교를 '학생안전강화학교'로 선정('10년 1,000교 → '11년 1,597교 → '12년 1,622교)하여 안전시설(경비실, 자동개폐장치 등 학교 내 출입보안장치) 및 배움터지킴이 등 경비인력을 지원하였다. 배움터지킴이 등 학생보호인력의 경우 매년 꾸준히 확충되고 있다('10년 7,589명 → '11년 9,517명 → '12년 11,376명). 학부모들의 요구가 많았던 청원경찰 배치는 예산 부족 등과 맞물려 실현에 어려움을 겪고 있으나, 최근 지방자치단체의 학생 안전에 대한 관심이 높아짐에 따라 이들의 지원을 받아 민간경비·학교보안관 등이 확대 배치되고 있다. 특히, 서울시의 경우 '학교보안관'을 서울지역 전체 국·공립초등학교에 배치해 학생안전보호에 나섰고, 학교보안관에 대한 만족도는 90%가 넘을 정도로 학부모들의 호응도 높게 나타나고 있다.

학교안전강화를 위한 체제 운영 모형

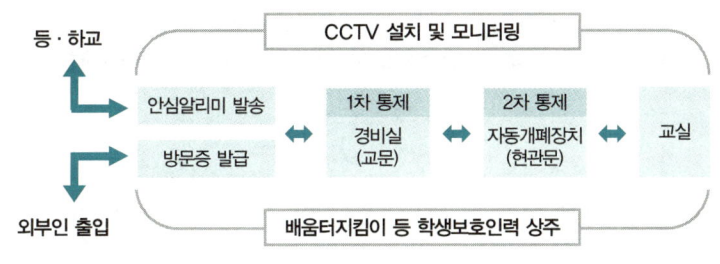

CCTV의 경우 2012년 8월 기준 전국 98%의 학교에 설치를 완료했으며, 정보의 정확한 식별을 위해 40만 화소 이하의 CCTV를 단계적으로 고화질로 교체하거나 노후장비를 지속적으로 점검·보완할 예정이다. 안전이 더욱 철저히 보장되어야 하는 초등학교의 CCTV의 경우에는 실시간 모니터링에 따른 즉각적인 대응을 강화하기 위해 행정안전부 통합관제센터와 연계를 추진하고 있다('12년 9월 현재 28개 시군구 연계 완료, 33개 시군구 연계 추진 중).

또한 학부모에게 자녀의 등·하교 정보를 제공하기 위해 초등학교 안심알리미 서비스를 전체 74%의 학교에서 실시하고 있다. 2014년까지 현행 안심알리미 서비스를 행정안전부의 U-안심서비스로 단계적으로 전환하여 보다 향상된 서비스를 제공할 예정이다.

학생들이 대부분의 시간을 보내는 공간인 학교의 안전은 무엇보다 중요한 만큼 정부는 지속적으로 안전실태를 점검하고 개선의 노력을 해나갈 것이다. 앞으로 외부인의 교내 출입 통제 강화를 위한 외부인 방문사전 예약제 실시, CCTV 설비의 지속적 확충·개선 및 시군구

안전한 학교 만들기를 위한 추진과제

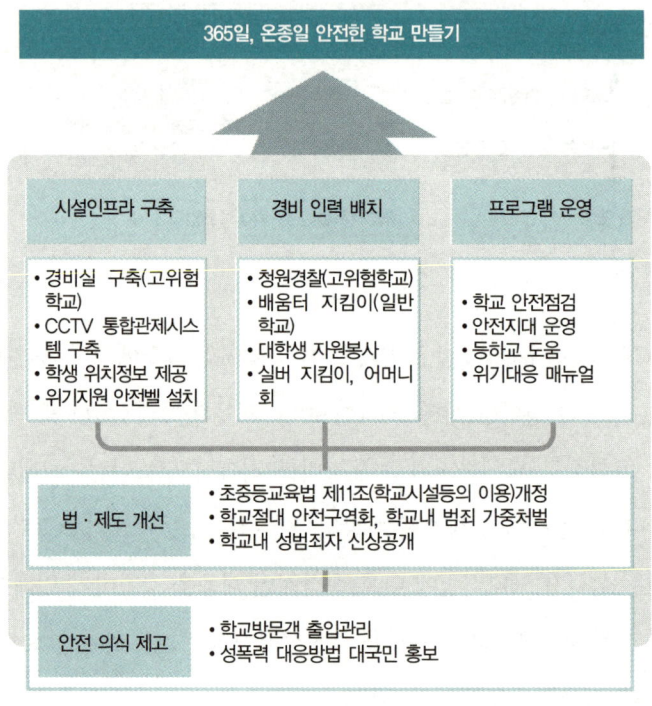

통합관제센터 연계, 배움터지킴이 등 학생보호인력의 자격 검증 강화 및 근무수칙 강화, 안심알리미 서비스의 행정안전부 U-안심서비스로 전환 운영 등 기본적인 개선 방향이 학교현장에서 내실있게 수행될 수 있도록 노력할 것이다.

맞춤형 교육복지 실현을 위해

굶는 학생들이 없도록 끼니를 챙겨주는 것이 복지라면, 그들에게 급식 뿐만 아니라 더 많은 관심을 기울여 꿈까지 키워주는 것이 교육이라 하겠다. 국가는 형편이 어려운 학생들의 공부와 끼니 걱정을 덜어 줄뿐 아니라, 개별 학생들의 특기적성을 계발하고 상담과 멘토링을 지원하는 든든한 후원자가 되어야 한다. 학생들은 처한 상황이나 환경에 따라 필요로 하는 지원과 서비스도 다양할 수 밖에 없다. 그러한 다양성에 맞게 가장 적절한 서비스를 제공하는 것이 이명박 정부 '맞춤형 교육복지'의 핵심이다.

학교 현장에서는 어느 한 명 소중하지 않은 아이들이 없다. 그렇기에 모든 아이들이 자신의 재능을 꽃피우고 행복한 삶을 만들어갈 수 있도록 지원하는 것이 다른 어떤 정책보다 중요하다. 단순히 재정 지원만을 의미하지 않는다. 아이들이 원하는 것, 필요한 것을 정확하게 파악하고 거기에 꼭 맞는 프로그램을 만들어 지원해줘야 한다. 특히 저소득층 학생 등 소외계층 학생들이 우선 배려 대상이라는 것은 기본이다.

교육과학기술부도 NEIS-사회복지통합관리망 연계 시스템 개통을 통한 교육복지 전달체계 선진화 등을 통하여 실제로 도움이 필요한 아이들 한 명 한 명이 마음을 다치지 않고 교육복지 서비스를 제공받을 수 있도록 세심한 노력을 기울여 나가고 있다.

앞으로도 정부는 교육복지 수요를 지속적으로 발굴함으로써 교육적으로 배려해야 할 대상과 규모를 확대해 나가는 동시에 다문화가정 학생, 탈북 학생, 저소득층 학생 등 교육복지 대상별 특성에 기초한 맞춤형 교육 지원을 강화해 나갈 계획이다. 학교 현장을 중심으로 더 일찍 시작하고, 더 따뜻하게 배려하고, 더 촘촘하게 설계하고, 더 안전하게 제공하는 교육복지 정책을 지속적으로 추진해 나갈 것이다. 또한 교육복지 패러다임 전환을 통해 다문화·탈북 학생을 소외·취약계층으로 지원하는 것을 넘어, 이들이 가진 강점과 잠재역량을 계발하여 미래 사회의 핵심인재로 성장할 수 있도록 지원해 나갈 것이다.

특히, 저출산·다문화 등 우리 사회 환경 변화를 반영하고, 우리나라 교육복지가 질적으로 한 차원 높게 전개될 수 있는 한국형 교육복지 모델과 정책적 과제를 발굴해나갈 계획이다. 이러한 바탕 위에서 교육격차가 해소되고 사회적·경제적 형편에 상관없이 자신의 능력과 의지만 있으면 교육을 받을 수 있는 적극적이고 체계화된 교육복지 정책을 기획·추진해 나갈 것이다.

PART 3
창의인성을 갖춘 글로벌 인재를 키운다

전쟁의 폐허 속에서 반세기만에 대한민국을 일으켜 세운 것은 교육의 힘, 학교의 힘이었다. 이제 학교는 새로운 시대를 열어갈 인재를 길러내는 원천이 되어야 할 때이다. 획일적이고 수동적인 학교의 모습에서 탈피하여 지식정보화 사회가 필요로 하는 창의성과 인성을 겸비한 미래인재를 길러내기 위한 노력이 계속되고 있다. 학교의 자율화와 다양화, 교육과정 개편과 스마트 교육, 교육지원청 개편 등으로 학교들이 깨어나고 학교현장의 '긍정의 변화'가 확산되고 있다. 전국 만천오백오십개 학교가 인재대국 대한민국의 명실상부한 산실이자, 무한한 가능성을 지닌 창의인재를 길러내는 주인공으로 변모하리라 확신한다.(본문 중에서)

CHAPTER 8

인성교육 시대를 열다

오석환[1] | 윤소영[2] | 홍성창[3]

인성이 미래… 우려되는 현주소

2006년 OECD 발표에 따르면 우리나라 학생들의 경우 학업성취도는 OECD 국가 중에서도 매우 높은 수준인 반면, 타인을 배려하고 함께 일할 수 있는 능력과 같은 사회적 상호작용 능력이 OECD 국가 중 최하위 수준으로 나타났다. 세계 최고의 지적 능력과 달리, 우리 학생들의 더불어 조화롭게 살아가는 능력은 매우 낮은 수준인 것이다. 교육과학기술부의 인성교육 실태조사(2012)[4]에 따르면 한국의 학생, 학부

---

1 현 학생지원국장, 학교지원국장, 학교폭력근절과장 등 역임
2 현 학교폭력근절과장, 교원정책과, 학교선진화과 등 근무
3 현 장관정책보좌관, 대통령실 행정관, 국회의원보좌관 등으로 근무

모, 교사 10명 중 7명은 우리나라 학생들의 신뢰와 협력, 참여 등 더불어 사는 능력이 선진국에 비해 낮다고 답했다. 학생들의 비만율, 우울감 경험률, 인터넷 중독률도 증가[5]하는 등 신체적·정신적 건강상태도 허약해지고 선진국에 비해 삶에 대하여 부정적인 인식이 높은 수준으로 나타나고 있다.

아이들의 인성이 위기에 놓인 가운데, 죄책감 없이 이루어지고 있는 학교폭력과 이에 대한 주변 학생들의 방관으로 인해 피해 학생들의 신체적·정신적 상처가 커지고 있다. 지난 2011년 12월 대구에서 한 중학생이 같은 학급 학생들의 지속적인 괴롭힘을 견디지 못하고 스스로 목숨을 끊는 사건이 발생했다. 올해 4월 경북 영주, 6월 대구에서 폭행 등 괴롭힘으로 인해 학생이 투신하는 등 학교폭력의 심각성이 전 사회적으로 나타났다. 폭행과 따돌림을 당하면서 도움을 청하는 아이들의 소리 없는 절규를 친구들과 어른들 모두 귀 기울여주지 못한 것이다. 가해학생은 학교폭력 가해를 장난으로 생각하거나 죄의식 없이 하는 반면, 피해학생은 학교폭력 피해로 자살까지 생각하는 상황이 반복되었다. 학교에 적응하지 못하고 학업 중단 등 학교 부적응 학생도 증가해 결국 범죄, 자살 등 사회부적응으로 이어지는

---

4 교과부 인성교육 실태조사(2012) 결과 학생들의 신뢰와 협력, 참여 등 더불어 사는 능력에 대한 인식이 학생(낮음 : 53.7%, 높음 : 46.3%), 학부모(낮음 : 64.2%, 높음 : 35.8%), 교사(낮음 : 80.3%, 높음 : 19.6%)로 각각 나타났다.
5 교과부 학생건강검사 표본조사 결과 초중고 학생의 비만율('06년 11.6% → '11년 14.3%), 청소년의 우울감 경험률('05년 30% → '09년 38%), 청소년의 인터넷 중독률('09년 11.1% → '10년 14%)이 각각 증가한 것으로 나타났다.

악순환[6]도 나타나고 있다.

이렇게 학교폭력이 심각해진 배경에는 인성교육의 위기가 자리 잡고 있다. 높은 교육열에 힘입은 학력 중심의 교육은 우리나라 학생들의 높은 학업성취도를 이끈 원동력이었다. 그러나 교과 성적을 우선하는 사회풍토 속에서 학교, 가정, 사회에서의 인성교육은 소홀하게 여겨졌다. 학생들의 학습시간은 OECD 국가들 중 최고수준이지만, 운동시간과 여가시간은 급격히 줄어들었다. 또 타인의 감정에 공감하고 소통하며 갈등을 해결할 수 있는 체험을 할 기회도 부족했다. 교육현장에서 무엇을 어떻게 가르치고 길러주어야 하는지에 대한 실천이 결여된 채 인성교육은 추상적으로만 진행되었다. 가정과 사회에서도 '품성' 보다는 '성적' 에만 관심을 기울여 인성함양을 위한 사회 전반의 노력 역시 미흡했다.

왜 인성교육인가?

그렇다면, 오늘날 인성교육의 중요성은 어디에서 찾을 수 있을까? 21세기 미래사회는 산업화 시대의 지적 능력뿐만 아니라 타인에 대한 배려와 협력, 정직과 책임, 도전과 자율 등 사회성, 감성, 도덕성을 고

---

[6] 교과부 교육정책 분야별 통계자료와 학생건강검사 표본조사 결과 학업중단 학생('09년 6만 1,910명 → '10년 7만 6,589명), 청소년 범죄율('06년 3.6% → '10년 4.6%), 자살 학생 수 ('05년 135명 → '11년 150명)이 각각 증가한 것으로 나타났다.

루 갖춘 인재를 요구하고 있다. OECD에서도 DeSeCo_{Definition and Selection of Key Competence} 프로젝트를 통해, 개인의 성공적 삶과 사회의 발전에 요구되는 핵심역량으로 '자율적 행동능력', '여러 도구를 상호작용적으로 활용하는 능력'과 함께 '이질적인 집단에서의 사회적 상호작용능력'을 제시한 바 있다. 미래사회에서는 산업화 사회의 물질중심주의와 달리 감성적 역량과 인성이 중요하게 된다. 인성교육이 당위적으로만 요구되는 것이 아니라 앞으로 요구되는 인재를 육성하는 데 있어서 필수 불가결한 것이다.

인성교육의 필요성은 인성강국으로서 우리나라의 전통을 부활시키는 점에서도 찾을 수 있다. '동방예의지국'이라는 호칭에 걸맞게 우리나라는 전통적으로 예절과 질서, 인의예지와 충효 등 인성의 함양과 실천을 강조하고 있었다. 그러나 산업화 시대를 거치면서 효율과 경쟁이 우리 사회의 중요한 가치로 자리 잡으면서 인성의 함양과 실천의 전통은 약화될 수밖에 없었다. 입시 위주 교육의 한계에서 탈피하여 선진적 교육체제로 개혁을 위해서는, 인성교육 전통의 강점을 살리면서 미래 사회에 요구되는 역량을 갖추는 노력이 요구되는 것이다. 결국 인성교육은 교육개혁의 척도이자 완성판이라고 할 수 있다.

학교폭력은 반드시 해결된다

2011년 12월에 일어난 대구 중학생 자살 사건은 학교폭력의 심각성에 대한 사회적 경각심을 불러일으켜 실효성 있는 대책을 마련하는 계기가 되었다. 대통령·국무총리·교육과학기술부 장관은 현장 체감도가 높은 대책 마련을 위해 30여 차례 이상의 현장 방문과 전문가·교사·학생·학부모들과의 간담회를 실시했다. 기존 학교폭력 관련 대책 및 제도의 한계, 최근 학교폭력의 원인과 대책에 대해 분석한 뒤 현장 의견을 함께하여 종합대책을 수립할 수 있었다. 정부는 '사소한 괴롭힘도 폭력이고, 학교폭력은 곧 범죄'라는 인식 하에, 가정-학교-사회가 함께 문제해결에 나서는 방안 마련에 나섰다. 이러한 방향에 기초하여 4개의 직접대책과 3개의 근본대책 등 총 7대 실천정책으로 구성된 '학교폭력근절 종합대책'을 2012년 2월 6일 발표하고 본격적인 학교폭력 근절에 나섰다.

신고-조사 체계의 개선

현장의견 수렴 결과, 학교폭력을 당하는 아이들이 도움을 청할 수 있는 곳이 없다는 점이 심각한 문제로 제기되었다. 기존의 학교폭력 신고전화는 교육과학기술부의 1588-7179(Wee 센터), 여성가족부의 1388(CYS-Net), 경찰청의 117(One-stop 지원센터)로 개별적으로 운영되어 학교폭력 피해를 당한 학생이 어디에 신고를 해야 할 지 혼란이 있었다. 경찰청, 시·도 교육청, 학교 간 학교폭력 사안에 대한 정보공유도 부재해서 학교폭력 신고 이후의 대응 체계도 미흡하였다. 이에 학교폭력 신고전화를 117로 통합하고 경찰청, 학교폭력 원스톱 지원센터(Wee 센터, CYS-Net), 해당 학교의 연계를 통해 통합된 학교폭력 신고-조사 체계를 구축하였다. 이를 통해 117로 신고하기만 하면 해결된다는 신뢰가 형성되어, 학교폭력을 당한 피해학생이 안심하고 피해사실을 신고할 수 있도록 개선하고 있다. 2012년 1월부터 8월까지 117 신고 건수는 일일평균 약 164건으로 2011년 일일평균 약 0.8건에 비해 급격하게 늘어났을 뿐만 아니라, 학생 본인의 신고 비율이 61.3%까지 상승해 학생들이 신고하면 도움을 받을 수 있다는 믿음을 갖게 된 것으로 평가된다.

학교장 및 교사의 역할·책임 강화

학교폭력 문제를 해결할 때 중요한 것은 학교장과 학교가 권한을 가지고 접근할 수 있도록 여건을 마련해야 한다는 점이다. 그 동안 학교장과 교사가 학교폭력 사안 조사, 피해학생 보호 등 학교폭력 사안에 개입할 수 있는 권한이 부족한 것으로 지적되었고, 학교폭력 사안에 적극적으로 대처하기 보다는 이를 은폐해서 책임을 회피하려는 경향도 있었다. 이러한 문제를 해결하기 위해 학교장과 교사의 대처 권한·역할을 대폭 강화하고 학교폭력 사안 은폐 시 엄중조치로 책무성을 확보하도록 하였다.

이전에는 학교폭력이 발생해도 피해학생을 보호할 수 있는 조치가 불분명했다. 이에 정부는 「학교폭력예방 및 대책에 관한 법률」 및 동법 시행령 개정을 통해 피해학생을 가해학생으로부터 보호할 필요가 있을 때 학교장이 가해학생의 출석정지 조치를 바로 실시할 수 있도록 했다. 또한 복수담임제, 교원의 생활지도 역량강화 지원, 학교폭력관련 징계 사항 학교생활기록부 기재, 학생생활지도 누적 관리 등을 통해 담임교사의 역할을 강화하고 생활지도 여건이 조성되도록 노력하고 있다.

이와 함께 학교폭력을 숨기는데 급급하기 보다는 드러내놓고 적극적으로 해결 할 수 있도록 추진하고 있다. 연 두 차례 '학교폭력 실태조사'를 실시하고, 학교폭력관련 학교정보공시 항목을 개선하여 학교폭력 발생 현황을 대외적으로 공개하도록 하였다. 학교폭력에 대해 학교뿐 아니라 가정과 사회가 함께 문제를 진단하고 해결하기 위한 출발점이 마련된 것이다. 또한 학교에서 학교폭력을 은폐하려는 사실이 발각된 경우 학교장 및 관련 교원이 4대 비위 수준에서 징계를 받도록 하여 학교폭력 은폐를 방지하기 위해 노력하고 있다.

가·피해 학생에 대한 조치 강화

신고-조사도 중요하지만 학교폭력 사안이 인지된 후 가·피해학생에 대한 조치가 강화되는 것도 필요하다. 먼저 학교폭력이 발생한 후 피해를 입은 학생은 피해 정도에 따라 보건교사의 책임 하에 보건실에서 응급치료를 받거나 지정 병원에서 치료를 받을 수 있도록 하였다. 치료가 끝난 학생은 교내 Wee 클래스[7] 전문상담교사 또는 상담사가 1차 상담을 하고, 필요하다면 지역교육청별로 설치된 Wee 센터

---

[7] 교육과학기술부는 개인적, 가정적 위기학생을 위한 지원방안으로 Wee 프로젝트를 추진하고 있다. Wee 프로젝트는 학교부적응 학생 지도 및 예방을 위한 Wee 클래스(학교 내), 위기학생 원스톱 치유기관인 Wee 센터(지역교육청), 고위험군 학생에 대한 위탁교육을 실시하는 Wee스쿨(시도)의 3단계 안전망 구축의 추진체계를 가지고 있다.

또는 CYS-Net에서 2차 상담을 실시한다. 상담결과는 학교장에게 통보되고, 학교폭력대책자치위원회에서 활용할 수 있도록 하였다.

이와 함께 가해학생에 대한 조치 및 치료가 강화되었다. 학교장은 가해학생에 대한 선도가 긴급한 경우에는 학교폭력대책자치위원회의 요청이 없이도 가해학생에게 서면사과, 접촉금지, 학교에서의 봉사, 특별교육 또는 심리치료, 출석정지 등의 엄격한 조치를 즉시 취할 수 있도록 하였다. 특히 가해학생이 피해학생 또는 신고한 학생에게 보복행위를 하거나 장애학생에 대한 폭력을 행사하는 경우에는 엄정한 조치를 시행하도록 하였다. 예를 들어 학교폭력대책자치위원회에서 심리상담 등의 치료나 교육을 실시하도록 결정하였을 경우에 가해학생은 교육감이 지정한 기관에서 특별교육을 이수하거나 심리치료를 받아야 한다.

변화하는 학교 현장

학교폭력을 향한 시선의 변화

'학교폭력근절 종합대책' 수립 후 여러 정책들이 추진되면서 학교폭력을 향한 일선현장의 인식 변화가 나타나고 있다. 먼저 '사소한 괴롭힘도 곧 학교폭력'이라는 인식이 일선 현장에 점차 확산되고 있다. 교육과학기술부에서 학생, 학부모, 교원 등 모니터단 5,027명을 대상으로 실시한 학교폭력 인식 온라인 모니터링 조사에 따르면 "사소한 괴롭힘도 범죄라고 인식한다"고 대답한 비율이 학생 76%, 학부모 76%, 교원 75%로 나타났다. 또한 학교폭력에 대한 학생들의 경각심도 점차 형성되고 있다. 학교폭력의 심각성에 대한 여론 형성과 함께 학교폭력근절 대책의 추진에 따라 학교폭력에 대한 인지도와 경각심이 높아지고 있는 것이다. 117 신고센터를 설치하는 등 대응체계를 개선하여 "학교폭력은 은폐할 수 없으며, 신고하면 반드시 해결된다"는 인식 또한 확산되고 있다.

인성 교육 실천 방안의 모색

학교폭력 문제해결을 위한 토론을 하다보면 근본적인 해답은 인성교육에 있다는 점에 모두가 공감하게 된다. 제도 개선을 통해 학교폭력을 예방하고 발생한 사안은 신속히 해결하는 한편, 교육 전반에 걸친 인성교육을 통해 학교교육의 패러다임을 바꿈으로서 학교폭력 없는 행복한 학교를 만드는 것이 우리 모두의 바람이다. 하지만 인성을 단순히 책이나 강의만으로 길러내기 어렵다. 교사와 학생간의 신뢰를 회복하고, 공감과 소통을 해야만 인성을 기를 수 있다.

> "1박 2일 사제동행 캠핑 때 선생님께서 진심으로 우리를 대해주시는 것을 보고 선생님을 많이 이해하게 됐어요. 3년 전만 해도 우리 학교는 학교폭력이 심한 학교였지만, 선생님들의 노력으로 학교 분위기가 완전히 달라졌죠."
>
> — 제천동중학교 한상혁 학생

"학생들에게 권위적으로 접근하기보다 교사들이 먼저 비폭력 선언을 하고 '우리 반의 문제는 스스로 해결한다'는 인식을 가지고 학생들과 같이 토론을 진행했어요. 처음에는 학생이나 교사 사이에 회의적인 반응도 있었지만, 회의를 통해 스스로 규칙을 정하고 벌칙도 정하는 과정에서 '우리 일'이라는 생각이 학생들 사이에 자리 잡아 가고 있어요."

– 안양중학교 조경희 교사

제천동중학교와 안양중학교 사례는 실천형 교실수업과 체험 프로그램을 통해 교사와 학생이 회복된 신뢰에 기초해서 서로 공감·소통하고 타인에 대한 배려와 존중을 배우는 좋은 예가 된다. 정부는 학생들이 스스로 인성을 함양할 수 있도록 프로젝트 학습, 협업을 통한 문제해결학습 등으로 구성된 실천·체험형 교육과정 도입을 추진하고 있다. 2012년 상반기, 교육과학기술부가 새롭게 도입한 어울림 프로그램은 학교 구성원의 공감과 소통 능력을 높여 학교 폭력을 예방하고 행복한 학교를 만들기 위해 기획되었다. 노르웨이의 ZERO PROGRAM, 핀란드의 끼바 꼬울루Kiva Koulu처럼 학교단위에서 모든 학생을 대상으로 실시되는 학교폭력 예방교육 프로그램으로서 학생뿐 아니라 학부모와 교사까지를 그 대상으로 하고 있다. 어울림 프로그램을 상반기에 일부 학교에 우선 적용한 결과 학생들 간의 친밀감이 높아지고, 관계가 개선되는 근본적인 효과뿐 아니라 감추어져있던 학교폭력 사안이 드러나고 학교폭력으로 심각한 우울증을 겪고 있는 학생을 발견하여 개별 상담 등 추가 조치가 이루어질 수 있었다.

"친구들과 어울려 활동함으로써 친구에 대해 그리고 친구의 고민도 알게 되었어요. 친구와 서로 고민을 나누고 해결하는 것이 좋았습니다."

- 어울림 프로그램 참여 학생

"학생들에게 진실 된 마음으로 다가가는 것이 가장 중요함을 느꼈고, 여러 가지 소통 방법을 고민해봐야겠다는 생각을 했습니다. 그리고 학생들에게 말하려 하기보다는 학생들의 이야기를 먼저 들어야 한다는 점, 인내하면서 기다리는 자세가 필요하다는 점을 느꼈습니다."

- 어울림 프로그램 참여 교사

학생들이 감성과 소통 능력을 키우고 스스로 문제를 발견하여 해결할 수 있도록 역량 향상을 위한 노력이 이루어지고 있다. 정부는 자율과 참여를 강조하는 학교문화로 탈바꿈하기 위해 학생회의 역할과 기능을 강화하고, 또래활동 지원을 확대하고 있다. 각급 학교에 또래 상담반을 운영해서 또래 간의 지지를 강화하고, 학생 간 갈등 발생 시 또래 조정을 통해 학교폭력 등 심각한 문제의 발생을 예방하고 있다. 또한 학생자치법정 운영을 통해 학생 스스로 벌칙을 정하고 지키도록 하면서 민주시민의식과 준법정신을 함양하고 있다. 이러한 또래 활동을 통해 건전한 또래 문화를 조성하고 학생들 스스로 책임의식을 가지고 문제를 해결하는 능력을 기를 수 있을 것으로 기대된다.

"전교생을 대상으로 축구, 농구를 토요일 오전마다 하고 있습니다. 여학생들은 줄넘기를 하고요. 리그제로 실시하는데 모두 학생 중심으로 이루어지고요. 학생회 간부들이 심판도 보고 감독도 학생들이 하고…. 그러다보니 리더십이 높아지고 학생자치활동이 활성화 되고…(중략)…가족 소통, 학부모 교류, 동네끼리 소통하는 그런 문화가 만들어지는 것 같아서 반갑습니다."
— 초지중학교 송백규 교사

예술·체육클럽활동을 통해 게임중독과 학업스트레스에서 벗어나 바른 인성을 함양하고 규칙을 지키는 습관을 기를 수 있다. 정부는 중학교 체육수업을 주당 2~3시간에서 주당 4시간으로 확대하고, 중학교 스포츠클럽 활동 지원과 교육지원청 단위 스포츠리그 확대 운영을 추진하고 있다. 또한 학생 오케스트라, 예술교육 선도학교, 만화·애니메이션·영화·디자인 아카데미 지원을 통해 학생들이 올바른 인성을 갖춘 자기 주도적 미래 인재로 성장할 수 있도록 돕고 있다. 불과 얼마 전까지만 해도 시간이 없어서 체육활동이나 예술 활동을 하기 어렵다고 고개를 흔든 부모님들이 아이들의 예술·체육활동에 대해 긍정적인 인식을 나타내고 있다는 것이 인성교육의 가능성을 보여주는 징표라고 할 수 있다. 결국 학교교육은 입시위주의 교육에서 실천·체험 중심의 교육으로 변화해야 한다. 그리고 학생들의 역량을 키우는 것과 동시에 획일적 생활지도에서 벗어나 자율과 참여 중심의 학교문화로 탈바꿈해야 한다. 이를 통해 학교-가정-사회의 협력과 소통 활성화를 통해 인성교육 패러다임을 재구조화해야 한다.

실천이 최고의 교육…
인성교육범국민실천연합과 국민운동의 확산

인성교육을 하는 주체로 학교가 중요하기는 하지만, 가정과 사회도 함께 힘을 모아 인성교육을 실천할 때 비로소 효과를 볼 수 있다. 정부는 '인성교육범국민실천연합'과 함께 수립한 인성교육 실천비전을 통해 가정과 사회의 역할 강화 방안을 모색하고 있다. 아이들이 공부에만 매달리는 것이 아니라 부모와 함께 시간을 보내고, 가정의 교육적 기능도 회복되어야 한다는 것이다. 밥상머리 교육 등 매주 수요일 정시 퇴근을 한 후 가족과 함께 시간을 보내자는 '가족 사랑의 날' 운동이 좋은 예가 된다. 또한 정부는 '가족 사랑의 날'과 연계한 다양한 가족 프로그램 확산에도 노력하고 있다.

가정의 특성을 고려한 인성교육 프로그램을 개발하고 자원봉사와 소통의 장을 확대하는 것도 중요하다. 가정의 인성교육 활성화를 위해서는 학부모를 대상으로 하는 교육도 강화되어야 한다. 정부는 자녀의 성장단계별로 '학부모교육 가이드라인'을 개발함으로서, 바람직한 부모의 역할 정립과 자녀와의 원활한 소통 지원을 지원하고자 한다. 또한 '직장으로 찾아가는 학부모 교육'과 사이버연수, SNS 활용을 통해 상시교육체제를 구축하고 직장인 학부모의 교육 편의성 제고를 위해 노력하고 있다. 그리고 학교와 가족단위 모임, 학부모-교사 간 상담 강화를 통해 가정과 학교 간 소통이 활성화되도록 하고 있다.

인성교육 실천에 있어서 사회의 역할도 중요하다. 시민단체, 종교계, 기업 등 다양한 주체가 인성교육에 참여해서 공동체 의식을 확산시켜야 한다. '패트롤 맘'의 '학교폭력 가해학생 멘토링 프로그램'과 같은 시민단체의 우수 인성교육 프로그램을 학교에 적용해 볼 수 있을 것이다. 종교계가 보유하고 있는 강당, 연습실 등 교육 인프라와 템플스테이, 여름 성경학교 등 많은 교육 프로그램은 인성교육의 좋은 자원이 될 수 있다. 기업과 공공기관 또한 교육기부를 통해 인성교육에 참여할 수 있다. 1사 1촌 형태로 참여기관과 지역적 특색을 고려하여 맞춤형 인성교육 프로그램 개발과 적용을 할 수 있고, 교육기부 박람회나 교육기부 포럼도 우수한 인성교육 프로그램으로 확산할 수 있다. 지역사회의 안전 및 돌봄 네트워크 마련을 통해 자기보호가 어려운 아동·청소년이 홀로 방치되는 일이 없도록 하는 것도 사회의 중요한 인성교육 실천 방안이 된다.

가정과 사회가 함께하는 인성교육의 실천을 위해서는 민간부문의 다양한 프로그램이 개발되고 실행되어야 한다. 한국교원단체총연합회, 전국경제인연합회, 청소년폭력예방재단 등 213개 민간단체가 참여하여 지난 7월 24일 출범한 '인성교육범국민실천연합'이 인성교육 실천기구로서 주도적인 역할을 할 것으로 기대된다. 인성교육범국민실천연합은 인성교육의 허브로서 시민단체, 공공기관, 학술단체와 개인, 기업 등 민간부문을 연계하고 인성교육 실천을 위한 단위학교 지원 및 범국민 실천운동 전개에 나서게 된다. 특히 인성교육범국민실천연합에 소속된 단체들의 프로그램 운영을 통해 인성교육의 세부 실천방안이 모색된다. 예를 들어 '전국독서새물결모임'은 독서토론

프로그램을 통해 학생의 언어문화 개선활동을 전개한다. '대한민국 청소년총연합회'의 학교급식 인사를 통한 식사예절 교육이나 '청소년폭력예방재단'과 현대해상이 함께하는 '아주 사소한 고백' 카운슬링 콘서트도 좋은 예가 된다. 정부는 인성교육범국민실천연합 활동이 활발하게 이루어지도록 협력해나갈 것이며, 한국교육개발원KEDI은 인성교육 실천을 위한 싱크탱크로서 역할을 수행하게 된다. "인성이 진정한 실력이다"라는 구호 아래에 인성교육이 실천되도록 인성교육범국민실천연합을 중심으로 한 국민운동의 확산이 기대된다.

인성이 진정한 실력

새 시대를 살아가는 핵심역량으로서 인성이 새롭게 주목받고 있다. 이는 정직과 책임으로 대표되는 전통적인 도덕성에 긍정과 자율의 감성능력, 공감과 소통의 사회성을 겸비하는 인성의 새로운 개념은 단지 '좋은 것'일 뿐 아니라, '진정한 실력'으로서 미래를 살아가는 자산이 되기 때문이다. 그리고 대학 입시와 기업 채용에서 인성이 중요한 요소가 되고 있음이 이를 증명하고 있다.

최근 대학 입시의 변화를 이끌고 있는 제도는 지난 2007년 도입된 입학사정관제이다. 입학사정관제는 적성, 인성, 창의성 등 학생들의 다양한 특성을 고려한 선발이 될 수 있도록 학교생활기록부, 자기소개서, 교사추천서, 면접 등 인성 평가요소를 반영할 수 있는 제도이다. 그 동안 대학 입시는 단순히 학력 측정을 위한 점수경쟁의 패러다임에서 벗어나지 못하고 있었다. 그러나 입학사정관제의 도입에 따라 대학 입시가 '점수 경쟁'에서 '창의적 인재 선발 경쟁'으로, '사교육 중심'에서 '공교육 중심'으로 변모하고 있다.

특히 정부와 대학교육협의회는 학교폭력을 대하는 학생의 자세 등 인성이 입시 과정에서 평가될 수 있도록 노력하고 있다. 학교폭력의 방관자로 있지 않고 적극적으로 해결하기 위해 노력하는 학생은 좋은 평가를 받을 수 있다. 또한 한때 학교폭력의 가해자였더라도 뉘우치고 반성한다면 그 역시 충분히 반영되도록 하여 낙인효과를 방지하고 긍정적 변화가 공정하게 평가 받을 수 있도록 하였다. 학교생활기록부, 자기소개서, 교사추천서에 학생의 인성 관련 사항이 반영될 수 있도록 개선함으로서 인성이 바른 인재를 선발하는 입시제도가 되도록 하고 있다.

단순 스펙이 아닌 지식과 인성을 겸비한 인재선발에는 기업도 함께 나서고 있다. 인재채용 단계에서부터 기업의 인재상이 요구하고 있는 다양한 인성 핵심요소 평가에 적극 나서고 있는 것이다. 그 동안 청소년 시절의 인성교육 미비로 취업 이후에도 나타나는 문제점에 대해 기업들도 공감대를 가지고 있었다. 신입 직원이 수동적인 업무 태도를 보이거나 동료에 대한 배려가 부족하고 부적응으로 인한 높은 이직률을 보이는 등 인성부족에 따른 문제가 제기된 것이다. 이에 기존의 창의성, 주도성 등 개인의 능력만을 측정하는 평가방식에서 벗어나 다양한 환경에서 구성원 간 소통능력, 배려심 등을 측정하려

새로운 인성개념의 요소

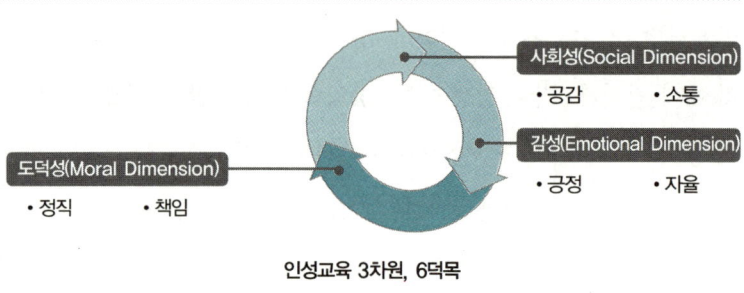

인성교육 3차원, 6덕목

는 인성평가 방식 개발에 기업이 적극 나서고 있다. 많은 기업들이 사회성, 대인관계, 리더십을 종합적으로 판단할 수 있는 인성검사나 구조화된 면접을 실시하고 있다. 또한 대학에서의 전공연계 봉사학습 이수 여부를 면접에서 참고하거나, 자기소개서에 봉사활동 영역을 별도로 두어 평가 자료로 활용하고 있다. 학생들의 인성교육 문제가 사회적 문제임과 동시에 기업의 조직문화 형성과 생산성 향상에 있어서 중요한 요소임에 따라, 기업도 인성을 갖춘 인재를 육성할 수 있는 사회적 분위기 형성에 동참하고 있는 것이다.

앞으로 인성교육 강국으로 나가기 위해서는 해결되어야 할 과제도 많이 있다. 도덕성을 중심으로 추상적으로 개념화 된 인성이 아닌, 사회 변화에 부응하는 인성의 재개념화가 필요하다. 학생이 직접 참여하는 자치활동 활성화와 언어문화 개선을 통해 자율과 참여를 강조하는 학교문화로 탈바꿈해야 한다. 가정과 사회에서도 솔선수범하고 실천함으로써 인성을 체득할 수 있는 협력 그리고 사회적 자본의 회복이 요구된다. 더불어 그 간의 단기적인 대책, 하향식 인성교육 추진이 아닌 교육의 근본을 변화시키고, 가정·학교·사회가 함께 참여하는 실천·체험 중심의 프로그램 개발과 다양한 경로를 통한 우수 모델 확산을 추진하는 것이 필요하다. 궁극적으로 국가경쟁력 강화에 필요한 사회적 자본 social capital 축적을 위한 미래 투자의 관점에서 인성교육을 바라보고 '인성이 진정한 실력'이라는 새로운 인재 패러다임이 정립되어야 한다.

우리는 도시화, 교통문제, 환경문제 등 풀기 어렵게만 보이던 문제가 시민들의 참여로 해결되어가는 사례를 많이 보았다. 학교폭력 근절과 인성교육 확산도 가정과 학교 그리고 사회가 힘을 합치면 반드시 달성할 수 있다. 인성교육은 학생들이 삶에 대한 긍정적인 인식과 신체적, 정신적 건강을 회복하도록 도울 수 있고, 자아존중감, 타인에 대한 배려심을 길러준다. 믿음을 가지고 꾸준히 실천해 간다면 그 종착역은 인성교육 시대의 개막이 될 것이다.

CHAPTER 9

꿈을 이루는 입시

성삼제[1] | 정종철[2]

꿈꾸는 인재를 찾는 입학사정관제

학원에서 쏟아져 나오는 학생들이 재잘거린다. 즐거운 이야기에 빠진 꿈 많은 그들에게서 또래끼리의 낭만도 보인다. 한쪽엔 무거운 가방을 든 지친 표정의 학생도 지나간다. 늦은 시간까지 학원에 붙잡혀 지칠 대로 지친 모습은 아마도 수능과 내신 점수 때문이리라. 잠시 즐거운 한때를 보내던 아이들도 다시 대입의 무게에 짓눌린다. 입시 준비에서 그들이 얻는 것은 과연 무엇일까.

---

1 현 대구광역시부교육감, 미래인재정책관, 교육복지국장 등 역임
2 현 미래인재정책관, 대입제도과장, 교원정책과장 등 역임

자신이 무엇이 되고 싶은지 생각해볼 시간이 있을까. 내 소질이 무엇인지 탐구해볼 여유, 친구들과 함께 동아리 활동을 하는 기회, 우리 집 주변에 무엇이 있는지 살펴볼 기회 등등….

학생들은 입시를 위한 시험점수에 얽매여 자신의 소질을 잃고 있진 않을까. 현재 입시는 과연 여유롭고, 자유롭고, 자기주도적으로 행복을 찾아가도록 이끌어준다고 할 수 있을까. 그동안의 대입제도는 학생들에게 꿈을 펼칠 기회를 충분히 주지 않았다. 학원에서 문제집에 매여 5지선다형 문제를 달달 외우는 학생을 우수한 학생으로 대우해 왔다.

입학사정관제는 지금까지의 대입제도에 대해 근본적인 의문을 제기한다. 대학생을 선발하는 입시 준비가 시험지에 얽매여 학생들에게 부담만 준 것은 아닌지. 학생 스스로 문제해결 능력을 갖추고, 창의적이고, 리더십 있고, 주변 사람을 배려할 줄 아는 인재를 선발할 수는 없는지.

입학사정관제는 이런 의문에 대해 다음과 같은 가정을 제시한다.

"고등학교 때 꿈을 꾸면서 자신의 삶을 개척한 학생은 대학 이후에도 꿈을 꾸면서 자신의 삶을 개척할 수 있을 것이다. 한 학생이 초중등학교 때부터 자기주도적으로 학습하고, 다양한 활동들을 통해 스스로 문제해결 경험을 가져보았다면 그 학생은 대학에도 잘 적응할 수 있을 것이며 사회에서도 좋은 인재로 성장할 수 있을 것이다."

학생들이 보다 즐겁게 그들의 꿈을 찾아가는 과정을 평가하고 선발하는 입시제도가 입학사정관제다. 어린 시절부터 스스로의 꿈을 키워

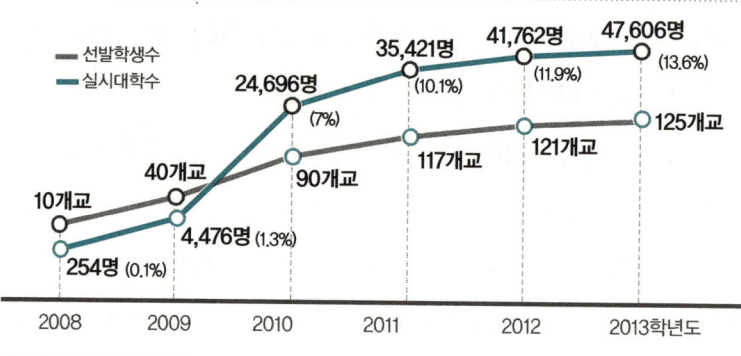

온 학생들이 대학에서도, 사회에서도 더욱 꿈을 키울 수 있도록 징검다리 역할을 해주는 제도다. 입학사정관제를 도입하여 운영하고 있는 대학과 선발 학생 수는 2008학년도 10개 대학 254명(4년제 大 입학정원 대비 비율 0.1%)에서 2012학년도 121개 대학 41,762명(11.9%)으로 매년 증가하고 있으며, 2013학년도에는 125개 대학 47,606명(13.6%)이 입학사정관제로 선발될 것으로 보인다.

"하고 싶은 걸 맘껏 했더니 합격했어요"

학생들의 꿈을 열어주는 입학사정관제를 현장에서는 어떤 방식으로 선발하고 있을까. 건국대 입학사정관제를 통해 대학에 입학한 김다솜 학생의 이야기를 통해 진행되는 과정을 엿볼 수 있다.

다솜 학생은 학생 신분임에도 명함을 가지고 다닌다. 명함에는

'GRED Business Idea Consulting, CEO & Consultant 김다솜'이라는 글자가 적혀있었다. 그는 어려서부터 경영자가 되고 싶다는 꿈을 키워왔다. 고등학교에 진학하면 본격적으로 경영자가 되기 위한 준비를 해야겠다고 생각했다. 고 1 때는 기본을 쌓는 게 중요하다고 보고 경제, 경영서적부터 탐독했다. 고 2부터는 서적을 통해 쌓은 지식을 바탕으로 경제신문사 객원기자 활동도 하고, 경제 관련 모의대회 등에 참여하기도 했다.

경제신문사 객원기자나 모의대회 참가 등의 경험은 소위 말하는 '스펙' 한두 줄을 남기기 위해 한 일이 아니다. 경영에 대한 자신의 관심을 파악하고, 경영자로서의 자질과 태도를 일상 속에서 생각하고 실천하기 위해서였다.

대입 준비라기보다 스스로 하고 싶고, 꿈꾸는 일을 위한 경험을 쌓으려 한 것인데 마침 입학사정관전형이 확대되면서 기회가 찾아온 것이다.

그는 입학 후 '입학사정관생이 보는 입학사정관제'라는 제목의 글을 교육과학기술부로 보내오기도 했다. 입학사정관제의 좋은 점, 개선해야 할 점을 조목조목 정리한 것이다. 입학사정관제로 합격한 자신의 모습을 적극적으로 보여주는 게 좋겠다는 판단에서다. 김다솜 학생처럼 입학사정관제는 적극적으로 자신의 삶을 주도적으로 헤쳐 가는 학생들을 위한 제도이다.

조선 시대 실학자들의 인재 등용 방안[3]

현재 우수 인재를 뽑기 위해 바람직한 선발방식이 무엇인지 고민하듯, 조선 시대 후기에도 훌륭한 인재를 등용하는 방법에 대한 논의가 있었다.

공정하게 널리 인재를 등용하기 위해 고려 광종 때부터 실시해오던 '과거제'는 조선 후기에 이르러 많은 문제점을 드러냈다. 가장 큰 문제는 사회 기강이 문란해지면서 과거시험의 부정과 비리가 횡행했던 것이다. 시험지 바꿔치기, 문제 유출은 물론, 심지어 난동을 피워 시험을 파장시키는 경우까지 있었다.

상황의 심각성을 느낀 실학자들은 인재를 뽑기 위한 새로운 방법을 제시하기 시작했다. 그중 유형원은 『반계수록』을 통해 문지門地만을 숭상하고 학덕을 중히 여기지 않으면서 시문時文으로 시험하고 합격 여부를 결정하는 당시의 과거제를 비판하기에 이른다. 그는 과거제를 폐지하고 인망과 덕행에 기준한 '공거제貢擧制'를 시행할 것을 주장했다. 이익과 정약용은 과거제를 보완하고 '천거제薦擧制'를 병용할 것을 주장했다.

당시 실학자들은 사회 상황을 보면서 올바른 관리의 채용이 무엇보다 중요하다는 데 인식을 같이했다. 필기시험만으로는 인망과 덕행을 갖춘 인재를 선발하는 데 한계가 있다는 것이다.

---

[3] 민현구, '과거제는 한국사에 어떤 유산을 남겼나'(일조각, 「한국사 시민강좌 46집」, 2010) 참조

조선 후기의 상황을 오늘날과 빗대어 보기엔 다소 무리가 있을 수 있다. 하지만 '시문'이라는 한 가지 덕목만을 중시하는 선발제도보다 인망과 덕행도 평가요소로 활용하는 선발방식이 바람직하다는 조선 후기의 논의와 시험점수만이 아닌 잠재력과 창의성, 인성을 중시하는 선발방식이 낫다는 현재의 논의는 상당한 유사점을 가진다.

우리 선조들도 또한 과거에 우리나라를 책임질 인재를 어떤 방식으로 선발해야 할지에 대해 고민했었다. 결과적으로 입학사정관제와 유사한 방식을 제안했다는 사실을 상기해보면 입학사정관제는 우리나라 대학에 적합한 인재 선발방식을 찾아가는 과정이라고 할 수 있다.

입학사정관제, 대학 자율화의 바로미터

입학사정관제가 여러모로 학생들의 소질과 개성을 살려줄 수 있는 입시제도임에도 불구하고 아직 초기 단계라 다양한 문제가 제기되고 있다. 정부가 입학사정관제에 대해 재정 지원을 하다 보면 대학이 재정을 제대로 집행하는지, 사업을 정상적으로 추진하는지 점검해야 하는데 이것을 규제로 받아들일 수 있다.

입학사정관제는 대학의 건학 이념이나 모집단위의 특성을 고려해 학생을 선발하는 제도이다. '자기 대학에 잘 맞는 학생'을 선발하는 것으로 대학에 많은 자율성을 주는 대입제도라 할 수 있다.

입학사정관제를 시행하면서 국가가 재정을 지원해야 하는 것에 대해 문제제기를 하는 경우도 있다. 대학 자체적으로 재원을 마련해 자율적으로 실시하면 되는 것 아니냐는 지적이다. 여기에 대해서는 '입학사정관제가 결국 사회적 비용을 줄일 수 있기 때문'이라고 답할 수 있다.

객관식 시험점수 1, 2점 차이로 합격 여부를 결정하는 입시 방식은 많은 학생들을 단기간에 쉽게 구분할 수밖에 없었던 과거에 유용했던 방식이다. 시험 성적에 따라, 부모나 주변의 권유에 따라 대학에 진학했지만 전공학과가 자신의 적성과 희망과 다르다는 것을 알고서는 방황하는 경우가 많다. 재수를 해서 학과를 바꾸는 경우도 있지만 대부분의 경우 학적을 유지한 채 다른 진로를 모색한다. 전공 수업과 장래 희망 진로가 다르기 때문에 전공 수업을 들어도 흥미가 없고 대학에 진학해서조차 졸업요건을 채우기 위한 학점 따기에 그치고 만다.

수재들을 선발했다는 서울대에서도 도서관에서 고시공부를 하는 수많은 학생들이 있다. 수능에서 최고 성적을 거둔 인재들이 자신의 적성, 소질과 무관한 점수에 맞는 전공으로 진학해서 1학년 때부터 학과 공부와 상관없이 고시서적을 펴고 있는 것은 아무래도 너무 큰 사회적 낭비 요소다.

서울대뿐 아니라 수많은 대학의 학생들은 4년간 자신의 전공을 다시 찾으려 방황하거나 취직 공부를 위해 안간힘을 쓴다. 일부는 그 시간을 힘들게 견디면서 간신히 졸업을 했어도 취업의 문턱을 넘지 못하기도 한다.

대학의 입장에서 보면 문제는 더 심각해진다. 대학의 자율성은 우리나라 헌법이 보장하고 있는 가치이다. 우리나라뿐 아니라 세계 각국이 대학에 대해서 막대한 재정을 지원하면서도 고도의 자율성을 보장하는 이유는 대학이 갖고 있는 사회적 책무성 때문이다.

대학이 갖고 있는 사회적 책무성의 하나는 학문 후속 세대 양성이다. 진리·자유와 같이 인류사회가 발전해오면서 쌓은 가치와 지적 자산을 후세에 물려주는 방식의 하나가 학문이다. 시험점수 결과를 받아든 후 며칠 사이에 전공을 결정한 학생들이 해당 분야의 학문을 지속적으로 연구하고 흥미를 가질 가능성은 상대적으로 낮아진다.

입학사정관제는 대학 자율화의 바로미터이다. 아직은 입학사정관제가 온전히 정착되지 않아 학생·학부모들의 우려를 해소하기 위해 때로 정부나 한국대학교육협의회(대교협)가 최소한의 가이드라인을 제공하는 경우가 있다. 그러나 입학사정관제가 정착되면 개별 대학에서 학생 선발을 보다 자유롭게 할 수 있을 것이다. 현재 입학사정관제를 통해 대학은 스스로 원하는 학생을 선발하는 경험을 축적 중이다.

한편 대학이 우수학생 선발을 위해 대학별로 다양한 전형을 운영함에 따라 학생·학부모는 대입전형의 종류가 너무 많아 전형내용을 파악하기 어려워하고 있다. 하지만 입학사정관제가 안정적으로 정착되면 수시 모집은 학교생활기록부의 교과·비교과 등을 반영하고 있는 입학사정관 전형으로 운영되고 정시 모집은 수학능력시험 위주의 일반전형으로 운영되어 자연적으로 대입전형 간소화가 이루어질 것으로 기대하고 있다.

입학사정관제 지원을 위해 정부는 2008년 157억 원, 2009년 236억 원, 2010년 350억 원, 2011년 351억 원 2012년 391억 원을 지원해

왔으며, 2013년에는 약 395억 원을 지원할 예정이다. 입학사정관제가 정착될 때까지 안정적으로 지원하기 위하여 입학사정관제 지원 사업을 정부중기재정계획에 반영하였다. 정부가 새로운 입시제도인 입학사정관제에 대하여 재정을 지원하는 것은 학생 개인과 대학들이 치러야 하는 사회적 비용을 줄이는 과정이 될 수 있다.

고등학교 교육 정상화를 위한 입학사정관제

입학사정관제에 대해 일선 교사들의 반응은 상반된 의견을 보일 때가 많다. 어떤 교사들은 입학사정관제로 인해 진학지도가 너무 힘들어졌다고 하고, 어떤 교사들은 입학사정관제 때문에 진로와 진학을 연계할 수 있어 좋다고 한다. 교사 추천서 때문에 업무 부담이 늘어난 반면에 교사의 평가권이 되살아났다고 하기도 한다. 입학사정관제를 준비하기 위한 스펙을 쌓아주기가 어렵다고 하소연하는가 하면, 다양한 학교 활동이 늘어나 학교생활이 풍요로워졌다고 이야기한다.

어떤 교사든 자신이 속한 상황에 따라 입학사정관제를 다르게 받아들일 수 있다. 교사들이 보다 긍정적인 시각을 갖고 입학사정관제를 제대로 이해하도록 하기 위해 정부가 노력해야 할 부분이 많다는 점을 겸허히 인정한다.

여러 가지 어려움에도 불구하고 입학사정관제는 근본적으로 공교육을 살리는 대입제도가 될 수 있다. 입학사정관제로 인한 학교 변화의 효과는 더디더라도 분명히 나타날 수 있다. 대교협이 고교 교사들을 대상으로 한 조사에서 '입학사정관제 도입 후 진학지도가 학력 위주에서 다양한 적성과 소질 계발로 변화했는지'에 대해 설문을 했다. 그 결과[4], 3학년 담임교사보다 1학년 담임교사가 긍정적인 응답을 한 비율이 더 높게 나타났다. 당장 입시를 눈앞에 둔 고 3보다는 대입에 대해 생각할 시간이 많은 낮은 학년일수록 입학사정관제로 인한 영향을 많이 받고 있음을 알 수 있다.

많은 교사들은 입학사정관제 도입으로 인한 고교 교육과정의 특성화, 학생의 적성과 진로를 반영한 선택적 교육과정 확대, 비교과 활동의 확대, 창의적 체험활동의 체계적 편성 및 운영 확대를 긍정적으로 평가하고 있다.

일선 학교의 한 교사는 "입학사정관제는 현재까지 발표된 대입 정책 중에서 교사들을 소외시키지 않고, 교사들의 권위를 인정해준 제도다"라고 하기도 했다. 시간이 지날수록 입학사정관제에 대해 긍정적인 평가가 많아지리라는 기대를 갖게 한다.

대학이 보는 입학사정관제

모 대학 입학처장은 입학사정관제를 실시하면 학생을 뽑는 '재미'가

---

[4] 한국대학교육협의회, 「입학사정관제 성과 분석에 관한 연구」, 2010

있다는 얘기를 한다. 컴퓨터 프로그램으로 1등부터 합격선까지의 학생을 잘라내는 무미건조한 선발과정이 아닌, 학생이 직접 쓴 자기소개서나 교사추천서를 보면서 학생과 대화하는 느낌으로 학생을 선발할 수 있기 때문이라고 한다.

다른 학교 입학사정관도 비슷한 평가 경험을 풀어놓는다. 평가를 하면서 너무 마음에 든 학생이 있었는데 나중에 그 학생이 최종적으로 다른 대학을 선택한 것을 알았을 때 마치 실연당한 느낌이었다는 것이다. 점수가 아닌 사람을 보는 대입제도인 입학사정관제를 통해 대학마다 스스로에게 맞는 학생들을 찾아 선발하는 동기를 찾고 있다.

이런 장점 외에도 대학 입장에서 입학사정관제를 매력적으로 느낄 요소는 훨씬 더 많다. 포스텍의 김무환 입학처장은 "입학사정관제는 돈이 많이 드는 선발제도이다"라고 하면서, "대학의 입장에서 손해를 보는 입시제도는 아니다"라고 말한다. 소질과 적성을 보고 뽑은 학생이 중도에 탈락하지 않고 학교에 머무르게 된다면 결국 그 학생을 선발하는 비용 이상의 편익을 얻는다는 것이다.

수능점수 1~2점 차이로 대학이나 학과를 바꿔서 지원했던 학생이 1학기가 채 지나기도 전에 재시험을 결정하고, 결국 학교를 떠나게 되는 사례는 입학사정관전형과는 거리가 있다. 입학사정관제로 진학한 학생들은 학교 만족도가 상대적으로 높고, 자연히 중도탈락율도 낮을 수밖에 없다.

경희대가 자체 실시한 대학 만족도 조사에서 '만족 이상'(비교적 만

건국대 사정관전형과 非사정관전형 입학생의 학점 변화 추이

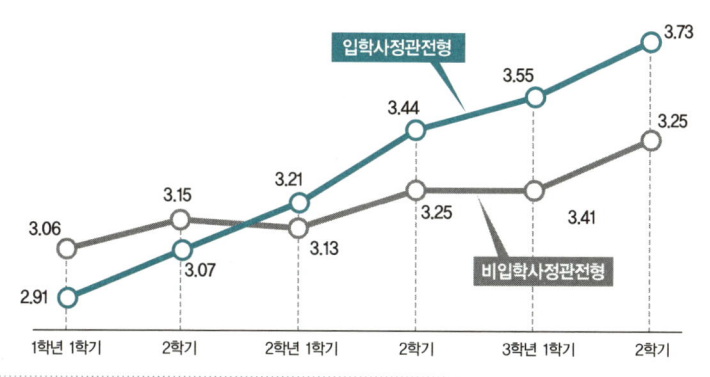

족, 매우 만족)의 비율이 전체 학생은 56%, 입학사정관전형으로 합격한 학생들은 94.4%나 되는 것에서도 나타난다. 동국대의 경우 2010학년도 신입생 중도탈락율을 비교한 결과 입학사정관전형은 1.81%, 일반전형은 3.41%로 사정관제로 합격한 학생들의 중도탈락율이 현저히 낮았다.

입학사정관전형으로 입학한 학생의 학업성취도도 좋은 성과를 보인다. 대학별로 차이는 있지만, 사정관전형 입학생들은 대체로 학년이 올라갈수록 비사정관전형 입학생에 비해 학업성취도가 상승하는 경향이 있다. 사정관전형 입학생의 대학 1학년 성적은 비사정관전형 입학생에 비해 낮았으나, 2~3학년 성적은 일반전형 합격생보다 우수하게 나타난 건국대 사례는 여러 언론에 소개되기도 했다.

건국대는 2011년에 다양한 전형의 신입생 2,071명을 대상으로 전공만족도를 설문조사 했는데, 입학사정관전형으로 합격한 학생들이

3.69(5점 만점)으로 가장 높은 만족도를 보인 것으로 나타났다.

이처럼 입학사정관제로 선발한 학생들이 다양한 면에서 강점을 가진 것이 객관적인 자료로 나타나고 있다. 2012년도에는 입학사정관제로 입학한 1기 학생들이 졸업을 맞게 된다. 교육과학기술부에서는 이 학생들이 사회에서 어떤 인재로 성장하는지도 지속적으로 조사해 졸업 이후의 정책 효과도 점검할 계획이다.

입학사정관제를 바라보는 두 가지 시각

입학사정관제의 앞으로의 전망에 대해서는 두 가지 시각이 존재한다. 입학사정관제가 우리나라 대학의 다양한 입시제도의 하나로 남을 것이라는 시각과 입학사정관제를 기반으로 우리나라 대학입시제도의 근본적인 틀이 바뀔 것이라는 시각이 있다.

여러 입시제도의 하나가 될 것이라는 소극적인 의견은 입학사정관제는 대학의 재량이 너무 많아서 공정성 시비에 휘말릴 개연성이 크고 고등학교에서 준비하기에는 너무 힘들기 때문에 적성이나 소질이 뛰어난 소수의 학생을 위한 전형에 그칠 것이라고 본다.

입학사정관제를 기점으로 우리나라 대학입시의 근본적인 틀이 바뀔 것이라고 보는 이들은 지금까지의 대학입시제도가 우리나라의 경제 수준과 인재 선발 요건과는 너무 괴리가 있기 때문에 근본적인 변혁이 이루어져야 하는데 입학사정관제도가 그 역할을 감당할 요소를 갖고 있기 때문이라고 한다.

　수능점수 1, 2점 차이로 당락이 결정되는 제도에서는 대학이나 학과의 선택을 수능점수표를 받아본 후에 최종 결정한다. 경영학을 염두에 두었다가도 점수가 모자라면 인문학이나 사회과학 분야 학과를 선택하게 된다. 그러나 입학사정관제에서는 그렇게 결정하기 어렵게 된다.

　고등학교 전 과정을 통하여 공부하고 활동한 내역이 생활기록부에 고스란히 남아있다. 경영학과를 염두에 두고 공부하다가 수능점수 발표 후에 철학과나 역사학과로 진로를 변경하는 것이 쉽지 않다.

　중학교 시절부터 『삼국유사』나 『조선왕조실록』을 읽고 동북공정이나 일본 역사 교과서 왜곡 문제에 대해 끊임없이 관심을 가져온 학생과 다른 분야에 흥미를 느낀 학생과는 차이가 날 수밖에 없다.

　대학의 입장에서는 수능 1, 2점 점수 차이보다는 지속적인 관심과 소질을 갖고 있는 학생을 선발하기 원할 것인데 입학사정관제가 그에 적합한 제도라는 것이다.

　입학사정관제가 소수자를 위한 전형에 그칠 것이라고 보는 또 다른 논거는 입학사정관제는 다양한 분야를 전형요소로 하고 있는데 이들을 위한 '스펙'을 쌓기 위해서는 사교육에 의존할 수밖에 없다는 것이다. 우리나라의 환경에서 사교육을 유발하는 입시제도가 오래도록 지속되거나 확대되기 힘들다는 것이다.

　그러나 입학사정관제가 정착되어 가면서 당초 우려와는 달리 입학사정관제로 인한 사교육 폭등현상은 보이지 않고 있다. 특목고의 '자기주도학습전형'은 고등학교판 입학사정관제도이다. 교사 추천서, 학습 계획서, 해당 분야 과목 내신성적으로 전형하는 특목고의 '자기주도학습전형'이 처음 도입되었을 때 많은 이들이 사교육이 확대되거나 유지될 것이라고 했다.

입시제도가 변화되면 세 달이 지나지 않아 변화된 입시에 대응하는 사교육 프로그램이 등장했는데 '자기주도학습전형' 도입 이후에는 관련 사교육 감소 현상이 뚜렷이 감지되고 있다. 그 이유 중의 하나는 '사교육영향평가'가 제도화되었기 때문이다. 특목고의 경우 매년마다 입시를 전후로 해당학교 교사와 교육청 입시담당자, 대학교수, 학부모 등으로 구성된 위원회에서 입시에 사교육이 미치는 요소를 점검하고 다음 입시에서 사교육을 유발하는 전형요소를 없애거나 보완한다. 사교육기관이 새로운 프로그램을 만들기 이전에 선제적으로 사교육이 미치는 영향을 지속적으로 평가하여 입시에 반영하기 때문에 사교육이 활성화되기 어려운 구조가 만들어져있다.

대학에서 입학사정관제를 도입한 이후에도 토플이나 영어인증점수와 같이 사교육기관에서만 쌓을 수 있는 '스펙'은 입학사정관전형에서 제외되고 있다. 2011년부터는 정부 재정지원을 받는 입학사정관제 선도대학의 경우 '사교육영향평가'가 의무화되어 있으며, 2012년부터는 정부 재정지원을 받는 모든 대학에 '사교육영향평가'를 의무화하였다. 입학사정관제가 사교육을 억제하거나 증가시키지 않는다면 일반인들이 생각하는 것보다 빨리 대학현장에 뿌리내릴 가능성이 커진다.

또한 지난 5년간 입학사정관제를 일관성 있게 추진해옴에 따라 많은 대학들이 예전에 비해 학교생활기록부, 자기소개서, 교사추천서의 신뢰성이 높아지고 있다고 평가하고 있으며, 입학사정관의 평가 전문성도 훨씬 높아지고 있다. 그러나 최근 일각에서는 자기소개서와 교사추천서 등에 대한 검증시스템이 잘 이루어지는지에 대하여 여전히 의문을 제기하기도 한다. 입학사정관제가 기본적으로 고교에 대한 신뢰를 기반으로 평가가 이루어지는 만큼 학생과 교사가 자기소개서와 교사추천서를 진솔하게 작성할 수 있도록 학교단위 설명회 등을 통해 적극 안내할 계획이다. 또한 한국대학교육협의회에서는 사후 검증 시스템을 강화하여 자기소개서나 교사추천서를 허위로 기재할 경우에는 입시에서 불이익을 주거나 형사고발하는 방안을 추진할 예정이며, 대학 입학 후라도 입학관련 서류에 주요사항 누락, 서류 위조 및 허위 사실 기재 등 부정입학이 확인되는 경우 입학무효까지도 검토할 계획이다.

수능 영역별 난이도 일관성 유지와 EBS 교재 연계

입학사정관제도의 정착 지원과 더불어 중점적으로 추진하는 정책 중의 하나는 수학능력시험의 영역별 난이도 일관성 유지 정책이다. 과목별 만점자가 전체 응시자의 1%가 되도록 난이도를 설정하는 것이다.

수능과 같이 국가차원에서 시행하는 시험의 난이도를 만점자가 1% 되도록 하는 것은 '신의 영역에 해당한다'고 할 정도로 쉽지 않다고 한다. 출제자의 입장에서는 미리 난이도 수준을 설정해놓으면 그만큼 출제 문제의 선정이 어려워질 수밖에 없다. 출제 당국이 설정한 난이도와 차이가 났을 때 이에 대한 비난을 감당하는 것도 쉽지 않다.

출제된 문제가 쉬우면 다음 해에 시험을 치르는 수험생들은 쉬운 문제를 기준으로 공부한다. 출제진들은 이전에 출제된 문제가 쉬웠기 때문에 난이도를 조금 어렵게 한다. 막상 시험을 치러보면 이전에 쉬웠던 과목은 어렵게 출제되고 어렵게 출제된 과목은 쉽게 출제되는 경향을 보인다. 학생들이 일관되게 수능시험에 대비하기 어려웠던 이유이다. 수능시험의 난이도를 일관성 있게 유지한다면 학생들은 예측 가능한 시험 준비를 할 수 있다.

지금까지 많은 대학들이 학생을 선발함에 있어 점수로 일렬을 세워 간편하게 학생들을 선발하여왔다. 자연히 학생들도 고등학교 3년 내내 수능점수 1점을 올리는 것을 지상 목표로 모든 시간을 쏟아붓는 방식으로 공부할 수밖에 없었고, 가정 경제가 휘청거릴 정도의 사교육비를 투자하기도 한다. 학생들이 수능점수를 위해 투자하는 시간과 노력, 비용을 미래의 꿈을 위해 투자하는 시간으로 바꿔줘야 한다. 이를 위해 학교교육만으로도 수능을 준비할 수 있고, 원하는 대학에 진학할 수 있도록 하는 대입제도가 필요하다.

'수능-EBS 연계'는 학생들이 학교교육을 통해 공부하고, 부족한 부분을 EBS를 통해 보완하면 수능을 어렵지 않게 풀 수 있도록 하기 위해 추진됐다. 처음 수능-EBS 연계 정책이 도입될 때만 해도 EBS 강의의 질에 대한 우려도 크고 수능 준비 부담 완화에 실질적인 효과가 있을지 우려하는 의견이 있었다. 하지만 시행 2년차에 접어든 2011년까지 EBS 강의를 통해 사교육비가 조금씩 줄어드는 성과를 보이고 있으며, 많은 학생들이 EBS를 통해 수능에 대비할 수 있다는 희망을 갖고 있다.

2014학년도 수능 개편도 마찬가지다. 학생들의 부담이 큰 국어·영어·수학은 수준별 시험(A형과 B형)으로 바꿔 진로와 무관한 추가적 학습 부담을 없애게 된다. 사회탐구영역과 과학탐구영역의 최대 선택과목 수를 3과목에서 2과목으로 줄이는 것도 부담을 줄이기 위한 조치다.

학생들의 다양한 소질을 계발하기 위해서는 수능점수의 신화가 사라져야 하며, 이를 위해서는 대입에서부터 수능 비중을 축소하고 학생들의 수능 부담을 대폭 완화해야 한다. 현재 추진되고 있는 수능 EBS 연계 및 2014학년도 수능시험 개편 등을 통해 학생들의 수능 준비 부담이 줄어들면, 남는 시간에 독서활동, 진로활동, 봉사활동 등 미래를 위한 체험활동을 늘릴 수 있다. 점수 1~2점을 위해 학원에서 보내는 시간보다 자신의 꿈을 위해 투자하는 시간이 학생의 인생을 더욱 의미있게 할 것이다.

입학사정관제가 입시다양화의 일부로 자리매김할 것인지, 아니면 대한민국 대학입시의 근본적인 틀을 바꾸게 될 계기가 될지는 앞으로 지켜보아야 할 과제이다. 그러나 대학입시 관계자, 고교교사, 학부모들이 입학사정관제의 긍정적인 면을 이전보다 더 많이 이야기하고 있다는 것은 지속발전이 가능한 제도의 정착 측면에서 긍정적인 변화의 조짐이라 할 수 있다.

CHAPTER 10

깨어나는 교실

이진규[1]

잠자는 교실, 이제는 깨어나야 한다!

배고프고 힘든 우리나라 근현대 시절, 학교는 꿈을 꾸고 배움의 기쁨을 누릴 수 있는 유일한 공간이었다. 소설 『상록수』에 일제강점기 일본 순사의 훼방으로 수업을 들을 수 없게 된 학생들이 교실 밖 나무 위에 올라가 수업을 들으려는 장면이 나온다. 창문 너머에서라도 수업에 참여하고 싶은 열망이 고스란히 담겨있다. 포화가 끊임없이 몰아치는 한국전쟁 중에도 우리 아버지, 어머니들은 천막교실에서 미래의 꿈을 키웠다. 천막교실은 그나마 나았다. 미국 트루먼 대통령 특사

---

1 현 창의인재정책관, 창의인재정책과장, 대통령실 행정관 역임.

였던 필립 제섭 무임소 대사의 1950년 기록을 보면 남한의 초등(국민)학교 교실 1만 7,651개가 지붕이 없는 노천교실이었다. 버스가 지나는 길 옆 전봇대에 칠판 하나 걸어도 배움을 위해 '길거리 학교'로 삼삼오오 모여들었다. 이와 같은 불굴의 역사를 지닌 학교교육의 힘이 대한민국을 전쟁의 잿더미에서 G20 의장국으로 발돋움시킨 원동력이라는데 이의를 제기하는 이는 없을 것이다.

그로부터 40여 년이 지난 1990년대 후반부터 '교실 붕괴', '학교 붕괴'라는 용어가 심심찮게 회자되기 시작했다. 학교는 더 이상 꿈의 공간이 아닌 '잠자는 공간', '개성을 억압하는 공간'으로 의미를 잃어갔다. 사설 학원과 교육 프로그램까지 비교당하는 수모도 겪었다. 심지어 '여고괴담', '말죽거리 잔혹사'와 같이 학생들의 학교생활을 우회적 또는 직접적으로 비판하는 영화들도 만들어졌다. 불과 몇 십 년 사이 학교에 대한 사회의 시선은 180도로 달라진 것이다.

"정말 이대로 대한민국의 학교 신화는 끝나는 것일까?"라는 우려 섞인 질문과 함께 학교를 어떻게 변화시킬 것인가에 대한 논의가 들끓었다. 1950~1960년대의 천막교실에서도 한강의 기적을 이뤘고, 1970~1980년대의 콩나물교실에서도 민주적인 정권 교체를 이룰 만한 역량을 키워왔다. 하지만 오늘날의 잠자는 교실에서는 어떤 미래가 있을지 감히 상상이 가지 않는다.

교육과학기술부는 학교가 잃어버린 신뢰와 본연의 기능을 되찾기 위해, 그리고 잠자는 교실을 깨우기 위해 그간 평준화 논쟁, 입시 문제 등의 소모적 논쟁으로 인해 관심 밖에 있던 교실수업과 학교문화

영역을 교육정책의 핵심 사안으로 설정했다. 교육의 변화는 결국 교육정책의 최종 종착점인 학교의 변화, 수업의 변화로 나타나지 않으면 안 된다는 문제인식을 우선했기 때문이다.

깨어나는 교실 : 교실이 달라졌어요!

교과교실제가 아이들을 깨운다!

교실과 복도가 나란히 달린 일 방향 구조의 학교. 창문은 대체로 학생들 눈 높이 위에 달려있어 그 안에서 어떤 일이 벌어지는지 알기 어렵다. 교실 문을 열고 들어가면 하루 종일 단조로운 학교생활을 해야 하는 학교 교실. 거기에 가르치는 교사 위주의 단조로운 수업까지 더해진다. 이런 환경에서 학생들의 상상력과 창의력이 자라기를 기대하는 것 자체가 무리다.

2009년 3월, 잠자는 교실을 깨우는 조용한 발걸음이 있었다. 한승수 전 국무총리가 교과교실을 시범운영하고 있는 인천의 한 중학교를 방문해 교과교실이 학교현장을 변화시키고 있는 모습을 확인했다. 대한민국의 중·고등학생들이 대학생들처럼 매 수업시간마다 교과별로 특성화된 전용교실로 이동해 창의적인 수업을 받는 교과교실로 본격 변화하는 계기가 마련되는 순간이었다.

2009년부터 도입된 '교과교실제'로 인해 교실의 수업 운영체제가 학급 중심에서 교과 중심으로, 교사에서 학생 중심으로 변화하기 시작했다. 교과교실제는 하드웨어 측면에서 과학이나 사회 등 교과목별 특성에 맞춘 시설이나 장비 등을 구비하고, 소프트웨어 측면에서는 학생에게 적합한 맞춤형·수준별 교육과정을 운영하는 것이 핵심이다.

교과교실은 기존의 범용 교실이 아니라, 말 그대로 영어나 수학 등 특정 교과를 위한 전용 교실이다. 대부분의 성인들이 경험한 초중등 시절의 교실은 아침에 등교하면 저녁에 하교할 때까지 한 교실에서 모든 수업, 모든 생활을 하는 구조였다. 영화를 통해 본 라커룸이 있는 외국 학교의 모습은 우리의 교실과는 동떨어진 낯선 풍경이었다. 이제는 영화 속에서나 볼 수 있는 모습은 아니다. 교과교실이 도입되면서 학생들이 하루 종일 한 교실에 앉아 획일적으로 수업을 받던 교실에서 학생 중심 교실로 새롭게 탈바꿈하고 있다.

우리나라에 교과교실제 개념이 논의되기 시작한 것은 1990년 중반, 수요자 중심의 교육이 강조되면서부터다. 학생들의 흥미와 학습 수준을 고려하지 않은 획일적인 교육방식은 변화하는 시대에 맞춰 경쟁력을 높이기 힘들다는 지적이 많았다. 학생 중심의 선택권을 중요하게 여기는 교육과정과 학생의 성취 수준을 고려한 수준별 교육과정에 대한 요구가 늘어나면서 '제7차 교육과정'이 나오기에 이른다. 새로운 교육과정이 시행됐지만 기존의 한 교실에서 수업을 받는 학급교실제로는 운영이 버거웠다. 수준별 교육과 과목선택권을 보장하는 데 한계가 있었다. 이를 해결하기 위한 방안으로 논의된 것이 바로 교과교실제다.

하지만 교과교실제가 학교 현장에 도입되기까지 많은 난관이 있었다. 교과별 전용 교실을 갖추려면 교실도 여유가 있어야 하고, 수업에 필요한 기자재, 리모델링 비용 등의 예산도 꾸려야 했다. 학생 출결 및 생활지도, 학생 이동과 안전관리 등 학교운영시스템 전반에 걸쳐 다양한 요인을 고려해야 했기에 몇몇 소수 학교[2]를 제외하면, 현장에 도입되기 어려운 점이 많았다.

여러모로 어려운 여건이었으나, 이명박 정부는 창의인성교육과 학생 중심의 단위학교 자율성을 강화하기 위해 '창의적 교실수업 환경 구축'이 무엇보다 필요하다고 판단하고, 과감하게 교과교실제 도입을 결정했다. 정부의 강한 추진 의지는 2009년 국고 추경예산으로 1,500억 원을 확보한 것에서도 확인할 수 있다. 초·중등교육 예산을 추경 예산에 편성한 것은 극히 드문 일이다.

교과교실제는 2009년 전국 647개 중·고교를 시작으로, 이듬해 806개교(누적 기준)에 도입됐다. 2년간의 운영성과를 분석한 결과, 짧은 기간이지만 수업의 변화 및 사교육비 경감 등 학교교육 전반에서 긍정적인 효과를 확인할 수 있었다.[3] 대부분의 교육정책들이 찬성과 반대로 나뉘어 엇갈린 반응을 보이는 경우가 많지만 교실교실제는 대다수가 반기는 교육정책 중 하나다. 교과교실이 본격 시행된 2009년, 필자가 과학교육 담당 과장으로 현장교사들에게 과학교실 도입을 설

---

[2] 2009년 이전까지 시·도교육청 차원에서 자체적인 지원을 통해 교과교실제를 시범운영한 학교가 있었으나 33개교(중 25교, 고 8교)에 불과했다.
[3] 「사교육 의식조사」(2010.6.7~6.18, 초·중·고 학생 및 학부모 78,000명 대상) 결과 사교육비 경감에 가장 효과적인 정책으로 교과교실제가 1위로 꼽혔다.

명할 때 사회과목 교사들로부터 "왜 사회과부터 하지 않느냐"는 항의를 받기까지 했다.

교과교실제 운영 학교의 학생이나 학부모들의 반응도 긍정적이다. 자기주도적 학습태도를 심어주고, 다양한 학습자료가 갖춰진 교과교실에서 학생 맞춤형으로 수업이 이뤄지니 학생들의 수업 참여도가 눈에 띄게 좋아졌다는 평이다. 교사들의 경우 수업 준비 부담은 많으나 기존의 교실에서 활용하기 어려운 다양한 수업자료와 기자재를 활용해 질적으로 풍성한 수업을 할 수 있게 돼 만족한다는 반응이다.

실제로 안성여중(경기 안성시)은 교과교실제를 운영한 뒤 2010년 국가수준 학업성취도평가에서 '기초학력미달' 학생이 5% 줄어드는 성과를 거뒀다. 방화중(서울 강서구)은 교과교실제를 통해 진로교육과 연계된 선택형 교육과정 모델을 운영하면서 학생들로부터 큰 호응을 얻고 있다. 양청고(충북 청원군)는 과목별로 12레벨 수준으로 나누어 수업안을 개발하고, 이에 따라 개별화에 가까운 맞춤형 수준별 수업을 하고 있다. 교과교실제가 아니면 실현되기 힘든 구조라는 것이 담당교사의 말이다.

교과교실제 운영 후 교실뿐 아니라 교무실에도 변화가 생겼다. 교무조직을 보다 효율적으로 구성할 수 있게 됐고, 교사들은 교과 전문성 향상에 보다 많은 시간을 활용할 수 있게 됐다. 교과교실제를 도입하면 교사들이 교과교실, 또는 교과별 협의회실에 상주하게 되고, 대부분의 시간을 수업 연구에 몰두할 수 있게 된다. 교무조직도 행정 중심에서 교과 중심으로 전환되고 있다. 흥덕고(경기 용인시)를 비롯한 교과교실제 도입 학교의 경우, 교무행정팀과 행정실을 교육지원실로 통합해 운영하는 등 교원의 행정업무 경감을 위해 노력하는 모습을 볼 수 있다.

이 밖에도 우스갯소리로 "교과교실제로 학생들의 활동량이 늘어나 아침을 먹고 등교하는 학생들이 많아지고, 학교 급식량도 늘어나고, 자연스럽게 운동을 하게 하는 효과까지 생겼다"는 말이 나올 정도로 학교 운영 전반에 걸쳐 긍정적 변화가 나타나고 있다.

이 같은 성과를 바탕으로, 정부는 2014년까지 여건이 되는 모든 중·고교에 교과교실제 도입을 골자로 하는 '교과교실제 전면 확대 기본계획(2011.2)'을 발표했다. 1단계는 2012년까지 선택형 교육과정 운영이 시급한 일반고에 우선 전면 도입하고, 2단계는 2014년까지 6학급 이하의 소규모 학교 등 도입이 어려운 학교를 제외한 대부분의 학교에 교과교실제를 도입할 계획이다.

교과교실제 도입으로 '잠자는 교실'이 깨어나 '활력 넘치는 교실'로 변화하고 있다. 그간 한자리에 앉아 수동적으로 받아들이기만 했던 교실이 학생마다 자신에게 맞는 곳을 찾아가 수업을 듣는 능동적인 교실로 바뀌고 있다. 교과교실제는 단순히 교실만의 변화가 아니라 교원수급과 배치를 개선하고, 시설비와 운영비 지원, 학교운영시스템 개선 등 학교의 총체적 변화를 요구한다. 이런 변화를 원하는 교육 수요자들이 많기에 교과교실제에 대한 기대감이 더욱 높아지고 있다.

바른 인성! 창의력 쑥쑥!

21세기 들어 학교수업을 대체하는 방법들이 급속히 증가하고 있다. 인터넷·도서·스마트폰 등 다양한 학습자원, 이러닝(사이버학습) 시스템 등이 바로 그것이다. 극단적으로 이제 누구나 원한다면 학교를 가지 않아도 다양한 방식으로 학습을 할 수 있다. 더구나 지식의 생성·소멸 속도가 빨라지고 직업세계도 끊임없이 재편되는 상황에서 과거처럼 학교가 단순한 지식 전달만 고집한다면 머지않아 학교 문을 닫는 상황이 벌어질지도 모른다.

이런 상황에서 제롬 글랜 UN 미래포럼의장의 얘기는 학교교육의 미래에 시사하는 바가 크다.

"학교는 사이버 교육에 의해 대체될 수 없는 실험 및 체험 중심의 교육을, 그리고 인성 및 가치관 교육과 관련된 팀워크, 공동체 생활 위주의 커뮤니티 활동을 주로 제공하게 될 것입니다."

정부는 2010년부터 창의인성교육을 교육정책의 전면에 내세우고, 교실수업의 근본적 변화를 강조하고 있다. 이는 미래 사회에서 국가경쟁력의 원천인 창의성과 인성을 고루 갖춘 인재의 육성이라는 시대적 요청을 실현하는 한편, 위기에 빠진 학교를 일으켜세워야 한다는 문제의식에서 비롯됐다. 창의인성교육은 단순히 바람직한 인간상을 피상적으로 제시하는 교육 구호가 아니다. 대한민국이 지속적인 발전을 하기 위해 선택하지 않을 수 없는 절실한 교육정책 전략이다.

창의인성교육은 말 그대로 새로운 가치를 창출하고(창의성), 더불어 살 줄 아는(인성) 인재를 키우는 교육이다. 미래 인재는 똑똑하기만 해서도, 착하기만 해서도 곤란하다. 이 둘을 모두 겸비해야 미래 사회에서 대한민국을 이끌어가고, 세계를 이끌어갈 수 있다. 창의인성교육이라고 해서 '똑똑해지는 시간', '착해지는 시간'이 따로 있는 것은 아니며, 학교생활 전반에서, 일상생활 속에서 담아내야 한다.

배려와 나눔을 실천하는 창의인재 양성을 학교교육과정을 통해 상시적으로 구현하려고 도입한 것이 '2009 개정교육과정'이다. 지나친 교과지식 위주의 교육활동에서 벗어나 창의성과 폭넓은 인성교육을 강화한다는 것을 주요 목표로 한다.

2009 개정교육과정은 그간 영재나 문제 학생들에게나 어울린다고 인식되던 창의성교육과 인성교육을 모든 학생들을 위한 교육과정으로 재편했다. 2009 개정교육과정의 별칭을 '창의인성교육과정'이라고 해도 좋을 만큼 2009 개정교육과정은 창의인성교육의 토대를 마련

창의 · 인성교육 수업모델

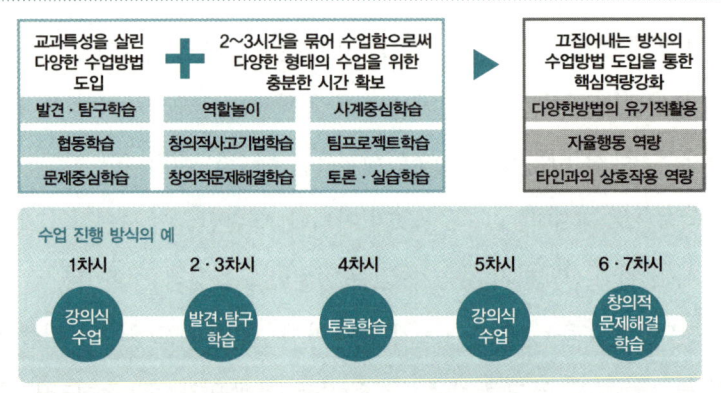

했다. 집중이수제, 블록타임제, 학기당 이수과목수 축소, 암기 위주의 교육 내용 20% 이상 감축 등의 내용을 담고 있다. 진도 나가기에 급급했던 수업에서 벗어나 교과별 특성에 맞는 다양한 방법을 활용하는 수업으로 바꾸는 것이다. 뿐만 아니라 내실 있는 체험활동을 통해 머리만이 아니라 몸으로도 느끼고 배우도록 하고 있다.

이제까지 교육이 창의인성을 강조는 했지만 추상적 구호에 그쳤던 것이 사실이다. 이명박 정부는 추상적 구호를 교육과정으로 구체화하고, 창의인성교육을 위한 다양한 수업 모델 제시, 각종 체험자원과 체험프로그램 개발, 교사연구회 운영 등을 통해 일선 학교의 관심을 끌어내고 있다. 이런 관심은 실제 학교교육과 교실수업의 변화로 나타나고 있다.

주제 중심 탐구수업, "직접 실험하며 깨달아요"

"지식 전달보다 학생 스스로 생각하는 힘을 기르는 것이 교육적 효과가 더 높다는 것을 알게 됐어요. 한 가지 주제에 대한 다각적인 접근과 탐구를 통해 가능해졌습니다."

2010년부터 주제 중심 과학탐구 수업을 하는 오류중학교(서울 송파구) 박소영 교사는 생각하는 교육 실험을 실천하고 있다. 그는 창의인성교육의 일환으로 교사연구회가 활성화되면서 미국에서 개발된 과학기술 관련 커리큘럼을 연구하게 됐고, 종이를 주제로 한 탐구수업에 매력을 느끼게 됐다고 한다. 수업은 방과후학교 청소년과학탐구반에서 이뤄진다. 17차시 34시간 동안 종이란 무엇인가부터 시작해 종이의 성질 탐구, 재생종이 만들기, 변인통제를 하는 것까지 종이에 대한 모든 것을 다룬다. 박 교사는 집중적인 실험과 탐구를 하면서 학생들의 과학에 대한 태도가 긍정적으로 변했다고 한다. 시험, 내신과 전혀 상관없는 수업이지만 지금까지 단 한 명도 빠지지 않고 수업에 참여하고 있을 정도로 학생들의 호응이 높다. 현재 방과 후 수업으로 진행하고 있지만, 교과교실제가 도입되면 정규 교육과정에 주제 중심 탐구수업을 접목하는 것이 박 교사의 목표다.

창의인성교육은 교사의 수업연구로부터

> "창의인성과 관련된 연수를 할 때 창의성과 인성이 왜 필요한지는 알겠는데, 학교에서 실천할 수 있도록 창의인성교육 매뉴얼을 달라는 요청을 종종 받아요. 매뉴얼로 창의인성을 키운다? 그럴 때면 어쩐지 내가 창의인성교육에 대해 전달을 좀 잘못한 것 같아요."
>
> — 김윤정 한국과학창의재단 창의인재기획단장

창의인성교육에 정해진 틀이나 답이 있을 수 있을까. 창의인성교육 모델학교[4]인 늘푸른중학교(경기 성남시)의 한 교사를 통해 창의인성교육의 실천은 교사의 수업연구에서 시작된다는 것을 알 수 있다. 이 교

---

[4] 창의인성모델학교는 창의·인성교육을 잘하는 학교로서, 타 학교 대상 맞춤형연수를 할 수 있는 학교를 공모를 통해 선정하였다. 현재 전국 95교(초 38교, 중 26교, 고 31교)가 창의인성모델학교로 지정되었다. 창의인성모델학교 명단은 창의인성넷(http://www.crezone.net)에서 확인할 수 있다.

사는 교직생활 10년차로 자신만의 수업방식을 만들고 동일한 패턴을 유지했다. 학생들의 수업에 대한 반응이 그리 좋지 않다는 것은 알았지만, 문제의 원인을 산만한 학생들 탓으로만 돌렸다고 한다. 그러다 1년 전부터 '수업분석실'을 통해 자신의 수업방식을 지속적으로 모니터링하고 개선하는 과정을 거치며 왜 자신의 수업에 대해 학생들의 반응이 없는지 이해할 수 있게 됐다. 수업개선 연구 후 준비를 많이 하게 되니, 예전에 수업시간 10분만 지나면 절반쯤 졸던 아이들이 수업을 즐기는 모습이 나타났다. 그 역시 수업에 보람을 느끼게 됐다.

또 한 가지 사례를 들면, 창의인성 사회과 수업모델 연구팀에 참여했던 신현고등학교(인천 서구) 김소영 교사는 교과연구회를 통해 독서를 활용한 프로젝트 학습을 연구하고 수업에 접목하고 있다. 그가 수업한 프로젝트명 '김정호의 죽음에 관한 의문을 풀어라'는 사회과 '국토와 지리정보' 수업시간을 활용해 진행됐다. 학생 각자는 김정호 전기문을 구해서 읽고, 서로 바꿔 읽으며 '김정호가 백두산을 8번 오르고 전국을 3바퀴 도는 것'이 실제 가능한지, '실제 최초의 지도인지' 등에 대한 의문점을 제기하게 됐다. 학생들은 반박증거를 찾아보며 김정호가 부분적인 답사만 했다는 사실, 최초의 지도는 아니라는 사실 등을 추론해내고 추적 3분, 애니메이션, 연극 등으로 엮어 발표했다. 이런 과정을 통해 학생들은 책도 틀릴 수 있다는 사실과 함께 일제강점기의 역사 왜곡을 바로 잡고 실천하는 애국심을 고취할 수 있었다고 한다.

창의인성교육은 정해진 틀이나 해답이 있을 수 없다. 수업 대상인 학생들의 특성, 수업환경 등 여건에 따라 최적의 수업방식도 변해야 하기 때문이다. 결국 최적의 수업을 찾아내는 것은 교사 개인이다. 끊임없는 수업연구를 통해 수업의 변화, 학교의 변화라는 성과를 이뤄낼 수 있다.

미국 교육계에서 창의교육전문가로 통하는 수지 오 박사(LA Third Street Elementary school 교장)도 2011년 7월 이주호 교육과학기술부 장관을 면담하는 자리에서 "교육의 변화를 위해 학교현장에서 교장의 역할과 교사들의 수업전문성 신장 노력이 무엇보다 중요하다"고 강조했다.

교육과학기술부는 교사들이 자신들의 수업에 직접 활용할 창의인성 수업모델을 개발해 적용하는 '창의인성교과연구회'를 지원하고 있다. 교과연구회는 2010년 397개에서, 2012년 2,118개로 확대하였다. 또한 창의·인성교육을 담당할 현장 교사들의 역량강화를 위해 각 분야 전문가와 교사가 공동 참여하는 체험형 워크숍인 '창의·인성 현장 포럼'을 운영하고 있다. 2010년~2011년 총 23회를 실시하였으며, 2012년도에는 학교폭력 예방을 위해 인성교육 측면을 강화하고 학생과 학부모까지 참여하는 형태로 운영한다. 보다 나은 수업을 위한 교사들의 자발적인 노력이 즐거운 교실을 만드는 디딤돌이 될 것이다.

변화를 위한 학교의 도전, 창의경영학교

우리 사회에서 단위학교 운영의 자율성을 증대해야 한다는 논의가 공론화되기 시작한 것은 1980년대 중반, 당시 교육개혁심의회에서 '10대 교육개혁'의 하나로 '교육행정의 자율화'라는 과제를 설정하면서부터다. 이후 1995년 당시 교육부 업무보고[5]에서 선언적 수준에 머물던 과제를 구체적인 방안으로 현실화하기 시작했다. 실제로 교육현장에 정책이 본격적으로 가시화된 것은 이명박 정부 출범 이후라고 할 수 있다.

교육과학기술부는 단위학교의 자율 역량을 강화시켜 학교교육의 질을 높이고 교육경쟁력을 강화하기 위해, 2008년 1·2단계 학교자율화 추진계획, 2009년 3단계 학교자율화 정책인 단위학교 책임경영체제 구축을 추진했다.[6] 2010년에는 '학교가 잘 가르치도록 지원하는 것이 교육행정의 본질'임을 분명히 하고, '지시·명령 중심의 교육행정을 성과·컨설팅 중심으로 전환'하기 위해 행재정 지원체계를 선진화하는 '단위학교 자율역량강화 종합대책'도 내놓았다.

이명박 정부 들어 가장 역점적으로 추진한 일 중 하나가 교장의 자율권을 보다 많이 보장해준 것이다. 인사, 교육과정, 재정운영의 자율성이 지속적으로 확대됐는데, 특히 재정 분야의 자율화가 괄목할 만하다.

학교의 자율성을 높이려는 중요한 이유는 교육 수요자와 가장 가까이에 있는 학교가 교육 수요자의 요구를 가장 잘 파악하고, 수요에 제

---

[5] 교육부는 당시 업무보고에서 초·중등교육의 자율화와 다양화를 추진하는 방향으로 교육행정을 혁신하기 위하여 학교장 중심의 학교단위 책임운영제를 확립하겠다고 밝힌 바 있다. 학교장 중심의 학교단위 책임운영제는 교육부와 교육청은 기본정책 수립, 조정 및 지원 기능만을 담당하고, 교육과정·학사운영·교육 내용의 구성과 평가방법 등을 결정할 수 있도록 재량권을 학교장에게 부여하는 것이었다.

[6] (1단계) 학교현장을 제약하는 불필요한 지침 즉시 폐지 → (2단계) 유·초·중등교육의 13개 장관권한 업무의 시·도교육청 이양 → (3단계)교과별 연간 수업시수 20%범위 내 증감 가능 (교육과정 편성·운영 자율), 교사 초빙권 20% 부여, 자율학교 확대 등

때 대응할 수 있기 때문이다. 그래야 붕어빵과 같은 학교가 교육 수요자의 요구에 따라 다양하고 특색 있는 학교로 변할 수 있다.

창의경영학교는 학교들이 창의적 역량을 발휘해 각자의 특색을 살릴 수 있도록 교육과학기술부가 재정을 지원하는 학교[7]들이다. 이들 학교는 4개 사업유형별로 부여된 성과목표를 달성하기 위해 유형별 목표에 맞는 맞춤형교육과 공통적인 창의인성교육을 추진하고 있다. 2011년부터 공모를 통해 창의경영학교를 지정('11년 2,699개교, '12년 2,050개교)하여 2,492억원의('11년 1,500억원, '12년 992억원) 예산을 지원하고 있다. 이 학교들은 △사교육 절감을 위한 다양한 프로그램 운영하는 '사교육절감형' △기초학력 향상을 위한 프로그램을 중점적으로 운영하는 '학력향상형' △영어·수학·과학·예술·체육 등 특정 교과에 중점을 두고 프로그램을 운영하는 '교육과정혁신형' △학교별 특화프로그램을 만드는 '자율형' 등 4개 유형으로 구분된다. 창의경영학교로 선정된 학교들은 3년 간 적게는 연간 3,000만 원에서, 많게는 6,000만 원 내외의 재정 지원을 받는다. 교육과학기술부는 사교육절감 등의 성과목표를 제시하고 재정을 지원하되, 가장 기본적인 사항에 대한 연수, 컨설팅 외에는 가능한 학교가 자율적으로 사업을 운영하도록 하고 있다.

단위학교의 자율성이 대폭 강화된 대규모 재정 지원사업은 이명박

---

[7] 2009년부터 추진해오던 사교육 없는 학교, 학력향상중점학교, 고교 교육력제고 사업, 영어중점학교, 과학중점학교, 예술·체육중점학교 등의 사업을 2011년부터 하나로 묶어 창의경영학교지원 사업으로 통합한 것이다.

정부 이전에는 거의 찾아보기 어려운 사업이었다. 그래서인지 사업 초기에는 지원된 예산을 사업목적에 맞게 사용하지 않거나, 예산을 제대로 사용하지 못하는 사례도 가끔 있었다. 그러나 사업 3년차에 접어들면서 학교들은 주어진 '자율'을 어떻게 활용할 것인지를 이해하게 됐고, 학생·학부모들이 공감할 수 있는 교육의 변화를 이끌어내고 있다.

일반고의 변신, "과학고 가지 않아도 신나게 과학 공부해요"

M군은 고교에 진학해 과학과 관련된 공부를 하고 싶었지만, 과학고에 지원하기엔 학교 문턱이 너무 높아 고민이 많았다. 그러던 중 집 근처 신도림고(서울 구로구)가 과학중점학교[8]로 지정됐다는 소식을 들었다. 지정된 학교에서 과학중점과정을 선택한 학생은 수업의 45% 이상을 과학과 수학 과목으로 듣게 된다. 이는 과학, 수학 이수과목 비율이 60% 정도인 과학고보다 낮지만 30% 수준인 일반고보다는 훨씬 높은 비율이다. M군은 신도림고에 진학해 별도로 갖춰진 생물, 화학, 물리, 지구과학 실험실에서 1주일에 최소 2시간 실험수업도 하고, 친구들과 동아리도 만들어 과학과 관련된 정보를 공유하고 있다.

정부는 이처럼 과학중점학교로 지정된 100개 고등학교가 과학기술 인재를 양성하는 산실이 될 것으로 기대하고 있다[9]. 과학영재학교(500

---

[8] 과학중점학교는 교육과정혁신형 창의경영학교 가운데 하나이다.
[9] 2010년 8월 부산지역 과학교사 연수에서 과학중점학교 사업단장인 경상대 손정호 교수는 과학중점학교를 다음과 같이 설명했다. "군대에 비유하자면 과학을 깊게 배우는 과학고는 사관학교에 비유될 수 있고, 과학과 인문사회 과목을 넓게 배우는 과학중점학교는 ROTC와 같은 것이다. 군대에서도 사관학교 출신과 ROTC 출신의 경쟁력에 우월을 찾기가 어렵듯이 일류, 이류의 차이는 없다. 다만 학생의 장래 진로와 선택만이 다를 뿐이다."

여 명), 과학고(1,500여 명)과 함께 과학중점학교에서 매년 8,000여 명의 졸업생이 배출되면 해마다 고교단계에서 과학·수학 교육을 중점적으로 받은 1만여 명의 인재를 키울 수 있다. 과학고 등의 특목고 수요를 완화시키는 효과도 있어, 특목고 과열 경쟁을 낮추고 결과적으로 관련 사교육비도 줄일 수 있을 것으로 기대된다.

창의적 학교경영으로 사교육비 잡는다

항상 오르기만 할 것 같았던 사교육비가 감소하는 학교들이 있다. 바로 사교육절감형 창의경영학교[10]들이다. 2009년부터 사업을 해온 학교(420교)들은 2년간 학생 1인당 월평균 사교육비를 16.4%로 감소[11]시켰고, 사교육 참여율도 사업 전 82%에 이르던 것을 70%로 낮추는

창의경영학교 지정 전 후 학교급별 사교육비 감소 추이

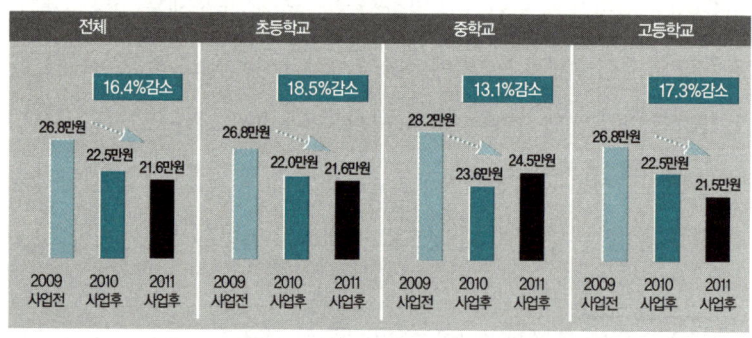

---
10 2009년 '사교육 없는 학교'로 출발했던 학교들이 2011년부터 사교육절감형 창의경영학교로 전환됐다.
11 물가상승률을 감안할 경우, 21.9%가 경감됐다.

성과를 거뒀다. 이들 학교들 중 132교(31.4%)가 사업 목표를 달성했으며, 40% 이상 경감시킨 학교도 69교(16.4%)에 달한다. 어떻게 이런 성과가 가능했을까?

　사교육절감형 창의경영학교인 전일중학교(서울 동대문구)는 주요 과목에 대해 정규 교육과정과 방과후학교를 다섯 개의 수준으로 편성하고, 두 과정을 효율적으로 연계해 방과후학교의 효과를 높였다. 그리고 정기고사 대비 집중 내신 특강반을 운영해 시험기간 중 집중적으로 발생하는 사교육 수요를 학교 내로 흡수하는 노력을 기울였다. 그 결과, 전일중학교는 사업 전 30.6만 원이던 학생1인당 월평균 사교육비를 19.3만 원 경감시키는 놀라운 성과를 거뒀다. 학교의 교육력이 강화되면 자연스럽게 사교육이 줄어든다는 것이 사교육절감형 창의경영학교를 통해 나타나고 있는 것이다.

즐거운 교실 : 학교 가기가 즐거워요!

2011년 5월 2일, 이화여대 삼성홀에 번동중학교(서울 강북구), 관기초등학교(전남 여수시) 학생들로 구성된 오케스트라가 만들어내는 소박하지만 희망 넘치는 멜로디가 울려 퍼졌다. 전국 65개교 학생오케스트라 운영학교의 학교장, 지도교사, 학부모, 후원인이 함께 모여 전국 학생오케스트라 발대식이 열린 자리였다. 이 자리에서 이주호 교육과학기술부 장관은 "학생오케스트라는 아무도 반대하지 않는 사업이다.

학생오케스트라에서 생성된 긍정의 에너지가 우리 학교를 즐겁고 행복하게 바꿀 수 있기를 기대한다"라는 말을 남겼다.

그간 초중등 교육정책이 평준화, 대학입시 등의 이슈에 상당부분 얽매이느라 학교를 행복하게 바꿀 수 있는 '아무도 반대하지 않는 사업'에 대해서는 오히려 적극적인 정책을 펴지 못했다. 그 결과 문화예술, 독서, 체육 교육 분야를 사각지대에 방치해둔 것도 사실이다.

이명박 정부 들어 초중등교육의 핵심 목표로 창의인성교육이 추진되면서 다양하고 풍부한 교육과정이 만들어지고 있다. 특히, 사각지대에 방치돼있던 예술·체육·독서 등의 분야에서 다양한 정책적 시도들이 두드러지고 있다.

문화예술교육을 통한 전인교육, 학생오케스트라

베네수엘라 빈민가 아이들의 꿈의 상징인 LA 필하모닉 오케스트라 상임 지휘자 구스타보 두다멜. 그는 베네수엘라 빈민층 아이들을 위해 36여 년간 지속되고 있는 무상 음악교육 프로그램인 엘 시스테마(El Sistema)가 배출한 음악인이다. 엘 시스테마는 무기 대신 바이올린을 잡게 하고, 폭력의 소음 대신 모차르트를 들려줘, 빈민가 아이들을 건강한 사회 구성원으로 성장시키겠다는 의지로 시작됐다. 이 교육 프로그램은 문화 소외지역의 학생들에게 음악을 통해 예술적 감수성과 재능을 키워주고 인성교육도 겸하는 세계적인 예술교육 사업이다.

우리나라에서도 엘 시스테마와 같은 프로그램의 필요성은 오래전부터 인식돼왔다. 하지만 음악교육의 모범사례로 꼽히는 동평초(부산 부산진구)¹²와 같이 개별 학교 수준에서 사업을 추진해왔을 뿐이었다.

2010년 10월, 베네수엘라 엘 시스테마의 창시자인 호세 안토니오 아브레오 박사와 이주호 장관이 만남의 시간을 가졌다. 우리나라에도 기적의 오케스트라가 새롭게 조명받는 계기가 되는 만남이었다.

"오케스트라는 악기를 연주하는 것 이상입니다. 오케스트라는 그 자체가 하나의 사회입니다. 학생들이 그 속에서 자신의 역할을 다하고 옆의 사람들과 더불어 아름다운 선율을 만들어내는 것 자체가 함께 아름답게 살아가는 것이 무엇인지를 가르쳐줍니다. 한국도 너무 늦지 않았으면 합니다"

아브레오 박사와의 만남 이후, 이주호 장관을 비롯한 교육과학기술부의 모든 직원들이 함께 '기적의 오케스트라 - 엘 시스테마' 영화를 관람했다. 영화 같은 기적을 국내에서도 만들어보겠다는 신념으로 학생오케스트라 사업을 시작하기에 이른다.

2011년 전국 65개 학교에서 학생오케스트라가 조직되었고, 2012년 추가 선정을 통해 총 300개 학교에서 순조롭게 추진되고 있으며, 향후 600교까지 늘릴 계획이다. 학생오케스트라는 저소득층이나 문화 혜택을 받기 힘든 지역의 학교 학생들이 단원으로 참여하고 있다.

---

12 부산 동평초는 기초생활수급자 가정의 자녀가 전교생의 절반에 가까울 정도로 교육여건이 열악한 지역의 학교다. 이 학교에 변화가 일어난 것은 2003년, 음악이 아이들의 정서를 치유한다고 믿었던 당시 고종렬 교장의 열정으로 60여 명의 학생을 대상으로 오케스트라를 조직하면서부터였다. 초창기엔 강당조차 마련이 안 되어 복도와 운동장에서 연주를 해야 했지만, 보름이 지나자 아이들 얼굴에 웃음꽃이 피더니 두 달 만에 악보를 보고 클래식 음악을 연주해냈다고 한다. 학교가 즐거워지면서 문제행동을 보였던 아이들에게서 욕설이 사라지고, 학업성적도 향상되는 성과를 거뒀다. 그로부터 9년이 지나서도 동평초는 음악을 통한 학교 변화의 모범사례로 언급된다.

학생 수가 적어 한 학교만으로 오케스트라를 만들 수 없는 곳은 학교 연합으로 구성하기도 한다. 학생오케스트라 활동은 학생들의 예술적 감수성과 재능, 유대감을 높일 수 있고, 인성 함양에도 크게 도움이 될 것으로 기대하고 있다.

국내 학생오케스트라의 모델이라고 할 수 있는 동평초등학교 홍남희 교장의 자부심 넘치는 학교 자랑이 더 많은 학교에 확산될 수 있었으면 한다.

"이곳 아이들은 1학년 때부터 매일 클래식을 들어왔는데, 얼굴이 차분하고 정서적으로 안정돼있어요. 악기를 배우는 끈기와 집중력은 학력 향상과 연계돼 좋은 시너지 효과를 거두고 있지요. 그리고 수학 문제를 하나라도 더 풀어달라고 했던 학부모들이 이제는 오케스트라 연주에 함께 눈물을 흘리고 자랑스러워하며 학교에 신뢰를 보내고 있습니다. 덩달아 사교육비도 확실히 줄어든 것 같습니다."

학교에서의 예술교육이 학생오케스트라만 있는 것은 아니다. 교육과학기술부는 학생오케스트라 운영 성과와 경험을 바탕으로 2012년부터는 합창, 뮤지컬, 밴드 등 다양한 장르와 분야로 예술교육을 확대해나가고 있다.

즐기는 학교체육, 학교스포츠클럽

체육활동은 체력을 기르는 것뿐 아니라 스포츠맨십, 공동체의식 함양, 두뇌 발달 등에 기여한다는 각종 연구결과가 속속 나오고 있다. 그럼에도 불구하고 입시와 큰 관계가 없다는 이유로 '가장자리' 과목이 된 것은 이미 오래전 일이다. 학교마다 사정은 다르지만 상급학교로 갈수록 체육은 곧 자습으로 이해하는 학교들이 많다. 설령 체육수업을 하더라도 단순한 기능 익히기 위주여서 즐겁지도 않고, 참여를 꺼리는 경우도 많다. 학교체육이 제대로 기능을 못하면서 학생들의 신체활동이 부족해지고 이로 인해 체력이 저하되거나 건강상태가 악화될 우려까지 있다.

최근 들어 학교교육의 주변부로 밀려나있던 학교체육이 다시 되살아나고 있는 것은 다행스러운 일이다. 정부가 학교체육 활성화 정책의 핵심 동력으로 삼는 '학교스포츠클럽[13]'이 활성화되면서부터다. 하나고(서울 은평구)나 언론에 보도된 원종고(경기 부천시) 학생들이 활기찬 학교생활을 하는 것은 공부 스트레스도 풀고, 친구들과의 협동심을 키우는 학교스포츠클럽 활동 때문이라는 평가를 받고 있다.

학교스포츠클럽은 체육수업, 창의적 체험활동 시간, 아침 시간, 점심시간, 토요일 등의 시간을 활용해 자율적으로 클럽을 구성하고 강습과 각종 리그를 제공하는 프로그램이다. 활동 종목은 축구, 야구, 발야구, 배구, 농구 등 학생들이 즐기고 원하는 종목을 중심으로 구성된다.

학교스포츠클럽이 활성화된 학교들에서 나타나는 긍정의 변화들은 학생들의 체력 증진 등 일반적으로 예상할 수 있는 것 이외에도 많다. 원종고에 재학중인 한 학생은 "교과 수업에서 존재감이 없었던 학

---

[13] '학교스포츠클럽'은 체육활동에 취미를 가진 동일 학교의 학생으로 구성되어 운영되는 스포츠클럽을 말한다.

생들도 각자 잘할 수 있는 스포츠를 통해 자신감을 가지게 되면서 학교생활을 더욱 적극적으로 하게 됐다"며 "점심시간, 방과 후 시간을 활용하는 교내 스포츠 리그가 학생 주관으로 운영되면서, 학생들의 자치능력, 기획력 등까지 덩달아 향상되고 있다"고 한다.

특히 교육과학기술부는 중학교의 경우 학교스포츠클럽활동을 교육과정의 창의적 체험활동영역(동아리활동)에 반영하여 모든 중학생이 반드시 이수하도록 교육과정을 개정하였다. 교육과정에 반영된 학교스포츠클럽 활동은 기존 체육시간과는 달리 학생 스스로 좋아하는 종목의 스포츠클럽을 선택하여 수강하며, 흥미나 수준이 비슷한 수준의 학생들과 함께 특정 종목을 배우고 즐길 수 있는 활동이 된 것이다.

나아가 학교스포츠클럽 대회를 학교, 지역, 전국단위로 개최하여 학생 축제의 장을 열고, 학교스포츠클럽 활동 실적을 누가 기록하여 고입·대입에 반영하게 되었다.

과거에는 시험 잘 치는 학생들을 명문대에 진학시키면 명문학교라는 말을 들었다. 이제는 전인적인 인재를 양성하는 곳이 명문학교이다. 전인적 인재를 양성하려면 '지식'에만 치우진 교육이 아닌 건강하고 바른 '정신'과 '신체'를 위한 교육에도 힘을 기울여야 한다. 학교스포츠클럽 활동은 신체뿐 아니라 정신 건강을 위해서도 중요한 교육활동이 되고 있다.

독서체험활동 및 교과독서 확대로 자기주도학습 및 소통·공감 능력 함양

좋아하는 책을 마음껏 읽으면 자란 아이는 책읽기가 얼마나 즐거운 일인지를 스스로 깨닫게 된다. 이런 아이는 굳이 자기주도학습이나 인성을 강요하지 않아도 스스로 문화적 감수성을 키우고 학습 능력을 높여 사회의 지도자로 성장한다는 것은 익히 알려진 사실이다. "오늘의 Reader가 내일의 Leader가 된다"는 말은 결코 허언이 아니다.

이에 교육과학기술부는 창의인성교육, 자기주도학습의 출발점은 독서임을 강조하고 있으며, 각계 전문가들과 현장의 의견을 토대로 독서활동이 학교와 지역사회에서 자율적으로 이루어지도록 다양한 정책을 펼치고 있다.

우선 새로운 지식·정보 획득에 초점을 둔 '학습 독서'에서 벗어나 학생들이 선생님이나 친구들과 함께 읽고, 이야기 나누는 과정 속에서 독서의 즐거움을 온몸으로 느낄 수 있는 소규모 동아리 중심의 체험활동을 활성화하고 있다.

서울 봉원중학교 도서관에서는 마음 맞는 친구들끼리 모여서 자유롭게 주제를 정해서 책을 읽고 이야기를 나누는 학생 독서동아리 37개 팀이 활동 중이다. '책과는 담을 쌓았다'는 아이들이 독서 동아리 활동을 한 이후 '책을 즐기면서 읽게 되었고, 남 앞에서 말을 잘하지 못했는데 발표력도 몰라보게 좋아졌다'고 말한다. 학부모들도 도서관을 중심으로 독서 동아리 활동을 하고 있는데 33명의 학부모가 두 팀으로 나눠 동아리 활동을 하고 있다. 한 번 모이면 2시간이 훌쩍 지나도 토론이 끝나지 않아 식사 자리에서도 토론을 하곤 하는데 동아리 활동을 시작한 후, 자녀와의 소통도 더욱 활발해졌다고 한다. 교사 독서동아리도 있어 15명의 교사가 동아리 활동을 하고 있다.

이렇듯 학생, 교사, 학부모 모두가 독서를 통해 지식과 생각을 나누고, 다른 사람과 진정으로 소통하는 즐거움을 느낄 수 있도록 지속적으로 '즐거운 독서' 경험을 제공하는 것이야말로 교과부가 지향하는 새로운 독서교육 비전이라 할 수 있다.

이외에도 일상생활에서 책 읽는 시간을 내기가 어렵고 또 어떤 책이 좋은 책인지를 선택하기 어렵다는 학생들의 고민을 해결하기 위해 학교생활 속 교과독서를 확대하고 있다. 교과독서란 수업 시간에 교과와 연계된 책을 읽고 이야기하는 과정 속에서 교과의 지식을 배우고 또 생각을 키워나가자는데 중점을 두고 있다.

"책을 읽으면 읽을수록 좋다는 건 알지만 넘쳐나는 신간 도서들을 보면서 정작 무엇을 읽어야 할지 난감했다. 지금 당장 청소년 시기에 읽으면 좋을 책들을 학교 수업 시간에 읽을 수 있었다는 것은 뜻밖의 행운이었다. 특히 『모두가 아름다운 아이들』은 선생님의 추천이 없었다면 절대 안 읽을 책이었는데, 그 책을 읽을 수 있어서 정말 감사하다."

매주 1시간 '국어시간에 책읽기'를 경험한 고등학교 1학년 학생의 소감이다. 공부에 지친 학생들에게 매주 1시간 책읽기는 공부인 동시에 휴식이고 감동이었으며 위로가 되어주었다.

많은 사람들이 요즘 학생들은 책을 읽지 않는다고 걱정을 한다. 그래서 억지로라도 읽혀야 한다는 의견도 많다. 그러나 강요하는 독서는 힘이 약하고, 지속성이 부족하다. 학생 스스로 책읽기의 즐거움을 느낄 수 있는 기회, 책 이야기로 친구와 소통하고 공감하는 경험을 가질 수 있을 때 비로소 평생 독자가 될 수 있는 힘이 생겨난다. 자발적인 독서동아리와 교과독서 활성화로 강요되지 않은 독서, 스스로 즐길 수 있는 독서문화를 조성하고 지원하는 것이 바로 교육과학기술부의 새로운 독서 정책 기조이다.

자율과 책임으로 변화하는 학교문화

강의와 교수법에 일가견이 있다고 자부하는 한 사범대 교수가 스승의 날 자녀가 다니던 중학교 1일 교사로 수업을 진행한 후 학교 교사들을 존경하게 됐다는 내용을 어느 신문 칼럼에서 본 적이 있다. 10분이라도 아이들의 주목을 끌어야 했는데 흥미로운 수업은커녕 혼자 떠들다가 나온 후 심한 열패감을 느꼈다는 것이다. 수업보다 전투에 임하는 비장한 전사를 떠올리게 하는 어느 중학교 여교사의 고백도 떠오른다.

"출석을 부르고, 자는 아이 깨우게 하고, 이어폰 빼게 하고, 휴대전화 끄게 하고, 교과서 꺼내게 하고, 수업 중에 못 떠들게 하고, 그러다 또 다시 자는 아이 깨우고…. 이건 수업이 아니라 차라리 전투예요."

수업이나 생활지도의 어려움은 물론이고, 최근 들어 부쩍 심각해진 학생들의 욕설문화, 졸업식 알몸 뒤풀이, 교사 폭행 등 학교의 어두운 면들이 언론에 오르내리고 있다. 이 같은 병폐는 다양한 원인이 있겠지만 우선 교사와 학생 간의 소통 문제를 들 수 있다. 교사는 체벌·언어폭력 등 비교육적 훈육방식에서 벗어나 요즘 학생들의 의식과 행동방식을 이해하고 소통하는 학교문화를 만들지 못한 것이 원인이 될 수 있다. 또한 학생들의 욕설·폭력 등 일탈행동은 일시적 현상이 아니라 가치관의 붕괴, 올바른 인성의 부재에서 기인한 면도 없지 않다.

학교문화에 대한 사회적 우려가 점차 확대돼왔지만 그간의 대응 방식은 발생한 문제에 대해서만 부분적으로 대응할 뿐 총체적인 학교문화 개선 의지는 부족했다. 이에 정부는 2010년 9월 '체험과 실천 중심의 민주시민교육 활성화 방안'과 2011년 1월 '인성 및 공공의식 함양을 위한 학교문화 선진화 방안'을 잇달아 내놨다.

학교문화는 학교공동체의 구성원인 학생·학부모·교원에 의해 만들어진다. 특히 학생들의 학교생활 과정이 학교문화의 핵심이다. 정부는 학교생활 전반에 학생의 참여를 확대해 학교생활규칙 등 학생들의 일상에 관련된 사항들은 학생들 스스로 정하고 지키도록 하고, 졸업식·입학식·학교축제 등의 각종 학교행사도 학생들이 주도적으로 기획하고 준비할 수 있도록 권장하고 있다. 학교문화가 하루아침에 바뀌기는 어렵지만 학교문화 선진화 방안이 추진되면서 학교현장의 변화도 가시화되고 있다.

축제의 장으로 변모하는 졸업식 문화

학교현장의 변화는 졸업식에서 우선 찾아볼 수 있다. 매년 반복되던 교복 찢기, 밀가루 뿌리기, 계란 던지기 등의 졸업식 뒤풀이가 최근 들어 바다에 빠뜨리기, 알몸 뒤풀이 등 자극적·폭력적 방식으로 강도를 높이고 있다. 이명박 대통령도 직접 "최근의 졸업식 행태는 하나의 '사건'이 아니라 잘못된 '문화'이므로 적극적으로 대책을 강구해야 한다"

고 언급하기에 이른다. 교육과학기술부는 건전한 입학·졸업식 문화 조성을 위해 '학교문화선도학교'를 운영하고 경찰과의 협력을 통해 적극적인 예방활동을 펴나갔다. 그 결과 2011년도 2월의 졸업식 풍경은 예전과 달리 폭력적 졸업식 문화 대신 축제 형태의 졸업식이 많아졌다.

동성중학교(충남 천안시)는 모든 학생이 졸업식의 주인공이 되도록 기획했다. 졸업 가운을 단정하게 입고 자신의 사진이 스크린에 비치는 무대에 올라 졸업장을 받아 학생 한 명 한 명이 졸업의 의미를 되새기고 새 출발을 다짐하는 계기를 만들었다.

성산고(대구 달서구)에서는 졸업식 앞뒤와 중간에 다양한 음악 공연이 펼쳐지는 문화행사로 졸업식을 꾸몄다. 대구 현대윈드 오케스트라 초청 연주, 졸업생의 추억을 담은 UCC 상영, 교사 합창 등 재학생과 졸업생이 함께 어우러지고 학부모와 교사, 지역사회가 함께 하는 신나는 대동제의 졸업식이었다.

스스로 정하고, 실천하는 민주시민으로 성장

여러 학교에서 특색 있는 교육목표와 전통이 반영된 다양한 학교규정을 학교 구성원들이 직접 참여해 제정하고 준수하면서, 학교생활 과정에서 민주시민으로서의 습관을 키우고 있다.

한울중학교(서울 금천구)는 교사, 학부모, 학생들이 함께 '학생의 권리와 책임에 관한 생활 지도 규정'을 만들어 학생들이 잘못했을 때 체벌 대신 '마음에 말걸기'로 정한 성찰교실을 이용하도록 하고 있다. 이 교실에 가는 학생은 해당 교사에게 '사랑의 쪽지'를 쓰고 교사는 쪽지에 답글을 정성껏 달아준다. 교사와 학생 간 소통이 자연스레 이어져 생활 개선에서 효과를 보이고 있다.

또한 학생들의 잘못된 행동에 대해 교사가 일방적으로 지도하는 것이 아닌 스스로 정한 규칙에 따라 '학생자치법정'에서 되돌아보게 해 학생들이 스스로 규율을 지켜가는 문화도 만들고 있다. 학생자치법정에는 학생들이 배심원단으로 참여해 잘못한 학생의 벌점에 대해 토론을 벌이고, 그 결과를 바탕으로 최종 벌칙을 부여한다.

벌칙을 받은 학생들은 대부분 "나를 잘 이해하는 친구들에게 판결을 받으니 쉽게 수긍할 수 있다"는 반응을 보인다고 한다. 학교공동체의 구성원으로 어떤 규칙을 지켜야 하고, 규칙을 지키지 않을 경우 정해진 절차에 따라 벌칙(징계)을 받는 과정을 경험하고 있다. 이 과정을 통해 학생들은 민주시민으로 지녀야 할 공동체 책임의식, 준법정신을 자연스럽게 익히고 있다.

최근 일부 교육청에서 제정된 학생인권조례와 관련해 "교권과 학생인권이 충돌된다", "교권이 훼손되고 있다"는 등 현장의 어려움을 호소하는 사례가 늘고 있다. 이 같은 표현은 자칫 권리 다툼으로 비춰질 수 있으므로 더 큰 틀인 '학교문화 선진화' 차원에서 접근해 근본적인 변화를 이끌어내야 한다. 학생지도의 문제는 획일적 기준이 아닌 교사, 학생, 학부모가 함께 규율을 만들고 준수하는 과정에서 해결의 실마리를 찾을 수 있을 것이다. 학생의 인권과 교사의 교권을 강조하기 이전에 학교와 교육 본연의 역할을 먼저 되새겨봐야 한다.

넓어지는 교실 : 학교 밖에서도 배워요!

창의적 체험활동으로 생생한 지식을!

"인천 ○○고등학교의 '세이블스' 동아리는 생태탐사, 환경캠페인, 녹색성장 관련 활동을 하는 동아리로서 특히 멸종 위기 동·식물 보호와 생물 다양성 보존을 알리고 지구 온난화를 막기 위한 저탄소 운동을 실천하고 있다. 문산여자고등학교의 '해바라기' 동아리 역시 지구온난화의 심각성을 널리 알리고 환경의 중요성을 학생들에게 인식시키는 등 지구지킴이로서 에너지 절약을 실천하고 있다. 이들은 2011년에 열린 제1회 창의체험페스티벌 동아리 전시로서 지구 장례식 퍼포먼스와 함께 재생용품을 전시하기도 하였다."

그간 동아리 활동은 학교교육의 한 부분이었지만 대부분의 학교에서 형식적으로 운영된 측면이 있다. 그러나 2009 개정교육과정에서 창의적 체험활동이 강조되면서 동아리활동과 교과활동이 밀접하게 연계되는 등 동아리 활동이 학교교육의 중요한 부분으로 자리 잡고 있다.

교과서에 나열된 역사적 사실들을 반복해 외우는 교육과 박물관에 전시된 유물이나 유적들을 실제로 보면서 문화유산해설가의 설명을 들으며 오감으로 체험하는 교육. 어떤 것이 바람직한 교육인지는 누구나 확연히 알 수 있다. 그러나 이제까지 콩나물 교실에서는 체험형 교육을 하는 것이 너무도 어려웠다. 그저 소풍이나 수학여행, 일 년에 한두 차례의 단체 견학 등이 어쩌면 체험형 교육의 전부였을 것이다.

그러던 것이 2009 개정교육과정의 도입을 통해, 그간 학교교육의 부가적 활동으로 치부되던 다양한 체험활동들이 당당하게 교육과정으로 자리 잡기 시작했다.

"교실수업에서 한 방향으로만 가르치는 수업에서 벗어나 사회, 공공기관, 기업 등에서 다양한 경험을 하며 학생들의 꿈을 녹여낼 수 있는 쌍방향 수업이 이뤄지고, 학생이 자기주도적 생산적 학습을 할 수 있다."

대구광역시교육청 김차진 창의적 체험활동 지원단장은 사회의 다양한 기관이 참여하는 체험형 교육의 중요성을 강조한다. 그의 말처럼 기존 주입식 교육에서 벗어나 창의인성교육을 하기 위해서는 창의성의 중요 요소인 경험과 호기심, 몰입, 상상력 등을 끌어올리는 여건이 마련돼야 한다.

창의적 체험활동은 제7차 교육과정과 2007 개정교육과정의 재량활동 중 창의적 재량활동과 특별활동을 통합한 교과 외 활동으로, 2009 개정교육과정의 핵심내용 중 하나다. 자율활동, 동아리활동, 봉사활동, 진로활동 등을 통해 개인의 소질과 잠재력을 계발·신장하는 것은 물론, 자율적인 생활 자세와 타인에 대한 이해를 바탕으로 세계시민이 갖춰야 할 공동체의식을 높이는 것을 목적으로 한다.

창의적 체험활동이 활성화되려면, 다양한 체험활동을 학교 안팎에서 체계적으로 할 수 있는 여건이 마련돼야 한다. 기업, 출연(연), 대학, 정부부처, 지역사회가 보유하고 있는 첨단 장비 및 시설, 인적자원 및 자연자원 등을 학교교육의 장으로 활용할 필요가 있다. 이런 관점에서 창의적 체험활동은 학교를 넘어 지역사회의 인적·물적 자원을 학교교육 과정과 연계시키는 학교와 지역사회의 협동교육과정이라 할 수 있다.

교육과학기술부는 이를 지원하기 위해 창의적 체험활동에 활용 가능한 지역의 모든 자원들이 체계적으로 수록된 '창의체험자원지도Creative activity Resource Map; CRM'를 개발했다. '창의인성교육넷'에서 지역별, 주제별, 영역별로 자원들을 활용하는 체험 프로그램을 안내하고 있다.

학교를 변화시키는 힘, 교육기부

팀프로젝트 등 교과특성을 살린 수업을 하고, 학생의 진로와 특성에 맞춘 체험활동과 다양한 방과후학교 프로그램을 운영하기 위해서는 현재의 학교 시설이나 교육프로그램, 인력만으로는 한계가 있다. 그 한계를 극복하는 길이 바로 사회가 보유한 다양한 자원을 교육에 적극 활용하는 '교육기부'Donation for Education[14]이다. '아이 한 명을 키우는 데는 마을 전체가 나서야 한다'는 속담이 있다. 사회 구성원을 제대로 키우려면 학교나 교육당국만이 아닌 가정이나 지역사회, 국가

---

14 '교육기부'는 기업·대학 등이 보유한 물적·인적자원을 유·초중등 교육에 대가없이 제공하는 것으로서, 기부금품을 제공하는 것도 가능하지만 그보다는 교육 프로그램이나 콘텐츠 제공, 교육에 활용할 수 있는 장비나 시설의 제공, 개인이 가지고 있는 재능을 나누어 주는 것 등이 기부의 주요 대상이다.

전반에 걸쳐 그 책임과 역할을 나눠 가져야 한다는 의미이다.

　교육기부는 대통령 주재 제3차 교육개혁대책회의 안건[15]에서 제기됐고, 2011년부터 교육기부 활성화를 위한 캠페인과 사업들이 본격 추진되고 있다. 우선 교육과학기술부 장관부터 주요 기업들을 방문해 교육기부를 설득하고, 교육기부 참여를 이끌어내고 있다. 이러한 노력의 결과, 2012년 8월 현재 교육과학기술부와 교육기부 활성화를 위한 업무 협약MOU을 체결한 기업 및 경제·금융단체, 협회, 출연연구소, 공공기관 등은 73개 기관에 이르고, 이들은 각자의 주력 분야에서 특화된 자원과 프로그램을 바탕으로 교육기부를 적극 실천하고 있다. 주목할 만한 몇 가지 교육기부 사례를 살펴보자.

　한국지질자원연구원은 지질자원 분야의 최신 기술, 지식 등을 활용해 교사와 학생을 위한 다양한 캠프를 열고 있다. '크리에이티브 지오 에듀캠프Creative Geo Educamp—창의체험교실'에 참가한 학생들은 암석 만들기 체험, 현미경에 나타난 아름다운 광물, 지질박물관 탐방 등 다양한 체험을 하고 있다. 체험프로그램뿐 아니라 암석과 광물의 원리를 쉽게 설명하는 현장 강연과 창의적 사고를 키우는 토론도 진행된다.

　항공기 제작회사인 ㈜한국항공우주산업KAI이 보유한 시설과 인력으로 제공하는 '에비에이션 캠프Aviation Camp'도 있다. 에비에이션 캠프는 T-50기 등 회사가 생산하는 실제의 첨단 제품을 가지고 제품

15　창의성과 인성 함양을 위한 교육방법·평가 개선 방안(2010.5)

속의 수학과 과학의 원리를 소개하는 캠프이다. 캠프에 참여한 교사와 학생들은 캠프를 위한 전용 공간인 '에비에이션 센터Aviation Center'에서 각종 항공과학 원리의 작동모형 및 시뮬레이터를 직접 체험해 볼 수 있다. 또한 캠프에 참가한 교원은 항공기 동체 생산과 조립과정을 보며 그 과정에 쓰이는 과학원리를 수업에 접목시키는 수업과정안까지 제공받는다.

최근에는 대기업들이 대학생 멘토링을 활용하여 교육취약계층을 지원하는 교육기부 모델을 제시하여 반향을 일으키고 있다. 삼성사회봉사단은 '드림클래스' 프로그램을 통해 저소득층 중학생에게 방과후학교 교과학습지도를 무료로 제공하고 있으며, 현대차정몽구재단은 '온드림스쿨' 프로그램을 통해 농어촌 초·중학생에게 멘토링학습, 친환경 교육 등 토요프로그램을 무료로 제공하고 있다.

교육과학기술부는 이처럼 교육기부에 참여하는 기업, 대학, 출연(연), 공공기관 등의 노력을 결집하여 2011학년도 겨울방학 동안 학생·학부모·교사에게 교육기부 프로그램을 집중적으로 제공하였다. 총 108개 기관이 참여하여, 교원연수, 학생대상 창의적 체험활동, 진로교육, 교과활동 등의 109종 프로그램을 개설·운영하였으며, 약 2만 6천 명의 학생과 교사가 교육기부를 직접 체험하였다. 교육과학기술부는 겨울방학 프로그램의 성공적인 운영 경험을 바탕으로 매년 여름·겨울방학마다 교육기부 프로그램을 학생과 교사들에게 집중적으로 제공하고 체계적으로 안내할 계획이며, 2012년 여름방학에는 총 959여종의 교육기부 프로그램을 선보였다.

아울러, 교육기부에 대한 관심과 인식을 한 단계 제고하고, 그간의 교육기부 성과를 사회적으로 공유하기 위하여 2012년 3월에 '2012 대한민국 교육기부 박람회'를 개최하였다. 교육기부 박람회는 국내 최초의 전국 규모 교육기부 행사이자, 기업·대학·출연(연)·공공기관·각종 단체·개인 등이 다함께 어우러진 교육기부 축제의 장이라는 점에서 주목을 받았다. 교육기부 박람회는 2012년 3월 16일부터 18일까지 3일간 일산 킨텍스에서 개최되었는데, 50개 기업, 21개 대학, 20개 공공기관 등 총 131개 기관이 참여하고, 학생·학부모·교사 등 약 8만 명이 관람하였다. 특히 3월 16일 개막식 당일에는 사회 각계 각층이 참가하고 이명박 대통령이 직접 참여하여 격려하는 가운데 전 사회의 교육기부 동참을 다짐하는 '교육기부 공동체 선포식'이 개최되었다. 이러한 교육기부 공동체 선포식과 2012 대한민국 교육기부 박람회는 교육기부의 중요성과 의의를 널리 알리고 사회적 관심을 높이는 좋은 계기가 되었다.

한편, 2012년 7월에는 교육기부에 참여하는 전국 대학생들이 자발적으로 모여 '대한민국 대학생 교육기부단'을 창단하였다. 이로써 기업을 중심으로 추진되던 교육기부는 젊음과 패기가 넘치는 대학생들이 대거 참여함으로써 한층 다양해지고 활기를 띠게 되었다.

대한민국 대학생 교육기부단은 2012학년도 여름방학에 창의적 체험활동 '쏙쏙캠프 SOC SOC Camp, Story Of Creativity, Story Of Camp'를 신규로 개설·운영하였다. '쏙쏙캠프'는 대학생 교육기부 동아리가 방학을 활용하여 2박3일간 초·중학교를 방문하여 다양한 창의적 체험활동

프로그램을 운영하는 캠프이다. '쑥쑥캠프'를 통해 대학생들은 가르치는 보람을 얻고 리더십 및 협동심을 함양하며, 어린 학생들은 대학생 언니, 오빠와 함께 다양한 체험활동을 하면서 꿈과 희망을 키울 수 있다.

'쑥쑥캠프'에 참여한 신영초등학교의 김인아 교장선생님은 "어린 학생들과 교감이 잘 되는 대학생들이 직접 창의적 체험활동 프로그램을 기획·운영함으로써 아이들이 상상력과 창의력을 키울 수 있는 좋은 계기가 되고 있다"며 큰 기대감을 나타냈다.

학부모의 교육기부도 학교에 활력을 불어넣는 또 하나의 소중한 교육자원이다. 학부모의 학교 참여가 교육자원이 된 것은 이명박 정부에서 본격 추진한 학부모 지원정책에 힘입은 바 크다. 과거 학부모들이 교실청소, 급식당번 등 강제적 노력봉사에 동원되던 잘못된 관행을 없애고, 학부모의 전문성을 교육적 자원으로 활용해 학교 교육활동을 풍성하게 만들고 있다. 특히, 최근에는 학부모가 자신의 지식과 기술 등을 직접 학교에서 학생들에게 시연하고 교육하는 과정을 통해 학교교육을 보완하는 역할을 하기도 하며, 교사와의 협의를 통해 창의체험활동과 진로교육 등을 지원하기도 한다.

100여명이 조금 넘는 소규모학교인 한산초(충남 서천군)의 '1·2·3세대 재능기부'는 한부모 가정, 조부모 가정을 섭외하여 다양한 교육기부 프로그램을 운영하여 다른 학교의 귀감이 되고 있다. 아버지 교육기부는 스포츠, 농장 활동, 과학실험 등 아버지와 함께 할 수 있는 프로그램을 구성하고 운영하며, 어머니 교육기부는 독서지도, 요리, 돌봄 교사 등의 활동으로 운영된다. 또한, 조부모 교육기부는 조손가정의 조부모님을 우선적으로 모셔서 두부, 된장 담그기 등의 전통문화를 시연해 보임으로써 조손가정 아동의 자존감을 높이고 지역공동체의 어르신들의 위상을 높이는 계기가 되었다. 특히 지역사회 어르신들도 참여하여 학교와 지역사회가 함께 하는 기회를 가지고 공동체의식 함양을 유도함으로써, 교육기부가 교육수준이 높고 전문직을 가진 학부모만 가능하다는 선입견을 지양하고 가능한 많은 학부모가 참여할 수 있는 기회를 만드는 것이 중요함을 보여 주었다.

교육과학기술부는 교육기부를 더욱 활성화하고 범사회적으로 확산하기 위하여 교육기부 프로그램을 한층 다양하게 만들고[16], 안정적인 운영이 되도록 지원 체제를 마련하고 있다. 우선 다각적인 캠페인을 통해 교육기부 공감대 및 참여 분위기를 조성하고 있다. 또한 상시적 컨설팅을 통해 기관 고유의 특성을 살리며 학생과 교사의 수요에 부합하는 맞춤형 교육기부 프로그램 개발·운영을 지원한다. 아울러, 교육기부 사업 안내 및 프로그램 정보 제공을 위한 포털사이트 (www.teachforkorea.go.kr)를 구축하여 운영하고 있다. 교육기부 포털사이트에는 '온라인 교육기부 매칭' 기능을 강화하여 교육기부 수요와 공급간의 효율적인 연계가 가능하도록 하였다. 한편, 교육과학기술부는 교육기부 경험이 있고 열의가 강한 주요 기업, 출연(연), 대학

---

16 2011년의 경우 대학생 멘토링, 전문경력인사 멘토링 등 10대 사업에 이어, 2012년에는 '2012 대한민국 교육기부 박람회' 개최, 대한민국 대학생 교육기부단 창단, 2012학년도 여름방학 교육기부 프로그램 등을 추진 중이다.

생 동아리, 대학·학부모단체·직능단체 등이 중심이 되어 교육기부 참여 권장, 교육기부 경험과 노하우 공유 등 각종 교육기부 사업을 지원하는 자발적인 협의체가 구성될 수 있도록 노력하고 있다.

또한 교육과학기술부는 우수한 교육기부 프로그램을 제공하는 기업·기관·동아리 등에게 '교육기부 인증 마크'를 부여하고 있다. 교육기부에 대한 일종의 '감사마크'인 셈이다. 이러한 교육기부 인증 마크제를 통해 교육기부 우수사례를 전파함으로써 바람직한 교육기부의 기준을 제공할 수 있고, 교육기부에 참여하는 기관 등에 대해서는 사회적으로 칭찬하고 격려함으로써 이들의 교육기부 참여 동기를 더욱 제고할 수 있다.

이와 함께 교육과학기술부는 그간 중앙 차원에서 주도한 교육기부를 전국적으로 확산하기 위해 지역 단위로 교육기부를 활성화하고자 한다. 이를 위해 지역 내 "경제단체-지방자치단체-교육청"의 협력 체제를 구축하여 지역의 특성과 여건에 맞는 교육기부를 활성화할 계획이다. 또한 지역 단위 교육기부 박람회를 릴레이로 개최하여 현재 수도권에 집중된 교육기부 자원과 관심을 지방으로 확산할 것이다

흔히 교육은 백년지대계百年之大計, 미래에 대한 투자라고 한다. 사람이 할 수 있는 가장 보람 있는 행동 중 하나는 내가 가진 것을 남과 나누는 것이다. 그런데 여러 종류의 기부나 나눔 중에 '교육기부'는 미래 세대를 위한 가장 보람 있는 나눔 활동이 아닐까 한다. 교육기부는 교육당국만으로는 제공할 수 없는 다양하고 수준 높은 교육자원을

확보해 교육의 질을 높이는 데 크게 기여하며, 학생들에게 배려와 나눔의 가치를 느끼고 실천할 수 있게 하는 생생한 교육적 체험의 역할도 할 수 있기 때문이다.

주5일제 수업으로 가정-사회-학교가 함께하는 교육

주5일 수업제는 2011년 6월 전면 자율 도입계획 발표 이후, 2012년 3월부터 시행되어 전국 초·중·고교의 99.6%인 11,451개교에서 도입 운영되고 있다. 주5일 수업제는 2011년 7월 부터 5인이상 사업장까지 주40시간 근무제를 확대 시행하면서 부모와 자녀가 함께 할 수 있는 시간을 확대하여 건전하고 바람직한 여가문화를 정립하고, 학생들에게 다양한 체험활동 학습 환경을 제공함으로써 창의성 및 인성을 함양하기 위해 도입되었다.

1998년부터 논의를 시작한 이래 관련 법령 개정, 2004년부터 주5일 수업 월 1~2회 시범운영, 2006년부터 월 2회 실시 등 12년간 단계적 도입과 사회적 합의를 거쳐 전면 자율시행에 이르게 되었다.

주5일 수업제는 '학교에 가는 날을 줄인다' 라는 단순한 의미가 아닌 '학습의 장을 가정과 지역사회로 넓힌다' 는 중요한 메시지를 담고 있다. 즉, 과거의 '갈토' 가 '놀토' 로 바뀌는 것 이상이라는 뜻[17]이다.

앞서 언급했듯이 21세기의 학교는 예전과 같은 사회의 지식을 독

---

[17] 월 2회 격주로 주5일제수업이 시범 운영되면서 학교를 안가고 노는 토요일을 '놀토' 로, 학교 가는 토요일은 '갈토' 로 지칭되었다.

점하는 유일한 학습 공간이 아니다. 학교 밖에서 다양한 체험을 통해 학교 안의 지식을 보완하고 확장할 때 창의적 학습이 촉진될 수 있다. 앞으로도 학교가 교육의 중심이라는 것은 변함없겠지만 지역사회, 가정, 유관기관들이 교육 역할을 분담하고 지원해주지 않으면 학교가 제대로 기능하기 어려운 것이 현실이다. 학생들이 학교에서 하기 힘든 다양한 교육활동을 학교 밖에서 할 수 있도록 제도적 기반을 마련한 것이 주5일 수업제의 가장 큰 의의라고 할 수 있다.

주5일 수업제 전면 자율시행을 앞두고 교육계 안팎의 시각은 대체로 긍정적이었다. 하지만 저소득층, 맞벌이 가정 등의 '나홀로 자녀'대한 우려의 목소리도 있었다. 이에 정부는 2012년 3월 『주5일 수업제 토요프로그램 운영 활성화 방안』[18]을 발표하였다. 이를 통해 학교 안팎의 토요프로그램을 활성화하여 '나홀로 자녀'에 대한 우려를 완화시키고 토요일은 스포츠 및 문화예술활동, 다양한 창의체험활동을 하는 시간으로 정착될 수 있도록 지원하고 있다.

2012년 3월 주5일 수업제가 전면 시행된 이후 전반적으로 학교와

---

18 교육과학기술부가 발표한 『주5일 수업제 토요프로그램 운영 활성화 방안』의 주요 내용은 다음과 같다.
　① 토요 돌봄교실 확대 : 수요가 있는 경우(특히 저소득층) 전부 수용
　② 토요 방과후학교 확대 : 초·중학교의 예체능 및 특기적성 프로그램 무료 제공 지원
　③ 토요 스포츠데이 운영 : 학교별 학교스포츠클럽 운영 및 교육지원청 단위 리그 운영('12년 4,134교)
　④ 토요 문화예술동아리 : 정부 지원 토요 문화예술동아리 확대('12년 1,943교 51,000명 지원)
　⑤ 교육복지우선지원사업 지원 확대 : 저소득층 학생에 대한 프로그램 수강료 및 중식비 등 지원
　⑥ 학교밖 체험활동 지원 및 종합안내 서비스 강화 : 창의인성교육넷(crezone.net) 프로그램 확대

지역사회 토요프로그램에 대한 학생 참여율은 매월 증가하여 2012년 9월 8일 기준 약 250만명(37.1%)의 학생들이 참여 중이며 토요프로그램 참여를 희망하는 학생들의 수용기반이 확립된 것으로 나타났다.

학교가 자율적으로 운영하는 토요스포츠데이, 문화예술동아리 등 학교 토요 프로그램[19]도 활성화되는 추세다. 지자체, 기업, 대학 등 지역사회가 운영하는 토요 프로그램[20]도 매월 확대되고 학생 참여율도 계속 증가하고 있다.

교육과학기술부는 앞으로도 주5일 수업제 정착을 통해 학생들이 토요일을 학업 스트레스를 해소하고 인성을 함양할 수 있는 기회로 활용할 수 있도록 체육, 문화예술 등 다양한 특기적성 활동 및 체험활동을 할 수 있는 여건을 지속적으로 마련해 나갈 계획이다.

이를 위해 학교에서 '토요스포츠데이' 운영을 확대하고, 서양음악·국악 분야 학생 오케스트라 운영 지원, 토요예술강사 배치 지원, 중학생 예술 동아리 지원, 사제동행 독서 동아리 지원 등 토요 문화예술 동아리를 적극 지원한다. 아울러 취약계층 학생들이 재정적인 부담없이 각종 토요프로그램에 참여할 수 있도록 초·중학교 토요 방과후학교 예체능 및 특기적성 분야 프로그램 무료 운영을 지원한다.

교육취약계층에 대해서는 토요프로그램 우선 선발, 무료 참여,

---

19 학교 토요프로그램 학생 참여율 증가 추이 : (3.31) 21.1% → (5.26) 25.2% → (7.14) 24.3% → (9.8) 25.4%
20 지역사회 토요프로그램 학생 참여율 증가 추이 : (3.31) 3.0% → (5.26) 9.2% → (7.14) 10.7% → (9.8) 11.7%

학생별 토요일 활동계획서 관리 등을 통한 집중 지도 등 특별한 관심을 가지고 지도함으로써 창의체험 활동에 소외되는 일이 없도록 지원한다.

주5일 수업제는 학교의 수업일을 주6일에서 주5일로 한다는 단순한 시간 감축의 의미를 넘어 부모와 자녀가 함께할 수 있는 여가문화 조성을 통하여 삶의 질을 향상시키는 것으로, 기존의 학교 중심의 교육의 장을 학교 밖으로까지 확대한다는 의미를 포함하고 있다. 이러한 측면에서 교육과학기술부는 지역사회와의 협력, 교육기부 확대, 가족 단위 참여활동 활성화, 우수사례에 대한 적극적인 정보제공 등을 통해 가정과 사회, 학교가 함께 하는 건전한 토요문화 조성을 위해 앞으로도 노력할 계획이다.

선진국에서는 주5일 수업제를 이미 오래전부터 시행하고 있다. 사교육비 증가, 학력저하, 토요 수업 대체 프로그램 부족 등 부작용을 경험한 다른 나라의 사례도 있지만, 미국이나 프랑스의 경우처럼 성공적으로 정착된 나라도 있다. 특히 프랑스에서는 1994년부터 주4일 수업제까지 시험운영 되고 있다. 우리나라의 주5일 수업제는 비록 시행 초기이지만, 앞으로 안정적으로 정착되리라 기대한다. 학교 안과 밖을 분리하는 경계를 허물고 이제껏 학교만이 담당했던 창의적 인재 육성에 지역, 사회, 기업 등 사회 각 영역의 동참과 지원이 미래를 밝히는 원동력이 될 것이다.

새로운 교실수업과 학교문화로 열어가는 미래

2010년 EBS에서 '학교란 무엇인가' 라는 10부작 다큐멘터리를 방영해 시청자들의 이목을 끈 적이 있다. 학교라는 당연한 명제에 대해 '무엇인가' 라고 묻는 이유는 이제껏 당연하다고 여긴 사실에 대해 의문이 생겼다는 뜻이다. '학교란 무엇인가' 라는 질문은 '이제 학교는 어떻게 바뀌어야 하는가' 라고 전환해야 하지 않을까 한다.

고대 유럽의 학교는 교양을 습득하고 즐기는 곳이었다. 'School' 이라는 말도 '한가로움, 여가' 를 뜻하는 라틴어인 'Schola' 에서 유래했다. 이후 종교, 문학 중심의 인문교육을 다루던 학교는 근대 이후 직업교육을 목표로, 전문지식을 전달하는 곳으로 자리 잡았다. 이후 지식정보화 사회에 접어들며 인터넷을 통해 지식을 얻는 것이 쉬워졌고, 학생들이 교사보다 포털사이트 검색창에 질문하는 것이 더 자연스러운 세상이 됐다. 이제 사회에서는 입을 모아 새로운 지식을 만들어 내고 재창조하는 인재를 요구한다. 근대 사회의 산업일꾼을 키워내던 학교가 또 한 번 변화해야 할 시점에 와 있다.

이에 이명박 정부는 점수 위주의 한 줄 세우기 경쟁을 탈피해, 각종 교육개혁을 토대로 창의인성교육을 본격 실현할 수 있는 여건을 마련하고 있다. 정부가 창의적 교실수업, 자율과 책임의 학교문화를 만들기 위해 다양한 정책을 펼치고, 학교를 둘러싼 지역자원을 교육활동에 끌어들이기 위해 주5일수업제 도입과 교육기부 활성화를 추진하는 것은 바로 시대가 요구하는 학교의 변화를 이끌어내기 위해서다.

즐거운 교실, 행복한 학교로의 변화는 일정 기간 내에 일방적으로 뚝딱 만들어낼 수도 없고, 그리 간단한 일도 아니다. 교사, 학생, 학부모 등 교육 주체와 학교 밖의 사회구성원들이 함께 힘을 모아야 좋은 결실을 맺을 수 있다. 교육 주체들이 스스로 주인이 되어 참여할 때 분명 학교는 달라질 수 있다. 살아 움직이는 교실, 행복한 학교로 달라질 수 있느냐는 우리 모두의 작은 실천에 달려있다.

CHAPTER 11

만천오백오십 개 학교가 깨어난다

김관복[1] | 성삼제[2] | 김영윤[3] | 이진규[4]

획일적 학교에서 창의적 인재를?

우리 아이들은 앞으로 다양한 분야에서 창의성과 열정을 바탕으로 세계의 아이들과 경쟁하고 협력하는 세상에 살게 될 것이다. 이에 맞춰 학교는 아이들이 다양한 분야에서 창의성과 열정을 키울 수 있도록 변해야 한다. 우리나라의 학교교육은 오랫동안 국가가 정해놓은 틀 안에서 단위학교의 특성, 환경과 관계없이 모든 학교에서 똑같은 교

---

1 현 인재정책실장, 학교지원국장, 대학지원관 등 역임
2 현 대구광역시부교육감, 미래인재정책관, 교육복지국장 등 역임
3 현 학교지원국장, 교육복지국장, 학교정책과장 등 역임
4 현 창의인재정책관, 창의인재정책과장, 대통령실 행정관 등 역임

육과정, 같은 교과서로 교육이 이뤄져왔다. 중앙정부-시·도교육청-지역교육청-단위학교로 이어지는 위에서 아래로의 전달 체계에 의해 학교는 수동적으로 운영돼왔다. 이 같은 산업화 시대의 학교운영으로는 급속히 변하는 지식정보화 사회가 필요로 하는 창의인성을 겸비한 미래 인재를 길러낼 수 없었다.

이에 교육과학기술부는 학교가 미래 인재를 양성하는 선진화된 학교로 변화할 수 있도록 다양한 정책을 추진했다. 먼저 학교 구성원의 창의성, 열정, 자발성 등 학교 역량을 발휘하는 특색 있는 학교로 거듭날 수 있도록 학교 규제 지침 폐지, 학교장 권한 확대 등 '학교자율화 정책'을 지속적으로 추진해 학교의 자율성을 대폭 확대했다.

두 번째로는 제 기능을 하지 못하던 특목고를 개선하고, 획일화된 일반고를 학교의 역량과 농어촌 우수고 중심으로 자율형공립고, 자율형사립고, 기숙형고로 다양화해 학생 본인의 능력과 적성에 맞는 학교를 선택할 수 있도록 했다.

세 번째로는 획일화된 교육과정을 학교마다 다양한 교육과정을 편성·운영할 수 있도록 했다. 창의적 체험활동을 통해 창의인성교육의 틀을 마련하고 학생의 능력과 적성에 따라 선택권을 강화한 교육과정을 제시했다. 이런 노력을 통해 획일적이고 수동적인 학교가 다양하고 능동적인 학교로 변신을 시작했다.

학교 자율화

학교교육의 변신은 학교 구성원들의 잠재력을 최대한 이끌어낼 수 있도록 단위학교의 자율성을 확대하는 학교자율화에서 시작된다. 학교자율화는 학교의 선진화를 위해 선행돼야 하는 주요 정책으로 볼 수 있다.

이에 교육과학기술부는 2008년 4월 '학교자율화 3단계' 발표와 함께 학교자율화 정책을 지속 추진해오고 있다. 학교자율화 추진계획에 따라 먼저 불합리한 지침을 정비했다. 교육과학기술부에서 이미 폐지했음에도 시·도교육청에서 시행한 지침 중 단위학교에 필요한 지침을 제외하고는 일괄 폐지했다. 시·도교육청 단위에서 교육감 시책사업 등으로 단위학교에 일률적으로 요구하는 지침 또한 정비했다.

다음 단계로는 비효율적인 규제성 조례와 교육규칙을 정비했다. 즉, 교육과학기술부에서 교육감에게 위임한 권한 중 단위학교로 재위임할 필요가 있는 사항을 정비한 것이다. 마지막으로 조례와 교육규칙을 전면 재정비했다. 교육감 권한 행사 중심의 조례와 교육규칙을 단위학교장, 교육 수요자 입장에서 재정비한 것이다. 이처럼 2008년 4월부터 불필요한 규제지침 29개를 즉시 폐지하는 등 학교현장에 필요한 지침만 남겨두고 지침을 지속적으로 정비한 결과 515건 중 327건이 폐지됐다.

학교자율화 정책을 뒷받침하기 위해 교육과학기술부-시·도교육청-지역교육청-단위학교로 이어지는 상의하달식 체제도 단위학교에 대한 지원을 중심으로 체제를 개편했다. 지방의 실정에 맞는 교육이 추진될 수 있도록 중앙에 집중돼 있던 권한도 정비했다. 장관의 권한이었던 시·도교육청의 국장 이상 장학관 임용이나 시·도에 소속된 연수기관의 설립과 폐지는 교육감의 권한으로 이양했다. 학교장의 고유 권한인 학칙을 제정하는 데 요식 행위로 따라다녔던 교육감의 인가를 현실에 맞춰 단위학교의 권한으로 전환하는 법령안도 마련했다.

또한 규제 완화가 학교 현장까지 확산될 수 있도록 했다. 지시·감독 기능 위주의 지역교육청을 '교육지원청'으로 명칭을 바꾸고 학교에 대한 장학 지원 기능을 강화했다. 규제 일변도의 교육과정과 인사 시스템도 정비했다. 그 결과 학교장은 일정범위 내에서 수업시수를 늘리거나 축소해서 운영할 수 있게 됐다. 학교장의 인사권도 대폭 확대했다. 교육감이 지정하는 학교에 한해서 정원의 10%까지만 허용되던 교사초빙 조건과 비율을 모든 학교를 대상으로 정원의 20%까지 늘릴 수 있도록 하였다. 학교자율화를 위한 제도 개선은 차근차근 추진되고 있다.

이처럼 '학교자율화 계획'을 통해 학교 운영에 대한 권한을 시·도교육감과 학교장에게 재배부하여, 다양하고 특색 있는 교육이 가능한 여건을 조성하였다. 창의력을 갖춘 인재를 길러내기 위해서는 학생들의 다양한 소질을 계발할 수 있는 교육이 필요하다. 이에 불필요한 규제를 줄이고 시·도교육청과 학교가 스스로 결정할 수 있는 역량을 갖추도록 권한을 위임한 것이다. 그리고 학교 자율화 조치에 따라 학교는 수업시간을 결정할 권한을 갖게 되었다. 여기에는 학교마다 처한 상황이 모두 다르다는 인식이 바탕이 되었다. 1만 1,550여 개에 이르는 학교들은 농촌, 도시 등 소재지에 따라 교통, 통학 거리와 같은 교육여건이 매우 다르다. 이렇게 각양각색의 학교가 같은 시간에 수업을 시작해야 할 필요는 없다. 그래서 수업시간을 학교의 여건에 맞게 학교 구성원이 결정하도록 한 것이다.

학교에서 스스로 판단하고 결정해야 할 사항이 많아진 만큼 학교운영위원회도 보다 활성화될 것으로 기대된다. 학교운영위원회는 학교 규칙, 교육과정, 예·결산 등 학교의 주요 사항을 논의하는 법정기구로, 학교자율화의 주요 내용인 수준별 수업, 방과후학교, 수업시간 등의 실시 여부 등을 결정하는 데 중요한 역할을 하게 된다. 그러나 학교운영위원회 만큼이나 학교자율화의 성공을 좌우하는 것은 바로 학교의 주인인 학생, 교사, 학부모 그리고 지역사회의 적극적인 관심과 참여이다. 교육현장에서 사라져야 할 불합리한 규제와 더 나은 학교를 만들기 위해 필요한 사항을 발굴하고 제안한다면, 정부는 이런 소중한 의견을 모아 모든 학교가 다양하고 특색 있는 학교로 성장하도록 지원할 것이다.

학교 다양화

평준화를 넘어 다양화로

1970년대 대도시를 중심으로 학교의 교육과정, 교원, 시설을 평준화하고 학생을 거주지 인근 학교로 배정하는 평준화 정책이 시작됐다. 평준화 정책 시행으로 당시 사회문제였던 과열된 고교입시 문제는 어느 정도 완화됐다. 하지만 학급 내 학습 수준의 편차가 커 수업 능률이 떨어지고 학생 수준에 맞는 수업이 어렵다는 지적이 나왔다. 학생의 적성과 소질, 흥미를 반영한 수요자 중심의 교육을 할 수 없다는 비판이 대두된 것이다. 더불어 사립학교들이 공교육에 편입돼 사립학교로서의 자율성을 상실한 채 준공립화되고, 공, 사립 할 것 없이 모든 학교가 획일화되는 폐단도 낳게 됐다.

교육 당국은 이러한 평준화제도의 한계를 보완하기 위한 조치들을 취해왔다. 1974년 예술고와 체육고, 1982년 과학고, 1990년대 외국어고와 국제고가 도입됐고, 2000년대 초에는 자립형사립고가 시범적으로 운영됐다. 그러나 결과는 만족스럽지 못했다. 외국어고, 국제고, 자립형사립고 운영에도 불구하고, 교육과정 특성화 및 다양화, 학생들의 다양한 소질 계발보다는 고교입시 열풍, 불필요한 사교육과 획일적 입시교육을 벗어나기 힘들었다.

모두가 원하는 학교의 모습은 학생들을 창의성과 인성을 갖춘 인재로 양성하는 학교이다. 학생들이 자기주도적 학습능력을 배양하고 다양한 꿈과 소질을 키워나가도록 지원하는 학교이다. 그러한 학교는 인구가 많은 대도시뿐 아니라 농촌이나 도심 소외지역에도 위치해 누구나 좋은 교육을 받을 수 있게 해야 한다. 이제 우리가 원하는 모습으로 새롭게 변신하고 있는 학교의 모습을 들여다보기로 하자.

선진형 사립학교 모형, 자율형사립고

평준화제도 시행 이후 우리나라 사립학교들은 사실상 공립학교와 비슷하게 운영돼 왔다. 평준화제도로 인해 사학으로서 특색 있는 교육을 펼치기에 많은 제약이 있었던 것이 사실이다.

이러한 배경에서 자율형사립고 육성 정책이 추진되었다. 자율형사립고는 말 그대로 학교 고유의 건학 이념과 개성을 발휘할 수 있도록 자율성을 부여받은 사립고등학교를 의미한다. 또한 2001년부터 시범 운영 중이었던 6개의 자립형사립고의 발전 모델이기도 하다. 기존의 자립형 사립고는 우수학생 선발에 중점을 두고 운영되며, 높은 교육비로 귀족학교화 되었다는 비판을 받고 있었다. 이러한 시행착오를 경험했기에 자율형사립고 모델은 학생의 교육에 중점을 두도록 설계됐다. 학교의 교육과정 편성이나 운영 자율성을 큰 폭으로 확대하는 대신, 선발 자율성에는 일정 부분 제한을 두어 학생 선발보다 운영에 초점을 둔 것이다. 자율형사립고에서는 학생 수요에 따라 새로운 교과를 설치하거나 통합교과를 운영하는 것이 보다 쉬워진다.

자율형사립고는 공정한 교육기회 제공을 위해 학생 선발에도 특별한 장치를 두었다. 입학 정원의 20%를 소년소녀 가장, 한부모가정 자녀, 다문화가정 자녀 등 사회적 배려대상자로 선발하는 것이다. 부모 소득과 같은 경제적 사유로 인해 원하는 학교에서 공부를 하지 못하는 학생이 최소화될 수 있도록 배려한 것이다.

자율형사립고는 철저히 학생 중심으로 운영된다. 학생, 학부모가 학교의 특성을 고려하여 학교를 선택하는 것이다. 이러한 학생과 학부모의 학교 선택은 곧 자율형사립고에 대한 평가로 이어진다. 많은 학생과 학부모들이 선택할수록, 그 학교의 운영이 교육수요를 충족시켰다는 뜻이 되기 때문이다. 자율형 사립고는 이러한 과정에서 자율성과 더불어 책무성도 확보하게 된다.

이처럼 자율성을 대폭 부여한 결과, 자율형사립고로 전환된 학교들은 교원들의 수업능력이 향상되고 학교 발전에 대한 구성원들의 열의도 높아져 학생·학부모의 만족도도 큰 폭으로 상승하고 있다.

하나고등학교의 예를 들어 보자. 이 학교는 정규수업 후 모든 학생이 악기를 연주하거나 운동을 하는 '1인 2기' 교육을 통해 자율형사립고는 입시 공부만 시키는 학교라는 인식을 불식시킨 대표적인 사례. 운영 초기에는 오후 4시부터 저녁시간 전까지 공부를 시키지 않는 학교 방침에 대해 학부모들이 우려의 목소리를 냈다. 그러나 음악회에서 자녀들이 자신감 있게 악기를 연주하는 모습을 본 뒤로는 스포츠와 음악수업을 의무화하는 학교의 원칙을 바람직한 것으로 받아들이게 됐다. 자율형사립고의 우수한 모습은 비단 이 학교에서만이 아니라 곳곳에서 볼 수 있다.

경북 김천고는 필독서 100권, 독서감상문 60편 작성, 독서능력인증제 등으로 독서교육을 강화하고 명사특강, 독서토론 등을 통해 인성과 덕성을 함께 함양하고 있다. 그리고 수학, 과학, 영어, 제2외국어 교과목은 심화교과를 운영하여 수준 높은 수업을 제공한다. 이 학교에서는 특별한 수업을 원하는 학생이 5명만 되면 소수 학생이라도 필요한 강의를 개설해 운영하는 것을 원칙으로 하고 있다.

이렇듯 자율형사립고는 교육과정의 다양화와 특성화로 학생 개개인의 개성과 잠재능력을 계발하고, 학교 간의 건전한 경쟁을 통해 공교육의 질을 높이는 것을 지향하고 있다. 지금까지 자율형사립고는 2009년 25개 지정을 시작으로 현재 50교가 운영되고 있다.

지역의 특색을 살리는 기숙형고교

농산어촌 지역은 도시 지역에 비해 교육 인프라도 부족하고 만족도도 낮은 편이다. 이에 농산어촌 학생은 중소도시로, 중소도시 학생은 대도시로의 도미노식 전학 현상이 지속됐다. 최근 농촌진흥청이 발표한 자료[5]에 따르면, 농촌 지역 학생 중 외지에 나가 공부하는 학생의 비율은 2008년 기준으로 40%에 이른다. 열 명 중 네 명은 공부하기 위해 집을 떠나는 것이다. 이렇게 외지로 나간 학생의 절반가량은 자취를 하고, 기숙사에 들어가 생활하는 학생은 불과 30%에 머무는 실정이다.

이렇게 학교가 없거나 멀어서 고향을 떠나 외지에서 외롭고 힘들게 공부해야 하는 학생과 학부모의 교육 수요 충족을 위해 만든 학교가 '기숙형 고등학교'이다. 기숙형고교는 2008년에 82개교가, 2009년에 68개교가 선정돼 현재 150개교가 운영 중이다.

기숙형 고교 육성 정책은 교육여건이 상대적으로 열악한 농산어촌 학교에 기숙사를 비롯한 인프라를 지원하여 학교의 교육력을 제고하는 정책이다. 기숙사를 보유해서 원거리 거주 학생도 입학할 수 있고,

---

5 농촌진흥청(2008), 농촌생활지표 조사보고서 P.213~217

아침부터 밤까지 다양한 프로그램을 운영할 수 있는 것이 학교의 장점이다.

기숙형 고교 운영 초기만 하더라도 결국에는 농산어촌에 위치한 입시 명문 학교가 되지 않을까 하는 우려가 있었다. 기숙사를 운영해 본 경험이 없는 학교에서 과연 많은 학생들의 생활지도가 가능할지 걱정이 있었던 것이 사실이다. 그러나 기숙형 고교는 이러한 우려와 달리 창의인성 중심의 교육과정을 운영하는 농산어촌의 새로운 학교 모델로 자리잡고 있다.

인천 강화군에 위치한 삼량고는 매주 금요일에 일정액을 기부해 네팔, 스리랑카, 캄보디아의 어린이들을 후원하고 있다. 강원 철원군에 위치한 김화고는 '드림 스타트'라는 타이틀로 다문화가정 멘토링, 연탄 배달, 연탄재 치우기와 같은 다채로운 봉사활동을 전개하고 있다. 충남 계룡시에 위치한 용남고는 농번기 일손을 돕고 있으며, 경기 용인시에 있는 백암고는 복지시설에 정기적으로 방문해 봉사를 하고 있다.

이런 기숙형고교에 재학하는 학생들은 과연 학교교육을 어떻게 느끼고 있을까? 경남 함양고의 손진빈 학생은 이런 학교생활에 만족스러워한다.

"저는 고등학교 공부와 게으른 생활습관이 가장 큰 고민이었어요. 함양고는 이런 문제를 해결해줄 수 있을 거란 생각에 입학했습니다. 처음에는 힘들었던 기숙사 생활이었지만, 함께 생활하는 친구들과 사감 선생님들의 보살핌으로 점차 즐거운 일상으로 바뀌었습니다. 또한 규칙적인 생활습관이 몸에 익으면서 걱정했던 아토피도 좋아져 한결

건강하게 생활하게 됐죠. 교내 각종 대회와 공모전은 다양한 분야에 관심을 갖게 했고, 서울대 자유전공학부를 들어가 여러 분야를 폭넓게 공부하고 싶다는 생각을 더욱 굳건하게 만들었어요. 남은 시간도 최선을 다해 꿈을 꼭 이루고 싶습니다."

　기숙형고교에 재학하는 학생들은 기숙사 입사 후 충분한 학습시간이 확보되고 시간관리가 잘돼 스스로 학습하는 습관이 생겼다고 말한다. 또한 친구들과 협동학습을 할 수 있다는 점도 기숙사 생활의 장점으로 꼽았다.

　기숙형고교로 새롭게 운영을 시작한 학교들은 지역 인재들이 앞다퉈 진학하는 학교, 외부 지역에서 학생들이 찾아오는 학교로 변화하고 있다. 이런 학교의 변화에 놀라는 것은 학교 관계자만이 아니다. 학교가 소재한 지역사회 역시 기숙형고교 정책이 지속된다면 지역 인구도 늘어날 것이라는 기대를 가지고 있다. 섬과 산골의 주민이 자녀 교육을 위해 남겠다고 할 뿐만 아니라 인근 도시의 우수한 학생도 교육을 위해 역유입하고 있기 때문이다.

　함양고의 경우를 예로 들어보겠다. 2007년에 함양고에 입학생 중 중학교에서 상위 20% 안에 들었던 학생 80여명이었는데, 중도에 9명이 도시 학교로 전학을 했다. 그런데 함양고가 기숙형고교로 전환되고 난 후, 상위권 학생 중 전학생 수가 2010년 불과 2명으로 줄었다. 더욱이 인근 시·군에서 학교를 찾아오는 학생은 점차 늘었다. 2007년에는 단 7명만이 함양군 밖에 거주하는 학생이었는데, 2010년에는 32명으로 껑충 뛰었다. 기숙형고교로 지정되기 전 학생들이 진학을 기피해 소위 '만년 미달 학교'였던 삼랑진고, 장수고 등은 오히려 입학 절차에서 탈락하는 학생이 생길 정도로 변화를 보이고 있다. 기숙형고교가 도입되면서 농산어촌의 교육환경에 대한 만족 비율이 점차 높아지고 있다. 최근 발간된 농촌생활지표 조사보고서를 살펴보면, 2005년에 불과 3.4%에 불과했던 만족도가 2009년에는 13.9%로 큰 상승폭을 보이고 있다.[6]

이렇게 기숙형고교가 성과를 낼 수 있었던 데는 지자체의 노력도 큰 몫을 했다. 기숙형고교 중 유일하게 도서 지역에 소재하는 도초고는 신안군의 전폭적인 지원에 힘입어 최근 2년 사이에 학생 수가 20% 이상이나 증가했다. 충북 괴산군의 경우 '괴산군 장학회 지원에 관한 조례'를 만들어 괴산고에 교육경비를 지원하고 있으며, 그 결과 학생들은 월 7만 원대의 저렴한 기숙사비로 생활하고 있다.

이처럼 기숙형고교가 도입되면서 적막했던 농산어촌에는 청소년들의 웃음소리로 생동감이 넘치고 있다. 열악한 환경에서 소외되어가던 학교가 '머물고픈 학교', '찾아가는 학교'로 자리매김하면서 지역 미래 인재의 산실로 부상하고 있다.

자율은 늘리고 간섭은 줄인 '자율형공립고'

2호선 신림역에서 한참 걸어서 가파른 언덕을 올라가야 하는 학교가 있다. 인근에 봉천역도 있지만 학교까지 가는 대중 교통수단이 없어

---

[6] 농촌진흥청(2009) 농촌생활지표 조사보고서 P.178

학생들의 학교 가는 길이 영 녹록치 않았다. 어느 날 이 학교를 경유하는 마을버스 노선이 생겼다. 이 학교는 당곡고등학교다. 마을버스 노선은 학교가 자율형공립고로 지정된 후 생겨났다. 과연 자율형공립고는 어떤 학교이기에 마을버스 노선까지 바꿀 수 있었을까?

자율형공립고는 학교운영 등에 자율성·책무성을 부여하고 교육과정 및 프로그램을 특성화·다양화하여 전인교육을 실현하는 학교이다. 2009년 9월에 '자율형공립고 지정·운영계획'이 발표된 이후부터 2012년까지 총 116개의 학교가 자율형공립고로 지정되었다. 특색 없이 운영되는 공립고에 교육과정 편성, 학교운영 등의 '자율성'을 부여하고, 체계적인 지원을 통해 공교육의 내실화를 견인하는 학교로 육성하고 있다. 자율형공립고는 교육과정을 다양화, 특성화하고 인성교육과 진로교육을 강화해 일반계 공립고 교육의 질을 높이는 것을 지향한다. 정부와 지자체는 자율형공립고에 대한 지지를 아끼지 않고 있다. 재정 지원은 물론이고 우수 교원 확보가 보다 쉽도록 지원하고 있다. 이런 지원 인프라로 자율형공립고는 보다 수준 높은 교육을 제공하고 있다.

자율형공립고가 운영된 것은 2~3년에 불과하지만, 그간 학교구성원들의 노력과 정부의 체계적인 지원을 통해 상당한 성과를 거두고 있다. 최근 조사한 자료에 따르면, 자율형공립고의 학교만족도 점수는 71.2점으로 일반고 55.3점보다 월등히 높은 수준[7]을 보이고 있다.

---

7 한신일(2010) 자율형 공립 고등학교의 학교만족도와 사교육실태 분석, 성균관대학교 사교육정책중점연구소

자율형공립고의 특별한 교육과정을 들여다보면 이런 높은 만족도 결과가 전혀 의아하지 않다.

경기도 남양주의 와부고등학교는 학생 자치회를 중심으로 학생생활규정을 직접 만들고, 3무(폭력, 체벌, 흡연) 운동을 전개하고 있다. 전북 정읍고등학교는 교사와 제자가 동행하여 국토 순례, 산악 등반 등 다양한 체험활동을 실시하고 있으며, 수련활동 기획부터 평가까지 학생들이 주도적으로 참여해 교육 효과를 높이고 있다. 전북 군산고등학교는 학생뿐 아니라 교직원이 모두 참여하는 '아침 20분 독서운동'을 통해 학교도서관이 활성화됐고, 아침 자율학습 시간을 의미 있게 활용하고 있다. 새로운 교육 시도를 하는 자율형공립고는 교육구성원 모두의 열정을 바탕으로 명품 학교로 거듭나고 있다.

맞춤형 교육과정

학교교육의 핵심은 교육과정

교육과정은 학교교육의 핵심 설계도이다. 교육과정을 어떻게 편성하느냐에 따라 학생들이 배우고 학습하는 내용이 달라지기 때문이다. 미래 사회는 정보의 활용 능력, 의사소통 능력 등에 바탕을 둔 문제해결력, 그리고 창의력 등을 고루 갖춘 인재를 요구한다. 그러므로 학교교육이 중점적으로 지향해야 할 점은 지식을 암기하는 수준에 머무르기보다 지식을 바탕으로 새로운 가치를 창출하는 능력을 키워야 한다는 것이다. 이런 시대사회적 변화에 따라 '하고 싶은 공부, 즐거운 학교'를 만들기 위해 미래형 교육과정으로 개편했다.

2009 개정 교육과정의 가장 큰 특징은 자율성의 확대로 교과군과 학년군을 도입하고 학교는 교과목별로 20% 범위 내에서 수업시수를 자율적으로 증감 운영할 수 있도록 했다는 점이다. 이에 따라 학년에 맞춰 경직되게 운영되던 교육과정이 학교 실정에 따른 특색 있는 교육을 하도록 유연화됐다. 획일적이던 교육과정이 지역별, 학교별 여건을 반영한 특성화된 교육 프로그램으로 탈바꿈한 것이다. 공통교육과정을 10년에서 의무교육기간인 9년으로 줄여 고등학교 과정은 전체적으로 선택 교육과정으로 재설계했다. '하고 싶은 공부'를 더 깊고, 더 넓게 할 수 있도록 선택과목도 재정비했다. 고등학교 유형의 다양화 추세에 따라 선택과목을 기초, 일반, 심화 과목으로 수준을 세분화했다. 과목 간의 중복을 피하면서 동시에 연계성을 강화하는 교과별 필수요소를 중심으로 교과 교육과정을 개발했다. 기존의 학년에 따라 전국에 걸쳐 표준화돼 운영되던 교육과정이 지역, 학교, 학생별 특성에 따른 맞춤형으로 변화한 것이다.

학습량은 줄이고, 창의력은 높이고

2009 개정교육과정의 또 다른 특징은 학습의 집중도를 높이기 위한 집중이수제와 창의적 체험활동의 도입이다. 학년군과 교과군을 도입한 집중이수를 통해 학기에 이수해야 하는 과목 수를 줄여 학생들의 학습 집중력을 높였으며, 블록타임제 등을 활용해서 교과의 특성에

맞는 수업을 운영하여 학생의 학습 부담을 경감하면서도, 심도 있는 학습이 가능하도록 하였다. 창의적 체험활동의 신설로 학생의 학습 부담은 줄고 학습흥미를 유발하며, 단편적 지식 암기 교육이 아닌 실천적인 학습 능력을 기를 수 있게 됐다. 또한 배려와 나눔을 실천하는 창의적 인재 양성을 통해 인지적, 정서적, 기능적인 모든 측면에서 조화를 이루고, 자아실현을 돕는 교육 체제를 마련했다.

2012년 7월 초·중등학교 교육과정을 부분 개정하여 체·덕·지의 전인적 성장을 기반으로 초·중·고에서 유기적으로 연계된 인성 함양 교육이 될 수 있도록 학교급별 교육 목표에 '인성교육 요소'를 반영하였으며, 국어, 도덕, 사회 교과 내용을 체험·실천 중심으로 보완하였다. 더불어 중·고등학교에서 체육·예술(음악/미술) 교과를 지속적으로 편성하며 시수를 감축할 수 없도록 하고, 중학교 창의적 체험활동 시간에 '학교스포츠 클럽 활동'을 편성하는 등 중·고등학교의 교과 및 창의적 체험활동에 체육·예술 교육을 강화하여 '바른 인성'이 함양될 수 있도록 하였다.

이렇게 교육과정을 개정하고 난 후 조용했던 학교가 활기로 가득 차게 됐다. 일례로, 서울 거원중학교 1학년 학생들은 체육수업을 위해 인근에 있는 송파구 체육문화회관으로 간다. 예전 같으면 수영 이론을 칠판을 통해 접했을 텐데 이제 실제 수영 강습으로 배운다. 과거의 교육과정대로라면 수영복으로 갈아입고, 샤워하는 시간까지 통틀어 1시간 안에 직접 수영 체험을 하기란 힘들었다. 하지만 이제 수영 수업을 2~3시간 묶어 운영하는 블록타임제로 인해 마음 놓고 즐길 수 있게 됐다. 이 학교는 1주일에 3시간이 배정돼있는 체육수업 중 2시간을 수영 실습에 쓰고 있다. 학부모에게 경제적인 부담을 지우지 않으면서 체계적으로 수영을 가르치니, 학생과 학부모의 만족도가 높다.

거원중학교의 김상규 체육교사는 "1학기 때 자유형 25m를 완주하도록 하는 것이 목표"라고 말한다. 수영을 배워본 적이 없다는 황상웅 군은 "체육시간에 수영을 해보니 너무 재미있어서 아예 센터에 등록해 방과 후에 수영을 따로 배우고 있다"고 할 만큼 수영 수업은 인기를 얻고 있다.

이렇게 학교교육과정의 자율성이 확대되자 학교 교육과정을 직접 기획하고, 수업을 진행하는 교사들의 전문성과 수업 기량이 점차 신장될 것이란 기대가 커지고 있다. 또한 그간 실추됐던 교직에 대한 신뢰를 되찾고 교장과 교사가 권한과 책임을 공유할 수 있는 동반자적 관계로 거듭나는 기회가 될 것이라는 희망의 메시지도 들리고 있다. 이제는 같은 학교 교실 안에서도 교사마다 학생의 사고력을 증진하는 다양한 프로그램을 적용하게 됐다.

경기도 가온고등학교도 블록타임제의 수혜학교 중 하나다. 100분의 블록타임 시간 동안 학생자치법정을 시행하기 위해 마련된 법정교실(가온 로파크)에서 모의재판 수업을 한다. 학급을 3개의 모둠으로 나눠 모둠별로 모의재판 주제를 선정하고 판·검사, 변호사, 배심원 등 역할분담을 한다. 모의재판을 진행할 수 있는 대본을 작성하고 시연한다. 이런 과정을 통해 학생들은 법과 법정이라는 것이 일상생활과 결코 동떨어져있지 않다는 것을 깨닫고 있다.

그러나 스스로 알아서 결정해야 하는 자율은 시키는 대로만 하면 되는 타율보다 훨씬 더 어려운 과제이다. 교장과 교감이 어떤 교육과정 철학을 갖고 리더십을 발휘하느냐는 문제와 함께 이런 자율교육과정 성공의 마지막 열쇠라 할 수 있는 학부모의 지지가 중요한 과제이다. 학교의 비전과 잠재력을 신뢰하는 학부모의 지지를 바탕으로 학교는 성장의 나이테를 마음껏 늘릴 수 있기 때문이다. 학교 울타리 안의 자원으로만 학생들의 다양한 교육적 흥미와 욕구를 만족시키기에는 역부족이기에 지역사회와의 연계도 무척 중요해졌다. '어떤 교과를 어느 학년에 배치해서 집중이수하도록 할 것인가?', '블록타임은 어떤 교과를 어느 시간대에 배치해 어떻게 운영할 것인가?' 학교의 고민은 커져만 간다. 학생을 위해 고민하는 학교의 고뇌가 깊어갈수록 학생들의 꿈이 함께 영글고 있다.

재미있고 풍부한 교과서

손꼽히는 지성들의 고견을 모아 새로운 지식을 만들어내 '지식의 지혜자'로 불리는 존 브록만John Brockman, 그는 『The next 50 years』에서 미래 교육사회에서는 현재와 같은 서책형 교과서가 있다는 것이 웃음거리로 전락할 수 있다고 예견한다. 가상교육이 보편화되고 교사의 역할도 지식의 전달자에서 현실에 적합한 교육 내용을 전수하는 학습의 조력자나 정보 탐색을 지원하는 역할로 변할 것이라고 말한다.

우리나라의 경우 학급당 학생 수가 많아 학생 스스로 고민하고 문제

해결력이나 사고력을 키우기에는 학생지도에 어려움이 많았다. 그래서 교사들은 강의법이나 일제식 수업 혹은 주입식 수업을 주로 활용했고, 이런 수업방법에 효과적인 교과서 또한 핵심만을 간추려 요약한 내용이었다. 하지만 지난 2010년 우리나라 학급당 학생 수가 18.7명으로 줄어듦에 따라 토론 수업, 프로젝트 학습, 협동학습 등 다양한 수업방법을 활용할 수 있게 돼 새로운 유형의 교과서가 필요하게 됐다. 쉬우면서도 생각하는 재미를 부여하고 호기심을 키울 수 있도록 과학교과서는 융합형 교과서로, 수학교과서는 스토리텔링 교과서로, 역사교과서는 사례중심 이야기 교과서로 선진화된 교과서 개발을 하고 있다.

우리나라의 교과서 제도는 국정과 검정 위주였다. 국정은 국가에서 직접 편찬하는 것이고, 검정은 민간 출판사에서 교과서를 개발하면 국가에서 위임·위탁한 기관을 통해 심사를 받아 합격해야 한다. 그간 교과서 개발 지침이라고 할 수 있는 편찬상의 유의점에서 교과서의 쪽수나 크기까지 제한해왔다. 이를 지키지 않으면 심사과정에서 감점 대상이었다.

예를 들면, 중학교 검정도서는 판형을 4×6배판으로 하고, 표지는 4도 인쇄로 해야 했다. 1학년 국어교과의 경우 470쪽을 기준으로 20% 범위에서 가감할 수 있도록 하고, 검정 심사 항목으로 편찬상의 유의점에서 제시된 기준을 지켰는지를 주로 심사했다. 이런 쪽수, 판형, 색도와 같은 것을 외형체제라고 한다. 교과서가 내적 체제인 내용 문제가 아닌 외형체제의 제한으로 이를 지키지 않으면 교과서 진입이 어려웠던 것이다. 이런 외형체제가 최근 들어 자율화됐다. 모든 출판사가 자기만의 독특한 디자인으로 판형을 마련하고 교육과정에서 제시한 성취 수준에 따라 쪽수도 임의로 조정할 수 있게 됐다. 종이 질에 대한 우려 때문에 본문용지만 제한을 하고 그 외의 모든 외형체제 요소는 출판사나 편찬기관이 자율적으로 정할 수 있도록 열어놓았다. 이런 제도의 변화는 교과서 개발에 획기적인 변화를 유도할 수 있다. 교과서의 가격도 자율화했다. 교과서는 그간 국가에서 가격을 결정하거나 사정해왔다. 2009년 8월 법령 개정을 통해 검정도서와 인정도서의 가격은 저작자와 약정한 출판사가 정하도록 했다. 뿐만 아니라 교과서를 집필하는 발행사의 자격요건도 엄격하게 규제해오던 것을 외부 공공기관[8]도 교과서를 출원할 수 있도록 제도적으로 열어놓았다. 비로소 교과서가 창의적이고 다양하게 개발될 수 있는 제도 여건이 마련돼 전문 출판사에서 질 높은 교과서를 개발하기가 더욱 수월해졌다.

교실혁명, 디지털을 넘어 스마트로

21세기 지식정보사회는 개개인의 정신적 창작과 활동이 높은 가치를 창출하는 지적재산권의 시대로 빠른 속도로 변화면서 창의성과 인성, 문제해결력, 의사소통능력 등을 고루 갖춘 인재를 요구하고 있다. 이 같은 변화에 맞추어 개인 맞춤형 창의성 중심 교육을 통해 우리 아이들을 글로벌 인재로 키우는 것이 '스마트교육'의 큰 방향이라 하겠다. 스마트교육의 키워드는 '개별화된 교육', '맞춤화된 적시학

---

[8] '공공기관'은 특별법에 의하여 설립된 특수법인, 「공공기관의 운영에 관한 법률」 및 「지방공기업법」의 적용을 받는 공공기관을 말함.

습', '창의성 중심 교육' 이다.

스마트교육은 기존의 교육과 다른 점이 많다. 전통적인 학교체제에서는 교실이라는 물리적 공간에서 제한된 내용의 교과서를 가지고 강의식으로 3R Read, wRite, aRithmetic 중심의 교육이 이뤄졌다. 반면 스마트교육은 기존의 제한된 교육 영역을 확대시킨다. 교실이라는 물리적 공간이 디지털교과서, 온라인 수업 등을 통해 박물관, 지하철 등 교실 밖, 학교 밖, 이동하는 공간 등으로 확대된다. 학교에 등교해야만 교육을 받을 수 있었던 과거에서 온라인 수업과 클라우드 교육서비스 등을 통해 원할 때 언제든지 학습할 수 있는 환경으로 변화하게 되는 것이다. 교실의 창조적 변화와 확산은 궁극적으로 교사와 학생의 역량 확대로 이어진다.

2012년 현재 전국 초·중·고 모든 학교에 유선인터넷이 구축되어 있으며, 학교의 인터넷 서비스 대역폭은 50M~150Mbps(100Mbps 73%)이며, 2013년에는 200Mbps로 증속될 예정이다. 따라서 모든 학교에서 교사 중심의 디지털교과서 활용 수업이 이뤄질 수 있는 상태이며, 무선인터넷 도입은 학생과 교사의 상호작용적 교육활동을 더 강화시킬 것이다. 또한 언제 어디서나 원하는 내용에 접근하여 자신의 수준에 맞는 속도로 학습하면서, 선생님 그리고 친구들과 학습 자원을 공유하고 협력할 수 있도록 클라우드 컴퓨팅 기술과 N-Screen[9]

---

[9] PC, 태블릿PC, 스마트폰 등 다양한 기기에서 하나의 콘텐츠를 끊김없이 이용할 수 있게 해주는 서비스를 의미함. 사용자가 활용하는 콘텐츠가 개별 단말기가 아니라 서버에 저장되어 있기 때문에 언제 어디서나 다양한 단말기로 불러와 이용할 수 있다는 장점이 있음.

기술이 도입된다. 개인이 소유하고 있는 일반 PC는 물론 다양한 스마트 기기(스마트 폰, 스마트 패드, 스마트 TV 등)에서도 교육 활동이 이루어질 것이다. 이러한 교육환경 변화를 통해 학생이나 교사들은 특정 장소에 정보를 저장하기보다 원하는 정보를 바로 접속해 사용할 수 있는 체제를 활용하게 될 것이다. 학생들은 교실이라는 물리적 공간을 벗어나 자신이 원하는 장소에서 원하는 내용에 접근할 수 있게 된다.

2015년까지 초·중·고교의 교과서는 서책형 교과서와 더불어 디지털교과서로 개발돼 학생들이 인터넷이 연결되는 곳이면 언제 어디서나 활용할 수 있게 된다. 디지털교과서는 과연 어떤 모습일까? 디지털교과서는 학교를 어떻게 바꿔놓게 될까?

디지털교과서는 종이 교과서와 같이 형태, 분량, 공간의 제약 없이 교과내용과 관련된 음악, 사진, 동영상 등의 멀티미디어 자료를 실시간으로 이용할 수 있도록 되어있다. 또한 학생 수준에 맞는 교과내용과 문제 등을 제공해 학생 개개인의 맞춤형 교과서로 실질적인 수준별 수업을 지원하고, 언제든지 공부한 내용을 접속해 배운 내용을 복습할 수 있도록 개별학습용으로도 지원된다.

서울 구일초등학교는 현재 디지털교과서 시범학교로 선정되어있다. 태블릿PC로 디지털교과서에 접속하면 수업시간에 배우는 교과내용과 참고서, 문제집, 멀티미디어 자료까지 한 번에 볼 수 있다. 디지털교과서로 수업하면서 학생들은 과학실에 가지 않아도 실험을 실제처럼 진행한다. '자기장'에 대해 배우는 과학수업 시간에 학생들은 실제 자석과 나침반을 놓고 실험해보는 대신 컴퓨터 화면에서 터치펜으로 자석을 클릭해 이리저리 움직이며 실제 실험과 같은 효과를 누린다. 실제와 똑같은 시뮬레이션이 가능한 것이다. 과학 실험뿐 아니라 가본 적이 없는 문화재 답사도 스마트 러닝으로 가능해진다. 신라의 문화재에 대해 배우는 사회수업 시간에 학생들은 노트를 꺼내는 대신 태블릿PC를 펼쳐 준비해온 수업과제를 스크린으로 전송한다. 학생들이 준비해온 첨성대, 다보탑, 불국사 등의 자료가 화면에 나타나자 이를 살펴보던 교사는 "각 문화재의 위치를 찾아보자"며 인터넷을 통해 검색을 시작한다. 그러자 곧 문화재가 담긴 위성사진이 스크린에 펼쳐지는 식이다. 언제, 어디서나, 어떤 기기를 통해서도 '접속'할 수 있다는 것이 디지털교과서의 기본 원리이다.

디지털교과서는 물리적인 제약이 없으므로 풍부하고 다양한 수준별 교재를 제공할 수 있고 빠른 업데이트가 가능하다. 이렇게 학생 개개인을 위한 맞춤형 수업이 가능해진다는 점이 디지털교과서의 최대 장점이다.

현재 교과교실제를 운영하고 있는 학교에서는 학생 개인의 수준을 고려하여 반을 편성해 수업을 진행하고 있다. 즉 국어, 영어, 수학, 과학 수업 시간마다 학생들은 자신의 수준에 맞춰서 반을 옮겨 다니며 수업을 받고 있는 것이다. 2016년부터 이런 교과교실제를 모든 학교에서 실시할 계획이다. '수준별 수업'을 위해 가장 필요한 것 중 하나가 수준별 학습 교재와 평가 시스템인데 이를 가능하게 하는 것이 바로 디지털교과서다.

산업사회에서는 표준화되고 일률적인 지식의 '주입'이 교육에 있어 큰 비중을 차지하였다. 그러나 이제는 정보와 지식이 급격히 변화하고 있으며 개인별로 필요한 지식도 달라지고 있다. 물리적 제약이 없는 디지털교과서 도입을 통해 개개인의 다양한 수요에 맞게 학습자료가 제공된다. 또한 학생 개인의 특성과 수요에 대하여 풍부하게 축적된 데이터는 정확하게 분석·진단·처방되어 개별화된 맞춤형 교육과 지속적인 학습을 지원하게 될 것이다.

교육행정 선진화

교육지원청과 컨설팅 장학

부산 증산공원 산자락에 위치한 좌성초등학교. 이 학교에서는 맞벌이 부부로 인해 아침 일찍 등교해 도서실 문 앞을 기웃거리거나 운동장 놀이터 주변에서 시간을 보내는 아이들을 자주 볼 수 있다. 교내에 방과후학교가 운영되고 있지만 문화적 인프라는 거의 없어 아이들은 정서적으로 메말라 있는 상황이었다. 학교는 문화예술교육과 인성교육을 강화해야겠다는 막연한 교육 목표를 가지고 있었다. 전 교직원이 합심해 행복한 학교 만들기를 위해 노력했지만 만족스러운 성과를 내기는 역부족이었다.

다양하고 변화하는 학교의 교육수요에 대처하려면 교육청은 어떤 역할을 해야 할까? 해답의 단초를 좌성초등학교의 사례에서 찾아볼 수 있다. 이 학교는 문화예술교육에 대한 필요성은 인식하고 있었지만 구체적으로 어떻게 추진할 수 있을지에 대해 도움을 필요로 하고 있었다.

이 학교를 방문한 교육지원청의 컨설턴트들은 문화예술 과목 운영 시수의 적절성을 검토하고, 창의적 체험활동이 보다 내실을 기할 수 있도록 조언을 아끼지 않았다. 맞벌이 부부 자녀를 배려해 재량휴업일에도 프로그램을 운영하는 것이 바람직하다는 의견을 제시했고, 이 의견을 반영해 학교는 재량휴업일 등교희망 신청을 받아 반편성을 해서 프로그램을 운영하게 되었다. 이러한 학교의 변화는 학부모들의 지지와 신뢰라는 보답으로 이어졌다.

학교마다 처한 환경과 입장이 다르기 때문에 학교의 고민은 다양한 형태로 나타나게 된다. 지역교육청에서 장학업무를 수행하는 사람들은 막연히 학교를 위해서 도움이 될 사항들을 생각하며 접근한다. 그러나 학교가 처한 상황에 대한 깊은 이해 없이는 제3자의 입장에서 학교가 필요로 하는 것을 정확하게 짚어내는 것에는 한계가 있기 마련이다. 이러한 점에 착안하여, 교육과학기술부는 어느 곳보다 학교와 가까이 있는 지역교육청이 맞춤형 장학 기능을 수행하도록 기능개편을 단행하였다. 이제 장학을 원하는 교사가 지역교육청의 컨설턴트에게 장학을 의뢰하면, 맞춤형 장학이 컨설팅의 일환으로 제공된다.

지역교육청이 이렇게 학교를 지원하는 역할을 보다 잘 수행할 수 있도록 전국 178개 지역교육청은 2010년 9월에 '교육지원청'으로 새 단장을 마쳤다. 이런 지역교육청의 기능 변화는 1972년 '교육법' 개정에 따라 광역단위 교육행정기관의 하급행정청으로 교육구청이 설치된 이래 무려 40여 년만의 일이다. 그간 하급교육행정기관은 '(하급) 교육청', '지역교육청'이라는 새로운 옷으로 갈아입었지만 그 기능은 여전히 지도와 감독에 머물러있었다.

교육지원청 개편의 이모저모

교육지원청이 새로운 역할을 부여받게 되면서 가장 먼저 풀어야 할 숙제는 마인드의 변화였다. 기존에는 효율적인 관리를 최우선 가치로 여겼던 지역교육청이 이제는 학생과 학부모, 학교현장을 지원하는 핵심 기관으로 변화해야 했다. 즉, 교육현장과 공감하는 기관으로 발전하는 것이다. 이를 위해 기존에 교육지원청이 수행해오던 행정관리적인 사무들을 덜어내고, 대신 학생과 학부모, 학교현장에 대한 다양한 서비스를 본격적으로 제공할 수 있도록 기능을 재편했다.

먼저 학생을 위해 학교부적응 학생의 진단과 상담, 치료 등의 서비스를 제공하는 Wee센터[10]를 지역교육청에 설치했다. 학력이 부진한 학생들을 위한 기초과정과 심도 깊은 과정을 듣고 싶어 하는 우수한 학생들을 위한 심화과정도 개설할 수 있도록 했다. 학교 단위에서는 교사 확보가 어렵고 과목을 개설할 만큼 충분한 수의 학생을 모집하기 어렵기 때문에 이런 과정을 교육지원청에서 직접 개설하고 운영할 수 있도록 한 것이다. 원어민, 예체능강사, 과학 등 교과보조교사를

---

[10] "Wee"는 We(우리들)+Education(교육)+Emotional(감성)'의 이니셜로 우리들의 감성공간에서 자신의 잠재력을 발견하자는 의미를 담고 있음.

구하는 것도 교육지원청의 몫이 됐다. 학생만 지원하는 것이 아니라 학부모가 학교의 교육활동과 의사결정 과정에 적극 참여할 수 있도록 학부모 활동에 대한 지원도 강화했다.

2010년 9월 서울 서부교육지원청 현판식에 참석한 이주호 장관은 "현장이 체감할 수 있을 정도의 기능 전환을 이루기 위해서 권위적인 행정청의 모습에서 과감히 탈피해야 한다"며 "교육공동체의 일원인 학생, 학부모, 교사의 개별적인 필요에 눈높이를 맞춰야 한다"고 말했다.

교육지원청은 이러한 역할 변화에 부응해 교육 수요자들의 손과 발이 되어 뛰는 '교육현장 공감형 지원기관'으로 위상을 정립 중이다. 교육지원청의 조직을 개편할 때는 지원청의 규모와 여건을 고려하고 지역 특성에 부합하는 다양한 현장 서비스를 제공하는 것을 염두에 뒀다. 교육청과 학교 간의 근접성, 인구 규모와 지리적인 면적과 같이 각 교육지원청이 처한 다른 여건을 고려해서 기본모형을 비롯해 새로운 조직개편 모형도 제시하였다.

이러한 노력이 현장에 안착될 수 있도록 개편 1년 후에는 전국 시·도교육청을 대상으로 현장의 목소리를 듣는 과정을 거쳤으며, 그 결과 나타난 미흡한 점을 보완하고자 후속방안을 마련하여 시행하였다. 양적 성장을 거둔 컨설팅장학을 보다 내실있게 운영하기 위해 모든 교육지원청에 '컨설팅장학지원단'을 구성·도입하였으며, 컨설팅장학의 성패를 좌우하는 컨설턴트의 역량강화를 위해 연수도 실시하였다. 또한 기능개편에 선도적인 교육지원청을 발굴하고 우수

사례를 공유하고자 10개의 교육지원청을 우수기관으로 선정하였으며, 앞으로도 지속적으로 우수사례를 발굴하고 확산하여 교육지원청 간의 벤치마킹을 유도할 계획이다.

만천오백오십 개 학교가 깨어난다

21세기 교육환경은 매순간 급변하고 있다. 세계 각국은 치열한 생존 경쟁에서 살아남기 위해 자신이 가진 강점을 극대화하는 노력을 멈추지 않는다. 우리나라 교육은 세계 속 인재와 경쟁해도 밀리지 않고 앞장설 수 있는 인재를 키워야 하는 막중한 책임을 지고 있다. PISA(OECD 학업성취도 국제 비교 연구) 등 국제 교육성취도 비교 평가에서 세계 최상위권의 성적을 유지하고 있지만, 과도한 사교육과 암기 위주 교육이 아직 해결과제로 남아있다. 초·중등학교의 내외적인 환골탈태가 반드시 필요한 이유이다.

변신을 도모하는 학교들은 교육 수요자를 먼저 고려해 교육과정을 다양화하고 학생 맞춤형 교육을 추진하는 것을 목적으로 한다. 물론 학교마다 고유의 색깔을 갖는다는 것이 쉽지는 않다. 게다가 학생들이 자신에게 맞는 학교를 선택하는 것을 토대로 학교 간 경쟁도 자연스럽게 유도하기 위해서는 상당한 시간이 필요할 수 있다. 그러나 이 프로젝트를 근간으로 모든 교육 주체가 협력한다면 각 학교가 개별 강점 분야를 중심으로 도약하는 토대가 구축될 수 있다.

전쟁의 폐허 속에서 반세기만에 대한민국을 일으켜 세운 것은 교육의 힘, 학교의 힘이었다. 이제 학교는 새로운 시대를 열어갈 인재를 길러내는 원천이 되어야 할 때이다. 획일적이고 수동적인 학교의 모습에서 탈피하여 지식정보화 사회가 필요로 하는 창의성과 인성을 겸비한 미래인재를 길러내기 위한 노력이 계속되고 있다. 학교의 자율화와 다양화, 교육과정 개편과 스마트 교육, 교육지원청 개편 등으로 학교들이 깨어나고 학교현장의 '긍정의 변화'가 확산되고 있다. 전국 만천오백오십 개 학교가 인재대국 대한민국의 명실상부한 산실이자, 무한한 가능성을 지닌 창의인재를 길러내는 주인공으로 변모하리라 확신한다.

학교의 자율화와 다양화, 교육과정 개편과 스마트 교육, 교육지원청 개편 등 다양한 정책적 노력은 만천오백오십 개 학교를 깨우고, 학생들을 깨우고, 학부모들을 깨우고 있다. 학생 스스로에게 있는 잠재력과 가능성을 발견하고, 꿈을 현실로 만들 수 있는 창의 인재들이 바로 우리의 학교 안에서 자라나고 있는 것이다.

전국 만천오백오십 개 학교는 변화하고 있다. 지식을 전수하고, 학생들을 하나의 사회 구성원으로 길러내던 학교가 변화하고 있는 것이다. 지식 전달을 넘어 지식을 창출할 수 있는 학교, 학생 한명 한명의 개성을 실력으로 키워주는 학교, 인재대국 대한민국의 학교는 무한한 가능성을 품고 진화하고 있다.

CHAPTER 12

교원의 열정을 되살리다

김관복[1] | 김영윤[2]

세계가 부러워하는 한국 교사

우리나라 교사의 우수성에 대해서는 세계가 인정하고 있다. 2010년 9월 맥킨지 보고서에 따르면, 한국은 상위 5%의 인재들이 교단에 들어오고 있으며, 이런 우수 교사 자원이야말로 한국 교육시스템의 가장 큰 장점 중의 하나라고 했다. 미국 오바마 대통령도 2011년 2월 의회 국정연설에서 "부모 다음으로 아이들의 성공에 가장 영향을 미치는 존재가 교사이며, 한국에서는 교사가 국가건설자 nation builder로

---

1 현 인재정책실장, 학교지원국장, 대학지원관 등 역임
2 현 학교지원국장, 교육복지국장, 학교정책과장 등 역임

불린다"고 언급해 우리나라 교육의 우수성이 교원에 있다는 점을 높이 샀다.

또한 2011년 4월 이명박 대통령은 '좋은 학교를 만드는 선생님'을 격려하는 자리에서 "교직은 '천직天職'이므로 인재를 만들어가는 데 가장 중요한 역할을 담당하는 교사로서 무한한 긍지와 자부심을 가져야 한다"고 강조했다.

이렇게 우수한 인재가 교직을 선택하고, 우리나라 교사의 우수성을 인정함에도 불구하고 2009년 발표된 OECD의 교수-학습 국제조사 TALIS에 따르면 우리나라 교사의 직업만족도job satisfaction는 보통 수준이고 자기효능감self-efficacy[3]은 조사 대상 국가 중 최하위를 기록했다.

더불어 학교현장에서 교사들은 과거 어느 때보다 학생지도에 어려움을 겪고 있다. 교실붕괴의 현실에서 '군사부일체君師父一體'는 옛말이 됐고 교권은 추락하고 있다. 교실에 학생만 있고 정작 교사는 없다는 자조 섞인 목소리가 심심치 않게 들리고 있다.

그럼에도 기존의 교원인사제도는 변화하는 교직환경에 맞게 유연하게 대응해 교사의 열정을 이끌어내는 데 한계가 있었다. 특히 전국 40만 교원을 일률적으로 연공서열과 성적에 따라 임용하고 승진시켜 수업전문성을 가진 역량 있는 교원이 성장할 수 있는 기제가 미흡했다. 단순히 실적과 점수를 관리하는 연공서열 위주의 인사제도만으로

---

[3] '자기효능감' 조사는 '나는 내 학생들의 삶에 중요한 변화를 주고 있다고 느낀다', '내가 열심히 노력하면 가장 다루기 힘들고 동기가 부족한 학생도 지도할 수 있다', '나도 우리 학급의 학생들을 성공적으로 지도하고 있다', '나는 학생들을 어떻게 지도할지 알고 있다' 등에 대한 선생님들의 반응을 조사한 것임.

는 미래 사회의 창의인재를 교육할 수 있는 우수한 교원을 지속적으로 길러낼 수가 없다.

미래 인재를 양성하는 데 있어 가장 중요한 것은 교사의 열정이다. 그런데 안타깝게도 이런 열정이 사라지고 있다. 그렇다면 과연 교사들의 가슴속 열정을 어떻게 이끌어낼 수 있을까? 어떻게 하면 가르치는 전문성을 키우고, 창의적 인재를 키우겠다는 의지를 되살릴 수 있을까? 교사들이 고단한 일상 속에서 잊고 지내온 교사로서의 소명의식을 다시 살릴 수 있을까?

이제 새로운 계기와 변화가 필요한 시점이다. 교직 사회 외부는 물론 내부에서도 변화의 필요성을 인식하고 있다. 역량과 열정을 가진 교사가 존중받고 성장할 수 있는 긍정의 변화가 필요하다.

현 정부는 초기부터 '교원능력 제고를 위한 인프라 구축'을 슬로건으로 교원능력개발평가, 수석교사제, 학습연구년제, 공모교장제, 역량 중심의 교원선발체제 개선을 추진했다.

진단을 통한 교원의 전문성 개발 기제인 교원능력개발평가, 가르치는 교사를 존중하는 수석교사제, 우수 교원의 재충전과 성장을 위한 학습연구년제, 탁월한 역량과 전문성을 갖춘 교장을 임용하기 위한 공모교장제, 시험성적만 높은 교원이 아니라 가르치는 능력이 우수한 교사를 선발하기 위한 교원선발체제 개선 등 교원정책은 교사의 열정을 살리고, 역량을 키우기 위해 필요한 것이 무엇인가라는 고민에서부터 시작됐다.

15년 만의 교원능력개발평가 전면 실시

교원능력개발평가 제안에서 실행까지

1995년 대통령자문 교육개혁위원회에서 신교육체제 수립을 위한 교육개혁 방안으로 "품위 있고 유능한 교원 육성 정책으로 능력 중심 승진·보수체계로의 개선과 이를 위해 교원에 대한 종합적인 평가와 함께 능력이 우수한 교원을 우대하겠다"고 제안했다. 이후 '교육발전5개년계획안'에서 새로운 교원평가제도를 도입하겠다고 제시했다. 본격적으로 2000년 '교직발전종합방안'에서 교원승진·평가제도 개선을 위해 교원직무수행기준과 교원평가요소 및 기준을 재검토하고 학교별로 평가위원회를 구성하는 등 교원평가제도 개선방안을 마련했다. 그러나 학부모는 찬성했으나 교직사회의 반발로 추진과제에서 제외됐다. 2003년에는 '교원 인사 제도 혁신을 위한 국민의견수렴사업', 2004년에는 '사교육비 경감 대책'으로 도입이 논의됐으나, 2005년이 돼서야 '학교 교육력 제고 시범사업'의 일환으로 48개교의 시범학교를 지정했다. 이후 전면 실시의 여건을 마련하기 위해 시범학교를 점차 확대해 2009년에는 전체 학교의 30%에 해당되는 3,121개교를 지정해 운영했다.

시범운영은 예상대로 성과를 거뒀다. 교원들 사이에 교원평가가 필요하다는 인식이 확산된 것이다. 시범운영 초기에는 "누가 감히 선생님을 평가할 수 있냐"라는 교원들의 왜곡된 인식이 팽배했다. 또한 평가결과를 인사나 보수에 연계해 교원들을 퇴출시키려 한다는 일부 교직단체의 잘못된 주장으로 인해 시범학교 담당교사들이 인근 학교 동료 교원들로부터 인신공격을 받는 등 업무 추진의 어려움을 겪기도 했다. 하지만 평가가 끝난 시점에서 다시 학교를 방문하자 "교사들 사이에 높았던 벽이 허물어지고, 소통을 통해 학교 및 교사에 대한 학부모의 신뢰가 높아지고 있다"며 학교의 달라진 분위기를 전해줬다.

시범운영을 통해 교사들이 직접 평가에 참여하면서 인식의 전환이 일어난 것이다. 기존의 관념을 넘어 교원능력개발평가를 통해 새로운 교직문화가 만들어 질 수 있다는 믿음이 교원들 사이에 싹트기 시작한 것이다. 2010년 전면 시행 이후, 2011년 현장점검 및 컨설팅을 위해 학교 현장을 방문해보면 교사들의 연수나 연구에 대한 관심과 참여율이 증가하고, 단위수업을 위한 준비가 보다 철저해지는 등 긍정적 변화를 볼 수 있다고 한다. 또한 평가결과에 따라 우수 교원에 대해 '학습연구년제'를 운영하게 되면서, 평소 열심히 학생들을 지도하는 교원들이 우대받을 수 있다는 측면에서 매우 고무적으로 받아들여지고 있다.

2009년 리서치앤리서치(12.8~15)에서 실시한 시·도별 여론조사의 결과에 따르면, 학부모의 86.4%, 교원의 69.2%가 제도 도입에 찬성했다. 교원능력개발평가를 전면 실시할 수 있는 분위기가 조성된 것이다.

이런 현장 분위기에 비해 평가제의 법제화는 답보상태에 머물러있다. 2006년에 참여정부는 교원능력개발평가 법제화를 준비했으나 교사와 교직단체 등 이해관계자의 반대에 부딪혀 법률 개정안은 국회

교원능력개발평가 추진 관련 경과

추진일자	추진내용
2000.	'교직발전종합방안' 수립 시 교원평가제 도입 검토
2003. 7.~2004. 11.	「교원 인사 제도 혁신을 위한 국민의견수렴사업」의 일환으로 교원 평가제도 도입 논의
2004. 2.	「사교육비 경감 대책」핵심 과제의 하나로 '교원 평가 체제 개선' 발표
2005. 5. 3.	교원평가제 시범운영 방안(시안) 발표 및 시안에 대한 공청회 개최
2005. 9. 5.	교원평가와 별도로 '부적격교원 대책'을 수립하여 발표
2005. 11. 17.	교원평가 시범학교 선정 결과 및 학교교육력제고 사업 추진계획 발표 (48개교)
2006. 2.	학교교육력제고 2차 시범학교 16개교 선정
2006. 10. 20.	교육인적자원부 주관으로 교원능력개발평가 정책추진 방향 공청회 개최
2006. 11. 1.	교원능력개발평가제 도입을 위한 초·중등교육법개정안 입법예고
2006. 12. 29	교원능력개발평가 추진을 위한 초·중등교육법개정 법률안 정부안 제출
2007. 3.~2008. 2.	전국 506개교 교원능력개발평가 선도학교 지정 운영
2007. 12.	506개 선도학교 시범운영 결과 발표
2007. 12.	이명박 정부의 교육 공약의 하나로 '교원평가 입법화' 포함
2008. 1.	2008년도 교원능력개발평가 669개 선도학교 지정
2008. 3.~2010. 2.	전국 669개교 교원능력개발평가 선도학교 지정 운영
2008. 5. 31	17대 국회 폐회와 더불어 초·중등교육법 개정 법률안의 자동 폐기
2009. 2.	1,527개 선도학교 확대 지정 (특수학교 및 비교과교사 포함)
2009. 9. 1	교육과학기술부『학교교육내실화를 위한 교사의 수업전문성 제고 방안』 발표
2009. 9. 13	1,594개 선도학교 추가 지정 (총 3,121개교 운영. 전체 학교 수의 30% 해당)
2010. 2	16개 시·도교육규칙 제정·공포로 전면 시행
2010. 12.	15평가모형 개선방안 및 평가결과 활용방안 발표
2011. 1. 21	2011년 교원능력개발평가 시행 기본계획 수립
2011. 2. 25	「교원 등의 연수에 관한 규정」일부 개정(교원능력개발평가 신설)
2012. 9. 28	「교원 등의 연수에 관한 규정」 일부개정(교원능력개발 평가 실시 의무화 및 결과활용 연수 실효성 강화

회기만료로 자동폐기 됐다. 2008년에는 나경원, 안민석, 조전혁 의원이 관련 법안을 각각 발의했고, 2009년에는 국회 교육과학기술위원회 대안으로 법안심사소위원회를 통과했다. 하지만 심의과정에서 일부 이견이 제기되어 지난 2009년 9월 22일에 법안심사소위원회로 다시 회부되었다. 이후 2010년 2월에 6자협의체 구성, 2011년 7월에 8자협의체 구성 시도 등을 통해 법제화 노력이 진행됐으나, 결국 제18대 국회 임기 만료로 자동 폐기되었다. 제19대 국회에서도 안민석, 서상기, 민병주 의원이 관련 법안을 각각 발의한 상황이다.

이처럼 교원능력개발평가 법제화는 지연되고 있으나, 교원능력개발평가제의 전면 실시에 대한 사회적·국민적 요구, 교직사회의 수용 분위기에 맞춰 교육과학기술부에서 평가모형을 제안하고, 시·도교육청별로 교육규칙을 제정해 2010년 3월부터 교원능력개발평가를 실시할 수 있었다.

시·도교육규칙 제정으로 학교현장에서 교원능력개발평가를 차분히 실시했으나, 2010년 7월 민선교육감이 취임하면서 일부 시·도에서는 교육규칙을 폐지하고 평가제를 거부하려는 움직임이 있어 전국적 실시에 한계가 있었다. 법제화가 최선의 대안이지만 국회 입법 지연으로 인해, 2011년 2월 안정적인 실시를 위해 대통령령인 '교원 등의 연수에 관한 규정'을 개정해 교원능력개발평가에 대한 규정을 신설하게 됐다.

교사들도 반기는 교원능력개발평가

교사의 전문성 신장과 교직사회의 소통 기제를 마련하기 위해 도입한 교원능력개발평가제는 현장에서 어떻게 받아들여지고 있을까?

초기에 많은 교사들은 자신이 평가를 받는 것에 부담을 느꼈다. 특히 학생 및 학부모가 참여하는 것이 우리나라 정서에서 쉽게 받아들여지지 않았다. 교사들은 수업공개를 위해 많은 준비를 필요로 했고, 자신들의 수업이 학생, 학부모, 교사의 눈에 어떻게 비춰질지 염려스러워 했다.

그러나 5년간의 시범운영을 거치고, 2010년부터 전면 실시를 하게 되면서 현재는 교원능력개발평가를 학교교육활동의 일부분으로 자연스럽게 받아들이고 있다. 평가제 도입으로 '닫힌 교실'이 '열린 교실'로 변화하고 있고, 교사들이 일상적으로 수업에 대해 이야기하고 서로의 수업을 벤치마킹하고 있다. 전 서울사대부설여중 이홍자 교장은 교원능력개발평가 도입으로 선생님들이 수업공개 및 전문성 개발에 적극 참여하고 있다고 한다. 교사들이 변화를 경험하고 있는 것이다.

"지난 몇 년 동안 한 차례도 수업공개를 하지 않은 교사들이 수업에 대해 이야기하고, 더 잘 가르치기 위한 방법을 고민하고 있어 학교 분위기까지 좋아졌어요."

대구 매천초등학교에서는 교원능력개발평가 실시로 학생은 교사에 대한 신뢰감이 높아지고, 학교생활이 더 즐거워졌으며 교사와의 대화 기회도 늘어났다고 한다. 학부모도 자녀 교육에 대한 관심과 열성, 교육활동에 대한 이해와 참여가 높아져 학교의 교육력이 향상됐다고 한다.

2011년 교원능력개발평가 결과를 분석한 한국교육개발원[4]의 연구에서도 교원능력개발평가제가 '교사의 전문성 신장에 도움이 됐다'고 응답한 비율이 학생 57.7%, 학부모 65.5%에 이르렀다. 또한 '교육계에 긍정적인 변화를 가져왔다'고 응답한 비율이 학생 55.7%, 학부모 56.5%, '교육발전에 기여하고 있다'고 응답한 비율이 학생 44.5%, 학부모 61.9%로 나타났다. 교원능력개발평가제 도입으로 교사에 대한 학생·학부모의 신뢰가 높아진 것이다. 교사는 전문적 역량을 신장시킬 수 있었고, 학생은 보다 질 높은 수업을 받게 되었으며, 학부모는 참여를 통해 학교의 변화를 경험했다.

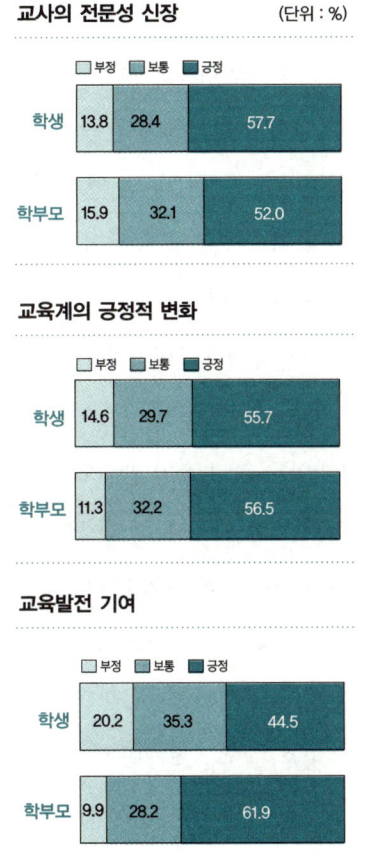

교원능력개발평가 전면 실시 2년차인 2011년부터는 교원능력개발평가 현장 정착에 초점을 두고, 전국적 공통모형에 근거해 시·도 및 학교별로 시행 방식을 정교화했다. 또한 학부모 참여율을 높이기

---

[4] 김강성(2011), 2011년 교원능력개발평가 결과 분석 및 매뉴얼 개발 연구, 한국교육개발원

위해 학부모의 응답 선택권을 확대하고, 나이스NEIS 연계 온라인 평가를 실시한다. 그 밖에도 동료 교원 평가의 공정성과 신뢰성을 높이기 위해 교원의 교육활동 소개 자료 제시를 권고하고, 평가 대상자나 참여자의 특성에 따라 평가 내용을 구성할 수 있도록 했다. 평가 방법은 평가의 객관성을 높이기 위해 5단 척도 체크리스트와 자유서술식 응답 방식을 병행한다.

교원능력개발평가제는 교직사회에서 교사-학생-학부모가 함께 만들어가는 제도로서, 2012년 8월 현재 국회 교육과학기술위원회에 3개의 관련 법안이 발의되어 있으며, 국회 여야간의 공감대가 형성되어있는 만큼 19대 국회에서는 법제화에 대한 기대가 높아지고 있다. 이에 앞서 정부는 2012년 9월 28일 교원능력개발평가 실시의 의무화, 평가결과 활용의 구체화, 평가결과활용 연수에 대한 지도·감독 근거 마련 등을 포함한 「교원 등의 연수에 관한 규정」을 제정하였다.

향후 교원능력개발평가가 교원 전문성 신장을 위해 가장 신뢰할 수 있는 정책이 되도록 법제화를 통하여 안정적 실시, 학교 구성원의 적극적인 참여가 필요하다.

학교도 경영 시대, 교장공모제 법제화

단위학교 책임경영을 위한 교장공모제 도입

학교별 여건에 맞는 다양하고 특색 있는 교육과정을 운영하고, 교육

수요자가 체감할 수 있는 학교 경영을 위해서는 자율과 책무성에 기반을 둔 단위학교 책임경영이 정착돼야 한다. 학교단위 책임경영을 위해 학교장의 역할을 새롭게 정의할 필요가 있다. 기존의 관리자 역할을 넘어 창의적 인재 육성이라는 목표 아래 비전을 세우고, 리더로서 기업의 최고경영자CEO와 같은 역할을 해야 한다.

하지만 그간 학교장은 학교단위 책임경영을 위한 실질적인 권한이 미비해 학생, 학부모 등 교육 수요자의 요구에 부합하는 학교운영에 제약을 받아왔다. 최고경영자라기보다 수동적으로 학교를 관리하는 역할만 해왔다. 교장의 선발과 임용은 '교육공무원승진규정'에 따라 교장 승진명부상의 일정 순위 이상의 교감들을 대상으로 교육감이 지명하는 방식으로 이뤄졌다. 이런 제도 아래 교장 승진까지 대개 30년 이상의 오랜 기간이 소요돼 정년이 머지않은 상태에서 학교경영을 맡게 되는 경우가 많았다.

교육이 학교 담장 안에서만 이뤄졌던 과거에는 학교현장에서의 오랜 경험과 노하우가 학교경영에서 큰 비중을 차지했기에 연공서열에 따른 교장 임용이 어느 정도 기능한 것은 부인할 수 없다. 그러나 학생과 학부모의 학교에 대한 요구 수준이 높아지면서 학교가 다양한 체험과 기회를 제공해야 함은 물론, 학교 밖의 지역사회 문제도 결코 소홀히 할 수 없는 상황이다. 교장공모제는 바로 이런 교육환경의 변화와 무관하지 않다. 기존 승진제 교장임용방식의 한계를 극복하고, 새롭고 참신한 리더십으로 학교와 지역발전을 촉진하는 능력과 열정이 있는 교장을 임용하기 위해 임용 방법을 다양화한다는 것이 기본 취지이다.

한편 교장의 빈번한 인사이동도 기존 교장 인사체제가 안고 있는 큰 문제 중 하나이다. 교장은 누구보다 학교 운영을 총괄하는 입장에서 학교문화를 조성해가는 CEO라 할 수 있다. 그럼에도 학교현장에서는 행정적 편의에 따라 잦은 교장 전보가 있었으며, 이로 인한 피해는 고스란히 학생과 학부모의 몫이었다.

교장공모제는 이런 문제까지도 해결하기 위한 제도적 방안이다. 지역사회와 학교 구성원이 원하는 교육관을 갖고 있는 교장이 한 학교에 길게(4년) 안정적으로 근무할 수 있도록 하는 것이다. 재직기간 동안 책무성과 리더십을 바탕으로 개성 있는 교육을 구현하도록 해 학생들이 안정적인 여건에서 교육을 받도록 하는 데 목적이 있다.

교장공모제는 참여 자격에 따라 자율학교를 대상으로 한 개방형, 내부형, 그리고 일반학교를 대상으로 하는 초빙형으로 구분된다. 개방형은 해당학교 교육과정과 관련된 기관 등에서 3년 이상 근무한 자를 대상으로 한다. 민간 기업체 종사자 등 일반인의 공모 참여가 가능하며, 실제 마이스터고 등 산업현장과 밀접하게 연관된 학교에는 국내 유명 기업의 임원 출신들이 공모교장으로 임용되어 전문성을 바탕으로 한 활동을 펼치고 있다. 한편 내부형은 초빙형 공모와 마찬가지로 교육계 내부인사를 대상으로 하며 교육경력 15년 이상인 교육공무원이나 사립학교 교원들이 응모가 가능하다.

교장공모제에서는 학교 구성원과 지역사회의 요구와 수요를 반영하기 위해 심사절차에 학부모 참여를 제도적으로 보장하고 있다. 먼저 학교운영위원회가 중심이 된 단위학교 심사위원회가 1차 심사를 거쳐 추천하면, 교육청 교장공모심사위원회가 2차 심사를 하게 된다. 이후 교육감은 교장 공모심사위원회의 추천 순위를 고려해 최종 추천자를 선정한 후 교육과학기술부 장관에게 임용 추천을 하는 절차로 이뤄져 있다.

공모 교장의 열정과 학교의 변화

도입 초기 일부 우려도 있었고 시행 과정에서 어려움도 많았으나, 학교 구성원들의 관심과 적극적 제도 추진 의지를 바탕으로 교장공모제 학교는 점차 늘어가고 있다. 지난 2007년 9월부터 자율학교를 대상으로 시범운영 방식으로 추진되어 55명의 공모 교장들이 처음 임용된 이래 총 6차에 걸친 시범운영을 실시하였고, 그간 실시 과정에서 나타난 성과와 문제점에 대한 면밀한 검토와 분석을 바탕으로 2010년 9월부터는 전체 공립학교를 대상으로 교장공모제를 확대 시행하고 있다.

교장공모제 시행학교 증가 추이

2012년 9월 기준 2,028개 학교현장에서 공모 교장들이 활발히 활동하고 있으며 이들의 열정과 개성 있는 교육철학에 바탕한 실천이 이어지면서 학교현장에서는 주목할 만한 긍정의 변화들이 하나둘 나타나고 있다.

다양한 경력과 능력을 갖춘 CEO형 교장 임용의 대표적 사례로 빼놓을 수 없는 것이 바로 부산자동차고의 이승희 교장이다. 르노삼성 부사장 출신인 이승희 교장 부임 이후 평범한 고등학교였던 부산 자동차고에는 많은 변화가 일어나고 있으며, 지역사회에서도 주목받는 학교로 거듭나고 있다. 지난 2010년 1학년생의 97%가 자동차 기능사 자격증을 따내는 쾌거를 이루기도 하였다.

그러나 이런 외적 성과보다 주목할 만한 것은 이른바 학교문화와 학생들의 인식 변화이다. 과거 어렵게 공부해 입학을 한 우수한 학생들이었으나 자괴감 속에 학업에 흥미를 갖지 못했던 학생들이 있었던 것이 사실이다. 그러나 교장의 열정과 관심, 그리고 관련 분야에 오랫동안 종사하면서 쌓인 경험이 어우러져 멘토로서의 역량이 발휘되는 가운데 이제 학생들은 공부에 대한 흥미를 갖게 됨은 물론이고 성공할 수 있다는 자신감으로 가득 차있다. 기숙사 생활을 하면서 늦게까지 공부하는 분위기가 조성되는가 하면, 매주 3회 90분씩 개설된 영어강좌에도 열심이다.

그러나 아무리 좋은 제도도 현장에 정착시키기 위한 노력이 동반되지 않으면 성공을 담보하기 어렵다. 교장 심사 절차의 공정성과 투명성을 바탕으로 학교 구성원들의 의견을 공모 과정에 반영하는 것은 물론, 성공적 사례들을 현장에 확산시켜가면 제2, 제3의 부산 자동차고 사례를 만들어갈 수 있다.

2011년 9월, 교장공모제 근거를 명시한 교육공무원법이 개정·공포되었다. 공모 교장의 자격을 일반학교의 경우 교장자격증 소지자로, 자율학교의 경우 15년 이상 교육경력 소지자, 3년 이상 관련기관 종사자로 하는 것을 주요 내용으로 하고 있다. 향후 제도의 확대와 내실 있는 정착은 물론이고 학교현장의 긍정적 변화를 더욱 촉진시키는 중요한 계기가 될 것으로 보고 있다.

1987년 미국 뉴저지의 한 공립학교에 '존 클락'이라는 흑인 교장이 부임한다. 학교는 기초학력미달 학생이 전체 70%나 되는 삼류학교였다. 새로 부임한 교장은 타성에 빠진 교사들을 독려하고 학생들을 다독이며 다시 학교를 바로 세운다. 익히 알려진 모건 프리먼이 주연한 'Lean on Me'라는 실화를 바탕으로 한 영화의 줄거리다. 동서東西를 막론하고 학교현장에서 교장의 역할이 갖는 중요성을 보여주는 사례로 볼 수 있다. 무엇보다 이 영화의 감동은 교장이 학교 구성원들과 함께하려는 열정과 노력에서 비롯되는 것이 아닐까 한다.

참신하고 창의성 있는 교육이 요구되는 학교에서 학생과 학부모, 지역사회와 호흡할 수 있는 학교경영자는 꼭 필요하다. 교장공모제는 이를 실현할 수 있는 가장 확실한 대안이다.

수업 잘하는 멘토, 수석교사

멘토교사-멘티교사가 수업을 논하다

교사가 학생지도에 어려움을 느낄 때 누구에게 도움을 받을까? 더 역량 있고 우수한 교사가 되고 싶을 때 누구와 의논할 수 있을까?

바로 '수석교사'가 이에 대한 해답이 될 수 있다. 경남의 황모 수석교사와 당시 함안에 근무했던 신모 교사 간의 멘토-멘티 사례를 보면 수석교사제를 쉽게 이해할 수 있을 것이다.

두 사람의 만남은 신 교사가 도덕과 수업연구대회를 준비하는 과정에서 시작됐다. 이후 신 교사가 부산으로 이동한 후에도 멘토와 멘티의 관계를 유지하면서 지속적으로 맞춤형 지원을 했다. 수업에 대해 이야기하는 평생 멘토-멘티가 된 것이다. 신 교사는 황 수석교사의 정성 어린 지도에 '아! 수석교사가 바로 이런 것이며, 수석교사를 통해 학교가 바뀔 수 있겠구나!'라고 느꼈다고 한다.

이 밖에도 지난 2008년부터 시범운영을 통해 수석교사가 수년간 축적한 자료, 노하우 등을 제공받아 수업에 어려움을 겪는 동료 교사들이 이를 해결하고 수석교사에게 고마움을 전하는 사연들은 줄을 잇고 있다.

이런 사례들은 수석교사를 통한 노하우 공유와 수업 지원으로 학생 수업에서 어려움을 겪는 교사뿐 아니라 우리나라 전체 교사들의 수업의 질을 높여 공교육 전체의 만족도를 높이는 계기를 마련할 수 있다는 것을 보여주고 있다.

30년간 교육계 숙원 사업, 수석교사 법제화

일반인들에게 수석교사는 낯설게 느껴질 수 있다. 그러나 수석교사제는 이미 선진국에서 일반화돼있고, 우리나라의 교육계에서도 도입을 위해 30여 년간 노력을 아끼지 않은 제도이다.

수석교사는 1981년 한국교육개발원의 '교원인사행정제도의 개선 방향 탐색' 세미나에서 수석교사라는 명칭을 처음 사용한 이후 교육개혁심의회(1999년), 교육정책자문회의(2000년) 등에서 논의됐으나 관계부처, 국회의 반대로 추진이 중단됐었다. 그러던 중, 2011년 6월 임시국회에서 여·야 합의로 수석교사 법제화의 필요성에 의견이 모아져 수석교사 관련 법률 개정안이 통과됐으며, 같은 해 7월 25일 법률이 공포되었고, 2012년부터 학교 현장에 배치되어 본격적으로 활동하고 있다.

지금까지 우리나라의 교사-교감-교장의 일원화된 교원 승진체제는 교사직으로부터 행정관리직으로의 승진 경로로 이뤄져, 수업전문성을 발전시켜 승진하는 데는 한계가 있었다. 즉, 우리나라 교원승진제도는 교사의 본업인 가르치는 일을 더 잘하도록 하기보다 가르치는 일에서 벗어나 행정관리직으로 진출하도록 하는 제도라는 한계를 가지고 있었다. 교감이나 교장으로 승진하면 직접 학생 수업에는 참여하지 않고 행정관리 업무에 주력하기 때문에 가르치는 일에서 보람을 찾고 긍지를 느끼는 교사들은 이런 승진이 달갑지 않을 수 있다. 게다가 가르치는 일 자체에 보람을 느끼는 교사들이라도 승진을 못하게 되면 능력이 떨어지는 사람이라는 평가를 받기 때문에 어쩔 수 없이 승진 경쟁에 나서는 경우도 생기게 된다.

이런 문제를 개선하기 위해 법제화된 수석교사제는 현행 1원화된 교원승진체제를 교수Instruction 경로와 행정관리Management 경로로 나눠 2원화 체제로 개편한 것이다.

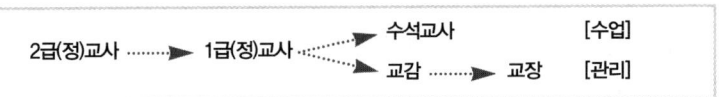

이는 교원 인사 체계의 큰 변화를 가져오는 제도이다. 교장·교감의 승진 통로가 아닌 새로운 자격트랙을 통해, 교사가 '가르치는 업무'에서 기쁨과 보람을 얻도록 교직생활을 보장하고, 교사의 수업전문성을 존중하는 분위기를 형성할 수 있다.

2008년부터 4년간 실시한 수석교사제 시범운영에서도 좋은 성과를 보여왔다. 2009년 시범운영 분석 결과에 따르면, 교장·교감의 71.7%, 일반교사의 64.1%가 '수석교사가 효과가 있다'고 응답했다. 이 같은 반응은 수석교사제가 교단 개혁을 위해 꼭 필요한 제도라는 점을 확인시켜주고 있다. 수석교사제 시행 원년인 2012년에는 1,147명의 수석교사가 선발되었고, 향후 단계적으로 모든 학교에 수석교사를 배치할 예정이다. 이를 위해 2011년 9월에는 교원 정원 500명을 추가적으로 확보한 바 있다. 법적 근거 없이 실시된 시범운영에도 가시적인 성과를 보였는데, 이제 수석교사제가 법제화되고 수석교사 인원수가 확대되면서, 그 효과는 더욱 확산될 것으로 기대한다.

우수한 수석교사 선발을 위해 역량평가 도입

수석교사 법제화 과정에서 일부 반대 의견 중 귀담아 들을 부분이 있다. 바로 수석교사제가 법제화되면 이를 또 다른 승진통로로 활용할 우려가 있다는 것이다. 즉, 교감·교장으로 승진하지 못한 사람들을 위한 또 다른 승진 통로, 또는 교감으로 승진하기 전에 그치는 사전 승진단계로 전락할 수 있다는 점이다. 이 같은 우려는 학교현장에서 수석교사제가 본래 도입 목적대로 정착되려면, 수업전문성 있는 교사들의 미래 희망으로 수석교사제를 운영해야 한다는 것을 경고한다고 볼 수 있다.

이를 위해 중요한 것은 수업 및 연구 전문성이 높고 학교현장에서 동료 교원들로부터 존경받는 교사를 선발해 수석교사의 질을 확보하는 것이다. 수석교사 선발과정에 역량평가를 도입하는 것이 한 가지 방편이다. 수석교사 선발과정은 단위학교의 수석교사추천위원회 추천을 거쳐 시·도교육청에서 1단계 서류심사, 2단계 역량평가 절차를 거친다. 2단계 역량평가는 수석교사의 직무분석을 토대로 도출된 역량을 심층면접 방식으로 평가해 수석교사 직무를 성공적으로 수행할 수 있을지 여부를 판단하게 된다.

역량평가 방법
○ 구조화된 모의과제 제시로 심층면접방식을 통한 역량평가로 진행
㉮ 수업 지도 : 지정과제, 선택과제(계기교육 등)제시
　⇒ 수업지도안, 수업시연, 형성평가 문항을 통한 평가
㉯ 수업평가(Consulting) : 학교급/교과 지원자에 동일한 수업 동영상 제시
　⇒ 동료교원 수업에 대한 평가 및 지도·조언 능력 평가
㉰ 동료교원 관계 : 교장·교감·교사의 관계에서 나타날 수 있는 갈등 사례 제시

> ⇒ 갈등해결에 대한 긍정적 행동과 부정적 행동으로 분류 평가
> ㉔ 동료교원 지원 : 신임교사·수업전문성 부족 교사 등의 필요한 도움 요청 사례 제시
> ⇒ 코칭, 멘토링, 컨설팅을 통한 동료교사 지원시 나타나는 행동 특성을 평가
> ㉕ 학생진로·진학지도 : 학생 지도시 나타날 수 있는 진로, 진학 등 기타 상담 요청 상황을 사례 제시
> ⇒ 면접을 통한 역량을 평가

또한 4년마다 수석교사의 업적평가 및 연수실적 평가를 반영한 재심사를 통해 지속적인 관리도 하게 된다. 맞춤형 연수도 지원하면서 수석교사가 단위학교에서 새로운 역할을 할 수 있도록 여건을 조성하고 있다. 이런 역량 있는 수석교사 임용을 통해 교사들 간의 협력과 서로 수업 정보를 공유하는 학교, 수업 질과 만족도가 높아지는 학교가 되길 기대한다. 어느 수석교사의 말은 수석교사의 역할을 잘 대변한다.

"학생 수업, 새내기 교사를 위한 수업공개 지도, 외부 컨설팅까지 바쁘지만 부지런히 소통해야 멋진 수업이 나올 수 있는 것을 알기에 즐겁게 일하고 있습니다."

새로운 열정을 키우는 학습연구년제

쉼표! 그리고 성장을 위한 출발의 기회

"열심히 일한 당신 떠나라!" 2000년대 말 유행한 이 CF 카피에는 열심히 앞만 보고 달려온 당신, 이젠 여행을 즐기며 쉴 수 있는 충분한 자

격이 있다는 의미가 담겨있다. 교원능력개발평가 결과 우수 교사를 대상으로 하는 '학습연구년제'를 가장 잘 설명하는 문구가 아닐까?

그러나 학습연구년제에는 단서가 있다. 단순한 휴식이 아닌 자기계발에 대한 갈증을 자신의 방식으로 충분히 해갈하라는 의미의 '떠나라'다. 그들에게 학습연구년은 '쉼표! 그리고 성장을 위한 새로운 출발의 기회'[5]다.

학습연구년제는 교원의 전문성을 신장하고 교원능력개발 평가에 따른 우수 교원에게 인센티브를 제공하기 위한 목적으로 도입되었다. 지원자격은 10년의 교육 경력과 교원능력개발평가에서 최상위에 해당하는 교원 중 학교장의 추천을 받은 교원이다. 학습연구년제 도입으로 교사들에게 새로운 기회가 열렸다. 평소 학교 일에 얽매이고 시간적 여유가 없어 하지 못했던 일을 할 수 있게 된 것이다.

학습연구년 교사들은 우수 교사들로 교직에 대한 열정뿐 아니라 학습, 연구, 사회봉사에 대한 열정 또한 높다. 그래서 연구년 활동도 매우 다양하다. 자신의 전공 및 관심 분야에 대한 연구만이 아니라 연구와 봉사활동을 연계하기도 하고, 국내외에서 교육기관 방문 및 수업 공개를 하고 있다. 또한 개인과 학교단위를 넘어 국가수준에서 교과 교육과정개발연구에 참여해 현장교원 및 학습자 중심 교육과정을 만드는데 일조하고 있다.

---

5 '쉼표! 그리고 새로운 출발의 기회'는 지난 4월 학습연구년 심포지움과 함께 실시한 학습연구년 주제에 대한 아이디어 공모전 최우수작임.

학습연구년 교사는 현장 중심의 연구를 한다는 점에서 대학교수의 학문적 연구와 차별화된다. 현장에서 경험한 교육의 문제에 대해 현장교육 개선이라는 맥락에 초점을 두고 연구를 수행한다.

2010년 경인교육대학교에서 학습연구년을 수행한 김보경 교사(의왕 내손초)는 '초등사회과 지역교과서의 다문화 관련 내용 분석'이라는 자신의 학습연구년 보고서를 보완해 학진 등재지인 사회과교육(50권 2호)에 게재했다. 김정순 교사(상원고)도 2011년 4월 교원교육학연구(등재지)에 '교원성과상여금의 사익과 공익에 대한 공공선택론적 탐색' 연구를 실었다. 김 교사는 학습연구년 교사였기에 학술지에 한 편의 논문을 실을 수 있었다고 한다. '나는 가수다'라는 TV 프로그램에 출연하는 가수들이 올인해서 미션곡을 각색해 감동을 주듯이 현장교사로서 자신의 경험을 각색해 학술논문을 썼다. 그는 "자신이 꿈꾸던 '학교현실과 이론을 소통시키는 패러다임'을 만드는 시도를 하고 있다"고 말한다.

학습연구년 교사들은 2013년까지 교과교육과정 개발 및 검토(2011년), 교과별 수업모형개발 및 평가방식 연구안(2012년), 수업 개선을 위한 현장교사 대상 연수 방안 연구(2013년)에 참여한다. 2011년에는 교과교육과정 개발 연구에 72명이 참가해 현장의 요구를 반영한 교과교육과정 기준 개발을 지원하고, 현장에서 시작하는 개혁 bottom-up을 리드하는 역할도 했다.

학습연구년 교사들은 개인적인 연구뿐 아니라 연구년 교사들이 함께 모인 지식공동체를 통해 집단 연구에도 힘쓰고 있다. 지역별 카페, 교과교육과정별 블로그를 운영하거나 페이스북 facebook에 지식공동체를 만들어 학습연구년 경험을 공유하고 있다.

'다음' 사이트에 '늘보, 세상을 만나다' 블로그를 운영하는 안종호 학습연구년 교사는 '한중일 영어교육과정에 대한 비교 분석연구'를 진행하면서 일본 '이와가라 미나미 초등학교'와 교류하며 영어수업 참관을 하고, 일본 학생들을 대상으로 직접 영어 공개수업을 진행하기도 했다.

2010년 학습연구년 교사 중 양명옥 교사의 사례도 빼놓을 수 없다. 양 교사는 학습연구년 기회를 봉사활동의 체계적인 실천 기회로 삼았다. 그는 '유용미생물EM, Effective Microorganisms이 환경에 미치는 영향과 교육적 활용'이라는 주제로 연구를 하면서 대학에서 수업이 없는 금요일마다 봉사활동으로 시민 대상 생활환경 교육활동을 지원했다. 환경과학교재개발 연구와 함께 지역사회 봉사활동을 병행해 학습연구년제에 대한 일반인들의 인식을 높이는 데도 기여했다.

왜 학습연구년이 중요한가?

2010년 9월부터 학습연구년제가 도입된 이후 2010년 99명, 2011년 406명이 학습연구년 기회를 가졌고 2012년에는 691명이 참가 중에 있다. 아직 학습여구년 기회를 가진 교사가 많지는 않지만 교원들이 느끼는 변화의 수준은 크다. 무엇보다 우수 교원에 대한 인정과 교원의 사기를 높이고 있다는 점을 높게 평가했다. 1년간 안정적으로 급여를 받으면서 연수 및 연구 기회를 갖고, 경력 및 호봉을 100% 인정받는 것도 호응을 얻고 있다.

임근광 광주농성초 교사는 "연구하는 교사가 있어야 교육이 발전하는 것인데 좋은 여건 속에서 연구시간을 보장해주니 단단한 이론적 기반을 갖춘 현장 전문가로 거듭날 수 있는 기회"라고 말한다. 또 "많은 예산이 투입된 혜택인 만큼 받은 이상으로 현장에 나가 돌려준다는 생각으로 열심히 임할 것"이라는 각오를 내비쳤다.

보다 여유를 갖고 학습과 연구의 기회가 필요했던 교원들에게 학습연구년 기회는 하나의 혜택이면서 동시에 자신의 전문성을 학생과 다른 교원들에게 되돌려주는 기회가 되고 있다.

학습연구년의 성과에 대한 연구[6]를 보면, 학습연구년 특별연수 이수자는 전문성 신장(95.7%)에 도움이 됐고, 재충전기회(97.6%)를 가졌으며, 업무수행(92.2%) 및 학교교육 개선(88.4%)에 도움이 됐다고 평가한다. 학습연구년 경험이 교사 개인의 성장뿐 아니라 교직사회 전반에 새로운 활력을 불어넣고 있다.

교직은 가르치는 일을 반복적으로 하기에 자칫 매너리즘에 빠지기 쉽다. 일상의 반복으로 인해 변화에 민감하게 대처하지 못하는 경우도 있다. 학습연구년제는 이런 교직의 정체현상을 해소하는 기회가 되고 있다. 학습연구년을 통해 자신의 교직 생애를 재설계하고, 다른 교사들의 성장을 돕는 등대 역할도 하고 있다.

학습연구년에 대한 교사들의 기대 또한 높다. 학습연구년 기회를 통해 가르치는 교사로 성공하기 위해 재충전이 중요하다는 것을 인식하게 된 것이다. 학교현장의 이런 요구를 수용해 2013년도에는 1,000

---

[6] 교육과학기술연수원에서 실시한 조사결과('11.2.16)

명 수준까지 확대할 계획이다.

역량중심의 교육전문직 선발

일부 교육청에서 발생한 교육전문직 임용비리는 사회전반적으로 큰 반향을 일으켰으며, 교육전문직 인사비리 근절을 위한 근본적인 제도 개선이 필요하다는 사회적 공감대 형성으로 이어졌다. 교육전문직 선발에 필기시험 위주의 전형방법과 단발적인 현장 평가로는 학교 현장에서 요구되는 장학지도 역량과 학교 지원 서비스 능력 등에 대한 교육전문직의 자질 검증이 부족하다는 문제가 제기됐다.

  교육전문직으로의 전직이 승진의 징검다리 역할을 하고 있는 문제를 우선 해결해야 했다. 이를 위해 역량 있는 전문직이 장기간 근무할 수 있는 여건을 마련하는 방향으로 정책을 결정했다. 특히 전문직 선발 과정에서 역량평가를 도입해 정책기획과 집행능력, 장학 역량을 가진 전문직을 선발하도록 했다.

  그럼 이번에 개선된 교육전문직 선발 방법은 구체적으로 어떻게 바뀌었을까? 제일 큰 변화는 객관식 필기시험을 폐지하고 역량 중심 평가로 선발전형을 개선한 것이다. 객관식 필기시험은 시험 준비에 부담을 주고, 시험 과목과 내용 또한 실제로 수행하는 업무와의 연관성이 미약하다는 지적에 따라 폐지했다. 대신에 서류전형 외에 기본 소양과 직무수행 능력을 평가하는 역량 중심의 다단계 전형절차를 도입했다. 1차 전형에서는 업무수행과 밀접한 관련이 있는 기본 소양을 평가한다. 과제 중심의 주관식 논술과 정책보고서 작성 등의 방법으로 실시되며, 전문기관에 위탁해 실시할 수 있다. 2차 전형에서는 1차 전형 합격자를 대상으로 직무수행에 필요한 능력과 자질을 확인하는 역량 평가를 실시한다. 평가방법은 심층면접, 수업시연, 장학협의 등의 다양한 방법으로 진행된다.

    교육전문직의 선발 방식의 변경에 따라 교육전문직은 어떤 역할을 해야 할까? 교육여건과 환경의 변화에 따라 교육전문직은 학교현장을 반영한 교육정책 기획과 학교 장학의 중추적인 역할을 해야 한다. 시·도교육지원청의 교육전문직은 기존의 행정업무 처리 중심이 아닌 학교경영 지원, 교원의 전문성 개발 지원, 학생·학부모 지원 등의 컨설팅 지원 중심의 장학기능에 중점적인 역할을 할 것이다.

예비교사 교육에 미래가 달렸다

수업전문성 중심의 신규교사 임용

교원정책의 첫 단추는 우수한 교원을 양성하고 임용하는 것에 있다. 교대 및 사대에서 공부하고 있는 예비교사가 미래 인재를 키우는 핵심 역할을 맡게 되기 때문이다. 예비교사의 역량이 미래 한국의 경쟁력을 좌우하는 만큼 교사 양성과 임용과정이 예비교사의 수업전문성에 초점을 두고 개편돼야 한다.

교사임용시험은 교사 양성과 연계해 생각할 필요가 있다. 신규임용 시험의 내용이 교사양성기관의 프로그램을 결정하기 때문이다. 그래서 임용시험을 수업능력과 교직적성을 평가하는 체제로 개선해 교·사대의 교육과정도 미래 역량 중심으로 바꾸도록 했다.

기존의 교사임용시험은 우수한 인재를 교사로 선발하는 데 한계가 있다는 지적도 있다. 예비교사들이 치열한 경쟁률을 뚫고 합격했지만 학교현장의 신임교사에 대한 평가는 그리 긍정적인 것만은 아니다. 과연 학교에서 원하는, 학생이 원하는 교사는 어떤 교사이며, 어떻게 선발할 수 있을까?

우선 학교현장에서 원하는 교사는 결국 '수업 잘하는 교사', '인성을 갖춘 교사'로 요약할 수 있다. 그럼 현재의 시험체제에서 과연 이런 교사를 양성할 수 있느냐는 의문이 든다. 현행 시험체제를 보면, 교사 임용시험은 그 어느 시험보다 부담되는 시험이다. 교사자격증을 가진 사람들을 대상으로 1차 시험에서 교육학과 전공을 객관식으로 평가하고, 2차 시험에서는 다시 전공을 논술형으로 평가하고, 3차 시험에서는 수업지도안, 심층면접, 수업실연 및 실기·실습을 평가하는 아주 복잡하고 힘든 과정이다.

이에 수험생들의 부담을 일정부분 덜어주면서도 학교에서 원하는 교사를 뽑도록 하는 방안이 필요하다. 먼저 교육학, 전공을 객관식 평가하는 1차 시험에 대한 수험생의 부담을 줄여주기 위해 2차와 3차 시험성적을 합산해 합격자를 결정하도록 했다. 이를 통해 암기 위주의 교육학 시험 부담에서 벗어나 가르치는 교사가 필요로 하는 역량을 좀 더 학습할 수 있게 됐다. 또한 수업 잘하는 교사, 교직소양을 갖춘 교사를 선발하기 위해 기존에 10분이던 수업실연 시간을 20분 이상으로 늘리고, 교직적성 심층면접을 구조화하는 등 3차 시험을 강화하는 방안을 마련했다. 아울러 교직적성 심층면접 문항도 좀 더 구조화해 교직소양을 갖춘 교사를 선발할 수 있도록 했다.

교육학 객관식·암기 위주의 시험 출제방식 및 장기간 시험실시에 따라 시험의 타당성이 낮고, 수험생 부담 가중 문제, 교사대의 교육과정 정상화를 도모하고자 교사 신규채용제도 개선방안 후속조치를 발표하여 추진해 나가고 있다.

우선 단편적 지식 중심의 선발 방식을 해소하고, 교원양성기관의 교육과정을 충실히 하도록 교육학 객관식 시험을 폐지하여 교사임용시험을 3단계에서 2단계로 축소하였다. 또한 교사로서 국가관과 우리의 역사를 충분히 이해하여 올바른 가치와 판단으로 학생을 가르치는 데 중점을 두어 한국사검정능력시험 도입을 추진하고 있으며, 교직관, 교직적성 및 올바른 인성을 갖춘 교사가 임용될 수 있도록 교원양성 과정에서부터 교직적성·인성검사를 의무적으로 실시할 수 있는 제도적 기반을 마련해나가고 있다.

교원임용시험을 치르는 수험생 입장에서 볼 때 가장 큰 어려움은 아마도 시험일에 임박해 선발과목과 인원을 공고하는 것일 수 있다. 사실 교과목별 신규채용 인원을 예측하는 것은 참으로 어려운 일이다. 해당교과의 정년퇴직 인원은 산정할 수는 있지만, 학교의 교육과정 개편과 학생들의 교과 선택, 과원교사나 전공전환교사 문제, 학생 수 증감 등 다양한 요인이 영향을 미치는 상황에서 미리 선발과목과 인원을 산출하는 것은 많은 부담이 따랐다. 하지만 수만 명의 수험생들이 기약 없이 임용시험에 매달리고 있는 현실을 감안할 때, 사전예고제를 더 이상 미룰 수는 없었다.

이에 따라 해당 연도의 선발과목과 선발규모를 임용시험 실시일보다 적어도 6개월 전에 알려주는 방안을 검토했다. 다만 사전예고를 위한 선발과목과 인원을 산출하기 위해서는 교원정원 배정과 각 학교의 교육과정이 현재보다 빨리 결정돼야만 했다. 이렇게 사전예고제 실시를 검토하던 중 '노량진녀'[7]의 1인 시위와 장관 면담 신청이 있었다. 교육과학기술부는 이에 공감해 수험생과 면담을 했고, 이를 통해 사전예고제에 대한 사회적인 공감대도 형성하게 됐다.

그 후 수차례의 시·도교육청 담당자회의 등을 통해 2011년 5월 2일 '중등 교과교사 임용시험 사전예고'가 이뤄졌다. 물론 아쉬운 점도 있지만, 신규교사 채용방식이 조금 더 수험생들의 입장을 고려하고 지원하는 방향으로 변화하는 첫발을 내디뎠다는 점에서 의미 있는 성과였다.

임용시험 사전예고제 도입, 수업실연 시간의 확대 및 교직적성 심층면접의 강화 등을 통해 교사 신규채용 방식의 변화는 이미 시작됐다. 수험생들도 노량진 임용시험 준비 학원에서 벗어나 정말 학생과 학교에서 원하는 교사가 어떤 교사인지, 이를 위해 무엇을 준비해야 할 것

---

[7] 임용시험제도 개선 관련 1인 시위를 한 학생을 '노량진녀'라 칭한 언론보도를 인용

인지 고민하고 부딪쳐볼 때가 됐다.

국가경쟁력을 높이고 미래사회에 적합한 우수 인재를 양성하기 위해서는 수준 높은 창의력과 통찰력 및 전문성을 지니고 투철한 교육관과 사명감을 바탕으로 교직을 수행할 수 있는 교원의 선발방식이 무엇보다 중요하다. 그리고 단편적인 지식의 유무를 주로 강조하고 현장의 필요 및 요구를 제대로 반영하지 못하는 교원임용제도를 점진적으로 개선해나가고 있다.

교사대 개편은 피할 수 없는 과제

우리나라 교원 양성은 교원양성기관에서의 과다배출 문제와 교원 양성의 질 관리 체제 미흡, 미래 사회에 요구되는 역량 중심의 교육프로그램 미흡 등의 문제를 안고 있다.

2011년 기준으로 초등은 2.4대 1, 중등은 무려 21대 1의 높은 임용경쟁률은 교사대에서 배출하는 예비교원의 수가 초과공급 상태에 있음을 보여준다. 적정 규모의 교원을 양성하는 체제로의 전환이 필요한 시점이다.

양적인 과다배출 문제뿐 아니라 교원양성기관의 교육프로그램 질에 대한 지적도 있다. 글로벌 지식기반 사회에서 창의인성교육 및 자기주도학습 능력은 날로 강조되고 있으며, 새로운 교육과정이 도입되는 등 교육 환경 및 요소가 계속 변화하고 있다. 그러나 양성교육과정은 과목과 학문의 분파주의, 교원 및 교육의 질 관리 체제 미흡, 미래 교원의 역량교육 미흡 등으로 경쟁력을 발휘하지 못하고 있다.

더 이상 교원양성기관의 현 상태를 개선하는 노력을 미뤄서는 미래 사회를 대비한 능력 있는 교원을 양성하기 어렵다. 특히 학령인구 감소, 미래 창의 인재 육성이라는 사회적 변화 요구가 표면화되면서 교원양성체제의 개선은 더 이상 선택의 문제가 아니라 필수 과제가 됐다.

교원양성기관평가는 교육과학기술부가 양성기관의 교사교육에 대한 책무성을 점검하고 교사교육의 수준을 향상시키기 위한 노력의 산물이다. 교육과학기술부는 1998년부터 교원양성기관(사범대학, 교육대학, 교직과정, 교육대학원)의 여건, 프로그램, 성과 등을 평가하고, 그 결과를 공표해 예비교원의 교원양성기관의 질을 제고하고 책무성을 강화하고 있다. 특히 2010년부터 추진한 3주기 교원양성기관평가는 그 결과를 교원양성정원 감축 등 행·재정적 조치에 적극 활용하고 있다.

일정여건 이하의 교원양성기관에 대해서는 총 8천여명('11년 6,269명, '12년 1,666명)의 양성정원을 감축하였으며, 평가 결과가 우수한 사범대학 8개를 대상으로 교원양성 교육과정을 미래형·융합형으로 개편하기 위해 '교원양성 선도 사범대학 지원사업'을 2011년부터 새롭게 지원하였다.

고려대학교는 예비교원 및 교육전문가에게 미래형 교육수요의 대응력을 키워주기 위해 모바일 앱 교육자료를 작성할 수 있는 교과목을 개설했다. 성신여자대학교는 학교 안의 늘어나는 다문화 학생들을 지도하기 위해 예비교원들에게 다문화 교육역량 함양 및 수업지도 방법 등을 위한 과정을 개발·적용한다. 이화여자대학교는 예비교원들의 글로벌 소양을 키우기 위해 영어교수역량 강화 과정을 제공하고 있다. 특히 미네소타대학과 4+1 복수학위과정을 통해 수학과 과학 과목 중심으로 미네소타주 교사자격 취득도 동시에 할 수 있게 했다.

아울러 공주대는 교직소양 함양을 위한 교육봉사를 강조하기 위해 농산어촌과 소도시의 학교로 사범대 학생들이 교육봉사를 나서도록 하고 있다. 집단 상담, 교수학습능력 신장 프로그램 등 특별 교육과정을 운영 중이다.

이들 대학들은 선도적인 교원양성과정을 개발·적용 및 보완하게 되며, 선도모델을 만들어 타 대학의 양성 과정에도 확산시키는 역할을 하게 된다. 양성기관 평가 및 선도 대학 지원사업이 내실화되고 점차 파급되면 예비교원에게 더 나은 교육프로그램이 제공될 것으로 기대된다.

3주기 교원양성기관 평가는 평가지표와 평가결과의 활용 등에 있어서 1, 2주기 평가에 비해 훨씬 강화된 평가였다. 2015년부터 시작될 4주기 평가에서는 교원양성기관 평가 결과에 기초하여 우수 기관을 인증해 주는 제도를 정착시켜 객관적인 기준과 척도에 의해 교원양성 대학이 갖추어야 할 조건들을 공인함으로서 평가의 타당도와 신뢰도를 높여 교원양성 기관의 질을 제고할 필요가 있다 할 것이다.

교원의 열정이 학생을 깨운다

그간 교원정책은 연공서열, 승진 점수에 얽매여 역량과 열정을 가진 교원을 채용하고 유지하는 기제가 부족했다. 양성 및 임용 과정에서도 점수 몇 점 차이로 당락이 결정되는 구조였고, 교직에서 승진은 30년 이상의 교육경력과 연수점수, 벽지점수가 결정적인 기준으로 작용했다. 열심히 가르치는 교사, 열정을 갖고 학생 교육에 헌신하는 교사가 인정받지 못하는 구조였다.

학생 교육이 제대로 이뤄지지 않는 것은 점수 위주의 획일적 평가 때문이다. 교원인사의 경우도 학생 교육과 비슷하다고 볼 수 있다. 연공서열과 점수관리 위주로 교원인사가 이뤄질 때 교사의 역량, 전문성과 열정을 평가할 수 없다.

이명박 정부가 들어서면서 교육의 긍정적 변화의 중심에 교사가 있다고 보고, 교사의 역량과 전문성을 키우고 열정을 되살리는 교원정책을 추진했다. 정책 추진 과정에서 그간 묵혀뒀던 많은 숙제들이 하나씩 해결되고 있다. 우선 전문성을 갖춘 예비교원이 교직에 입직할 수 있도록 선발제도를 개선했다. 교직에 들어서도 교원의 역량을 진단받을 수 있도록 교원평가를 실시하면서 평가결과와 연계해 학습연구년제를 도입했다. 또한 가르치는 데 우수한 교사는 수석교사로 선발하고, 학교경영 능력이 뛰어난 이들을 교장으로 공모해 임용하는 등 새로운 교원정책을 추진했다.

이제 우리는 이러한 새로운 교원정책들을 현장에 착실히 정착시키는 과제를 안고 있다. 현 정부에서 도입한 교원능력개발평가, 교장공모제, 수석교사, 학습연구년제, 교원양성기관평가, 역량평가 등은 오랜 기간 도입이 논의된 과제들이며, 학교 현장에서 꼭 필요한 정책적 과제들이다. 이러한 정책이 현장에 잘 착근되기 위해서는 무엇보다 열정 있는 교사들의 목소리를 지속적으로 경청하여 반영해 가는데 있다. 학교교육 개혁의 주체로서 교사들이 자율적으로 역량을 발휘할 수 있는 여건을 마련해 주어야 한다.

세계가 우리나라 교육을 지켜보고 있다. 세계 교육의 중심에 우리나라 교육이 있고, 그 교육의 중심에 교사가 있다. 전문성과 열정을 가진 교사가 학생들과 함께 한다면 학생들에게 긍정의 미래를 선물할 수 있을 것이다. 우수한 교사, 열정적인 교사, 헌신적인 교사의 가르침으로 창의적인 인재, 봉사하는 인재, 건강한 인재가 자라나는 학교의 모습을 그려본다.

PART 4
대학의 변화로 선진 일류국가의 문턱을 넘는다

대학의 경쟁력이 곧 국가의 경쟁력이며, 대학 강국이 곧 세계 강국이 되기 마련이다. 대한민국이 인재대국으로 거듭나기 위해서는 대학들도 각자의 경쟁력을 갖춘 명실상부한 고등교육기관으로 거듭나야 한다. (본문 중에서)

우리 대학은 새로운 역할을 주문받고 있다. 대학이 사회의 변화에 이끌려 가서는 안되고, 사회의 변화를 선도하는 지혜를 보여야 할 것이다. 대학이 리더십을 가지고 정부, 지역사회, 산업체와의 협력을 통해 사회의 발전을 견인하는 책무를 잊지 말아야 한다. 그리고 그 책무는 대학교육을 통하여 미래를 만들어가는 창의적 인재를 양성하고, 산업과 지역사회를 선도하는 인재를 길러내는 본연의 역할로 실현된다. (본문 중에서)

CHAPTER 13

세계 수준의 연구대학

김응권[1] | 양성광[2] | 구자문[3] | 이근재[4]

대학이 변하면 국가가 변한다

한국전쟁의 폐허 속에서 대한민국은 세계가 깜짝 놀랄만한 경제성장과 민주주의 발전을 이뤄냈다. 땅 덩어리도 작고 부존자원도 없는 우리나라가 전후 60여년 만에 세계 15위('10년, GDP 기준)의 경제대국이 된 이유는 무엇일까? 버락 오바마 미국대통령이 2010년 백악관에서 미국 주지사들과 만찬시 강조했던 내용에서 그 해답의 실마리를 찾아볼 수 있다.

---

1 현 제1차관, 대학지원실장, 대학선진화관 등 역임
2 현 연구개발정책실장, 기초연구정책관, 전략기술개발관 등 역임
3 현 대학지원실장, 대학선진화관, 울산광역시 부교육감 등 역임
4 현 기초연구정책관, 대변인, 기초과학정책과장 등 역임

"한국 부모들은 자녀들이 수학, 과학, 외국어 등 가능한 한 모든 것을 다 잘하기를 원한다. 다른 나라보다 교육을 잘 시키는 나라가 미래에 미국을 이길 수 있다는 것을 알기 때문에 그들은 자녀들이 뛰어나길 원한다. 이것이 직면한 현실이며 미국이 세계 최고라는 점이 위태로운 처지에 있다. 미국이 2등으로 밀려나는 것은 받아들이지 않겠다."

교육에 대한 우리 국민들의 열망, 그 열망으로 키워낸 인재들이 우리나라 경제성장과 민주주의 발전의 견인차 역할을 해왔다. 전쟁으로 피난을 가서도 천막을 치거나, 그것도 안 되면 그저 나무 그늘 밑에 모여 앉아 가르치고 배울 정도로 우리나라 학부모들의 자녀교육에 대한 열정은 남달랐다. 당시의 경제여건상 넘치는 교육수요를 감당할 만한 충분한 조치를 정부가 다하기 어려웠다. 초중등학교에서는 콩나물 교실에서 수업이 이뤄지고, 종교재단, 뜻 있는 민간 독지가 등이 앞장서 대학을 설립하게 된 이유이다. 그로 인해 우리나라 고등교육에서는 사학이 높은 비중을 차지하면서 인재양성의 중요한 역할을 담당해 왔다.

넘치는 학생과 높은 교육열로 인해 큰 어려움 없이 성장해 왔던 많

사립대 비중

	한국	미국
학교수 기준 (%)	84.8	62.0
재적학생수 기준 (%)	82	26.1

* 출처 : 미국은 2008 OECD DB이며, 한국은 2012년 자료임

은 대학들이 앞으로도 똑같은 상황을 유지할 수 있을까? 지식경제시대의 치열한 국제 경쟁 속에서 산업사회의 대학교육 패러다임으로 우리나라 대학들이 과거와 같은 역할을 할 수 있을까? 이명박 정부의 고등교육 정책은 이 같은 의문들에 대한 답을 찾는 과정에서 출발한다.

대입경쟁에서 대학경쟁으로

요즘 시대를 흔히 저출산 고령화 시대라고 한다. 우리 주변을 둘러보면 아이가 3명 이상인 가구를 찾아보기 어렵다. 중앙정부뿐 아니라 지자체에서도 출산율을 높이기 위해 출산장려금 등 각종 지원을 함에도 불구하고 좀처럼 늘지 않고 있다. 이런 낮은 출산율은 학교교육에 많은 영향을 미친다. 일부 도시개발지역을 제외하고, 우리나라 초중등 교사 1인당 학생 수는 OECD 수준에 근접해가고 있다. 초중등 학생 수의 변

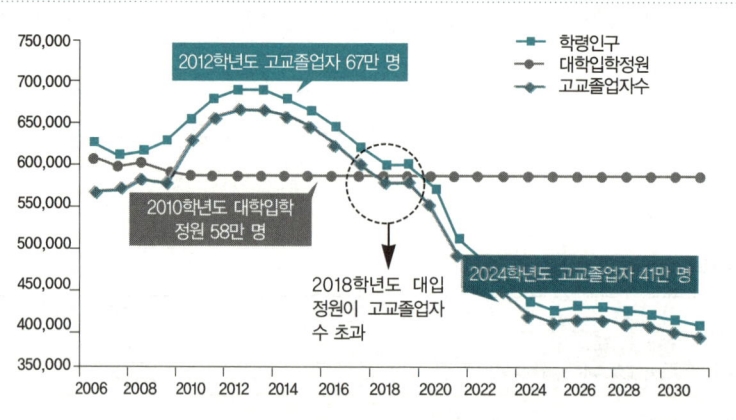

연도별 대학입학정원 및 고교 졸업자 수 추이

화는 대학입학생 수로 직결된다.

2012년 고교졸업자는 67만 명으로 추정되며, 2024년에는 41만 명으로 39%나 줄어든다. 왼쪽 그래프에서 보듯이 대학 입학정원이 현 수준을 유지하면, 2018년 이후에는 고교졸업자 수보다 대학입학정원이 많아지게 되는 역전현상이 나타난다. 더구나, 특성화고와 마이스터고 학생의 졸업 후 즉시 취업 증가는 대입 입학자 수의 10% 정도 추가 감소로 이어질 것으로 추정된다.

학령인구의 감소는 대학이 지금까지 경험하지 못한 환경의 변화이며, 이에 따른 새로운 역할을 요구받고 있다. 즉, 이제는 대학들이 학생을 모집하기 위해 보다 치열하게 경쟁하는 시대가 된 것이다. 바야흐로 대학이 학생들을 찾아 데려오는 '학생유치의 시대'가 도래하고 있다.

이러한 시대변화에 제대로 대응하지 못한 대학은 큰 어려움을 겪게 될 것이다. 이런 상황에 대비하여, 대학과 정부는 경영상태를 진단하고, 경영정상화와 구조조정을 추진할 수 있는 상시적 구조조정 시스템을 갖추어야 한다. 학생충원율, 교원확보율, 취업률 등 경쟁력을 갖추지 못한 대학은 외부 컨설팅 등을 거쳐 자구노력을 유도하여 건실한 대학으로 변모시키고, 회생의 기미가 보이지 않는 대학은 과감하게 퇴출하도록 하는 제도적 장치를 구축해야 한다. 이러한 상시적 구조조정 시스템 구축은 대학사회의 저항을 불러올 수 있다는 우려도 있다. 그러나 머지않은 장래에 지금까지 우리가 경험하지 못했던 위기가 다가오고 있는 만큼, 미래를 내다보고 철저하게 대비해야 한다.

대학강국이 선진국

"지식기반시대에는 하루가 다르게 신기술이 등장하며, 결국 이런 기술이 미래 국부 창출의 원천이 될 것이다."

이는 미국의 경영학자 피터 드러커 Peter Drucker의 말이다. 지식기반사회의 경우 경제와 사회의 경쟁력이 교육과 과학기술에서 시작된다는 것이다. 교육을 통해 창의·융합 인재가 양성된다. 이러한 인재에 의해 신기술이 태어나며 국가 경쟁력에 영향을 미치게 된다. 결국 국가경쟁력은 세계수준의 연구대학이 얼마나 많느냐에 달려있다고 해도 과언이 아니다. 그럼 현재 우리나라의 미래 경쟁력을 점쳐볼 수 있는 세계수준의 연구대학은 얼마나 될까? 2012년 영국의 대학평가기관인 QS 평가에 따르면, 세계 200위권 대학에 우리나라는 서울대 등 6개 대학이 포함돼 있다. 미국(54), 영국(30), 독일(11), 일본(10) 등과 비교해 보면, 아직

1인당 GDP와 세계 200위권 대학 수

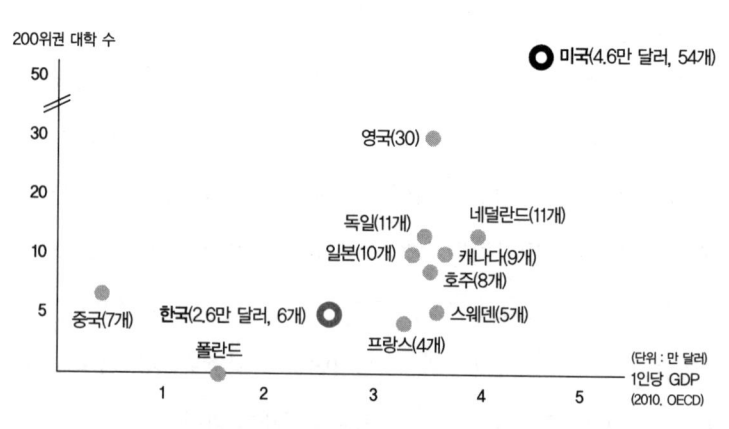

대학경쟁력은 양적성장에 비해 상대적으로 낮은 평가를 받고 있다. 국민 1인당 GDP와 세계 200위권 대학 수를 보면, 대학경쟁력과 국가경쟁력이 밀접한 관계에 있음을 알 수 있다.

연구성과는 산업발전과 사회성장에 기반이 되는 지식의 원천이다. 세계의 여러 평가기관들이 연구성과를 가장 객관적인 평가 기준으로 삼는 이유는 바로 여기에 있을 것이다. 한국도 선진일류국가로 재도약하기 위해서는 우리 사회의 지식기반을 튼튼히 다지고 전세계의 학계를 선도하는 세계적 수준의 연구대학이 여럿 등장해야 한다. 기존 상위권 대학들이 단지 국내에서 누리는 우월적 지위에 만족하지 않고, 외국의 명문 고등교육기관들과 당당히 경쟁하면서 세계적 명성을 쌓는데 더욱 노력해야 한다.

물론 명문대학은 단순히 연구논문 수만으로 평가 받지 않는다. 대부분의 세계적 연구대학의 출현에는 건전한 지배구조와 전문적 대학경영, 교원들에 대한 평가와 지원체계, 교육과 연구의 상호보완적 운영, 정부의 전략적 역할 등과 같은 요인들이 뒷받침하고 있다. 우리도 세계수준의 연구대학을 만들기 위해서 국립대학 법인화, 총장선출 방식 등 지배구조 개선에 대한 고민이 필요하다. 또한, 국내 학계의 정체를 방지하기 위해 노벨상 수상자와 같은 세계적 석학을 국내로 초빙해서 국내 교수, 학생들과 함께 연구하고 공부하는 신선한 자극도 필요하다. 또한 개별 대학들의 연구역량을 강화하기 위해 간접비 제도 개선, 연구기관과 대학의 융합, 정부의 기초연구 지원 확대 등 기본적 인프라도 한 단계 업그레이드해야 한다.

한국대학의 미래를 앞당긴 WCU

최고 교수가 지식을 선도하다

MIT 어윈 제이콥스 교수는 1985년 퀄컴Qualcomm사를 창업해 CDMA 기술을 개발했다. CDMA 기술을 활용하는 우리나라 이동통신업체들은 1995년부터 2006년까지 매출의 5%인 3조4,000억 원을 로열티로 지불했다. 하버드대 제임스 왓슨 교수는 DNA 구조를 해석해 노벨상을 수상하고 생명공학분야를 세계 최고 수준으로 발전시켰다.

이런 사례에서 보듯 개별 교수의 창의적 연구개발 역량이 한 국가의 국부창출에 핵심이 되고 있다. 특히 우수한 교수가 우수한 학생을 유치하고, 막대한 연구개발비를 유치해, 궁극적으로 소속 대학의 경쟁력과 한 국가의 성장 동력의 핵심인자로 작용하고 있다.

우리나라 역시 대학교육 및 연구 풍토를 혁신적으로 개선해 국가의 신성장동력 창출을 이끌고 세계 최고 수준의 우수대학을 육성하려는 취지로 '세계수준의 연구중심대학World Class University: WCU' 사업을 착수했다. 구체적으로 보면 국내 대학의 조직 풍토와 체질 개선을 위해서는 세계적인 해외 석학을 국내에 유치해 그들이 지닌 교육 및 연구 네트웍 역량과 노하우를 개혁촉매제로 활용하는 것이 WCU사업의 핵심 아이디어이다.

국내에서 최고의 석학을 단기간에 길러낼 수 없기 때문에 대체전략이 필요하다. 해외 석학을 초빙해 국내 학자에게 자극도 주고, 학생들에게는 세계 수준의 교육을 접하게 하는 것이 국내 대학교육과 연구 풍토를 혁신하는 지름길이 될 수 있다. 이런 과정이 지속되면 세계적인 석학과의 공동 연구와 그들의 강의를 통해 국내 교수들의 역량도 커질 것이고, 학생들의 수준도 높아질 수 있다.

우리와 처지가 비슷한 다른 나라도 이와 유사한 아이디어를 정책화하고 있다. 사우디아라비아는 2009년 개교 예정인 킹압둘라 과학기술대KAUST에 초일류 교수진과 연구인력, 학생을 유치하기 위해 100억 달러를 투자했다. 총장으로 시춘풍 싱가포르 국립대 총장을 영입했다. 싱가폴은 MIT 및 스탠포드 분교를 유치, 미래전략사업 육성을 위해 복제양 돌리의 연구자인 영국의 콜먼 박사 영입 등을 추진하고 있다. 중국은 높은 수준의 연구인력을 구축하기 위해 '111공정정책'을 수립하고, 세계 100위권 대학과 연구기관의 우수인력 1,000명을 초빙했다.

국내에서 세계 최고 학자와 연구하다

WCU 사업은 연구 역량이 높은 해외학자를 유치해 국내 대학의 교육과 연구풍토를 혁신하고, 세계 수준의 연구중심대학 육성을 목적으로 한다. 특히 내용적으로 보면 학문의 융복합을 기반으로 기초과학의 새로운 전공분야, 지식기반 서비스 및 신사업창출 기반 분야를 집중 육성하는데 초점을 두고 있다. 추진전략 면에서는 세계적 수준의 학자 초빙World Class Faculty이 세계적 수준의 전공학과World Class Department 육성으로 이어지고, 결국 세계수준의 대학World Class University으로 발전된다는 것이다.

현재 교과부에서 추진 중인 WCU사업은 2008~2013년까지 사업기간 5년 동안 총사업비는 8,250억 원을 지원하게 되며, 2012년 현재 30개 대학 총 119개 과제를 수행 중에 있다.

WCU 사업은 크게 3가지 사업지원 유형으로 구분된다. 제1유형은 융복합 전공·학과 개설 지원이다. 신성장동력 기반의 새로운 전공·학과를 신설해 교수진을 해외학자와 국내교수로 교육 및 연구 공동체를 구성 운영하는 것이다. 공동연구, 연구Lab 운영, 강의 등 교육 및 연구 활동비를 지원한다.

제2유형은 개별학자 초빙 지원 유형이다. 해외 유명학자를 국내 대학의 기존 학과에 유치해 전일제 교수로 강의활동과 국내 교수와 공동연구를 수행하도록 지원한다. 잠재역량이 높은 해외연구진을 국내 대학 내 연구 Lab에 유치하고, 연구전담교원으로 활용할 수 있도록 지원하고 있다.

제3유형은 세계적 석학 초빙 지원이다. 노벨상 수준의 세계 최고 수준의 석학(첨단 핵심기술자 포함)을 단기 계약으로 초빙해 학술 및 연구활

WCU 사업 지원 유형

유형	내용	대학 (개)	과제수 (개)	예산* (억 원)
(유형1) 전공·학과 개설	전일제 해외학자와 국내 교수가 함께 참여하여 신규 전공 또는 학과를 개설	19	34	1,069 (70%)
(유형2) 개별학자 초빙	전일제 해외학자를 대학의 기존 학과에 유치하여 수업 및 공동연구	18	41	372 (24%)
(유형3) 해외석학 초빙	세계 최고 수준의 석학을 비전일제 교수로 초빙하여 수업 및 공동연구	21	44	87 (6%)

* 4차년도('11.9~'12.8) 사업비 기준 작성

동을 진행하는 것이다.

WCU, 한국 대학의 미래를 앞당기다

WCU 사업추진을 통해 최근까지 노벨상 수상자 7명, 美공학한림원회원 11명, 美과학한림원회원 10명, 美학술원회원 5명, 필드상 수상자 2명 등 우수 해외학자를 국내 대학에 유치했다. R&D실적에서도 탁월한 연구 성과를 냈는데, SCI 저널 중 전 세계적 영향력이 있는 종합저널 'NSC Nature, Science, Cell'에 17편의 WCU 연구성과가 게재됐다. SCI급 저널에 게재된 논문은 총 5,783편으로 이 중 41%(2,358편)가 SCI급 10% 저널에 게재됐으며, 그 중 3.6%(85편)는 SCI급 상위 1% 저널에 올랐다.

WCU 사업은 교육면에서도 다양한 성과를 거뒀다. 몇 가지 사례를 들어보면, 컴퓨터그래픽 분야 세계 최대 학회 SIGGRPAH 2010의 리서치 챌린지 부분에서 홍익대 '디지털 미디어 퍼블릭 아트 연구 및 교육사업' 사업단의 김현희 학생(지도교수 Daniel Mikesell)이 제작한 작품 '호두'가 1위에 선정됐다. 2위는 MIT Media Lab 작품, 3위는 일본 스퀘어사 출품 작품이었으며 호두는 현재 특허 출원을 진행 중이다.

고려대 '뇌정보공학 융합기술 연구' 사업단의 이영범 학생(지도교수 Anil K. Jain)의 논문은 2010 International Conference on Pattern Recognition에서 Best Science Paper Award에 선정됐다.

경상대 '자기조립형 초분자를 이용한 친환경성 나노바이오 소재의 개발' 사업단의 박민성 학생(지도교수 정종화)의 논문은 Chemical Society Reviews 내부 표지논문으로 확정됐다. 이소영 학생(지도교수 이심성, Jagadese J. Vittal)의 논문은 제10회 국제칼리스아렌 학술대회 Chem-Comm Prize(최우수 발표상)를 수상했다.

고려대 '동기 및 정서에 관한 학제간 융합 연구' 사업단의 이민혜 학생(지도교수 봉미미)의 논문은 American Educational Research Association 연차학술대회에서 Paul Pintrich Memorial Award(최우수 논문상)을 수상했다. 위 학술대회에서 이민혜 학생은 가장 우수한 학생에게 소정의 지원금을 주는 Graduate Student Travel Award도 수상했다.

경상대 '기후변화에 대응한 식물 환경생명공학 기술개발' 사업단은 국내 최초로 미국 퍼듀 대학과의 복수박사 학위제 운영을 통해 박사학위자를 배출했다. 또한 고려대 '뇌정보공학 융합기술 연구' 사업단은 노팅엄 대학과, 서울대 '멀티스케일 융합 기계시스템 설계 및 제작기술 개발' 사업단은 조지아 공과대학과 복수 학위제를 추진 중에 있다.

교육성과를 종합해 보면, 2008년 1차년도 계획 시행 후 2차년도가 되면서 전년 대비 융합 교과목, 해외학자 강의 및 외국어 강의 실적이 2배 가량 증가했다. 융합교과목 개설은 시행 첫 해 33강좌에서 이듬해 66강좌로, 해외학자 강의는 331강좌에서 568강좌로, 외국어 강의는 514강좌에서 985강좌로 증가했다. WCU 지도 교수 소속의 대학원생 연구실적 및 대외활동도 활발해졌다. 석박사 학생 총 논문지도 실적은 1,271편으로 이 중 90%(1,150편)가 SCI급 학술지에 게재됐다. 국내학회와 국제학회 발표실적 비율은 1.16:1로 참여 대학원생의 글로벌화가 진행 중이다.

WCU 사업 참여 교수·학생(843명)들의 사업 참여 만족도도 높은 편으로 나타났다. 학생들은 신설학과·전공에 대한 만족도가 81.49%로 높았고, WCU 사업 참여 해외학자의 강의 만족도 또한 85.4%에 달했다. 국내뿐 아니라 해외동료 평가도 시행됐다. 제1유형 32개 사업단에 대해 69명(9개 패널)의 해외전문가들이 평가한 결과, 연구실적에 대해 우수 이상의 평가를 받은 사업단이 84%(27개)를 차지할 정도로 해외전문가들에게서도 인정받고 있다.

한편, WCU사업을 통해 마련된 대학의 연구기반을 토대로 기존 사업의 성과를 계승하고 한계를 보완하여 국내 대학들이 한 단계 더 도약할 수 있도록 기존 BK21사업과 통합한 새로운 대학원 인재양성사업을 추진 중이다.

세계명문을 향한 과학기술특성화대학

특성화 전략으로 세계와 경쟁한다

우리나라도 과학기술 분야에서 두각을 나타내는 세계적인 수준의 대학들이 있다. 한국과학기술원KAIST, 광주과학기술원GIST, 대구경북과학기술원DGIST, 울산과학기술대학교UNIST가 그들이다.

1971년 설립된 KAIST는 박사 8,901명, 석사 2만2,788명, 학사 1만1,955명 등을 배출하는 등 그간 KAIST를 중심으로 한 과학기술특성화

대학은 고급 과학기술 인재양성에 기여해 왔다. 하지만 사회적 기술수요와 산업구조 변화에 대응하는 신속한 인재양성과 국가 전략적인 연구활동, 지역산업 발전의 연구거점으로의 역할은 미흡했다는 지적도 받고 있다.

또한 KAIST('12년 QS 세계대학 순위 63위)를 벤치마킹한 홍콩과기대는 국제적인 과학기술대학으로 발돋움('12년 QS 세계대학 순위 33위)했으나, 국내 과학기술특성화대학은 여전히 세계 명문대와 격차가 존재하는 것이 사실이다.

이에 따라 정부는 대학과 출연연구소 기능이 융합된 과학기술특성화대학의 이점을 활용해 글로벌 시장을 선도하는 연구와 지역산업을 주도하는 지역수요기반의 R&D 분야를 중점 지원한다. 이를 통해 관련 핵심인재를 양성하고, 강점 분야를 특성화해 과기대를 세계적인 과학기술 선도 대학으로 육성할 방침이다.

협력의 시대를 열어간다

우선 과학고, 과학영재학교를 과학기술특성화대학과 연계하여 과학기술과 교육의 융합시너지를 창출하고, 초중등 STEAM 교육과의 연계를 강화할 계획이다. 초중등학생들의 경우 과학기술 분야 진출을 기피하는 현상이 여전해 새로운 인재들을 끌어들이는 교육으로 관심도를 높여 분위기를 전환하려는 조치다. 또한 해외 석학과 우수한 외국인 교수를 적극 유치하고, 우수교수에게는 그에 걸맞은 연구환경을 조성하게 된다. 최근 산업구조의 변화에 대응하기 위해 융복합 교육을 하고,

우수 연구인력은 체계적인 지원을 통해 스타과학자로 발돋움하도록 세계 수준의 교육 기반을 구축할 계획이다.

교과부는 각 과기대마다 강점을 갖는 특화분야를 중심으로 국가 미래원천 R&D 분야를 중점 지원한다. 세계적인 대학과 경쟁하는 KAIST는 기존의 핵심역량을 바탕으로 글로벌 시장을 선도하는 연구에 초점을 두게 된다. GIST, DGIST, UNIST는 지역산업 분야에 초점을 둬 미래원천 핵심연구와 지역 기반의 R&D를 수행한다. 또한 기초과학연구원 연구단을 집적한 캠퍼스와 연계하고 과기대의 융합연구소를 중심으로 융합연구도 활성화할 계획이다.

제도적 기반도 마련할 예정인데, 녹색기술산업, 신성장동력 등 국가 미래를 위해 사안이 급한 기술 분야의 경우 바로 인력을 수급할 수 있도록 탄력적으로 학과를 신설·조정하는 등 조직운영 등에 자율성을 보장해 준다. 이에 따른 책무성 확보를 위해 이사회의 의사결정과 학교 운영 체제의 적절한 균형을 유지하도록 조치할 계획이다.

과기대의 R&D 성과를 산업체로 확산하도록 산학협력을 통한 기술개발, 기술 컨설팅 제공 등의 역할도 담당한다. R&D 전 과정에 걸쳐 지식재산을 원활히 창출하도록 체계적으로 지원할 계획이다. 더불어 과학기술특성화대학간 다양한 협력방안을 마련하기 위해 POSTECH을 포함한 5개 과학기술특성화대학 총장협의회를 정기적으로 개최하여 학생 교류를 통한 학점인정, 교수·연구원 교류 및 연구시설 공동 활용 등에 대한 상호협력도 추진한다. 교육·연구분야에서 시너지 효과를 발휘하기 위한 협력의 시대를 열고 있다.

국립대학법인 서울대학교

국립대학 법인화는 세계적 추세

세계화 · 지식정보화라는 사회 · 경제적인 구조변화에 맞서 미국, 유럽의 대학은 1980년 이후 대학의 거버넌스와 운영방식에 일대 개혁을 추진했다. 이런 변혁은 동아시아 · 태평양 지역에도 파급돼 국립대 법인화, 관리운영체제의 중앙집권화 및 성과 중심의 재정배분 방식 등 다양한 구조개혁이 이뤄졌다.

예를 들면, 핀란드는 대학에 폭넓은 행 · 재정적 자율성을 부여하기 위해 2009년 『신대학법』을 제정, 국립대학을 공법상의 법인으로 전환했다. 또한, 중국은 1998년 국립대에 법인격을 부여하고 총장 책임하에 자율적인 학생선발 · 조직개편 · 자산운영 등 대학운영의 자율과 책임을 강화했다. 싱가포르는 도시국가 명운을 걸고 국립대학을 선진국 수준으로 육성하기 위해 2006년에 싱가포르 국립대학NUS과 난양기술대학NTU을 법인으로 전환했다. 일본도 국립대학 법인화를 추진해 2004년 89개 국립대학을 동시에 특수법인으로 전환시켰다. 그렇다면 다른 나라들은 왜 국립대학을 법인으로 전환하고 있는 것일까?

우리나라도 2009년 3월 개교한 울산과학기술대학교UNIST를 시작으로 국립대 법인화의 첫발을 떼었다. 국립대학법인 UNIST는 개교 이후 융합전공, 복수트랙제 등의 교육과정과 조직운영 등에 대해 자율성을 보장받고 있으며, 학교의 비전에 따라 선택과 집중이 가능해졌다. 또한 학교운영을 위한 정부 출연금도 지속 확대되고 있으며, 대학의 자율운영 결과 지자체와 민간으로부터 2,150억 원에 이르는 발전기금도 확보할 수 있었다. 최근에는 우수한 과학기술인재를 조기에 배출할 수 있는 계기를 만들어 특성화된 이공계 교육모델을 구축하기 위해 쿼터학기제를 도입하는 등 기존 국립대학의 틀에서 추진하기 어려웠던 정책들을 시행함으로써 대학운영의 자율과 책임을 강화해 나가고 있다.

왜 서울대 법인화인가?

한 가지 가정을 해보자. 해외 대학과의 국제교류가 활발해지면서 서울대는 학내에 외국인 학생을 유치하고, 경쟁력 있는 세계적 석학 초빙을 위해 기존의 국제협력국을 확대하려고 한다. 현재 국제협력국에는 '국제협력과'와 '국제교류교육과'가 있는데, 이를 전략적으로 재편성해 국제협력국 및 국제교류국(가칭)로 확대하고 각 국 소속으로 2개의 과를 두려고 한다.

이를 위해 서울대는 어떤 절차를 밟아야 할까? 학교본부 차원의 학내 의사결정만 이뤄지면 가능할까? 얼핏 보기엔 서울대 총장이 학칙에 정해진 절차에 따라 얼마든지 조직을 늘리고 줄일 수 있을 것처럼 보인다. 하지만 이는 불가능하다. 서울대는 국가행정조직이기 때문에 관련 법령에 따라 6개 처(실·국)에 16개 과 외에는 새롭게 조직을 신설할 수 없다. 서울대가 의도하는 조직개편을 위해 관련 법령을 개정해야만 한다.

법령개정을 위해 서울대는 교과부의 해당부서에서 조직개편에 대한 승인을 받아야 하고, 관련 예산 확보를 위해 예산당국과 협의해야 한다. 이런 부처 간 협의가 성공적으로 이뤄진 후에도 법령 개정 단계가 남아 있다. 통상 법령 개정은 6개월 정도 걸리기 때문에 최종적으로 서울대는 내부 의사결정과정까지 포함하면, 조직개편에 1년 이상의 시간이 걸리게 된다.

사립대학 같으면 최소 1개월이면 해결될 일이 서울대는 국가행정조직이라는 특성 때문에 더 오랜 기간이 걸린다. 이런 문제를 해결하기 위해 추진하는 것이 국립대학 법인화이다.

〈 국립대학 운영 상 영역별 제한 〉
▶ 교직원 정원 · 인사
– 대통령령으로 교직원의 계급별 · 직급별 정원을 통제, 총장은 6급 이하 공무원에 대해서만 임용권 행사, 보수는 정부가 정한 보수표에 의해 결정
▶ 조직 설치 · 폐지
– 대통령령으로 처 · 실 · 국, 과 및 담당관의 설치 범위까지 결정(서울대는 6개의 처 · 실 · 국과, 16개의 과 및 담당관으로 제한)
▶ 예산 · 재무
– 국립대학의 회계 중 국고 부분은 정부예산의 일부로 편성 · 집행되고 있어 국가재정법 및 국가회계법의 일률적 적용, 재산 소유 · 사용권 제한 등

이런 조직적인 측면뿐 아니라 재정투자의 비효율성이 법인화 추진의 또 다른 이유가 된다. 국립대학에 정부의 막대한 재정이 투입되나 그 경쟁력은 낮은 수준이다. 2012년 QS 세계대학평가를 보더라도 100위 내의 국립대는 서울대 1개교이지만 일본은 동경대 등 6개교에 이른다.

또한 최근 4년간 포스텍 POSTECH, 카이스트 KAIST, 연 · 고대는 경쟁력이 상승한 반면, 서울대는 2007년 이래 40~50위 주변에 머물다가 법인 전환 이후 37위로 상승하였다.

QS 세계대학평가 순위로 본 국내 주요대학 순위 추이

구분	2007	2008	2009	2010	2011	2012
서울대	51위	50위	47위	50위	42위	37위
KAIST	132위	95위	69위	79위	90위	63위
POSTECH	233위	188위	134위	112위	98위	97위
연세대	–	203위	151위	142위	129위	112위
고려대	–	236위	211위	191위	190위	137위

서울대, 법인으로 거듭나다

지난 2010년 12월 국회는 '국립대학법인 서울대학교 설치·운영에 관한 법률'을 통과시켰다. 이후 정부와 서울대는 시행령 마련, 정관 인가, 법인 설립등기, 이사·감사 취임, 국유재산 양도, 교직원 신분전환 등 서울대학교를 국립대법인으로 재탄생시키기 위한 후속조치를 대부분 완료하였다. 법인 서울대에서 몇 가지 눈에 띄는 변화들을 볼 수 있다.

첫째, 교직원 인사이다. '교육공무원법' 등에 의해 제한을 받지 않고, 대학 발전 방향에 적합한 인재의 채용이 가능해진다. 국제시장가격 Global Market Price에 의한 파격적인 대우로 세계 최고 수준의 해외 석학 임용이 확대되고 민간 전문가를 사무국장, 시설관리국장 등으로 채용할 수 있게 된다. 첫 사례로 2011년 노벨 경제학상 수상자인 토머스 사전트 미국 뉴욕대 경제학부 석좌교수를 2012년 2학기부터 경제학부 전임교수로 임용하였다.

둘째, 예산·재무에 있어 총액으로 예산이 배분됨에 따라 중장기발전계획에 근거한 집중적인 재원투자가 가능해진다. 또한 수업료 이외 수익사업(대학교재 출판, 지적재산권 수입, 공인언어시험 등), 기부금 확대 등을 통한 자체 재원수입을 확보할 수 있게 된다.

셋째, 조직은 '국립학교설치령' 등 각종 법령에 구애받지 않고 대학 자율로 설치·폐지가 가능해진다. 재정운영 효율화를 위해 교내에 '재정전략실'을 신설하고 그 하부조직으로 '재정전략팀', '자산운영팀'을 운영하는 것이 그 실례實例이다. 또한 총장도 교수 직선이 아닌 총장추천위원회와 이사회에 의해 선임된다.

넷째, 총장은 4년 단위로 대학운영성과 목표를 설정하고, 연도별 대학운영계획을 수립·공포해야 한다. 이에 따라 서울대는 비전을 '세계를 선도하는 창의적 지식공동체'로 설정하고 '교육', '연구', '사회기여' 등 3개 부문·9개 핵심과제에 대한 추진계획과 성과목표를 수립하였다.

다섯째, 국가 및 지자체의 지원은 안정적으로 계속되며 교육에 필요한 국·공유재산 등이 무상으로 양도돼 대학발전의 기반이 확고해진다.

이와 같은 변화를 통해 서울대는 2012년 세계대학평가에서 전년도 보다 다섯 계단 상승한 37위에 올랐다.

한편에서는 기초학문의 위축, 등록금 인상 등 국립대 법인화에 대한 일부의 우려도 있다. 정부는 이에 대한 보완책을 다각적으로 마련 중에 있다. 서울대 법인화법에 의하면 서울대는 기초학문의 지원·육성을 위해 4년 단위계획을 수립·공표하고, 매년 실행계획을 수립·시행해야 하며, 정부는 이에 대한 재정지원을 하도록 규정돼 있다. 법인으로 전환되더라도 정부의 재정지원은 지속되고, 대학이 효율적으로 재산을 운영하고 수익사업 확대 등 재정확충 수단이 다양해지므로 등록금 인상요인도 다소 억제될 수 있을 것으로 판단된다. 또한 서울대의 국립대학법인으로서의 책무성 확보를 위해 이사회 운영 및 의사결정 효율화, 조직혁신, 인재활용, 재정 다변화 등 법인화에 따른 성과를 평가해 나갈 것이다.

서울대 법인화 전·후 비교

	현 행	법인전환 이후
인사운영	• 국가공무원법, 교육공무원법 등에 의해 제한	• 해외 석학, 외국인 직원 등 대학의 발전방향에 적합한 인재의 채용·활용이 가능
조직운영	• 국립학교설치령 등 각종 법령에서 규정하는 범위내에서 학사·연구조직 설치·폐지	• 대학이 자율적으로 학사·연구 조직 설치 및 폐지 가능
재정운영	• 품목별 예산방식 • 대학 스스로 재정을 확보할 수단이 거의 없음 • 재산활용이 국유재산법 등에 의해 제한	• 부문별로 총액 예산을 지원하게 되어 자체 발전전략에 따른 재정운영이 가능 • 기채나 장기차입 등을 통한 다양한 재정확보 수단 보유 • 재산에 대한 소유권 확보로 외부자원 확보 용이
거버넌스	• 평의원회-교수회 중심의 의사결정 • 교직원 직선제 방식의 총장 선출로 총장이 리더십을 발휘하기 어려움	• 학내외 인사가 참여하는 이사회 중심의 의사결정으로 사회요구에 탄력적 대응 • 총장 직선제 폐지로 총장이 강력한 리더십을 발휘할 수 있어 우수한 교육·연구 성과 창출이 용이
성과 평가	• 전반적인 성과점검 시스템 없음	• 대학 운영성과에 대한 평가로 종합적인 성과점검 가능

정부의 국립대 법인 전환은 국내 국립대학의 문제점과 세계적 고등교육 개혁방안을 심도 깊게 연구한 결과를 근간으로 하고 있다. 국립대 법인전환에 대한 오랜 논의를 바탕으로 여기에 제도의 성공적 도입과 정착을 위하여 우선 서울대학교부터 법인전환을 시작하였다. 이후 다른 국립대학들의 경우 각 대학의 특수한 여건을 감안하고 충분한 의견 수렴을 거쳐 단계적으로 법인화를 추진할 계획이다. 법인 국립대는 정부의 재정지원을 유지하면서도 개별 대학의 특성과 자율성을 살릴 수 있는 선진화된 대학의 운영모형이다. 지금과 같이 정부에 소속된 하나의 부서와 같이 운영되어서는 세계적 대학들과 경쟁할 수 없으며, 결국 국가 전체적 경쟁력도 약화될 수밖에 없다.

대학의 연구 인프라를 풍부하게

풀뿌리 기초연구로 연구저변을 넓히다

박사학위 소지자의 66% 이상이 대학에서 근무하고 있는 것에서 볼 수 있듯이 대학에는 고급 연구인력이 포진해 있다. 이명박 정부는 2012년까지 정부 R&D예산의 기초·원천연구 투자 비중을 50%까지 확대한다는 목표 하에 기초연구에 적극적으로 투자해 왔다. 이는 곧 기초연구의 산실인 대학에 대한 투자 확대로 연결되었다. 2011년 대학정보공시에 따르면, 정부의 전폭적인 지원에 힘입어 2010년 전임교원의 1인당 연구비가 7,000만원 수준에 이르렀고, 전임교원 1인당 국외 학술지에

게재된 논문 수는 0.28편으로 전년대비 7.7% 증가하여 대학의 연구성과도 차츰 늘어나고 있는 것을 알 수 있다.

정부는 기초·원천연구비 중에서도 창의적 아이디어를 발굴하고 실현시킬 수 있도록 지원하는 풀뿌리 기초연구 예산을 획기적으로 증가시켜 왔다. 그 결과 2007년 2,862억원에 불과했던 개인기초연구 예산은 2011년 8,000억원으로 확대되었고, 이공계 교수의 개인기초연구 참여율은 2008년 16.4%에서 2012년 32.0% 수준에 이르게 되었다. 이로써 이명박 정부가 국정과제로 제시한 정부 R&D투자를 2012년까지 2008년의 1.5배로 늘리고, 이공계 교수의 개인기초연구 참여율을 2012년까지 35%로 확대하겠다는 목표는 달성을 눈앞에 두고 있다. 이공계 교수의 1/3이 정부 R&D과제를 통해 본인이 하고 싶은 연구를 할 수 있는 여건이 비로소 갖추어지고 있는 것이다. 정부의 풀뿌리 기초연구에 대한 지원 확대로 대학 연구의 기반이 되는 창의적 연구저변이 점차 넓어지고 있다.

간접비 지급률을 높이다

한편, 대학이 연구역량을 제고하기 위해서는 연구자 개인의 능력 향상뿐만 아니라 기관(대학) 차원의 연구지원 역량도 강화되어야 한다. 교과부는 대학 자체의 연구 인프라 확충을 통한 연구자 지원을 강화하기 위해 간접비 제도를 대폭 개선하였다. 간접비는 대학이 자체적으로 연구를 지원하는 데 사용할 수 있는 재원이기 때문에 간접비의 확대는 대학의 연구기반 확충과 연구성과 향상으로 바로 연결될 수 있다. 2011년

초, 교과부는 「대학분야 간접비 제도 선진화 계획」을 수립하여 대학의 간접비 지급률을 2012년 최대 40%로 상향 조정하는 방안을 추진 중이다. 간접비 지급률이 높아지고 정률·분리지급제도가 정착되어 대학이 자율적으로 연구에 필요한 시설과 장비를 확충하고 연구자들에 대한 지원을 강화하여 대학 자체의 연구기반이 튼튼해질 수 있도록 정부는 지속적인 관심을 기울일 계획이다.

이와 함께 간접비 집행의 자율성을 확대하고 관리의 책무성도 함께 높여, 간접비에 대한 인식 자체를 바꿔 나가고자 한다. 간접비가 시혜적 부가비용, 소모성 경비라는 기존의 생각을 바꾸어 대학에서 이루어지는 연구를 실질적으로 지원하는 재원으로 활용할 수 있도록 하자는 것이다. 이를 위해 정부는 연구비 중앙관리가 제대로 이루어지고 있는 대학부터 간접비 집행용도 규제를 단계적으로 폐지하는 한편, 대학 재정지원사업별로 간접비 지급방식 중 정률·분리지급 원칙의 예외 적용이 타당한지 심사를 거치도록 개선하였다.

대학과 연구소의 협업과 상생

이명박 정부는 교과부 출범과 함께 대학과 출연(연) 간의 새로운 협력모델 발굴을 시도해 왔다. 출연(연)의 전문화된 R&D 인프라를 대학의 고급인력양성에 접목시킨 특화전문대학원과 학연공동연구센터 Degree and Research Center: DRC 운영 등을 지원하는 한편, 대학의 교원과 연구기관의 연구원이 대학과 연구기관 양쪽에서 교육 및 연구활동을 함께 수행할 수 있도록 '학연교수' 제도를 도입하는 등 새로운 시도가 추진되고 있다. 최근에는 소프트웨어적 협력방안 외에도 한국해양대학교와 한국해양과학기술원(구 해양연) 간 긴밀한 인력교류가 추진되고 있다. 해양과기원 연구원이 관련 대학에 겸직하면서 강의, 학생 논문지도 등을 담당할 수 있게 되고, 관련 대학의 교수가 해양과기원에 연구원으로 겸직하면서 연구개발과제에 참여할 수 있게 되었다.

교과부는 학·연 공동연구센터DRC 시범과제('08~'12) 성과분석 결과, 출연(연)-대학간 협력과 실질적 공동연구를 통한 연구시너지 창출 및 인력양성의 성과가 있다고 판단하고, '13년도 신규예산을 확보하는 등 향후 점진적으로 이를 모든 출연(연)으로 확대해나갈 계획이다.

한국과학기술연구원KIST-고려대학교는 대학-연구기관 간 이중소속을 인정하는 학연교수제도를 최초로 적용하여 2012년 7월 20명의 학연교수를 임용한 바 있다. 이 후 기초과학연구원 연구단장으로 서울대 학연교수를 임명하는 등 우수한 교수인력을 연구기관에 유치할 수 있게 되었으며, 향후에도 동 제도 수요는 확대될 전망이다. 따라서 교과부는 학연교수제도를 도입하고자 하는 기관에 대해 기관 간 협약사항 및 절차를 안내하고 홍보하는 등 제도 확산을 위해 노력해 나갈 것이다.

대학의 연구인력 층을 두텁게

실제 대학의 연구수행 여건을 자세히 살펴보면, 교수를 제외하고는 출연(연) 등 다른 연구기관에 비해 연구인력 면에서 상당히 열악한 여건에 처해 있다. 국가 R&D 수행의 핵심주체인 대학에서의 연구개발활동이 교수 1인을 중심으로 학생들과 일부 비정규직 연구원에 의해 수행되고 있는 실정이다. 대학의 연구인력 층이 이처럼 얇다면 다양한 심화연구가 지속적으로 이루어지기 어려울 수밖에 없다. 게다가 일부 확보된 박사급 연구원도 대부분 비정규직으로서 정규직의 60~70% 수준의 임금을 받으며 1년 이하의 기간 동안 연구과제에 참여하는 조건으로 고용되고, 4대 보험에도 가입되지 못한 경우가 많다. 이처럼 박사급 연구원에 대한 낮은 처우는 가장 창의적 역량을 지니고 있는 박사급 연구원이 국내에서 역량을 키우기보다 해외로 나가는 주된 요인이 되고 있다.

그뿐 아니라 대학의 연구장비 증가에도 불구하고 이를 운용할 수 있는 전문기술인력Technician도 크게 부족하다. 대부분 비정규직이고 임금도 낮아 지원을 기피하기 때문이다. 대학의 연구장비 공동활용 촉진센터의 전문기술인력 부족은 고가 연구장비의 활용도와 가동률이 낮아지는 원인으로 작용한다. 큰 문제가 아닐 수 없다.

이에 따라 정부는 최근 연구개발을 전담하는 새로운 형태의 전문연구직군을 창출하여 연구를 전담하는 전임연구원 지원제도를 마련하였고 첨단장비 등을 운용하는 전문기술인력 육성사업을 착수하였다. 또한 전임연구원, 전문기술인력 등이 안정적으로 고용될 수 있도록 R&D사업에서 지원하는 방안을 검토하고 있다. 박사급 연구원과 전문기술인력이 전문 직업군으로서 대학에서 연구를 지속적으로 수행할 수 있다면 고용창출 효과뿐만 아니라 대학의 연구 효율성 역시 크게 제고될 수 있을 것이다.

기초과학연구원의 대학 캠퍼스

분야를 뛰어넘는 융합과 개방형 협력이 진행되고 있는 시대에 대학의 혁신적 연구역량을 키우기 위해서는 다른 연구기관과의 연계와 협력이 매우 중요하다. 특히 연구 인프라가 풍부한 출연(연)과 고급 연구개발인력의 66% 이상이 소속되어 있는 대학 간의 연계는 국가 자체의 연구자원을 효율적으로 활용하는 측면에서도 큰 의미를 갖는다. 출연(연)이 보유한 우수한 연구장비와 시설을 대학의 연구진이 공동으로 사용하고, 양 기관간 공동연구 및 인력교류 등이 이루어지면, 질 높은 연구성과의 창출과 더불어 우수한 인력의 배출도 가능하다.

이러한 인식하에 세계적 기초과학의 허브로 구축하고 있는 국제과학비즈니스벨트 기초과학연구원도 대학과 연계하여 설립하고 운영할 계획이다. 과학기술특화대학과 R&D특구에 기초과학연구원 캠퍼스를 설치함으로써 연구소와 대학이 연계되도록 하는 것이다. 3개 캠퍼스를 중심으로 지역의 연구역량을 총결집하는 강력한 연구 클러스터는 기초과학연구원 본원뿐만 아니라 국내 대학의 연구역량도 함께 제고시킬 수 있는 절호의 기회가 아닐 수 없다. KAIST와 대덕의 출연연구기관이 연합·운영하는 KAIST연합 캠퍼스, 대구경북과학기술원DGIST·울산과학기술대학교UNIST·POSTECH의 D·U·P연합 캠퍼스, 그리고 광주과학기술원GIST 캠퍼스 등을 통해 우리나라 전반의 기초과학 수준이 올라가고 우수한 기초연구 인력이 배출될 것을 기대한다.

이를 위해 대학의 인력이 자유롭게 활용할 수 있도록 대형 연구시설·장비를 캠퍼스에 구축하고, 대학의 인력이 연구원에 자유롭게 참여할 수 있도록 기초과학연구원 내 인력 운영 제도 및 지원사항도 갖추어 나갈 예정이다.

대학강국이 세계강국

대학의 경쟁력이 곧 국가의 경쟁력이며, 대학강국이 곧 세계강국이 되기 마련이다. 대한민국이 인재대국으로 거듭나기 위해서는 어느 누구 어떤 재능 하나도 놓칠 수 없는 것처럼, 대학들도 각자의 경쟁력을 갖춘 명실상부한 고등교육기관으로 거듭나야 한다. 지금은 등록금 부담 경감이 대학정책의 주요 이슈로 부각되어 사회적 관심이 집중되고 있지만, 보다 근본적으로 대학교육의 질을 어떻게 높이고, 세계 수준의 연구대학을 어떻게 육성할 것인가도 놓치지 않아야 할 중요한 문제이다. 국내 모든 대학과 전문대학이 고등교육을 통해 학생들의 무한한 가능성과 잠재력을 키워야 하며, 동시에 유수 명문대학들과 경쟁하는 세계적 명성을 가진 국내 연구대학들이 다수 등장해야 한다. 이들 대학이 우리 지식사회의 토양을 풍부하게 하고, 세계적 지식산업을 선도하면서, 대한민국의 창의적 발전을 이끌 것이다.

  혹자는 지금이 대학사회의 위기라고 하지만, 바로 지금이 대학 발전의 기회라고 생각한다. 대학의 긍정적 변화는 단기간에 만들어지는 것이 아니다. 학내 구성원 모두의 노력과 지속적인 정부 지원 및 사회적 관심이 있어야 가능하다. 옥동자를 낳기 위해서는 지독한 산고가 있고,

노력과 고통이 없는 결실은 없다. 후발주자로 출발한 우리나라 대학 등이 보다 짧은 시간 안에 세계 수준의 대학으로 성장하기 위해서는 선진국보다 더 많은 노력과 협력이 있어야 한다. 특히 법인화를 위해 학내의 지혜를 모으고, 역량을 결집하고 있는 서울대의 노력이 꽃을 피워 하버드대를 뛰어 넘길 바란다. 5개 과기대학(원)도 MIT에 버금가는 교육기관으로 거듭나고, 국내의 유수 사립대학들도 세계적 명문대학으로 도약하는 날이 멀지 않았다고 본다.

CHAPTER 14

잘 가르치는 대학

최은옥[1] | 김응권[2] | 홍성창[3] | 오태석[4]

대학교육을 다시 생각하다

2011년 9월 26일 교육과학기술부 대회의실에서 교과부 장관과 '전국총학생회장단모임' 소속 대학 총학생회장과의 간담회가 있었다. 한양대 정현호 총학생회장을 비롯한 약 35명이 대학 등록금 대책, 정부의 재정지원제한 대학 선정, 사립대학의 지배구조 등을 주제로 교과부 장관과 열띤 토론을 했다. 토론장에서 건국대 박성준 총학생회장은 "대

---

1 현 중앙대학교 교수, 산학협력관, 기획담당관 등 역임
2 현 제1차관, 대학지원실장, 대학선진화관 등 역임
3 현 장관정책보좌관, 대통령실 행정관, 국회의원 보좌관 등으로 근무
4 현 산학협력관, 기초과학정책과장, 대학선진화과장 등 역임

학교육의 질이 높고, 취업이 잘 된다면 등록금이 현재의 2배가 되더라도 내겠다"라고 말했다. 대학교육 현실에 일침을 가하는 한마디였다. 대학과 정부의 반성을 촉구하는 말로 들렸다.

대학교육의 새 틀이 필요하다
산업사회에서는 한 분야에서 전문지식과 기술을 익힌 인재가 필요했지만, 지식정보사회로 들어서면서 요구되는 인재상이 변하고 있다. 인성과 창의성을 갖추고 융합적 사고를 하는 글로벌 인재가 그것이다. 인재상 변화에 따라 대학교육에 대한 사회의 요구도 달라진다. 그럼 우리 대학교육은 이런 사회의 요구에 부응해 왔을까? 대졸 신입사원 재교육에 수천만원의 비용이 들어간다며 대학교육이 사회의 요구에 부응하지 못하고 있다는 산업계의 볼멘소리가 지속돼 왔다. 또한, 과거의 대학교육 방식으로 새로운 지식정보사회를 이끌어갈 인재를 길러낼 수 있을지 걱정하는 목소리도 높다.

저출산 고령화로 학생인구가 급격히 감소하는 만큼 학생 한 명 한 명을 사회가 요구하는 인재로 키워내기 위한 대학교육의 변화는 더욱 중요하다. 지금까지 대학과 관련된 가장 큰 이슈는 '대학입시'였다. 학생이나 학부모들도 오로지 좋은 대학에 입학하는 것이 관심사였다. 그에 비해 대학에서 어떤 교육을 받는지, 어떤 대학이 '잘 가르치는' 대학인가에 대해서는 관심이 부족했다. 대학들도 점수가 1점이라도 높은 학생을 뽑기 위한 경쟁을 해왔고, 잘 가르치기 위한 경쟁은 부족했다.

이명박 정부 대학정책의 핵심은 대학의 자율성과 책무성을 강화하여 고등교육의 경쟁력을 높이는 것이다. 정부는 이를 위해 우선 불필요한 각종 규제를 완화하고, 대학에 대한 정보를 대내외에 투명하게 제공하는 '정보공시'를 통해 대학의 사회적 책무성을 제고하였다. 또한, 평가인증을 통해 대학 스스로 대학교육의 질을 제고하도록 유도하고 있다. 이러한 제도개혁을 통해 '잘 가르치는 대학'이 나올 토대를 마련하였으며, 교육역량강화사업 등 정부재정지원을 통해 변화하는 대학교육에 힘을 실어주고 있다.

한편 제대로 된 교육서비스를 제공하지 못하는 부실대학들에 대한 대책이 필요하다. 대학의 자율을 존중하고, 학생들의 피해를 최소화하기 위해 구조조정과 개혁을 통해 좋은 대학으로 거듭날 수 있도록 지원하는 절차를 마련하는 한편, 선의의 피해자를 최소화하기 위한 퇴출절차도 명확히 수립해야 한다. 향후의 학령인구 추세와 변화하는 사회적 환경을 감안할 때, 대학개혁은 한 차례 지나가는 소나기나 일회성 이벤트가 아니다. 학생들이 보다 좋은 교육을 받을 수 있도록 대학의 끊임없는 자구노력을 유도하고, 상시적 구조조정의 틀을 마련해야 한다.

대학 자율화 그리고 대학정보공시

대학교육의 창의성과 경쟁력은 대학의 자율에서부터 비롯된다. 이명박 정부 출범 후 교과부는 대학사회의 의견을 과감하게 반영해 각종 규제를 대폭 완화하고, 대학 자율성 확대를 위해 노력했다. 이 대통령이 직접 전국 대학총장을 청와대로 초청해 대학의 애로사항을 청취하고, 대학의 역량강화를 위한 제도적 기반을 마련토록 했다. 대학 자율화는 시설, 교원, 학사과정 등 대학의 전 영역에 걸쳐, 규제완화와 불합리한 제도적 개선까지 포함한다.

몇 가지 사례를 들어보자. 기존에 석사학위를 취득하려면 학부 4년, 대학원 2년을 다녀야 했으나, 취득기간을 6년에서 5년으로 단축할 수 있는 학·석사 통합과정을 도입했다. 또한 과거 일률적으로 모든 대학이 3월에 학년도를 시작했으나, 이제 대학이 학칙으로 자율적으로 정할 수 있도록 해 9월 입학도 가능해졌다. 입학시기가 이렇게 다양하게 되면 학생들의 선택 폭도 넓어지고, 해외유학을 준비하는 학생의 경우 예전과 달리 9월에 시작하는 해외대학에 바로 입학할 수 있게 된다. 현재 1, 2학기로 운영되는 학기제에서 3~4학기제 운영이 가능해져 기존 2학기제에서 어려웠던 부전공·복수전공 등이 활성화돼 융합교육이 강화되고 취업기회도 확대된다. 또한 대학 간 교육·연구 협력을 통해 대학별 특성화된 교육·연구 인프라를 이용하는 공동 교육과정을 운영할 수 있도록 했다.

대학의 자율은 책무를 내포하고 있다. 수업료를 지불하는 학생과 학부모를 비롯해 재정을 지원하는 정부, 대학의 자율성을 존중하는 공동체 전체에 대한 사회적 책무는 자율과 함께 대학을 지탱하는 핵심적 축이다. 정부의 규제에 순응하는 것보다 사회적 책무를 실현하는 일이 대학으로서도 더 어려운 과제이지만, 고등교육의 선진화를 위해서는 꼭 거쳐야 할 과정이다. 대학의 정보공시는 대학의 사회적 책무를 실현하기 위한 기초적 작업이다. 대학 운영에 대한 주요 정보를 공개해 국민의 알 권리를 보장하고 학생·학부모의 학교선택 및 교육에 대한 참여,

대학행정의 효율성 및 투명성을 높이고 있다. 학술 및 정책연구 진흥 등을 위해 도입된 '대학정보공시제도'는 '교육관련기관의 정보공개에 관한 특별법(2007.5)'의 제정에 따라 2008년 5월부터 본격적으로 시행되고 있다.

현재 교육과학기술부는 전국 433개 대학의 학교운영, 학생, 교원, 연구, 예·결산, 교육여건 등 13개 분야 72개 항목의 113개 세부정보를 대학알리미(www.academyinfo.go.kr)를 통해 제공하고 있다. 교과부는 이들 학교의 정보를 집대성한 대학알리미(www.academyinfo.go.kr)를 구축해 각 대학별 정보를 체계적으로 공시한다. 여러 대학 간 비교검색, 한 대학의 모든 공시정보를 볼 수 있는 대학별 검색, 주요지표에 대한 공시정보를 순위별로 보는 주요지표 검색, 대학의 주요지표별 상대적 경쟁력 정보 검색 등이 가능하다.

대학정보공시는 학생·학부모 등에게 학교정보를 제공하는 것은 물론, 대학교육역량강화사업, 학부교육선도대학지원사업, 정부 장학사업 등 정부의 대학에 대한 재정지원 및 교육정책의 실효성을 높이기 위한 방안에 다양하게 활용되고 있다. 최근에는 정부의 재정지원 제한대학, 학자금대출 제한대학 선정의 핵심 기준이 되고 있다. 이는 대학의 경쟁력을 높이는 한편 경영효율화, 교육에 대한 책무성 강화 등에 크게 기여할 수 있다. 한편 2011년 10월 대학알리미 영문홈페이지가 열리게 되었고, 2012년 3월 중국어 홈페이지도 개설되어 서비스 중이다. 외국어 대학정보 사이트는 한국 고등교육의 세계적 경쟁력을 한 단계 더 높이는 계기가 될 것이다.

잘 가르치는 대학

최근 정부가 대학을 지원하는 방식과 내용이 기존과는 완전히 다르게 바뀌면서 대학은 사회 수요에 부응해 대학 특성에 맞게 변화하려는 노력을 하고 있다. 대학이 교육의 질을 높이고 기업에서 환영하는 인재를 길러내기 위해 기업, 지역사회와도 손을 잡고 있다. 대학은 '잘 가르치기' 경쟁에 돌입하고 있다.

무엇을 어떻게 가르칠 것인가. 우리는 애플사의 스티브 잡스라는 창의적 인재가 글로벌 사회에서 기업과 국가를 위해 얼마나 중요한 역할을 했는지 익히 봐왔다. 대학교육 역시 창의적 인재를 발굴해 잠재력을 키우는 쪽으로 초점이 모아져야 한다. 지식주입 위주의 교육에서 벗어나 학과간·전공간 장벽, 학과이기주의를 극복하는 교육을 하기 위해 정부와 대학이 힘을 모아야 한다.

'연구 잘 하는 것'만 중시하던 대학사회의 화두가 '잘 가르치는 것'과 균형을 찾아가고 있다. 특색 있고 경쟁력 있는 학부교육 모델이 만들어져 확산되고 있다. 변화의 모습은 교육과정·학제 개편, 교수 평가제도 개선 등 학부교육 제도·시스템 개혁으로까지 이어지고 있다.

포뮬러 펀딩과 대학교육의 변화

이명박 정부 들어 학부교육 선진화 프로젝트가 본격적으로 시작됐다. '잘 가르치는 대학이 좋은 대학'이라는 비전 아래, 산업계의 요구에도, 학습자의 다양한 교육수요에도 부응하지 못하는 대학교육의 위기를 극복하고 국가경쟁력 강화를 이끌도록 하기 위해 학부교육에 대한 투자를 확대하고 재정지원 방식을 바꿨다.

대표적인 것이 대학교육역량강화사업이다. 그간 정부재정지원사업이 대학이 연구를 잘 하도록 하는 데 집중된 반면, 대학의 학부교육 수준을 높이기 위한 지원은 상대적으로 미흡했다. 대학교육역량강화사업은 '잘 가르치는 대학'을 지원하는 최초의 대규모 재정지원사업이라 할 수 있다.

교육역량강화사업은 이전의 대학지원사업과 비교할 때, 사업집행·지원방식에 있어 크게 차별성을 가진다. 우선 교육역량강화사업은 블록 펀딩 Block Grant, 즉 비목별 집행용도를 정해놓지 않고 대학이 추구하는 발전방향에 따라 총장이 리더십을 발휘하여 다양하고 창의적인 사업을 추진할 수 있다.

또한 객관적이고 공개된 지표를 활용하여 지원대학을 선정한다는 것이 큰 특징이다. 이로 인해 평가 과정의 공정성과 투명성이 제고됐을 뿐 아니라 대학들의 평가 부담이 크게 줄었다. 교육역량강화사업 선정지표에는 취업률, 재학생 충원율, 전임교원 확보율, 장학금 지급율, 학생1인당 교육비 등 대학 발전에 핵심적인 지표들이 포함되어 대학 간 경쟁을 촉진시키고 있다. 더불어 최근 등록금 인상수준, 대입전형 등의 지표가 신규로 도입되어 등록금 안정화, 대입전형 간소화 노력 등을 유도하고 있다.

2010년부터는 학부교육 선진화 선도대학 ACE : Advancement for College Education 사업이 추가적으로 지원되어 대학들이 다양한 학부교육 선진

대학교육역량강화사업 지표 변화(2008~2011)

연도	지표
2008년	취업률, 재학생 충원율, 전임교원 확보율 장학금 지급율, 학생1인당 교육비
2009년	취업률, 재학생 충원율, 전임교원 확보율 장학금 지급율, 학생1인당 교육비, 국제화 수준
2010년	취업률, 재학생 충원율, 전임교원 확보율 장학금 지급율, 학생1인당 교육비, 국제화 수준 등록금 인상수준, 학사관리 및 교육과정 운영
2011년	취업률, 재학생 충원율, 전임교원 확보율 장학금 지급율, 학생1인당 교육비, 국제화 수준 등록금 인상수준, 학사관리 및 교육과정 운영 대입전형(간소화, 공교육연계)

모델을 개발, 정착시켜 가고 있다. 교육역량강화사업과 ACE사업 예산은 2008년 500억 원에서 2009년 2,649억 원으로 지원규모가 크게 늘어났으며, 2010년 2,900억 원, 2011년 3,000억 원으로 지속적으로 증가하고 있다.

그간 교육역량강화 사업에서는 국공립대와 사립대를 통합해 선정해 왔으나, 국공립대와 사립대는 교육여건, 재원구조 등이 다르기 때문에 동일한 기준에 의해 비교·선정하는 것은 형평에 맞지 않다는 문제가 제기됐다. 또한 국공립대는 대부분 선정되면서 교육여건 개선을 유도하는 기능이 미흡하다는 지적도 있었다. 이에 따라 2012년부터는 국공립대와 사립대를 분리하고 각각의 특성에 맞는 지표를 개발·보완해 우수대학을 선정할 계획이다.

아울러 학령인구 감소 등 미래의 고등교육 환경변화에 능동적으로 대응하고, 정부지원금을 경쟁력이 떨어지는 부실대학에 투입하지 않기 위해 하위 15% 대학의 경우 재정지원을 제한한다. 경쟁력이 떨어지는 대학들이 교육의 질을 높이고 자발적으로 구조조정을 하도록 유도하려는 조치다.

대학교육의 변화는 산학협력 선도대학LINC: Leaders in INdustry-university Cooperation 육성사업을 통해 더욱 촉진될 것으로 보인다. LINC사업은 산학협력을 통해 산업체가 원하는 우수인재를 양성함으로써 취업연계는 물론 지역산업 발전으로 이어지도록 지원한다.

변화하는 대학들

새로운 시도, 창의적 아이디어는 자율과 경쟁에서 나온다. 2011년은 대학교육역량강화사업을 시작한지 3년째, ACE사업은 2년째에 불과하지만 매우 다양하고 창의적인 학부교육 모델과 우수한 사례가 나타나고 있다. 정부가 지원금 사용처를 정해주고, 사업내용을 하향식top-down 으로 제시하는 방식의 사업에서는 기대하기 어려운 결과이다.

우송대는 2010년 국내 최초로 4학기제를 도입했다. 서구 대학의 아카데믹한 4학기제와는 다른, 실무교육을 위해 변형된 4학기제다. 현행 1·2학기(각 15주)와 더불어 여름학기·겨울학기(각 6주)를 신설해 4학기제로 운영하는 것이다. 여름·겨울학기에는 부전공, 복수전공 및 현장실습 과목, 자격증 관련 과목, 연속강의가 필요한 실험과목 등을 주로 개설한다. 시행한지 얼마 되지 않았지만, 학생들의 참여도와 강의만족도가 크게 향상되고 있으며, 4학기제 시행 전 22명에 그쳤던 조기졸업자도 2011년 8월 214명으로 크게 늘어났다. 우송대는 공부하는 대학만이 살아남는다는 절박함에서 4학기제 도입 등 교육 내실화에 힘쓴 결과, 2011년 ACE대학에 선정됐다.

2010년 ACE대학으로 선정된 서울시립대는 자체적인 교육인증시스템으로 교육의 질을 관리한다. 교수의 역량 강화를 위해 강의 수시평가제, 동료교수에 의한 강의평가peer review를 도입하고, 교수학습개발센터도 운영 중에 있다. 건양대는 '교수 현장학기제'를 도입해 모든 교수가 최소 4주에서 최대 15주 동안 기업 현장에서 연수를 받도록 하고 있다.

ACE 선정대학 주요 프로그램

대학	주요 프로그램
가톨릭대학교 (2010년 선정)	"수요자 중심으로 교육과정, 학사제도 혁신" - 전공교과에 융복합 트랙 도입 - 강의평가결과 전면 공개, 교수업적평가의 교육부분 반영률 40%까지 확대
건양대학교 (2010년 선정)	"가르쳤으면 취업까지 책임지는 교육" - 신입생 대상 동기유발학기 운영 - 교수 현장 학기제, 전문 기업인 교수제
대구가톨릭대학교 (2010년 선정)	"인성·창의성·다문화적 전문인 양성" - 자기주도형 창의적 신장 교양과목 개발 - 'Me in Others' 프로그램 운영(다문화 체험 및 다문화 봉사)
서울시립대학교 (2010년 선정)	"자체 교육 인증시스템 구축" - 글쓰기 센터 설립 및 융합 교양군 신설 - 강의 수시 평가제, 동료교수 강의평가
서울여자대학교 (2010년 선정)	"공동체 기반의 학부교육 선진화" - 기숙형 인성교육 프로그램 심화 - 교수 생애주기별 교수역량 강화 지원
성균관대학교 (2010년 선정)	"교육과 연구의 균형" - 창의적 융복합 전공교육 확산 - 맞춤형 밀착 학사지도
세명대학교 (2010년 선정)	"미드필더형 인재 양성" - 학과특성화(학과역량강화+취업역량강화) - 기업체험 프로그램
신라대학교 (2010년 선정)	"해외취업 명문 도약" - 신라 글로벌 화랑 프로그램→신라 장보고 프로그램→해외인턴십파견/취업

연도	주요 프로그램
울산대학교 (2010년 선정)	"개방과 공유" - 산업체 장기 인턴십, 산학협력교수 - 강의 인터넷 공개
한동대학교 (2010년 선정)	"창의·융합 특성화" - 글로벌 전공봉사사업(GEM) - 학부생 연구지원사업(STAR)
한림대학교 (2010년 선정)	"교수- 학생 밀착형 학부교육" - 신입생 대상 정주대학 프로그램 운영 - 맞춤형 취업트랙제
경희대학교 (2011년 선정)	"전문성·인성 갖춘 창의적 글로벌 리더양성" - 교양대학 Humanitas College 운영 - 전공간 융합활동 지원
계명대학교 (2011년 선정)	"Creative Global Citizen의 얼굴 만들기" - 국제화, 산업연계형 전공교육 - 강의 인증제 도입
동국대학교(분교) (2011년 선정)	"핵심역량 선진화 모델 창출" - 'HARMONY' 전략을 통한 교양교육 선진화 - 학생 자율 '동국커리어 Up동아리' 강화
목포대학교 (2011년 선정)	"자기주도적 산학협력교육 모델" - 핵심소양교육 강화 - 찾아가는 맞춤형 산학협력교육
서강대학교 (2011년 선정)	"융복합시대 학제개편 및 전인교육 구현" - 융합전공(지식융합학부) 도입 - 서강교육품질 통합관리시스템 구축
아주대학교 (2011년 선정)	"다산형 인재 양성" - 수준별 의사소통?기초과학 교과목 개발 - 전공진입 준비도 점검, 학업부진자 관리
안동대학교 (2011년 선정)	"β- ESCORT 교육선도모델" - 수준별 전공교육 선진화 프로그램 - 얼(EOL : Essence Of Life) 인성교육과정
우송대학교 (2011년 선정)	"글로컬 시대를 선도하는 SMART 人 양성" - 4학기제 운영 내실화 - 글로벌 역량강화
전북대학교 (2011년 선정)	"기초역량 강화형 학부교육 특성화" - 2+2학제, 신입생 4학기제 운영 - 교육?연구 통합교육, 교수 복수학과 소속제
충북대학교 (2011년 선정)	"21세기 선비형 글로벌 리더 양성" - 교양과 전공의 이원화 극복 - 전공교육의 품질관리
한밭대학교 (2011년 선정)	"창의적 지역리더 양성" - 지역산업 수요를 반영, 9개의 전공 통폐합 - 캡스톤디자인, 인턴십 등 활성화

학생선발방식도 발전하고 있다. 획일적인 성적 기준의 입시가 아닌 대학이 추구하는 인재상, 학생의 잠재력과 발전 가능성을 고려해 선발하는 입학사정관제는 창의성과 인성을 고루 갖춘 인재를 발굴하는 제도적 장치이다. 정부와 대학의 노력으로 입학사정관제는 성공적으로 정착되고 있으며, 초중등교육에도 많은 변화를 가져오고 있다.

그러나 이런 인재를 뽑았음에도 기존에 해오던 대학 교육을 그대로 답습한다면 잠재력은 그저 잠재력으로만 그칠 수 있다. 입학사정관제가 이후의 학부교육으로 잘 연계되는 것이 중요하다.

이를 위해 대학마다 다양한 시도가 이뤄지고 있다. 숙명여대는 입학사정관제로 선발된 학생들의 잠재력이 실제 역량으로 이어질 수 있도록 멘토 교수들이 진행하는 신입생입문교육(1학기)을 별도로 운영하고 있다.

새로운 대학교육 트렌드 : 교양, 융합, 글로벌

사회와 기업이 원하는 인재는 "많은 지식과 훌륭한 스펙을 가진 사람보다 건전한 가치관과 진취적인 태도를 가지고 타인을 배려하는 사람"이라는 것이 대다수의 의견이다. 건전한 인성은 공동체 생활이 기본일 뿐 아니라, 개인과 조직의 생산성을 높이는 중요한 요인이다. 전공교육에 앞서 인성과 교양 등 기본적 소양교육을 강화해야 할 필요가 있다.

경희대는 2011년부터 인문학과 교양과목을 전문적으로 가르치는 '후마니타스 칼리지 Humanitas College'를 운영하고 있다. 후마니타스 칼리지의 수업은 토론 위주로 진행되며, 개설된 강좌는 글쓰기, 인문학과 생명·자연과학 분야에 이르기까지 다양하다.

많은 대학들이 교양과목 이수를 강화하고, 교양교육의 내용과 질을 개선하는 노력을 하고 있다. 학부교육, 특히 1~2학년 단계에서 기본적 교양교육이 균형 있게 이뤄진다면 이후 전공과목 학습, 현장실무교육에서도 보다 깊이 있는 사고가 가능해진다.

아주대는 다산茶山형 인재양성을 목표로 정하고, 여러 분야의 교수들이 참여해 교양과목을 개발하고 있다. 예컨대, 교양과목의 건축학은 건축뿐만 아니라 당시의 역사, 문화, 예술 등 시대상을 종합적으로 배우도록 커리큘럼을 만드는 것이다. 대구가톨릭대는 '자기주도형 창의력 신장' 교양교과목 개발을 추진 중인데, 학생들이 직접 강의 주제를 선정하고, 학습내용, 학습방법 마련에도 참여하고 있어 많은 호응을 얻고 있다.

인성교육을 위해 특화된 프로그램도 활발하게 운영되고 있다. 서울여대의 경우, 학부과정 동안 5주간의 인성교육을 받도록 하고 있으며, 최근에는 글로벌시대에 부합하는 인성을 키우도록 하기 위해 인성교육과 영어교육을 결합한 프로그램으로 발전시키고 있다. 사회봉사활동에 대해 학점을 인정하고, 일정 시간 이상의 사회봉사활동을 졸업요건으로 하는 대학들도 점차 늘고 있다.

또한 취업과 진로 문제, 대인관계 스트레스, 어려운 가정환경 등으로 인해 자존감을 잃고 방황하는 학생들에게 주체성과 비전을 가지도록 하는 것도 대학교육의 중요한 몫이다. 많은 대학들이 심리상담 프로그램(센터)을 운영하고 있으며, 고위험군 학생들에 대한 별도 프로그램을 운영하는 사례도 많다.

산업과 기술의 융합 트렌드에 걸맞은 인재 양성을 위해 학과·전공 간 칸막이를 없애는 것이 중요하다. 공학·경영·디자인 분야의 3개 대학이 통합돼 설립된 핀란드 알토대학은 핀란드 IT산업 소프트웨어 분야의 핵심인력을 양성하는 우수 대학으로 발전하고 있는데 참고할 만한 사례이다.

우리 대학들도 다학제 간 융복합 교육을 다양하게 시도하고 있다. 가톨릭대는 전공 교과에 융복합 트랙을 도입하고 있으며, 한동대는 동일계열뿐만 아니라 인문-이공계가 융합된 교과목을 개발했다.

융합교육을 위해 학사구조를 개편하는 대학도 늘고 있다. 서강대는 지식융합학부를 도입했으며, 성균관대 역시 인문학, 사회과학, 자연과학을 포괄하는 선진형 문리대학 형태로 학사구조를 개편했다.

이제 우리 인재들이 누벼야 할 땅은 국내에 국한되지 않는다. 글로벌화가 본격적으로 진행되면서 대학교육에서 국제화는 중요한 화두가 되고 있다.

이명박 정부의 글로벌 청년리더 10만명 양성 계획에 따라 교과부는 해외인턴 파견을 총괄하고 있다. 대학생 글로벌 현장학습, WFST Work, English Study and Travel, 글로벌 무역전문가 등 6개 부처 12개 사업을 추진하고 있다. 이 중 한-미 양국 정상 간의 합의로 시작된 WEST사업은 미국 기업 인턴경험을 통해 우리 대학생들이 글로벌 인재로 성장하는 데 크게 기여하는 것으로 평가된다. 게다가 별도의 WEST 비자를 발급해 학생들이 비자를 받느라 들이는 수고를 줄이고 있어 호응이 높다. 해외인턴 파견을 향후 취업연계 강화, 파견국 다양화 등으로 내실화한다면 글로벌 역량을 키우고 진로설계를 돕는 기회로 활용될 것으로 기대된다.

해외대학과의 교류·협력도 확대되고 있다. 국내대학과 해외대학 상호 학점인정, 공동·복수학위 수여 등이 제도화됐고, 기회 또한 늘고 있다.

앞서 살펴본 여러 학부교육 혁신사례들은 잘 가르치기 경쟁에서 살아남기 위한 대학들의 고민, 갈등과 시행착오를 거쳐 얻어진 값진 성과다. 정부는 이런 우수사례를 확산하기 위해 불필요한 규제는 풀고 재정지원은 확대할 계획이다.

대학, 지역, 산업의 공생발전

대학에서 길러진 인재들은 결국 지역산업, 지역사회에서 능력을 발휘하게 된다. 대학과 지역은 협력과 연계가 필요한 공생의 관계에 있다. 하지만, 대학 졸업생(구직)과 기업(구인) 간의 취업 불일치 문제가 지속되는 것은 대학교육과 산업계의 요구 간에 괴리가 있다는 것을 보여준다. 2008년 경영자총협회 조사결과에 따르면, 대졸 신입사원의 재교육 비용이 1인당 평균 6,088만 원에 이르고, 대졸 청년층은 한정된 대기업의 일자리만을 선호하고 있다.

지역인재가 지역산업에 기여함으로써 지역산업이 발전하고, 지역산업이 발전함에 따라 보다 많은 일자리가 창출되는 선순환적 구조만이 지역사회를 살리는 유일한 길이다. 이러한 문제를 해결하기 위한 방안이 산학협력강화이다. 산업계에서 필요한 교육과정을 대학교육에 접목하고, 산업계의 전문가를 교수로 채용함으로써 대학교육의 질을 높이고, 취업 미스매치 문제를 완화해 궁극적으로 지역대학과 산업이 함께 성장하는 방법을 적극 모색할 때이다. 최근, 연구성과를 확산하기 위한 개방형 혁신Open Innovation은 단지 연구분야에 한정되지 않고, 우수 인재양성을 위한 대학교육, 그리고 대학경쟁력 강화와 직결되는 중요한 화두이다.

대학과 기업의 링크(LINC)

2012년부터 51개의 산학협력선도대학LINC이 육성된다. 그동안 산학협력은 대학 내에서 2차적이고 주변적인 활동에 머물렀던 것이 사실이다. 기존에도 산학협력에 대한 정부지원사업은 있었으나, 일부 대학의 일부 학과에만 지원되었고 대학이 산학협력형 체제로 바뀌는 데는 한계가 있었다.

산학협력을 통한 대학교육 시스템 개서과 지역 사업의 성장, 취업연계를 위해 LINC사업이 기획되었다. 기존의 산학협력사업을 통합하고 확대해 시너지를 내려는 것이다.

LINC사업을 통해 실험실습, 현장실습, 인턴십, 계약형 전공 등 산업계가 필요로 하는 인재를 양성하는 핵심 프로그램이 활성화될 수 있다. LINC사업을 통해 대학과 기업 간 협력관계도 보다 긴밀해지고 다변화될 수 있을 것으로 기대된다. ㈜ANT21은 2008년 한밭대 창업보육센터를 졸업한 기업으로, 자체 개발한 'ANT 공법'이라는 우수 기술을 보유하고 있었으나 사업화는 쉽지 않았다. 한밭대는 기술지도, 디자인 및 마케팅지원 등을 통해 기술을 사업화하는 데 큰 도움을 줬다. 현재는 시장에서 기술력을 인정받으면서 해외업체 등으로부터 러브콜이 잇따르고 있다. 대학이 지역 산업체, 특히 영세한 중소기업을 다방면으로 지원해 산업체를 성장시킨 사례이다.

대학이 기업과 협약을 체결해 상호 협력하는 관계를 맺는 것을 '산학협력 가족회사'라 한다. 협력은 기업 측의 학생 현장실습 제공부터 대학 측의 장비제공·기술지원, 인턴십, 취업에 이르기까지 다양한 방식으로 이뤄진다. 나아가 ㈜ANT21 사례처럼 대학이 성장 가능성이 높은 중소기업을 전방위적으로 지원해 성장을 돕는 시스템을 LINC사업을 통해 도입·확산해 나갈 것이다. 대학의 적극적인 지원으로 기업이 성장하게 되면 지역의 좋은 일자리가 만들어지고, 장학금 지원 등 대학에 대한 기부까지 늘어나는 선순환을 기대할 수 있다.

대학교육역량강화사업과 ACE사업으로 대학 간 잘 가르치기 경쟁이 시작된 것처럼, LINC사업을 통해 특화되고 다양한 산학협력 선도모델이 도출될 수 있다. 대학의 산학협력이 지속 가능성을 갖게 되고, 대학 교육이 사회의 요구에 부응하는 방향으로 한 단계 더 도약하는 것이다.

현장전문가, 교수 되다

산업체 경력이 있는 교수가 산학협력 활동을 적극적으로 한다는 것은 이론과 현실에서 입증된 사실이다. 울산대의 경우, 지역 산업체 퇴직 인력 30여명을 산학협력 중점교수로 채용해 장기 인턴십(6개월, 14학점) 운영 등에 참여시킨 결과, 취업률 상승 등 상당한 성과를 거뒀다.

> 필자(조은화 울산대 기계공학부 교수)는 '포니' 개발 과정에 참여했던 101명 중 한 명이다. 그 후 자동차부품업계에서만 30년 넘게 근무한 필자는 현재 대학에서 학생들을 가르치고 있다. (중략) 산학협력교수들은 학부에서 필요한 실용 교과목을 개발해 강의하고 산업체 장기인턴십 프로그램을 운영하여 학생들의 현장 적응력을 높이고 있다. 또한 실전 모의면접, 취업 가이드북 제작, 취업 상담, 취업학생 추천 등의 취업 지원활동을 하고 있다. (중략) 산학협력교수는 학생들의 교육뿐 아니라 기업들의 현장 애로기술을 해결하는 역할도 한다. 특히 중소기업의 제품설계, 생산기술, 품질관리 등과 같은 문제점에 대해서는 기업 근무 경험을 바탕으로 해결방안을 제시한다.
>
> 동아일보 2011. 9. 1 '포니 개발자가 대학교수가 된 이유'

이러한 사례가 제도화돼 확산되는 길이 열렸다. 2011년 6월 고등교육법 개정을 통해 교수가 산학협력 업무만을 전담할 수 있도록 하는 법적 근거가 마련됐다. 산업체 경력자를 교수로 영입해 산학협력의 패러다임을 바꾸려는 산학협력 중점교수를 2011년 220명, 2012년에는 2,000명으로 대폭 확대해 나갈 계획이다. 특히 2012년 2,000명 확대는 교과부 장관과 지경부 장관 간 공동 추진하기로 합의한 데 따른 것이다. 교과부는 LINC사업 등을 통해, 지경부는 R&D과제 선정 시 가점을 부여하는 방식 등을 통해 산학협력 중점교수 채용을 지원할 계획이다.

그간 교수평가와 대학평가가 논문실적 위주여서 교수가 산학협력 활동을 할 인센티브가 부족한 것이 산학협력 활성화의 큰 걸림돌이었다. 앞으로 산학협력을 잘 하는 교수와 대학이 교수업적평가, 승진평가와 대학평가에서 정당한 평가와 보상을 받을 수 있게 된다. 또한 학생과 학부모, 기업 등 수요자는 대학별 산학협력 실적을 대학정보공시를 통하여 한 눈에 확인할 수 있게 된다.

산업단지로 가는 대학들

협력은 물리적으로 가까울 때 더욱 잘 되는 법이다. 2011년 2월 대학설립운영규정을 개정해 '산업단지캠퍼스' 제도를 도입했다. 산업단지캠퍼스는 대학과 기업 간의 물리적 통합을 통해 상시적인 산학협력을 가능하게 한다. 현장교육과 대학-기업의 상시협력이 가능하도록 산업단지 내로 대학의 일부 학과·전공이 이전하는 경우 교지校地와 교사校舍를 임차할 수 있도록 특례를 뒀다. 제도개선 외에 산업단지캠퍼스의 교육과정 운영에 대한 재정지원도 한다. 2012년 9월 배재대, 경남정보대, 한밭대, 조선대, 창원대, 산업기술대가 산업단지캠퍼스로 설치인가를 받았으며, 앞으로 신청 대학들이 더 늘어날 것으로 보인다.

산학협력은 대학재정 수입의 다변화 측면에서도 관심 있게 봐야 할 부분이다. 대학이 보유한 기술을 민간으로 이전·사업화함으로써 얻는 수익은 앞으로 대학의 중요한 수입원 중 하나가 될 수 있다. 기술이

전·사업화를 촉진시키기 위해 정부는 2006년부터 대학 기술이전전담 조직TLO : Technology Licensing Office 을 지원하고 있으며, 상당한 성과를 거두고 있다. 더불어 대학이 보유한 기술을 직접 사업화하는 '산학협력기술지주회사'도 현재 23개가 운영되고 있다. 2011년 6월 관련 법률이 개정돼 기술지주회사 설립에 대한 규제가 대폭 완화되면서 앞으로 설립과 운영 성과가 증가될 전망이다.

학생도, 기업도 좋은 계약학과

산학협력을 통한 대학교육 혁신은 다양한 방식으로 추진되고 있다. 그중 산업체의 다양한 인력수요에 탄력적으로 대응할 수 있도록 산업체와 대학이 계약을 체결해 맞춤형 인력을 양성하는 것이 '계약학과' 제도이다. 채용조건형 계약학과와 재교육형 계약학과 모두 대학과 기업 양측의 호응이 높아 운영이 확대되고 있다.

연도별 채용조건형 계약학과 현황

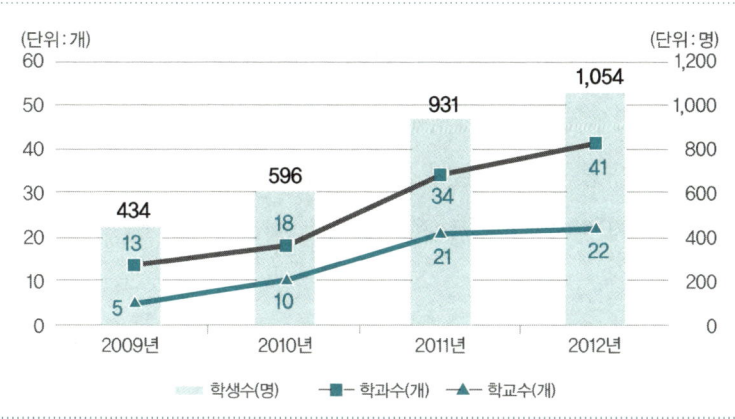

연도별 재교육형 계약학과 현황

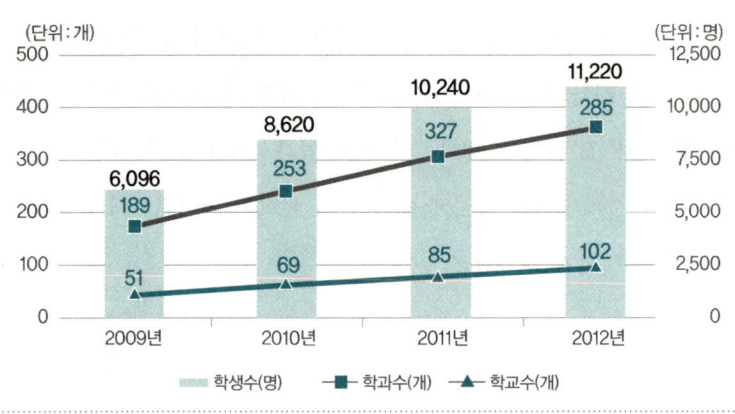

특히 채용조건형 계약학과는 산업체 입장에선 우수인재를 미리 확보할 수 있고, 학생은 취업과 등록금 문제를 동시에 해결할 수 있어 산학이 원원하는 사례가 되고 있다. 2012년 4월 기준으로 41개 학과에 1,054명의 학생이 채용조건형 계약학과에 재학 중이다.

경북대-삼성전자 간 협약으로 신설된 모바일공학과는 채용조건형 계약학과의 한 사례이다. 4년 등록금을 삼성전자가 지원하며 졸업 후 삼성전자 취업까지 보장된다. 1회 입학생 18명은 전담교수들의 밀착지도를 받으면서 정예 모바일공학 전문가의 꿈을 키우고 있다. 학과 교수와 산업체가 공동으로 개발한 교육과정에 따라 교육이 진행되고 있으며, 삼성전자 현직 임직원들이 겸임교수로 참여해 기업 현장의 흐름을 짚어준다.

취업한 직장인이 회사를 다니면서 직무와 관련된 대학에 진학하는 재교육형 계약학과의 경우, 선취업-후진학 정책의 일환으로 2012년 4

월 기준으로 총 1만 1,220명이 재학하고 있다. 산학협력이 활발해짐에 따라 학생 수가 증가하는 추세이다. 2012년부터는 기업 측 부담액의 일부를 고용보험기금에서 지원받을 수 있도록 제도를 개선하였다. 2011년 4월 교과부와 고용부가 '2차 청년 내 일 만들기' 계획을 수립하면서 양 부처 장관이 직접 만나 합의한 데 따른 것이다. 우선 신성장동력 분야 중소기업부터 적용하고 있다.

한편, 산업체가 교육비용을 전액 부담해야 하는 채용조건형 계약학과는 중소기업의 참여가 어려운 점이 있음에 따라 산업체 부담금을 학자금 전액에서 계약학과 운영에 필요한 경비의 50%이상으로 교육비용 분담률을 낮추는 등 계약학과가 취업 미스매치 해소에 기여할 수 있도록 제도를 개선하였으며, 향후에는 비이공계 계약학과에 대해서도 고용보험기금에서 기업 측 부담액을 일부 지원할 수 있도록 할 계획이다.

전문직업기술인 양성 : 전문대학 교육혁신

직업교육을 담당하는 전문대학의 경우, 취업률은 일반대학보다 높으나 (2012년 60.9% vs 56.2%), 더 열악한 상황에 처해 있다. 학력 위주의 사회 풍토와 임금구조 하에 직업교육기관으로서 정체성의 위기에 직면해 있다. 그러나 4년제 대학을 졸업하고도 전문대학에 재취학하려는 인원이 연 5,000여명에 달하는 등 현장중심 직업교육기관으로서의 강점 또한 가지고 있다.

전문대학이 전문직업기술인을 양성하는 강하고 특성 있는 대학으로 거듭나는 것은 산학협력 강화를 통한 잘 가르치기 경쟁에 달려있다. 이명박 정부 들어서 전문대학에 대한 재정지원규모가 크게 증가하여 직업교육 경쟁력 강화를 뒷받침하고 있다. 2007년 2,080억 원에서 2011년 3,510억 원으로 늘어났으니 4년 만에 170% 가까이 증가한 것이다. 전문대학 교육역량강화사업을 비롯하여 산학협력, 해외인턴십, 외국인 유학생 교육 등 다양한 사업들이 지원되고 있다. 더불어 2011년 전문대학 우수학생 장학금이 신설되는 등 전문대학 학생들을 위한 장학금도 2007년 100억 원에서 2011년 674억 원으로 크게 늘어났다.

세계적 수준의 전문대학을 키운다

전문대학 교육역량강화사업은 일반대학 사업과 같은 철학과 재정지원 방식으로 추진된다. 취업률 등 객관적 성과지표로 평가하고 자율적으로 재정집행을 하도록 해 학생들의 직업역량을 강화하고 있다. 사업비 일부는 대학이 스스로 강점분야를 선택해 '대표 브랜드'로 집중 육성하는 데 사용한다. 동양미래대학의 로봇자동차 전문인력양성, 신구대학의 메디바이오 전문인력양성 등이 대표 브랜드로 집중 육성되고 있다.

'WCC World Class College'는 우수전문대학 중심으로 고등직업교육체제를 개편하기 위한 시도이다. 상위 15%(21교)를 우수전문대학으로 분류해 집중 육성한다는 계획으로, 3년(2011~2013년)에 걸쳐 선정한다. 중등교육 단계의 마이스터고가 있다면, 고등교육단계에서는 WCC가 선도적인 역할을 해 직업교육에 대한 총체적인 인식과 경쟁력을 높이려는 것이다. 2011년 9월에 거제대, 대전보건대, 연암공업대, 영남이공대, 영진전문대, 울산과학대, 제주한라대가 선정되었으며, 2012년 9월에 경기과학기술대, 경북전문대, 아주자동차대, 한림성심대가 추가 선정되어 총 11개의 전문대학이 글로벌 역량을 갖춘 한국 최고의 전문대학인 WCC가 되었다.

WCC 11개교는 4단계(요건평가, 재정건전성평가, 기관역량평가, 고객평가)의 엄정한 평가를 거쳐 선정됐다. 이들 11개교의 2012년 평균 취업률은 71.2%로 전문대학 전체 평균 60.9%보다 훨씬 높은 수준이다. 또한 타 대학과 차별화되는 교육 프로그램을 통해 지역산업에 특화된 분야의 전문기술인력을 양성하고 있다.

WCC로 선정된 대학은 한국 최고의 전문대학이라는 명예와 함께 전문대학 교육역량강화사업을 통해 대학 당 평균 5억 원, 총 70억 원의 재정지원을 받게 된다. 이밖에도 학사학위 전공심화과정 및 산업체위탁교육 운영에서도 일반 전문대학보다 폭넓은 자율성이 부여되고 대학별로 특성화된 발전모델 구축을 위해 WCC 특화프로그램을 운영한다. 교육과학기술부는 컨설팅 지원과 WCC 운영협의회 주관의 자율적인 성과관리를 통하여 WCC를 고등직업교육의 모범사례로 집중 육성할 계획이다.

한편 현장성 있는 전문대학 교육을 위해 2012년부터는 산학협력선도전문대학 육성사업이 본격 추진되었다. 주문식 교육, 현장실습 학점

WCC 11개 대학별 특화 프로그램

대학	프로그램
경기과학기술대 (취업률 70.4%)	- 기업수요 맞춤형 기계기술 인력양성 - 시화반월공단 기업 교육수요조사 및 취업약정 후 전공심화교육, 현장실습 및 캡스톤디자인 교육 실시 - 특성화고, 기업, 대학의 협약을 기반, 기업수요 맞춤형 전공교육 후 기업에 취업, 동시에 대학에 진학하여 전문학사과정 병행
경북전문대 (취업률 64.6%)	- 현장중심의 창의적 실무능력을 갖춘 Global-Local형 보건전문인력 양성 - 전교생 대상 '졸업인증제(IT능력인증제)' 실시 - 현장실무능력 강화를 위한 실습학기제 운영
거제대 (취업률 80.4%)	- 조선해양분야 전문기술인력 양성 특화 - 설계실습→제작실습→현장실습→취업으로 이어지는 '현장형대학' 프로그램 운영 - 러시아 · 오만 · 루마니아 등에 조선해양교육 프로그램 수출
대전보건대 (취업률 67.9%)	- 글로벌 보건의료 인력양성에 특화 - 1인 多자격 취득과 전공자격증 취득, 개인맞춤형 통합적 진로지도 시스템 (Cycly HIT 프로그램) 운영
아주자동차대 (취업률 64.5%)	- 자동차산업 분야로 특성화된 전문기술인력 양성 - 산학협력강화를 위한 직무중심의 주문식 교육과정인 전공코스제 운영 - 1:1 SUPER CAR 제작을 통한 전공 협업 교육 프로그램 운영
연암공업대 (취업률 81.1%)	- 컴퓨터 · 전기전자 · 기계 등 순수공업계 전문인력 양성에 특화 - 1년 4학기제를 통한 현장실습 · 프로젝트 학기제 운영 - LG전자 금형 설계인력 양성과정, LG전자 SW연구인력 양성과정 등 맞춤형 교육과정 운영
영남이공대 (취업률 65%)	- 메카트로닉스 및 간호 · 보건 · 복지분야 인력양성에 특화 - 학생진로개발프로그램(ICPP) 운영 - 캐나다 국립공과대학(BCIT) 등 49개교와 복수학위과정 운영
영진전문대 (취업률 79.3%)	- 메카트로닉스 · 기계 · 전자정보기기분야 전문인력양성에 특화 - 전임교수 85% 이상이 산업체 5년 이상 근무 경력자 - 졸업전공능력 인증제 실시
울산과학대 (취업률 70.5%)	- 조선해양 · 자동차 · 플랜트 · 신재생에너지 전문인력 양성에 특화 - 용접교육센터, 자동차 · 로봇교육센터 등 선진직업기술교육센터 운영 - 집중 심화교육 프로그램인 '전문가과정'을 하계 · 동계방학 중 운영, 학생들의 추가부담 없이 심화된 현장교육 제공
제주한라대 (취업률 68.1%)	- 관광분야 글로벌 인력양성에 특화 - 스위스호텔학교와 복수학위과정 운영, 이탈리아 요리학교 교육과정 도입 - 학생마다 책임지도교수 배정
한림성심대 (취업률 71.6%)	- 관광 · 레저 · 건강생명복지분야 전문인력 양성 - 입학에서 취업까지 개인 맞춤형 상시 진로지도, 경력관리 프로그램 운영 - 산업체 현장실습 8학점제 및 현장실습 전담교수제 운영

제, 창의적 종합설계Capstone Design[5] 등 다양한 산학협력 프로그램으로 지역산업과 밀착된 전문대학 직업기술교육을 강화해 지역 중소기업에 우수기술인력을 공급하게 된다.

전문대학 학제운영도 다양화되고 있다. 2008년 도입된 학사학위 전공심화과정은 2011년 산업체 재직경력이 없어도 진학할 수 있는 경로가 마련돼 재직 근로자가 학업중단 없이 계속 교육을 받을 수 있게 됐다. 또한 3년제로 운영되던 간호과의 수업연한을 4년까지 확대할 수 있게 되었다. 한편 전문대학의 사회적 위상 강화를 위해 전문대학도 '대학교' 명칭을 쓸 수 있게 됐다.

교과부와 고용부 장관 간 합의를 통해 새롭게 추진되는 사항 중 하나가 2012년부터 시범운영되는 '과정이수형 자격제도'이다. 전문대학 졸업자들에게 새로운 기회가 될 제도로 국가직무능력표준NCS: National Competency Standards에 맞는 직업교육훈련과정을 이수한 특성화고·전문대학 졸업자에게 별도의 시험 없이 국가기술자격을 부여하는 제도이다. 이번 제도가 도입되면 학원을 다니면서 자격증 시험을 준비해야 하는 경제적·심리적 부담이 줄어들게 된다. 또한 전문대학과 특성화고의 교육과정 운영이 내실화되는 장점이 있다. 이처럼 전문대학 교육과정과 제도 전반의 혁신을 통해 우수한 직업기술인으로 길러진 전문대학 학생들은 취업 경쟁력도 높아진다.

---

5 교육과정에서 습득한 지식을 바탕으로 종합적 문제해결 과정을 통해 산업체 수요를 반영한 작품을 설계·제작

교육에서 일자리까지

교과부 취업지원과

제대로 된 일자리를 얻어 기업과 사회에서 제 몫을 하도록 하는 것은 대학교육이 추구하는 중요한 목표 중 하나이며 대학의 책무이기도 하다. 교과부도 대학의 현장중심 교육을 지원하고 학생들의 일자리 찾기를 지원하기 위해 발 벗고 나서고 있다. 교과부는 2011년 2월 조직개편을 통해 대학지원실 내에 산학협력국을 신설했다. 산학협력과, 지역대학과, 전문대학과, 취업지원과로 구성된 산학협력국은 산학협력을 통한 지역대학 육성, 직업교육 강화 및 취업·창업지원 업무를 담당하고 있다. 특히, 교육 부처에 처음으로 '취업지원과'를 둔 것은 정부가 대학 교육에서부터 졸업한 학생들의 일자리 문제까지 촘촘히 챙기겠다는 의지에서 비롯된 것이다.

취업까지 책임진다

대학과 교수들이 학생들의 취업에 무관심한 때도 있었다. 그러나 이명박 정부에서 대학재정지원사업의 주요 지표로 취업률을 포함시킨 이후, 대학마다 나름대로 체계적인 취업지원 노력이 나타나고 있다.

건양대는 신입생 첫 학기를 '동기유발학기'로 정하고 한 달 동안 심리성격 및 진로적성검사, 외국어 능력평가, 미래비전 특강 등 다양한 프로그램을 실시하고 있다. 학생들은 이 과정을 통해 자신이 선택한 학과의 진로분야를 자세히 알게 되고 앞으로 어떤 준비를 해야 할지 계획을 세울 수 있다.

산학협력과 연계된 취업지원은 보다 큰 효과를 거둘 수 있다. 금오공대는 학생별 전공·특기·역량 등의 정보를 담은 '전자이력서'를 산학협력 가족회사 및 인근 3,000여 개 산업체에 보내 학생들의 취업기회를 확대하고 있다. 산학협력 활동이 고용으로 이어지는 것이다.

국내에만 국한하지 않고 해외취업에 힘쓰는 대학들도 있다. 신라대는 '신라 글로벌 화랑 프로그램'이라는 이름으로 어학연수, 해외자원봉사, 교환학생, 해외 인턴십 등 다양한 과정을 통해 해외취업 경쟁력을 갖춘 인재를 양성한다. 더불어, '글로벌비즈니스지원센터'를 설립해 부산시, 산업인력공단 등과 연계한 해외취업 연수과정을 운영하고 있다.

창업으로 여는 미래

2011년 3월 23일부터 3일간 MIT 국제청년창업 워크숍이 서울에서 개최됐다. 미 메사추세츠공대MIT 대학생들이 주관하는 행사로, 매년 한 차례씩 개최국을 달리해 열고 있는데, 금년에는 교과부와 중기청 후원으로 서울대 창업동아리 학생벤처네트워크와 공동으로 개최해 학생들의 도전의식을 고취시켰다.

구조적으로 일자리가 감소하는 추세에 대응해 대학생의 일자리 확보 패러다임을 창직·창업으로 전환할 필요가 있다. 또한 실제 창업여부와 관계없이, 젊은이들이 성공적인 인생을 살기 위해 꼭 필요한 기업가정신Entrepreneurship을 갖게 하는 것은 무엇보다 중요하다.

교과부는 창업교육에 대한 지원을 강화해 창의성과 도전정신을 갖춘 준비된 창업가를 육성하는 데 힘을 쏟고 있다. 예비창업자인 학생들이 대학 재학 중 체계적인 창업교육을 받을 수 있도록 하고, 창업활동에 대한 학점인정, 경진대회 지원 등 창업문화조성에 주력하고 있다. 이를 뒷받침하기 위해 2012년 7월 산학협력선도대학LINC에 창업교육센터를 설치하여 대학의 창업교육을 총괄 지원하고 있다. 또한 현재 활발해지고 있는 자생적인 창업열기를 확산시킬 수 있도록 창업동아리 활동을 확대하고, 창업 경력자를 산학협력 중점교수로 임용해 현장 경험을 전수하는 창업 멘토로서의 역할을 부여하고 있다.

한편 대학의 자발적인 창업지원 노력을 활성화하기 위해 2012년부터는 1인창업자와 프리랜서를 취업률 통계에 산입하였고, 대학정보공시에 창업관련 항목을 확대하여 LINC 선정지표 등에 활용하였다.

창업에 대한 대학생들의 관심이 높아지고 있는 것에 비해 대학 일선에서 창업교육을 제대로 할 수 있는 교원은 부족한 실정이다. 이제부터는 학생들이 필요로 하는 창업교육이 이루어질 수 있도록 창업교원의 역량을 제고하는 노력도 함께 해야 할 것으로 보인다.

더 미룰 수 없는 대학구조개혁

학자금대출제도와 연계하여 2010년 9월 발표한 학자금대출 제한대학 명단 공개, 2009년부터 준비해 온 경영부실대학 컨설팅 사업은 제도적이고 영속적인 대학구조조정의 기본적 틀이자 출발점이라 하겠다. 학자금 대출은 학생들이 졸업 후 좋은 일자리를 통해 소득을 얻고 대출금을 상환하는 구조로 운영된다.

만약 대학이 제대로 된 교육을 제공하지 못하여 졸업생들이 노동시장에서 일자리를 찾지 못하거나 충분한 소득을 올리지 못하게 되면 제도가 제대로 작동할 수 없다. 대출제한대학 선정은 학자금 대출이 필요한 학생들을 지원하면서도, 대학으로 하여금 지속적으로 교육의 질을 개선하도록 유도하며, 국가재정의 건전성을 유지한다는 3개 원칙을 표방하고 있다. 특히 대학의 도덕적 해이를 방지하고 재학생들의 교육과 취업에 대한 책임을 강조하여 대학교육의 질적 개선을 경주하도록 하였다.

또한 2009년부터 교과부는 경영부실대학을 판별하는 지표를 마련하여 실태조사를 실시하고 있다. 경영부실 대학은 2011년 현재 총 18개교가 지정되었으며, 경영부실대학으로 판정된 대학에는 경영컨설팅을 지원하여 대학간 통·폐합, 입학정원 감축, 경영관리시스템 개선 등의 구조조정을 유도해 오고 있다.

대학구조개혁위원회 출범과 구조개혁 가속화

한편 학령인구 감소, 부실한 대학교육, 청년실업 증가, 국내 대학의 경쟁력 약화 등에 따른 우려와 함께 고등교육 전반에 대한 개혁의 필요성이 한층 더 강화되었다. 특히 대학등록금 부담 완화를 요구하는 학생들의 목소리가 높아지면서 한편으로는 부실한 대학에는 재정지원을 해서는 안 되고 부실대학의 구조조정을 보다 강하게 추진해야 한다는 요구가 함께 커졌다. 교과부는 이러한 요구를 반영하여 2011년 7월 교육계, 회계, 법조계, 교육관련 단체, 경제·산업계 등 민간전문가 20명으로 구성된 '대학구조개혁위원회'를 발족시켰다.

부실대학의 정원감축, 통폐합, 해산 및 퇴출, 대학 선진화 등 대학구조개혁에 관한 사항을 다양한 분야의 전문가 관점에서 논의하기 위한 것이다. 대학구조개혁위원회는 구조개혁을 체계적으로 유도하기 위해 대학부실의 범위와 정도에 따라 구조개혁 우선대상대학을 「정부재정지원 제한대학→학자금대출 제한대학→경영부실대학」으로 단계화하고, 감사원이나 교과부의 감사결과 이행 여부 등에 따라 퇴출절차를 추진하기로 하였다. 기존 경영부실대학은 정해진 기간까지 구조조정 추진실적을 지속적으로 점검해 나가되, 이행실적이 미흡할 경우 대학구조개혁위원회의 심의를 거쳐 대출제한대학(최소대출그룹)에 포함시키기로 하였다. 또한 감사결과 허위 지표 제출이나 중대한 부정·비리 등이 밝혀질 경우 구조개혁우선대상대학 포함여부와 관계없이 구조개혁 각 해당 단계에 추가하여 구조조정을 추진해 나갈 계획이다.

부실 사립대의 경우 컨설팅, 통폐합 등을 통해 스스로 개선할 수 있도록 지원하되, 그런 과정을 통해서도 회생이 어려우면 해산토록 유도할 계획이다. 부실 사학의 원활한 해산을 위해 잔여재산 처리, 부실대학 명단공표, 구조개선 명령 등을 할 수 있는 법률안이 국회에 제출되어 있다.

또한 회생 가능성이 없는 부실대학에 대한 처리문제와 함께 사립대

대학 구조개혁 개념도

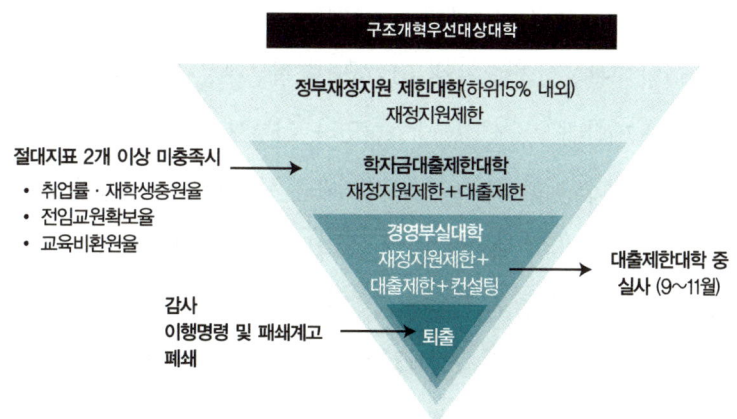

학들이 등록금으로 적립금을 조성하는 것을 제한하고, 교직원의 건강보험료를 국가가 아닌 학교법인이 부담하도록 하는 재정 구조개혁도 추진 중에 있다.

2011년 말부터는 대학 구조개혁의 성과가 어느 정도 가시화되어 재정 투자 등 교육환경 개선이 추진되고 있으며, 부실대학 퇴출도 진행되고 있다.

현재 구조개혁위원회는 교과부 장관의 자문기구로 운영되고 있으나, 국회에서 '사립대학 구조개선의 촉진 및 지원에 관한 법률안'이 통과되면 법적 심의 기구로 전환될 예정이다. 구조개혁위원회를 통해 실질적인 대학구조개혁 방안이 나오게 되면 대학 경쟁력도 한 단계 도약하는 계기가 될 것으로 기대된다.

정부재정지원 제한대학과 학자금대출 제한대학

2011년 9월초 교과부는 대학구조개혁위원회와 학자금대출제도 심의위원회의 자문·심의를 거쳐 2012학년도 정부재정지원 제한대학과 학자금대출 제한대학을 선정·발표하였다. 정부재정지원 제한대학 43개교, 학자금대출 제한대학 17개교의 발표를 통해 대학의 자발적인 구조개혁을 촉진시키고, 대학에 대한 정부재정지원이 잠재적 부실대학의 연명수단으로 활용될 수 없도록 하였다.

이번에 선정된 대학들은 2012학년도 정부재정지원사업의 신청자격이 제한되며, 보건·의료 분야 정원 증원 시에도 배제될 예정이다. 다만, 개인단위로 지원되는 장학금, 개인 연구비 등은 이와 관계없이 지원받을 수 있다. 정부재정지원 제한대학 선정은 학자금대출 제한대학 선정지표(취업률, 재학생충원율, 전임교원확보율 등 8-9개)와 동일하며, 매년 평가되므로 자구노력을 통해 지표가 개선될 경우 다음해 정부재정지원 제한대학에서 벗어날 수 있다.

한편, 학자금대출 제한대학의 경우 17개교 중 13개교는 '제한대출(등록금의 최대 70%까지 대출가능)' 그룹, 4개교는 '최소대출(등록금의 최대 30%까지 대출가능)' 그룹이다.

학자금 대출제도의 수혜자는 기본적으로 학생 개개인이지만 대학 또한 이를 통해 필요한 재원을 확보한다는 측면에서 수혜자라고 할 수 있다. 대학의 도덕적 해이를 방지하기 위해서는 학자금 대출에 대한 책임을 공유하도록 하고, 대출한도 등 체제를 정비하여 대학으로 하여금 교육의 질적 개선을 위한 노력을 기울이게 할 필요가 있다.

부실 사립대학 컨설팅

2011년 9월에 선정된 학자금대출 제한대학 17교 중 12교를 선정하여 2011년 10월부터 약 2개월간 현장실사와 교육·재무·법인지표를 가지고 경영부실대학 4개를 지정하는 등 2011년 현재 총 18개교를 지정하였다.

경영부실대학으로 판정된 대학에는 경영컨설팅을 지원하여 대학간 통·폐합, 입학정원 감축, 경영관리시스템 개선 등 자율적인 구조조정을 유도해 나갈 것이다. 경영부실대학으로 판정된 대학이 컨설팅을 지원받았음에도 불구하고 부실상태가 지속될 경우에는 학교폐쇄까지도 추진하게 된다. 또한 감사결과 중대 부정·비리 대학중 정상적인 학사운영이 불가능한 경우에도 고등교육법 등 관련 법률에 의거하여 학교 폐쇄(명신대·성화대,'12.2.29.), 학교 폐지 인가(건동대'12.7.4.), 학교 폐쇄 방침 확정(벽성대,'12.7.10., 선교청대'12.7.31.) 등 부실대학에 대한 퇴출을 추진하였다.

한편 이명박 정부는 부실 사립대학이 자발적으로 퇴출할 수 있는 출구를 마련하고자 사립학교법 개정을 추진하고 있다. 현행법상 사립대학이 폐교할 경우 남는 재산은 결국 '국고'로 귀속되는데 학생 수 감소로 대학 유지가 어려운 경우 사회복지법인, 공익법인으로 전환할 수 있도록 할 계획이다.

국립대학 구조개혁

국립대는 전체 고등교육 발전을 선도해야 한다는 역할에 대한 국민적 기대가 있으나, QS 세계대학 평가에서 매년 순위가 하향하거나 답보상태에 있는 등 교육성과에 대해서는 미흡하다는 평가가 있어 왔다. 또한 부실한 사립대학 구조조정이 가시화되고 있는 상황에서 국립대 개혁에 대한 요구 또한 증대되었다. 이에 따라 교육과학기술부는 2011년 8월 '2단계 국립대학 선진화 방안' 시안을 발표하였고, 국립대학의 발전방향과 선진화 과제에 대한 보다 다양하고 개방적인 논의를 위해 국립대 관계자, 학계·연구계, 언론계, 경제계, 회계 전문가 등 각계 인사 20명으로 국립대학발전추진위원회를 구성하여 운영하였다. 나아가 동 위원회의 논의 결과와 대학의 의견수렴 결과를 토대로 교육과학기술부는 2012년 1월 '2단계 국립대학 선진화 방안'을 확정·발표하기에 이르렀다.

　동 방안에 따라 총장이 대학혁신을 강력히 추진할 수 있도록 총장직선제 개선을 추진하고, 학장에 대해서는 대학이 자율적으로 공모제를 실시하도록 하였다. 또한 대학의 경쟁력 강화와 운영 성과 제고를 위해 '국립대학 운영 성과목표제'를 실시하며, 재정운영의 자율성과 책무성 제고를 위해 기성회회계 제도를 개선하는 한편 「국립대학 재정회계법」제정도 추진할 계획이다. 그 이외에도 융·복합 인재양성을 위해 학사구조 및 학사운영을 선진화하고, 능력과 업적에 기반한 교수평가 및 보수지급체계를 마련하기 위해 성과급적 연봉제 개선을 추진 중이다.

　그동안 사회적 요구에 따라 정부가 개선을 유도해왔던 국립대 총장직선제 는 2011년 10월 교원양성대학교와 교과부가 구조개혁방안 추진을 위한 MOU 체결을 시작으로 2012년 9월 현재 총장직선제 개선을 위한 학칙 개정을 모두 마쳤다. 또한 대부분의 국립대들이 MOU를 체결하여 총장직선제 개선뿐만 아니라 대학 특성화 추진, 학사구조 개편 등 선진화 방안도 대학 자체적인 계획에 따라 추진해 나가고 있다.

잘 가르치는 대학이 좋은 대학

우리 고등교육은 비교적 짧은 기간에 고등교육 수혜자의 확대와 높은 수준의 산업인력 공급, 연구성과의 증가라는 쉽지 않은 성과를 일구어 냈다. 이제 한국의 고등교육은 커다란 위기와 기회에 직면해 있다. 곧 학령인구 감소라는 크나큰 쓰나미가 밀려들고 있으며, 급변하는 사회경제적 환경은 대학교육의 역할에 대한 반성과 혁신을 요구하고 있다. 위기를 기회로 활용하는 방법은 끊임없는 개혁을 통해 세계적 수준의 대학으로 거듭나는 길 뿐이다.

이명박 정부는 대학의 자율성과 책무성을 동시에 충족하는 고등교육의 새 틀을 마련했다 할 것이다. 앞으로도 대학이 본연의 교육기능을 내실 있게 다져서 미래를 만드는 창의적 인재, 지역발전과 산업을 선도하는 인재를 육성하는 잘 가르치는 대학을 적극적으로 지원할 것이다. 아울러 대학이 끊임없이 스스로를 개혁할 수 있는 구조적 틀을 다듬어 가며, 부실한 대학이 생겨날 수 없는 체계를 보다 명확히 갖추어 갈 것이다.

우리 대학은 새로운 역할을 주문받고 있다. 대학이 사회의 변화를 선도하는 모습을 보여야 할 것이다. 대학이 리더십을 가지고 정부, 지역사회, 산업체와의 협력을 통해 사회의 발전을 견인하는 책무를 잊지 말아야 한다. 그리고 그 책무는 대학교육을 통하여 미래를 만들어가는 창의적 인재를 양성하고, 산업과 지역사회를 선도하는 인재를 길러내는 본연의 역할로 실현된다.

더군다나 지식과 네트워크가 핵심이 된 글로벌 사회에서 대학의 역할은 국내에 한정되지 않는다. 국내 대학들이 세계적 명성을 가진 교육기관으로 거듭나고, 세계의 학생과 연구자들이 대한민국을 매력적인 학습과 연구의 중심지로 인식할 때 비로소 우리나라가 대학 강국으로 자리 잡을 수 있다. 대한민국 어느 대학에서 공부하더라도 각자의 밝은 미래를 만들고 꿈을 이루는 데 도움이 된다는 확신을 주어야 한다.

대학을 졸업하고서도 자기 일자리를 찾지 못하는 청년들이 많은 현실에서 대학이 해야 할 일은 자명하다. 바로 초심으로 돌아가 잘 가르치는 것부터 시작하는 것이다. 잘 가르치는 대학이 좋은 대학이고, 좋은 대학이 살아남는다. 대학 자율화, 산학협력, 창업교육, 대학 구조개혁과 같은 주요 이슈들도 결국 잘 가르치기 위한 노력의 산물이다. 잘 가르치는 대학은 비단 대학만의 노력으로 이루어질 일은 아니다. 우리 사회 구성원이 모두 힘을 모아 잘 가르치는 대학 만들기에 나서야 할 때다.

CHAPTER 15

지역대학 시대를 열다

오태석[1] | 오승현[2]

지역대학 발전에 대한 뜨거운 열망

지역대학 발전방안 마련을 위한 의견수렴을 위해 개최한 권역별 토론회[3]는 교수단체, 학생회, 기자 등 300여명이 참석하여 뜨거운 열기 속에 진행되었다. 참석자들은 정부의 지역대학 발전방안(시안) 내용 하나하나에 큰 관심을 가지고, 지역대학 발전을 위한 다양한 의견들을 활발히 제시하였다. 정도의 차이는 있었지만 참석자 대부분이 정

---

1 현 산학협력관, 기초과학정책과장, 대학선진화과장 등 역임
2 현 대학선진화관, 충남대 사무국장, 전문대학정책과장 등 역임
3 지역대학 발전방안(시안) 발표(4.16, 한밭대) 이후 충청권(4.20, 충북대), 강원권(4.25, 강원대), 대경권(5.2, 영진전문대학), 동남권(5.4, 경상대), 호남·제주권(5.25, 전북대) 등을 순회하면서 권역별 토론회를 개최하였다.

부가 지역대학의 어려운 현실에 관심을 가지고 위기를 기회로 바꾸어 나갈 수 있는 모멘텀을 제시한 데 대해 고무적이라고 평가하였다. 이와 함께 산업기반이 취약해 학생들이 취업에 어려움을 겪고 있는 지역대학의 실정에 맞게 정부 차원의 특별한 노력과 배려가 더욱 필요하다는 의견도 있었다. 또한 지방대학의 인재유출을 막기 위해서는 근본적으로 지방대학에 다니고 싶게 할 수 있는 제도가 필요하며, 지역대학의 문제는 대학서열화의 문제이므로 이러한 패러다임을 개선해야 한다는 장기적인 과제 제시도 이루어졌다. 지역대학 발전을 위한 의견은 다양했지만, 지역사회의 지역대학 발전에 대한 강한 바람을 느낄 수 있었던 자리였다. 그간 많은 지역대학 살리기 정책이 나왔지만, 여전히 지역대학은 어려운 상황을 순간순간 헤쳐 나가고 있었던 것이다.

권역별 토론회는 학령인구 감소 등 변화하는 사회 환경 속에 지역대학의 위기가 심화되고 있음을 보여주는 자리였다. 특히 최근 저출산으로 인해 학생자원이 감소하는 추세에서 많은 인재가 수도권으로 빠져나가는 지역의 경우, 훌륭한 인재가 모이는 대학을 만드는 문제가 무엇보다 중요해지고 있다. 이러한 위기 상황에서 지역대학이 자율적으로 경쟁력을 갖추기 위한 피나는 노력과 이와 연계한 정부의 지원이 필요하다는 데 대한 사회적 공감이 더욱 커지고 있다.

지역대학의 현실

1980년대 초 대학 졸업정원제와 1995년 이후 대학정원 자율화 정책 등에 따라 대학의 수와 학생 정원은 지속적으로 증가해 왔다. 그러나 학령인구는 지속적으로 감소될 전망으로, 대학 교육의 질은 논외로 하더라도 양적인 측면에서 일부 대학은 미충원 위기에 직면하게 될 전망이다. 2010년 58만 명이었던 대학 입학정원 규모가 앞으로도 유지된다고 가정할 경우, 2018년부터 대학 입학정원이 고교 졸업자 수를 초과하게 된다. 그리고 그 격차는 매년 지속적으로 벌어져, 학생 자원이 현재보다 약 40% 줄어드는 2025년 이후에는 대학 입학정원의 27% 이상을 채우지 못하게 될 것으로 추산된다.

또한, 1990년대 후반 이후 학생 정원의 증가와 함께 심화되어 온 '백화점식 학과 운영' 현상이 이제는 대학의 경쟁력을 떨어뜨리는 원인 중 하나가 되었다. 과거에는 다양한 학과 운영이 학생들을 끌어모으는 역할을 했지만, 이제 상황이 바뀌어 마치 경쟁력이 없는 학교처럼 보이게 된 것이다. 학생 자원은 줄어들고 학교 특성화가 강조되면서 대학들은 스스로 학생 정원에 대한 양적 조정이 불가피하다는 인식을 가지게 되었고, 대학교육의 질적 경쟁력 강화를 위한 조치를 고민하기 시작했다.

한편 학생 자원의 감소와 더불어 유출도 빠르게 일어났다. 수도권으로 경제력이 집중4되면서 서울과 지역 간 격차가 커짐에 따라 괜찮은 일자리decent job를 구할 수 있는 수도권 대학으로 지역인재들이 빠

---

4   통계청 경제총조사 결과('12.4월)에 따르면, '10년말 기준, 수도권에 전체 사업체의 47.1%, 전체 종사자의 51.4%가 집중되어 있으며, 총 매출액 역시 전국 매출액 중 54.1%를 차지하고 있다.

져나가고 있는 것이다. 2010년 기준으로 지역별 고교졸업자의 수도권 대학 진학비율은 충남 21.5%, 제주 20.2%, 전남 18.3% 등에 이르고 있다. 이와 함께 편입생의 수도권 대학 집중으로 수도권 대학의 일반편입학 충원률이 지역대학의 약 2배에 달하는 등 지역대학 인재의 유출 및 공동화가 가속화되고 있다.

지역대학의 양적 팽창에도 불구하고 서울 소재 대학과 지역대학 간 교육·연구의 격차가 나타나면서, 지역대학 졸업생들은 서울 소재 대학에 비하여 취업에 더욱 어려움을 겪고 있다.

취업 경쟁이 점점 치열해지면서 지역대학 학생 중 상당수는 학교에 입학하는 순간부터 자퇴나 편입을 고민한다고 한다. 부푼 꿈을 꾸며 미래를 설계해야 할 시기건만, 지역대학 학생들은 미래에 대한 불안감을 가지고 대학 생활을 시작하는 것이다. 지역대학 생존의 고민은 언제부터인가 대학의 고민만이 아닌 우리 사회의 숙제가 되기 시작했다.

이명박 정부의 지역대학을 위한 정책

'지방대학'이 아닌, '지역대학' 입니다

지역대학 발전을 위한 노력은 이명박 정부에서 처음 이루어진 것은 아니다. 그동안 정부는 많은 정책과 다양한 사업으로 지역대학 활성화를 추진해왔다. 그러나 이명박 정부가 처음 시도한 것이 있다. 대학 명칭을 바꾸면서 '지역대학 살리기'를 위한 패러다임 전환을 시도한 것이다.

이명박 정부는 그간 통상적으로 사용되어 왔던 '지방대학'이라는 용어 대신 '지역대학'이라는 용어를 사용하고 있다. 언뜻 듣기에는 지방대학과 지역대학이 그다지 큰 차이가 없는 것처럼 들린다. 그러나 이것은 단순한 용어 변경이 아니다. 지역대학이라는 용어 사용에는 우리 사회의 근본적인 인식 전환을 하겠다는 목적이 담겨져 있다.

사전적으로 '지방'이란 '서울 이외의 지역' 또는 '중앙의 지도를 받는 아래 단위의 기구나 조직을 중앙에 상대하여 이르는 말'을 뜻하는 반면, 지역이란 '일정하게 구획된 어느 범위의 토지'를 말한다. 즉, '지방'이라는 용어는 수도권-지방 사이 이분법적이고 상하 수직적인 의미를 내포하고 있는 것이다. 반면 '지역'은 토지 구획 상의 차이만을 의미한다.

지방대학이라는 용어 자체가 잘못된 것은 아니지만 많은 사람들이 지방대학이라는 단어를 들었을 때 이류대학, 서울 소재 대학보다 낮은 대학이라는 생각을 은연중에 떠올리게 된다. 그것은 수도권에 경제력과 인구가 집중된 우리나라의 특수한 상황에서 '지방'이라는 단어가 수도권과 대비되는 용어처럼 사용되면서, '지방'은 곧 낙후된 지역을 의미하는 단어처럼 인식되고 있기 때문이다. 이러한 부정적 이미지 때문에 학생들은 지역대학 출신이라는 이유로 취업 등에서 일종의 낙인을 받는 경우가 많았다.

이명박 정부는 이러한 인식을 전환하기 위해, 수도권이 아닌 지역에 위치한 대학을 '지역대학'으로 명명하였다. '지역대학'이라는 단어에는 단지 대학이 소재한 지역의 차이일 뿐, 수도권 대학과 구별되는 상하관계가 아니라는 뜻이 담겨있다. 서울에 소재한 대학도 서울이라는 지역에 위치한 '지역대학'이 될 수 있는 것이다. 최근에는 지역경제, 지역언론, 지역정책, 지역발전위원회 등 교육 분야 뿐 아니라 다른 분야에서도 '지방'이라는 용어 대신 '지역'이라는 용어를 사용하는 경향을 보인다.

'지역대학'이라는 용어에는 대학이 그 지역의 발전을 견인하는 핵심이라는 의미도 담겨 있다. 지역산업과 대학의 협력은 곧 지역대학의 교육·연구 경쟁력으로 이어지고, 이는 다시 지역산업의 발전을 가져온다. 지역산업이 발전하면서 지역 내 우량기업이 늘어나면 이는 곧 신규 일자리의 증가로 연결된다. 지역대학의 인재들이 수도권에 가지 않고도 취업을 할 수 있게 되는 것이다. 지역사회 발전을 이루기 위해서는 지역대학의 발전이 필수적이다.

지역대학 경쟁력 강화를 위한 노력

지역대학의 어려움을 해소하기 위한 해법을 모색하면서, 그간 정부는 다양한 정책을 추진해 왔다.

1) 지역대학의 교육역량 강화

대학의 발전은 기본적인 교육여건이 전제되어야 가능하다. 충분한 교수 확보, 기본적인 연구환경 등은 학생 역량 강화에 필수적인 요건들이다. 그러나 2011년 기준으로 교수 1인당 학생 수를 보면 서울 소재 대학은 30.1명, 지역대학은 38.6명으로 지역대학의 교육여건이 상대적으로 열악한 것을 확인할 수 있다.

교육과학기술부는 지방대학의 교육역량 강화를 위하여 다양한 지원을 하고 있다. 우선 교육역량강화사업은 '잘 가르치는 대학'을 지원하는 대규모 재정지원 사업으로 취업률, 교원확보율 등 객관적이고 공개된 지표를 활용하여 대학을 선정하고, 블록펀딩 방식으로 예산을 지원하고 있다. 2010년부터는 '학부교육 선진화 선도대학ACE : Advanced College Education 지원사업'을 통해 대학이 다양한 학부교육 선진화 모델을 개발하여 대학별로 특색 있는 학생교육을 해 나가고 있다. 4년제 일반대학에 대한 교육역량강화사업과 ACE사업 예산은 5년간 총 1조 1,479억 원이 투입되었으며, 이 중 서울을 제외한 지역대학에 약 76.9%인 8,828억 원이 지원되었다.

전문대학에도 4년제 일반대학에 대한 사업과 같은 재정지원 방식의 교육역량 강화사업이 추진되고 있다. 취업률 등 객관적 성과지표로 평가하여 선정하고, 예산은 학생들의 교육 및 취업역량 강화를 위해 대학이 자율적으로 집행하다 사업비 일부는 대학이 스스로 강점분야를 선택해 대표 브랜드로 집중 육성하는데 사용된다. 지난 5년간 총 1조 350억 원 규모로, 이중 서울을 제외한 지역 소재 전문대학에 85.6%인 8,862억 원이 지원되어 지원의 무게 중심이 지역대학에 있는 것을 알 수 있다.

세계적 수준의 전문대학WCC: World Class College 육성 사업은 우수 전문대학을 중심으로 고등 직업 교육 체제를 개편하기 위해 시작된 사업이다. 상위 15%(21교)를 우수 전문대학으로 선정해 집중 육성한다는 계획으로 기관역량, 재정건전성, 산업체만족도 등에 대한 엄정한 평가를 거쳐 매년 7개교씩 3년에 걸쳐 21개교를 선정할 계획이다.

특히 주목할 점은 1차년도인 2011년에 선정된 7개 WCC 대학[5]이 모두 비수도권 소재 지역대학이라는 점이다. 입지여건상 불리한 점이 있음에도 불구하고 지역 소재 전문대학들이 뛰어난 성과를 보이고 있는 것은 입지적 불리함을 극복하기 위해 산학협력을 바탕으로 교육내용과 과정을 지속적으로 혁신한 노력의 결실이라고 할 수 있다. 특히 연암공업대는 현장실습 및 프로젝트 수업을 위해 1년 4학기제를 도입하여 지역 기업 맞춤형 교육과정 운영, 계약학과 운영을 통한 취업연계 교육과정 운영 등 철저히 현장중심 교육을 통해 기업체가 원하는 인력양성을 위해 노력하고 있다. 정부는 WCC 대학들이 지역거점 글로벌 대학으로 도약하기 위해서는 지역 특화 산업과 연계된 대학의 강점분야를 집중 육성할 필요가 있다고 판단, WCC 특화 프로그램을 개발하여 보급하였으며 대학들은 자체 실정에 맞게 운영하여 대학별로 최소한 1개씩의 특화 브랜드를 육성하게 된다.

---

[5] '11년도 지정 WCC 대학 및 특성화 분야 : 거제대(조선해양), 대전보건대(보건의료), 연암공업대(전기전자·기계), 영남이공대(메카트로닉스), 영진전문대(기계·전자정보), 울산과학대(자동차·플랜트), 제주한라대(관광)

2) 산학협력을 통한 지역대학 특성화 지원

산(産)-학(學)협력은 기업 맞춤형 인재를 양성하고, 기업의 연구 개발을 지원하는 등 지역대학과 지역산업 간의 상생과 동반성장을 촉진시킨다. 특히 지역대학의 경우 지역산업과의 밀접한 연계를 통해 산·학 동시 발전을 이루는 것이 중요하다. 그것이 곧 대학 특성화의 길이자, 산업과의 연계를 통한 지역 일자리 창출 전략이 되기 때문이다. 이를 위해 교육과학기술부는 산학협력 중심대학 육성사업, 광역경제권 선도산업 인재양성 사업, 지역거점연구단 사업 등 지역산업과 지역대학 간 산학협력 활성화를 지원해 왔으며, 산업수요 맞춤형 인력양성, 기술의 이전 및 사업화 측면에서 상당한 성과를 창출하였다. 하지만 여러 사업이 개별 사업단 중심으로 상호연계 없이 분절적으로 추진되어 왔고, 대학 내 일부 학과 중심으로 지원되다 보니 대학을 산학협력 친화형 체제로 변화시키는 데 한계가 있었다. 또 아직까지는 산학협력이 대학 내 일부 교수들만이 하는 2차적이고 주변적인 활동으로 인식되어 왔고, 산학협력을 하는 대학도 대부분 획일적인 프로그램을 운영해 온 측면이 있었다.

이러한 문제점을 개선하기 위해 교육과학기술부는 2012년부터 기존의 산학협력 재정지원사업을 통합·개편하여 '산학협력 선도대학 LINC : Leaders in INdustry-university Cooperation 육성사업'을 추진하고 있다. 이 사업은 지역산업과의 산학협력관계 구축, 산학협력을 통한 대학교육 시스템 개선과 지역산업의 성장, 취업연계를 위해 기획되었다. 사업에 참여하기 위해서는 기획단계부터 지역·산업체의 참여가 필요하며, 대학 선정 시 수도권, 충청권, 호남제주권, 대경강원권, 동남권 등 5개 광역권으로 구분하여 선발함으로써 산학협력을 통한 균형적 지역 발전이 이루어질 수 있도록 하였다.

2012년에 1,700억 원의 예산을 투입하여 51개 대학(기술혁신형 14개교, 현장밀착형 37개교)에서 지역산업과 연계한 대학 특성화, 산학협력 친화형 대학체제 개편, 현장실습 등 현장맞춤형 교육과정 운영, 창업교육, 기업지원 활동 등을 중점 추진하고 있다. 또한 전문대학의 산학협력을 활성화하기 위해서 산학협력 선도 전문대학 육성사업도 함께 추진하고 있다. 2012년 120억 원 규모로 전문대학의 특성과 역량에 따라 산학협력 선도형 10개교와 공학 및 비공학분야 현장실습 집중형 20개교를 선정하여 맞춤형 산학협력을 지원하고 있다.

2012년 선정된 LINC 대학은 지역의 산업체와 산학협력협의체를 운영하여 상호협력 방안을 발굴·추진한다. 한편으로는 산학공동연구, 대학공용장비의 기업 활용, 기업의 애로기술 지원 등 기업의 성장 단계에 따른 맞춤형 지원으로 지역기업의 성장을 돕는 협력이 이루어진다. 다른 한편으로는 산업체 수요를 반영한 특화전공 프로그램 개설, 기업체 현장실습 등을 통해 대학교육의 질과 현장 적합성을 높이고 나아가 지역대학을 특성화해 나가게 된다.

3) WCU 사업을 통한 지역대학 연구역량 강화

지역 대학원생들은 지리적 여건으로 인해 수도권 대학원생들에 비하여 열악한 연구 환경에서 공부하고 있다. 서울에 있는 몇몇 연구 중심 대학을 위주로 다른 나라와의 연구 성과 교류가 이루어지다보니, 지역 대학원생들은 해외 유수 과학자를 만나거나 그들의 연구 성과를 들을 기회가 상대적으로 적다. 이를 위해 연구역량이 높은 우수 해외학자를 지역대학에 유치하여 교육·연구 풍토를 혁신하는 세계수준의 연구중심대학WCU: World Class University 육성 사업 등을 통해 지역대학의 연구역량을 강화해 왔다. WCU 사업은 연구역량이 뛰어난 해외학자를 지역대학에 유치하여 교육·연구풍토를 혁신하고, 지역을 넘어 세계로 발전할 수 있는 우수 지역대학을 육성하고자 추진되었다.

지난 4년간 WCU 사업 예산 7,060억 원 중 지역 29개 대학, 82개 사업단에 총 3,477억 원이 지원되었으며, 총 205명의 해외학자가 국내 지역대학에 유치되었다. 이를 통해 지역대학의 SCI 논문 수가 약 3배 증가하는 등 연구성과가 크게 향상되고, 한국의 지역대학이 향후 세계적 수준으로 도약할 수 있는 국제적 네트워크도 구축되었다.

특히 해외학자를 접할 기회가 상대적으로 부족했던 지역 대학원생들에게 해외학자로부터 직접 강의와 논문지도를 받을 수 있는 기회를 제공하여 실질적인 연구력 향상과 연구에 대한 자신감을 고취시키는데 많은 도움을 주었으며, 이로써 지역 대학원생을 글로벌 인재로 양성하기 위한 기틀이 마련되었다.

지역대학 발전을 위한 향후 과제

미충원률 증가와 위상 약화, 낮은 취업률 등 지역대학이 처하고 있는 어려운 현실은 지역대학 자체의 문제일 뿐 아니라 수도권에 인구와 경제력이 집중되면서 생긴 악순환의 결과라 할 수 있다. 수도권 지역에 정치, 경제 등 사회적 자본이 집중되어 있고 집중의 정도가 강화되는 이른바 '맨홀 현상'이 가속화되고 있다. 이제는 지역 및 지역대학 발전을 위한 종합적인 접근이 필요한 때이다. 지역대학을 지역 성장거점으로 육성하여 지역발전을 견인하도록 하고, 지역의 우수인재를 유치하여 지역발전에 기여하도록 하는 선순환 구조를 만들어야 근본적 문제 해결이 가능하다.

교육과학기술부는 2012년 6월 27일, 지역대학[6]의 경쟁력을 높이고 지역이 활기를 되찾을 수 있도록 지원하기 위한 '지역대학 발전 방안'을 국무총리 주재 교육개혁협의회에 보고하여 확정하였다. '지역대학 발전 방안'은 그간 정부가 추진해 온 대학 선진화 정책의 토대 위에서 지역대학의 역량 강화를 체계적으로 지원하기 위한 것이다. 특히 지역대학들이 지역 산업, 인근 기업과 공생발전하면서 지역의 성장동력으로서 역할을 다하도록 대학의 특성화를 촉진하고, 지역 우수인재들이 지역대학으로 진학하여 지역에 정착할 수 있도록 지원해서 지역대학과 지역사회에 활기를 불러일으키는 것이 정부정책의 궁극적 목표

---

[6] 동 방안에서는 '지역대학'을 서울을 제외한 지역에 소재한 대학으로 정의하고 있다. 다만 동 방안에 포함된 정책, 사업마다 추진목적 등이 다를 수 있으므로 정책별로 지역대학의 개념은 탄력적으로 적용된다.

이다. 발전 방안에서는 지역의 '우수인재 유입-양성-정주'의 선순환 체제를 구축하기 위한 전략들이 담겨있다. 지역대학 발전 방안의 주요 중점과제는 다음과 같다.

1) 지역대학 편입학제도 개선

그 동안 지역대학의 인재유출이 특히 편입에서 두드러져 지역대학의 재학생이 감소하는 원인이 되는 한편, 편입생이 모여드는 수도권 대학의 교육여건은 악화되는 문제가 반복되고 있다. 신입학 선발 결과에 따른 신입생 충원률은 수도권(112%)과 비수도권(109%) 간 큰 차이가 없는 반면, 편입학 선발 결과를 포함하는 3학년 재학생 충원률은 수도권(118%)과 비수도권(99%) 간 큰 격차가 발생하고 있다.

4년제 대학 2011학년도 입학정원 대비 재학생 충원 현황(정원외 포함)

구분	입학정원(1학년)	재학생수(충원율)	입학정원(3학년)	재학생수(충원율)
수도권대학	119,763	133,876 (111.8%)	118,118	139,422 (118.0%)
지역대학	223,488	242,648 (108.6%)	222,762	219,569 (98.6%)
합계	343,251	376,524 (109.7%)	340,880	358,991(105.3%)

이와 함께 학생들의 학과 공부 소홀 및 편입학원에서의 사교육 의존 등으로 인한 학사운영 부실 문제가 발생하고 있다. 편입 시 유리하도록 학점 취득이 용이한 과목만을 수강하거나, 평상시 편입을 위한 영어공부에만 치중하여 1·2학년 시기를 낭비하고, 3학년 때 학생들의 대거 이탈로 폐강되는 수업이 다수 발생하는 등 학사운영이 부실하게 이루어졌다. 이는 남아있는 다른 재학생의 사기저하를 초

대학 편입학 제도 개선 내용

내용	현행	개선
일반편입 여석 산정기준 강화	전년도 1, 2학년 제적자 수 × "전임교원확보율"에 따른 산정비율	전년도 1, 2학년 제적자 수 × 4대요건 확보율*에 따른 산정비율 * 4대요건 확보율 = [교원확보율(겸임·초빙 포함)+교지확보율+교사확보율+수익용기본재산확보율]×0.25 (*4대요건 확보율은 재학생 대비로 도출)
학사편입 모집비율 축소	• 당해 학년 입학정원의 5% 이내 • 당해 학년 모집단위별 입학정원의 10% 이내	• 당해 학년 입학정원의 2% 이내 • 당해 학년 모집단위별 입학정원의 4% 이내
정원 외 편입학 실시 횟수 축소	• 기존 연 2회 (전·후기)	• 연 1회(전기)로 축소 실시

래하기까지 했다. 또한, 편입학 시험 준비에 따른 사교육비[7]·편입전형수수료 지출 과다, 졸업 및 사회진출 지연 등의 사회적 비용도 발생하였다.

    이러한 문제를 완화하기 위해 편입학 제도 개선 필요성이 논의되기 시작했다. 그러나 논의 과정에서 편입을 하고자 하는 학생들의 선택권도 반드시 고려되어야 한다는 주장도 나왔다. 지역대학 학생들의 과도한 편입 준비로 인한 부작용과 편입을 원하는 학생의 선택권을 균형있게 고려하면서 제도개선 방향의 윤곽이 드러나기 시작했다.

---

7 편입학 학원 사교육비 총액(2010년) : 약 4,371억 원(학원수강자를 2010년 전체 편입학 전형 지원자 273,622명 중 50%인 136,811명으로 추정

제도 개선의 구체적인 내용은 다음과 같다.

'정원 내' 일반편입 여석을 산정할 때 교육의 질 확보를 위하여 4대 요건(교원, 교사, 교지, 수익용 기본재산) 확보율을 기준으로 하고, '정원 외' 학사편입 모집비율을 현재의 40% 수준으로 감축하였다. 또한 정원 외 편입학 모집횟수를 기존 2회에서 연 1회(전기)로 축소하였다.

이번 편입학 제도 개선을 통해 전반적인 편입학 규모의 조정과 함께 대학 교육의 여건과 질을 높이는 효과가 있을 것으로 기대된다.

2) 지역대학 장학지원 강화

지역대학이 우수인재를 유치하고 학생들이 학비 걱정 없이 마음껏 공부하기 위해서는 장학금 지원 강화가 필수적이다. 현 정부 출범 이후 대학생의 등록금 부담을 경감하기 위해 다양한 국가장학사업(기초생활수급자 장학금, 저소득층 성적우수장학금 등)이 신설되었고, 전체규모는 2007년 979억 원에서 2012년 1조 9,240억 원으로 확대되었다. 특히 2012년에는 1조 750억 원의 정부재정투입과 대학의 자체 지원을 통해 소득 7분위 이하 대학생의 등록금 부담을 25.2% 완화하였다. 2012년에는 근로장학금의 70%, 국가지원 우수장학금의 약 51%를 비수도권 대학생들에게 지급하여 지역대학 학생들의 지급비율이 매우 높은 것을 볼 수 있다. 또한 2010년에 도입된 든든학자금 제도(취업 후 학자금 상환제)와 등록금 인상률 상한제 등을 통해 대학생들의 부담을 낮추기 위해 지속적인 노력을 기울여 왔다.

앞으로도 지역 우수인재 유치를 확대하기 위한 다양한 장학 지원

방안을 추진할 예정이다. 우선 우수한 인재들이 학비와 생활비 걱정 없이 학업과 연구에 전념할 수 있도록 집중 지원하는 '글로벌 박사 펠로우십Global Ph.D. Fellowship 사업'에 지역인재 트랙을 추가하여 별도 선발함으로써 역량있는 박사과정생의 지역대학원 진학을 장려할 계획이다. 이를 위해 현재 10여명 수준인 지원 규모를 2013년부터 연차적으로 확대하여 2016년까지 100명 수준으로 끌어올리고, 이들을 해당 지역의 대학, 정부 출연연구소 및 기업 연구소 등의 교수 및 연구원으로 우선 채용하는 방안을 적극 추진할 예정이다.

또한 국가지원 장학금의 지역대학 학생에 대한 지원을 확대한다. 국가지원 우수장학금의 비수도권 지원비율을 2012년 51% 수준에서 2013년 70%로 확대하고, 저소득층 학생 등록금 및 생활비 마련을 지원하는 근로장학금의 비수도권 학생 지원 비율은 현행 70% 수준을 유지함으로써 지역 우수인재들의 지역대학 진학을 지속적으로 유도해 나갈 계획이다.

3) 지역대학의 연구역량 강화

편입학 제도 개선과 등록금 부담 경감 정책은 학생들이 안정적인 환경에서 학업에 집중할 수 있도록 지원하기 위한 방안들이다. 그러나 이에 못지않게 '지역대학의 연구역량 강화'라는 과제 역시 중요했다. 연구역량은 대학의 경쟁력과 직결되는 문제이자, 지역대학의 입지적 불리함을 극복할 수 있는 중요한 요소 중 하나였다. 2011년 기준으로 서울 소재 대학과 지역대학의 연구 여건을 비교해 보면 교수 1인당 연구비는 각각 9,900만 원과 5,200만 원이며, 기술 이전 수익 평균은 4억 5,000만 원과 1억 2,000만 원이었다. 대부분의 지역대학이 수도권 소재 지역대학에 비해 비슷하거나 낮은 수준의 연구 여건을 가지고 있는 것이다. 지역의 고급인력 양성을 위해 교육과학기술부는 대학원 박사과정의 질 관리를 강화하고, 현장 중심의 교육과정을 강화한 산학협력 학·석사 통합과정을 활성화하게 된다.

이를 위해 2013년부터 박사과정을 신·증설하거나 정원을 증원할 경우, 강화된 박사과정 설치기준[8]을 적용하고 이 기준을 단계적으로 상향조정할 계획이다. 또한 연구역량이 우수한 지역대학에 연구개발 관련 대학원 지원사업을 집중하는 한편, 박사과정을 소규모로 운영하는 대학원의 박사과정을 줄여 대학원 운영을 내실화하는 대학에 학부의 보건의료인력 정원 배정 시 우선권을 부여하여 대학원의 질을 높여갈 예정이다.

또 현장실습과 산학 공동연구 프로젝트 등을 통해 현장 실무능력을 높이는 산학협력 학·석사 통합과정(5년제)을 활성화하여, 지역 기업이 구인난을 겪고 있는 석사급 우수인력 양성을 지원할 계획이다. 미국의 경우에도 PSM Professional Science Master 프로그램을 통해 인턴십 등 산업체와 연계한 맞춤형 교육, 과학기술·인문·예술 등의 폭넓은 융합교육, 경영·법률 등 실무교육을 실시하여 현장적합성 높은

---

8 관련 분야의 교원은 7명 이상 확보해야 하고, 확보된 교원의 1/2 이상은 최근 5년간 3~6편의 연구실적(계열별 상이)이 있어야 하며, 전임교원의 강의비율은 학점 수를 기준으로 60% 이상 운영되어야 한다.

석사 인력을 배출하고 있다.

지역의 연구거점 대학을 집중 육성하기 위하여 지역대학에 다양한 연구지원 사업을 확대한다. 특히 기존 WCU 사업의 성과를 토대로 지역 대학들이 세계무대로 한걸음 더 나아갈 수 있도록 BK21Brain Korea 21 사업과 통합한 새로운 후속사업을 준비 중이며, 후속사업에서는 세부사업유형에 따라 전국과 지역을 구분하여 선정하고 지역대학에 대한 예산지원을 보다 확대하는 등 지역대학의 연구역량을 강화하기 위해 지속적으로 노력할 계획이다.

마지막으로 국제과학비즈니스벨트와 연계하여 지역대학의 연구가 활성화될 수 있도록 기초과학연구원 캠퍼스를 지역별 기초연구 거점으로 육성하고, 기초과학연구원의 연구단 구성 시 연구단장 및 학생 연구원 등에 지역대학 교수와 학생들의 참여를 촉진하고 캠퍼스에 구축된 대형 연구시설 장비를 인근 지역대학에 개방할 예정이다.

4) 산학협력 등을 통한 지역대학 특성화 촉진

산학협력선도대학 육성사업(LINC)은 실시 기간이 그리 길지 않았음에도 일정한 성과가 나타나고 있다. 울산대의 경우 기업 현장 경험이 풍부한 산학협력중점교수를 중심으로 울산시, 기업체, 대학이 상호 긴밀하게 협력하는 상생의 네트워크를 구축하였다. 이를 통해 현장실습, 멘토링 등 '현장융합교육지원' 과 취업역량강화 프로그램, 맞춤형 취업진로지도 등의 '취업지원', 현장애로기술지도, 기업재직자 교육 등의 '기술지원'을 체계적으로 연계하여 대학 체제를 산학협력 친화적으로 개편하고 있다. 그 결과 현장교육여건이 향상되고, 장기 인턴십에 대한 학생들의 관심이 제고되는 등 학생들의 취업률 향상에 기여하고 있다. 또한 한밭대는 산학단지캠퍼스와 산학협력중점교수를 중심으로 현장실습, 현장지도, 재직자 교육 등 지역발전 핵심인력(현장맞춤형, 융합형, 글로벌형)별 자기주도의 창의교육프로그램을 추진하고 있다.

위 대학들의 사례처럼 지역의 산업수요를 반영한 대학의 특성화를 위해 LINC 사업의 지원 규모를 내년에 대폭 확대(1,820억 원→2,334억 원)하여, 지역대학 육성을 위한 대표 브랜드 사업으로 키워나갈 계획이다.

LINC 사업 예산 확대를 통해 기존 기술혁신형·현장밀착형(이상 4년제 대학), 산학협력 선도형·현장실습 집중형(이상 전문대학) 사업의 확충뿐만 아니라, 기술사업화를 전략적으로 추진할 계획이다. 신설될 예정인 '성과확산형 LINC 사업'은 특허 등 연구성과가 축적된 대학이 보유한 기술을 적극적으로 이전하거나 사업화할 수 있도록 지원하는데 중점을 두는 새로운 유형으로, R&BD_{Research & Business Development}에 특화된 '성과확산' 지원에 주안점을 두게 될 것이다.

이러한 재정지원 확대와 함께 대학 체제가 산학협력 친화적으로 변화하도록 지원한다. 예를 들면 산학협력에 적극적인 교수들이 우대받는 풍토를 지속 확산해 나가고, 대학 산학협력단이 명실공히 대학의 산학협력을 기획·총괄하는 역할을 할 수 있도록 역량을 강화해 나갈 계획이다.

이를 구체적으로 보면 먼저 2012년 말까지 산업체 경력을 보유한 우수인력을 대학의 '산학협력중점교수'로 채용하는 인원을 2,000명까지 확대할 계획이며, 교수업적평가 시 산학협력 실적 반영 비율 및 재임용·승진 심사 시 산학협력 실적으로 연구실적을 대체하는 비율을 지속적으로 높일 예정이다. 또한 연구년을 활용한 교수의 지역기업 파견근무 및 연구지원 등도 활성화하게 된다.

이와 함께 산학협력단 업무에 '산학연 협력 총괄조정', '교내 창업 교육 및 지원' 등을 포함하여 산학협력단이 대학 내 산학협력의 기획·총괄을 하도록 하고, 산업단지로 학과를 이전하여 교육—R&D—고용이 연계된 상시적·현장밀착형 산학협력 체제를 확대하며, 대학 캠퍼스에 중소기업 lab, 기업부설 연구소 등의 입주를 확대하여 지역 중소기업 R&D 및 제품개발 지원을 강화할 예정이다.

또한 현장중심형 산학공동 교육 프로그램을 강화하기 위하여 LINC 대학에 '현장실습 지원센터'를 설치하여 현장실무교육을 강화하고, 학기제 현장실습 운영 활성화 등을 통해 현장실습 교육과정을 확대하며, 현장실습 우수기업을 인증하여 인센티브 부여를 통한 기업의 참여를 제고할 예정이다.

지역의 핵심리더, 국립대의 변화

국립대의 변화

국립대학은 전체 고등교육 발전을 선도해야 한다는 국민적 기대를 받고 있다. 그러나 영국의 대학평가기관인 QS Quacquarelli Symonds는 세계대학 평가에서 우리나라의 국립대학은 매년 순위가 하향하거나 답보상태에 있는 등 교육성과가 미흡하다는 평가를 내려 왔다. 최근 발표된 2012년 세계대학평가 순위에서도 국내 국립대학 중에는 법인인 서울대(37위)를 제외하면 400위권 이하에 머물고 있는 반면, 주요 사립대학들은 그 순위가 지속적으로 상승하고 있는 추세이다. 이러한 결과는 국립대학의 지배구조에서 비롯된 비효율성과 관련성을 갖는다. 부실 사립대학 구조조정이 가시화되고 있는 상황에서 국립대 개혁에 대한 요구 또한 증대되기 시작했다.

이에 따라, 교육과학기술부는 급변하는 고등교육 환경에 선도적으로 대응하고, 사회의 기대와 요구에 부합하는 국립대학으로 변화될 수 있도록 2011년 8월 '2단계 국립대학 선진화 방안' 시안을 발표하였다. 발표한 시안을 중심으로 국립대학의 발전방향과 선진화 과제에 대한 보다 다양한 논의를 위해 국립대 관계자, 학계, 언론계, 경제계, 회계 전문가 등 각계 인사 20명으로 구성된 국립대학발전추진위원회도 운영하였다. 위원회의 논의 내용과 대학의 의견수렴 결과를 토대로 교육과학기술부는 2012년 1월 '2단계 국립대학 선진화 방안'을 확정·발표하기에 이르렀다. 선진화 방안의 주요 내용은 다음과 같다.

첫째, 총장이 대학혁신을 강력히 추진할 수 있도록 총장직선제 개선을 추진하고, 학장에 대해서는 대학이 자율적으로 공모제를 실시하도록 한다.

둘째, 대학의 경쟁력 강화와 운영 성과 제고를 위해 '국립대학 운영 성과 목표제'를 실시한다.

셋째, 재정 운영의 자율성과 책무성 제고를 위해 기성회회계 제도를 개선하는 한편 「국립대학 재정회계법」 제정을 추진한다.

넷째, 융·복합 인재양성을 위해 학사구조 및 학사운영을 선진화하고, 능력과 업적에 기반한 교수평가 및 보수지급체계를 마련하기 위해 성과급적 연봉제를 개선한다.

특히 위에 제시된 내용 중 총장직선제 개선은 국립대학의 변화와 혁신을 위한 선결 과제였다. 국립대학이 경쟁력을 갖춘 대학으로 성장하기 위해서는 무엇보다도 총장의 비전과 개혁마인드가 필요하고 역량 있는 총장이 선임될 수 있는 시스템을 갖추는 일이 중요하기 때문이다.

그동안 모든 국립대학은 1987년 민주화 항쟁 이후 사회 전반의 민주화 분위기에 따라 총장직선제를 실시해왔다. 총장직선제의 도입 이후 민주성과 자율성이 높아졌다는 긍정적 평가가 나오기도 했다. 그러나 직선제 시행 후 20여년이 지난 지금은 선거로 인한 부작용이 지적되고 있다. 대학 내 교육·연구 분위기 훼손, 각종 공약에 의한 등록금 인상, 학연·인맥·지연 등에 따른 파벌 형성, 막대한 선거비

국립대학 선진화 주요 전략

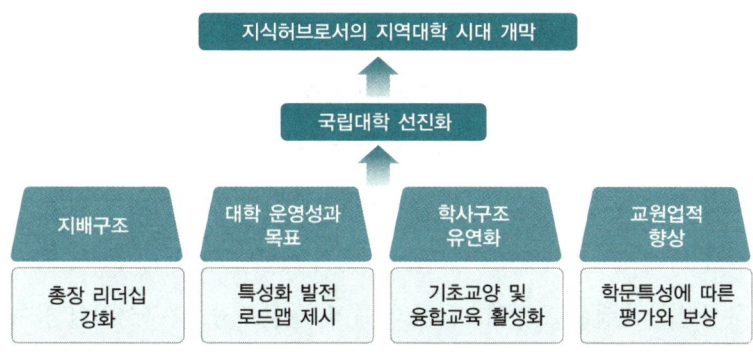

용과 향응, 금품수수, 상호비방에 따른 학내 갈등 등이 그것이다. 이러한 폐해는 총장 선출을 둘러싼 교수사회의 정치화로 대학 본연의 임무인 교육과 연구에 역량을 결집하지 못하는 결과를 초래했다. 또한 학내 정치화와 구성원 간 갈등과 반목으로 인해 총장이 리더십을 가지고 대학의 변화와 개혁과제를 소신 있게 추진하는데 한계가 있었다.

국립대학의 경쟁력 강화를 위해서는 총장의 리더십 강화가 필요하다는 목소리가 커지기 시작했다. 지역사회와 공생 발전을 선도하며 급격한 학령인구 감소, 국제화와 특성화 등 변화하는 고등교육 환경에 적극적이고 능동적으로 대처할 수 있는 리더십이 필요하다는 것이었다. 국립대학들은 이러한 배경에서 총장직선제 개선을 추진하게 되었다.

총장직선제 개선은 총장임용추천위원회의 기능을 강화하는 방향으로 이루어졌다. 선거가 아닌 공모를 통해서 총장 후보자를 선정하도록 대학이 학칙 등을 자체적으로 제·개정하는 것이다. 예를 들면 역량 있는 내·외부 인사가 총장으로 선출될 수 있도록 공모제를 도입하고 초빙위원회 Search Committee를 구성하여 후보자 발굴과 추천을 병행한다. 공정한 추천을 위하여 교직원과 학생뿐만 아니라 외부 인사를 포함하여 총장추천위원회를 구성하고, 후보검증 과정에서 학내 구성원을 대상으로 정책토론회 개최 및 설문조사 등 구성원의 참여를 바탕으로 총장을 선출한다.

2012년 9월 현재 38개 국립대학 모두 학칙을 개정하여 총장직선제 개선을 결정한 상황이다. 이러한 국립대학의 변화가 결코 순탄하게 이루어졌던 것은 아니다. 일각에서는 정부가 국립대를 대상으로 하는 평가지표에 직선제 개선여부를 평가요소로 반영하여, 직선제를 개선하지 않은 대학에 대해서는 교육역량강화사업 지원을 배제하거나 하위 15%에 해당하는 대학을 '국립대학 구조개혁 중점추진 대학'으로 지정하는 등 강압적인 방법으로 총장직선제 개선을 유도했다는 비판의 소리도 나오고 있다.

그러나 총장직선제 개선은 역대 정부를 막론하고 10여 년이 넘게 추진해온 숙원과제였다. 이 문제가 해결의 실마리를 보이게 된 것은 각종 혼탁 부정선거, 대학운영과 인사의 비효율, 선심성 공약에 따른 등록금 인상과 계속되는 학내 갈등과 사회의 끊임없는 비판이 대학 내·외부에서 포화상태에 이르렀기 때문일 것이다. 정부의 노력도 영향을 미쳤지만, 국립대학에서 이러한 비판의 목소리를 더 이상 좌시할 수 없다는 위기의식을 가지고 스스로 해결하고자 한 결과로 보아야 할 것이다. 대학들은 학내·외의 폭넓은 의견수렴과 구성원 간 합의를 형성하여 총장직선제 개선을 추진하였는데, 한 예로 충남대의 사례를 소개해본다.

충남대는 총장직선제 개선에 대해 구성원 간 상황인식이 선행된 뒤에 의사결정이 이루어져야 한다는 인식 하에, 공감대 형성을 위한 소통의 장을 다각도로 마련하였다. 주요 보직자 간담회, 교직원 직장교육, 총장 특강, 교수회·직원협의회 간담회, 동문회·총동창회 설명회, 총장 주관 각 단과대학 순회 간담회 등을 29회 이상 실시하였다. 이러한 노력들은 대학의 책임 있는 결단을 요구하는 총학생회, 총동창회, 학부모 후원회 등 구성원과 각계의 건의문 쇄도로 이어졌다. 직선제의 가치를 존중해야 한다는 반대의견에도 지속적인 설득 노력을 펼쳐 나갔다. 또한, 교수회와 학칙 개정방법, 일정, 투표관리 등 총장직선제 개선에 대한 일련의 과정들을 협의하여 동반자적 관계를 구축하는 등 구성원의 분열과 갈등을 최소화해 나갔다. 그 결과 총장직선제 개선에 대한 구성원의 의견을 묻는 투표에서 교수의 77%, 직원의 96%가 찬성하는 등 높은 지지를 받을 수 있었고, 마침내 직선제 개선이 실현될 수 있었다.

비단 충남대 뿐 아니라, 모든 국립대가 총장직선제를 개선하는 과정에서 찬성론자와 반대론자간의 끝임 없는 갈등과 반목, 자기성찰과 담론에 이은 결단이 속속 이어졌다. 특히 총장을 비롯한 대학본부 관계자들이 각 단과대학과 대학원, 직장협의회와 기성회 노조 등을 찾아다니며 대학이 꾀해야할 시대적인 변화상과 사회 요구에 따른 대학의 책무를 제시하고 설득하는 과정에서 대학의 거버넌스Governance 구조를 손대지 않고서는 현실을 타개할 수 없다는 공감대를 형성하기에 이르렀다. 이 과정에서 학교를 사랑하고 미래를 걱정하는 총동창회의 총장직선제 개선을 촉구하는 목소리는 학내 구성원들이 한 목소리를 내는데 큰 보탬이 되었다. 교수회를 필두로 하는 총장 선거에 있어서 가장 큰 몫을 차지하고 있는 구성원들이 직선제를 포기하는 것은 대단히 어려운 결단임에 틀림없다. 그러나 과거 지역 국립대가 우리나라 대학의 교육과 연구 활동을 선도하고 변화를 견인하던 위상을 되찾아야 한다는 명제에 대해서 교수와 직원, 학생과 학부모, 동창회와 지역사회가 뜻을 같이 하고, 대학이 처한 위기의 상황을 타개하기 위한 선결과제를 찾아내려는 진지한 고민이 명분과 실리의 싸움에 종지부를 찍었다고 본다.

국립대학의 진정한 변화를 위하여

국립대학 모두가 총장직선제를 폐지하는 등 가시적인 변화가 있었지만 아직은 시작에 불과하다. 국립대학이 변화와 혁신을 통해 고등교육 경쟁력을 선도하여 국가 발전의 초석을 다지기 위해서는 앞으로가 더 중요하다.

총장직선제를 폐지한 대학들은 이제 총장공모제 시행을 위한 세부 규정들을 마련해야 한다. 이 과정에서 총장공모제가 변질되거나 왜곡되지 않도록 각별히 주의를 기울일 필요가 있다. 직선제에서 나타났던 폐해들이 발생하지 않도록 하되, 대학 구성원의 다양한 의견이 적극적으로 반영되면서도 후보자의 자질을 철저히 검증할 수 있는 총장 선임방법이 대학 내부규정으로 구체화되어야 한다.

교육과학기술부는 과거 임명제를 부활하거나 낙하산 인사를 하려 한다는 오해가 없도록 총장공모제의 취지와 목적을 제대로 알리고 이해시키는 등 사회적인 공감대 조성에 노력하고 있다. 그리하여 새로 도입되는 총장공모제가 각 대학의 현실에 맞는 최고의 수장을 발굴해 내는데 기여할 수 있도록 대학 현장에서의 안정적 정착을 앞으로도 지원할 예정이다.

국립대학이 지역의 지식허브이자 지역리더로 더욱 발전하기 위해서는 몇 가지 과제가 남아있다. 첫째, 교원확충이 이루어져야 한다. 국립대학은 주요 외국 대학은 물론 국내 사립대학에 비해서도 낮은 교원확보율을 보이고 있다. 이를 높이기 위해 국립대학들은 학령인구 감소에 따른 입학정원 감축을 전제로 2025년까지 교원확보율

국립대학 입학정원 및 교원확보율 추이

구분	2012년	2013년	2016년	2018년	2020년	2025년
국립대 입학정원[1] (2012년 100%기준)	100%	98.6%	95.7%	91.3%	88.4%	81.2%
교원확보율[2] (교원 확충없는 경우)	75.6%	76.7%	79.0%	82.8%	85.5%	93.2%
교원확보율[3] (교원 확충하는 경우)	75.6%	77.5%	81.5%	87.3%	90.8%	100%

1) 2012년~2025년 학령인구 감소 평균치(2.9%p)의 50%반영(1.45%p)
2) 교원 확충없이 2012년 교원규모(19,544명)를 지속 유지할 경우
3) 향후 5년간은 매년 150명 확충, 2018년~2025년은 매년 평균 50명 이상 확충 기준

100%를 달성하고자 향후 5년간 매년 국립대학 교원 정원 150명 이상 확보를 목표로 하고 있다.

또한 확보된 교원정원에 대해서는 대학별 교원확보율과 함께 학문 융·복합 및 유사학과 통폐합, 지역수요에 따른 대학 특성화 실적 등을 종합적으로 고려하여 우선 배정해 나갈 계획이다.

둘째, 국립대학의 책임재정운영체제 구축을 위해 '국립대학 재정·회계법'을 제정해야 한다. 국립대학은 국가재정법 등 정부기관의 재정·회계 규정들이 엄격히 적용되어 중·장기적인 발전계획에 따른 자율적인 교육·연구 수행이 제약받고 있는 등 재정운영과 관련한 자율성이 부족하다. 정부 통제 위주의 대학재정 운영으로는 국립대학의 경쟁력을 제고하는데 한계가 있다.

또한 국고회계와 비국고회계인 기성회회계 등으로 회계가 분리되어 운영되고 있어 회계별 칸막이로 인한 재정운영의 효율성이 부족하다. 국고회계, 기성회회계, 산학협력단회계 등 한 학교 내에 다양한 회계가 설치·운영되고 있어 각 회계별로 회계연도가 다르고, 후진적인 단식부기로 결산이 이루어지고 있는 것이다. 합산 재무제표를 공시하지 않아 대학에 지원되는 연간 예산 규모가 종합적으로 파악되지 않는 문제도 있다. 이렇듯 재정운영의 투명성과 책무성을 담보하기 어려운 구조로 운영되고 있는 국립대학의 회계구조 개선을 위하여 '국립대학 재정·회계법'은 조속한 시일 내에 제정되어야 한다.

셋째, 국립대학 운영에 관한 평가와 환류체계 구축을 위해 추진 중인 '국립대학 운영 성과목표제'를 정착시켜야 한다. 이 제도의 도입은 국립대학이 운영 성과목표를 제시하고 점검하는 체계가 그간 부재하였다는 배경에서 이루어졌다.

최근 대학 운영의 자율화를 강화하면서 국립대학 운영의 효율성과 책무성 강화에 대한 대내외의 요구가 점증하고 있다. 대학이 이전보다 더욱 자율적으로 운영할 수 있게 된 만큼, 학교운영의 질적 제고를 도모할 필요성이 제기된 것이다. 국립대학은 지역의 허브이자 우리나라 고등교육 발전을 선도한다는 사명감을 가지고 대학 성과 제고를 위하여 전력을 다하여야 할 것이다. 교육과학기술부는 지역 특화산업과 대학의 강점분야를 연계한 대학별 특성화를 지원하고 대학 차원의 책임운영 체제를 구축하는 한편, 성과가 우수한 대학에 대해서는 재정적 인센티브를 부여할 계획이다.

지역대학 시대를 열다

우리나라가 세계 10위권의 무역대국으로 성장할 수 있었던 것은 어려운 환경에서도 교육에 대한 열망을 가지고 꾸준히 투자했기 때문이었다. 특히 1980년대 이후 산업구조가 고도화되면서 우리나라의 대학은 고급 인력을 배출하는 창구 역할을 해 왔다. 부산대-기계, 경북대-전자 등과 같이 지역의 거점대학들이 산업과 지역의 발전을 이끌었고, 지역대학에서 해당 분야의 인재가 배출되어 지역에 정착해 왔다. 지역대학이 지역의 명문 학교로서의 위상을 공고히 하며 지역과 산업발전의 중추 역할을 해 온 것이다. 그러나 1990년대 IMF 이후 안정적인 직업군에 대한 관심이 높아지고 수도권 중심으로 경제·사회 발전이 이루어지면서 일자리 구조가 달라지기 시작했다. 일자리 숫자 자체도 점점 줄고 있기도 하지만, 상대적으로 지역보다 수도권에 주요 산업체가 자리 잡으면서 지역대학 재학생들이 갈 수 있는 일자리가 급격히 줄어들게 된 것이다. 혹자는 이러한 어려운 상황을 보면서 지역대학에 위기가 왔다고 이야기한다. 언뜻 보면 이러한 지역대학의 위기는 쉽게 해결하기 힘든 것처럼 보인다. 일자리 구조, 산업 구조, 수도권 집중현상 등 여러 요인이 복합적으로 작용하고 있기 때문이다.

하지만 지금처럼 어려운 시점이 지역대학 발전의 기회가 될 수 있다. 비록 지역대학이 수도권에 비해 불리한 입지조건을 가지고 있지만, 반대로 그만큼 기회도 많다고 감히 이야기하고 싶다. 지역대학에게는 무엇보다 '지역적 기반'이 있기 때문이다. 지역대학은 지역의 명문 학교로 운영되어 왔던 역사를 가지고 있고, 지역 주민들이라는 든든한 지지자가 있다. 또한 지역 산업체와의 공고한 파트너십이 있고, 지역 산업 발전을 도울 수 있는 연구역량과 인재들을 보유하고 있다. 공공기관과 기업들도 지역대학의 인재 채용을 확대하고 있다. 지역대학의 발전이 지역발전과 직결된다는 인식이 커지고 있는 것이다. 지역대학의 기회는 점점 열리고 있다.

다만, 위기를 기회로 전환하기 위해서는 지역대학 스스로 변화하기 위한 노력과 의지가 그 어느 때보다 중요하다고 본다. 지역대학은 수도권에 비해 불리한 입지조건과 학령인구 감소에 맞설 수 있는 경쟁력을 갖추기 위하여 교육내용 등을 차별화하고 개선할 필요가 있다.

정부도 지역대학의 발전 없이는 지역의 발전이 있을 수 없고, 지역의 발전 없이 국가경쟁력이 향상될 수 없음을 인식하고, 경쟁력 강화를 위해 노력하는 지역대학들에 대한 재정지원 등을 더욱 확대해 나가야 할 것이다. 지역 산업체와 지역사회도 대학과 지역발전을 위한 청사진을 공유하고 책임과 역할을 다해야 한다. 모든 구성원들이 힘을 합한다면 지역대학이 세계수준의 대학으로 성장하고 지역발전의 중추가 되는 '지역대학 시대'가 도래할 것이다.

CHAPTER 16

등록금 부담 줄이기

송기동[1] | 고경모[2]

대학 등록금, 무엇이 문제인가

최근 들어 언론을 통해 대학 등록금 부담 때문에 학업을 중단하는 안타까운 기사를 자주 접하게 된다. 4년만에 대학을 졸업하는 것이 오히려 예외일 정도로 적지 않은 수의 학생들이 중도에 학업을 쉬며 등록금과 생활비를 번다는 얘기도 들린다. 대학교육은 의무교육이 아니기 때문에 경제적 여건상 여의치 않으면 얼마든지 그만둘 수 있는 것 아니냐고 말할 수 있지만, 우리나라의 사회 분위기에서 대학졸업장이

---

1 현 대학지원관. 국제협력국장, 대학선진화과장 등 역임.
2 현 기획조정실장, 정책기획관, 예산담당관 등 역임.

갖는 의미와 역할은 남다르다. 특히 취업기회가 점차 줄어들면서 좋은 학교를 졸업했다는 것이 안정된 첫 직장을 갖는 데 미치는 영향은 점점 더 커지고 있다.

세계 최고 수준의 등록금 부담

객관적인 자료수집이 가능한 OECD 국가들 간의 대학 등록금을 비교해보면, 우리나라의 등록금 수준은 이미 2009년 기준으로 미국에 이어 세계 2위로 올라섰다. 1인당 1년 기준 등록금이 국공립대의 경우 5,193달러, 사립대는 9,366달러로 미국과의 국민소득 격차가 2만 달러 이상인 점을 감안하면 체감하는 등록금 부담은 거의 세계 최고 수준인 셈이다. 물론 등록금은 대학이 주먹구구식으로 결정하거나 허투루 쓰이는 돈은 아니다. 등록금은 대학교육에 대한 가격이라 할 수 있다. 보통 대학들은 물가상승률, 대학 교직원의 인건비와 기본운영비, 강의실·도서관·연구실 등 시설비 증감 등을 고려해 등록금을 책정한다. 등록금의 쓰임을 보더라도 약 30%에 해당하는 부분은 교직원의 인건비로 쓰이고, 여기에 공공요금·시설유지보수비·대학 운영비와 교육비 등 기본적으로 들어가는 비용이 10% 내외이며, 나머지는 실험실습비, 교내 장학금 등으로 사용하게 된다. 등록금 수준은 결국 금액 결정 시 제반 비용요인들을 제대로 반영했는지 여부와 등록금 산정 시 쓰임새를 정한 대로 썼는지에 대한 문제와 연관돼있다. 여기에 학생과 학부모의 입장에서는 가계소득수준을 생각하지 않을 수 없다. 특히 학생 입장에서는 내가 이 정도 돈을 들여서 만족할 만한 교육을 받았는지, 졸업 후 제대로 취업활동을 이어갈 수 있는지 등 기회비용機會費用(opportunity cost)의 측면에서 등록금의 적정성을 생각하게 된다. 물론 예전에도 대학 등록금이 결코 싸다고는 할 수 없었다. 대학을 상아탑象牙塔에 빗대어 우골탑牛骨塔이라 부르기도 했는데, 집안의 가장 중요한 재산인 소를 팔아야 대학을 보낼 수 있을 정도로 등록금이 비쌌다는 이야기다.

그만큼 예전에도 등록금 부담이 작았다고 할 수 없지만, 최근 들어서 경제여건이 어려워지고 학생들이 선호하는 일자리가 줄어들고 경쟁이 치열해짐에 따라 등록금 수준이 높다는 상대적 인식이 더 커지는 상황이다.

등록금은 대학교육을 받는 학생이 수익자 입장에서 치러야 하는 비용이라고 할 수 있다. 즉, 학생과 학부모의 부담이 원칙이라는 말이다. 그러나 과연 모든 나라가 그럴까? 그렇지는 않다. 유럽의 경우에는 처음 대학이 태동할 당시부터 국가에서 비용을 부담하고 인재를 길러내는 전통이 이어지고 있다. 유럽에서는 설립 주체가 국가가 아닌 민간의 경우에도 대학에 대한 재정 지원을 통해 등록금 수준이 매우 낮거나 무료인 경우가 대부분이다. 우리의 경우에는 미국의 대학 체제를 따른 경우이다. 해방 후 미국식 학제를 도입하는 과정에서 국가재정의 어려움으로 인해 사학중심의 고등교육체제로 출발했다. 그만큼 대학 등록금이 민간의 자율로 결정되는 전통이 오랜 기간 축적

돼온 것이다. 그러나 대학교육이 점차 일반 대중에게 보편화되면서 대학교육에 따른 편익을 향유하는 범위도 교육을 받은 개인뿐 아니라 사회 전체로 확대됐다.

높은 수준의 교육을 받은 인적자본은 성공하는 사회와 국가의 핵심이다. 개별 근로자가 학교를 1년 더 다닐 때마다 일반적으로 소득은 8% 높아지고, 평균적으로 국가 전체인구의 교육기간이 1년 늘어나면 1인당 국내총생산은 30% 이상 늘어난다는 연구결과Barro&Lee도 있다. 교육과 국가 GDP 사이의 이런 외부효과外部效果, externality는 대학교육에 대해 국가와 사회가 지원해야 하는 타당성을 부여한다. 더욱이 인재 양성과 연구개발능력으로 나타나는 대학의 경쟁력이 한 국가의 경쟁력과 산업성과로 이어지는 상황에서 대학교육비용을 적절하고 유지 가능한 수준으로 만드는 과제는 어느 나라에게나 중요한 과제이다. 그간 대학자율이란 이유로 상당 기간 적절한 통제가 이뤄지지 못한 등록금 문제를 다루는 데 있어서, 정부는 학생과 학부모, 나아가 사회가 부담할 수 있는 지속 가능한 대학교육 비용구조를 만드는 데 노력하고 있다. 동시에 대학교육의 질이 유지되고 국가와 사회가 필요로 하는 인재를 계속 길러내는 구조를 만드는 것도 중요하다. 등록금의 문제는 더 이상 개인의 문제가 아니라 사회구조적 문제로 봐야 한다. 단순한 복지차원의 대책이나 포퓰리즘populism 논쟁으로 축소해 임시방편적으로 해결하게 되면 미래 인재 양성 산실로서의 지속 가능한 대학체제를 구축해낼 수 없다.

등록금은 왜 오르나

많은 사람들이 이야기한다. 도대체 등록금이 왜 이렇게 올랐을까? 그동안 정부는 무엇을 했단 말인가?

등록금 인상률이 적정한지 여부를 간단히 살펴보는 방법으로 소비자물가상승률과 비교하는 방법이 있다. 소비자물가상승률과 비교해 보다 가파르게 증가했다면 비용요인 외에 교육여건개선, 교육의 질 향상 등 다른 요인으로 설명이 가능해야 적절한 상승이라 할 수 있을 것이다.

1989년에 사립대학 등록금 결정이 자율화되고, 2002년 국공립대학의 등록금 결정도 대학자율에 맡겨지면서 소비자물가상승률보다 2~3배 수준의 높은 상승이 이뤄졌다.

이처럼 등록금이 빠른 속도로 높아진 데 대해서는 다양한 원인을

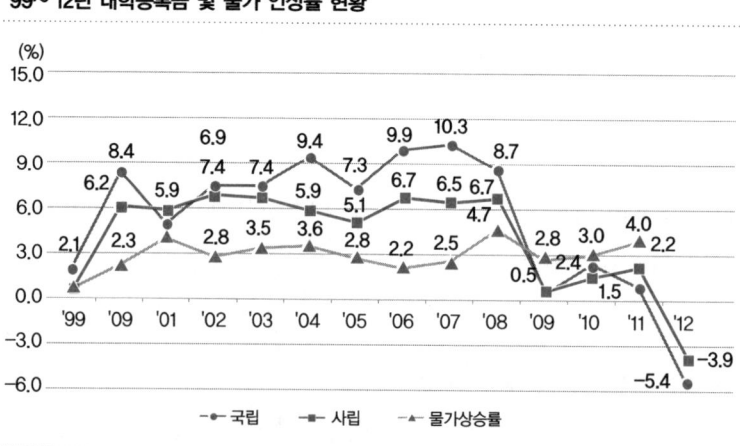
'99~'12년 대학등록금 및 물가 인상률 현황

생각해볼 수 있다. 우선 우리나라 대학의 높은 사학 비중이다. 4년제와 전문대학 기준으로 우리나라의 사학 비중은 학교 수 기준으로 86.3%, 학생 수 기준으로 80.2%로 세계적으로 높은 수준이다.

민간 독지가, 종교재단 등의 후학양성의 신념과 의지에 힘입어 그간 우리 사학은 고등교육 분야에 있어 결코 적지 않은 기여와 성과를 보여줬다. 그러나 사학에 대해서는 모든 대학들이 경쟁적으로 참여하는 수월성秀越性, excellence에 기초한 재정사업 선정에 따른 지원 외에는 학교운영 관련 경상보조나 강의실, 기숙사 등 시설비에 대한 지원이 이뤄지지 않았다. 반면 우수 학생 유치, 대학에 대한 사회의 요구 수준이 높아짐에 따라 교육시설 확충, 우수 교원 확보 등을 위한 대학 간 경쟁은 더욱 치열해졌다. 이 과정에서 대학이 교육비전과 목표에 맞게 자율적으로 등록금을 결정할 수 있도록 정부의 관여를 줄였고, 대학들은 보다 손쉬운 수입원인 등록금을 올려서 필요한 비용을 충당해온 측면이 있었다.

둘째, 다른 국가들과 비교할 때 상대적으로 우리나라의 대학교육에 대한 지원이 낮은 것도 요인으로 들 수 있다. GDP 대비로 OECD 국가들이 평균 1% 수준의 지원을 하는 데 비해, 우리나라의 경우 0.6% 수준에 그친다. 이처럼 정부지원이 낮은 것이 등록금 상승으로 이어졌다는 얘기다.

셋째, 대학의 경영합리화 노력, 수입재원의 다변화 노력 부족이 큰 원인이라는 지적도 있다. 사립대학의 경우 재정지출 중 인건비가 2005~2009년 사이 연평균 6.3%가 증가했다. 문제는 이런 인건비 증가율이 같은 기간 중 소비자물가상승률이나 공무원 총보수증가율보다 높게 증가한 것에 있다. 우수 교원 유치가 대학교육의 질을 높이는 데 중요한 것은 분명하지만 인건비 비중이 대학의 재정지출에서 가장 큰 비중을 차지하는 점을 감안할 때, 비용절감과 경영합리화 인식이 필요한 것도 사실이다.

또한 우리나라의 대학이 체제가 비슷한 미국 등의 대학과 비교할 때, 가장 열악한 부분은 기부금이나 민간 R&D 투자 유치 등 재원의 다변화 노력이다. 2009년 기준 국립대학과 사립대학의 기부금 총 규모는 연간 7,253억 원으로 전체 대학수입의 3%에도 미치지 못하는 낮은 수준이다. 민간기업으로부터의 R&D 투자 유치는 더욱 심각하다. 2009년 기준 4,189억 원에 불과해 민간기업 R&D 자금총액 26조 5,401억 원의 1.6%에 불과하다. 대학의 R&D 연구 역량이 기업의 관심을 끌어낼 수 있는 수준이 아니거나 그만큼 의지도 부족하다는 증빙이라고 할 수 있다. 나아가 사립대학의 경우 법인의 대학투자자금에 해당하는 법인전입금 규모도 정체 상태에 있다. 법인전입금의 주요 재원인 법인보유 재산(수익용 기본재산)의 수익률이 낮은 데도 원인이 있지만, 법인의 학교지원 의지가 부족한 데에도 원인이 있다고 본다. 2009년 101개의 사립대학 법인이 학교운영경비를 전혀 지원하지 않은 것은 대학의 재정확충 여건이 매우 열악하다는 것을 단적으로 나타낸다.

이와 함께 다음 해로 넘기는 이월자금移越資金이 지속적으로 증가하고 일부 대학에서는 등록금의 예·결산 차이가 큰 것도 방만하고 비효율적인 재정집행의 문제가 상존尚存하고 있다는 것을 의미한다.

이명박 정부의 고민과 대학 등록금 정책

높은 등록금 수준은 이미 2006년부터 사회 문제의 주요 이슈였다. 당시 한나라당은 높은 등록금의 심각성을 인지하고 이에 대응해 여러 정책 방안을 제안하고 추진해왔다.

대표적인 것이 2006년 4월 지방선거 공약으로 제시한 '등록금 부담 반으로 줄이기' 방안이다. 이 방안에는 '국가장학제도'의 구축, '개인학습계좌제도'의 도입, 대학에 대한 기부 활성화, 대학 재원다변화를 위한 세제혜택 및 규제완화 등 현재 추진 중인 상당수의 정책이 주요 내용으로 담겨져있었다. 이어서 한나라당은 2007년 5월 한나라당 정책위원회 차원에서 '등록금 부담 반으로 줄이기 대책'을 발표해 공론화를 진행시켰다. 이후 대선 공약으로 '등록금 부담 반으로 줄이기 대책' 중 하나인 '맞춤형 국가장학제도 구축'을 제시하고(2007. 12, 정책공약집), 이를 통해 '등록금 부담 줄이기' 실현을 위해 힘을 기울이고 있다.

한편 정치권과 일부 단체들이 주장하는 '반값등록금' 공약과 관련해서는 사실을 분명히 할 필요가 있다. 앞에서 언급했듯이 2006년 5월 이후 한나라당, 2008년 이후 이명박 정부에서 주장하고 일관되게 추진한 정책목표는 분명히 '등록금 부담 반으로 줄이기'이다. 등록금의 비중을 줄이기 위한 정부재정 지원, 세제稅制지원, 기부금확보 등을 통해 전체 등록금 총액의 부담을 기존 국가와 대학의 장학지원을 더하여 절반 수준으로 줄인다는 것이 대책의 기본 골격이다. 명목 등록금 수준을 반으로 줄이는 것은 비용 절감요인과 수준을 감안하지 않았다는 점, 대학 교육의 질과 투자 여건, 자구노력 등을 고려하지 않고 획일적으로 그 수준을 줄인다는 점뿐만 아니라 자율화된 대학 등록금의 결정체계를 전적으로 부정하는 문제를 지니고 있다. 부담능력이 있는 학생에게까지 획일적이고 일률적으로 등록금 수준을 반으로 낮추기 위해 막대한 재정을 지원하는 것에 동의하는 사람은 많지 않을 것이다. 다양한 재원의 조달과 국가, 대학, 학생, 사회 등 관련 주체들의 분담을 통해 전체 부담을 줄여나가면서 학생들의 경제적 여건 등 개별 사정을 고려하여 실제 부담을 낮춰주는 것이 합리적일 것이다. 또한 등록금 부담 경감도 전체 국가재정여건을 고려하면서 단계적으로 추진하는 것이 타당할 것이다.

이명박 정부는 학생들의 어깨에서 등록금 부담이라는 짐을 최대한 덜어줌으로써 그들이 밝은 미래를 꿈꿀 수 있게 도와주고 있다. 학생과 가계의 등록금 부담 경감을 위해 역대 어느 정부도 해낼 수 없었던 어려운 결정과 과감한 투자가 이뤄지고 있다. 정부의 등록금 부담 경감을 위한 노력을 시기적으로 구분해본다면, 국가장학금제도 마련과 든든학자금 도입 및 시행을 1단계, 대학구조조정과 등록금 인하 방안 마련 및 실행을 2단계로 볼 수 있다. 여기에서는 학생들의 어깨에서 등록금 부담의 짐을 최대한 덜어내고 밝은 미래를 꿈꾸도록 도와주기 위해 현 정부가 추진하는 '국가장학제도', '취업후학자금상환제도ICL : Income Contingent Loan', 대학 재정다변화를 위한 노력, 그리고 2011년 9월 8일 발표된 '대학생 등록금 부담 완화 방안' 등을 중심으로 소개하고자 한다.

1단계 : 국가장학제도와 든든학자금

한국장학재단 출범과 국가장학제도 확립

교육비 부담 완화를 위해 우리나라는 다양한 장학제도를 시행해왔다. 삼국 시대부터 각 왕조에서는 국가 교육기관을 설립해 인재를 양성해 왔다. 해방 이후 정부는 새로 제정한 '교육법'에서 "국가와 지방공공단체는 재능이 우수한 학생으로 학자금이 곤란한 자를 위하여 장학금제도, 학비보조제도를 실시한다"고 명시해 정부 장학금제도의 근거를 마련했다. 이후 시대와 사회적 요구에 따라 장학제도가 발전돼왔다. 이명박 정부도 인재 양성을 위한 장학제도의 중요성을 깊이 인식하고 있으며, 능력과 의지가 있는 학생이면 누구나 경제적 사정에 관계없이 균등한 고등교육 기회를 갖도록 여건을 조성하고 있다.

이명박 정부는 국가장학제도의 틀을 마련하기 위해 '한국장학재단'을 설립하고, 학생의 경제·생활 여건을 고려한 다양한 장학제도를 시행하고 있다. 2008년도에는 기초생활수급자 장학금을 신설했고, 2011년도에는 저소득층 성적우수장학금을 1,000억 원 규모로 신설하여 학업 여건이 어려운 학생들을 지원하고 있다. 기초생활수급자 장학금인 '미래드림 장학금'을 받게 된 어느 인하대 학생의 수기에서 국가장학금이 경제적 여건이 곤란한 학생들에게 큰 힘이 되고 있다는 것을 확인할 수 있었다.

"대학생이 되어서 장학금을 받는 것은 고등학교에서 수업료를 지원받는 것과는 또 다른 느낌이었다. 가난한 학생이라는 동정의 대상이 아닌 '환경에 여의치 않고 열심히 공부하는 학생'을 독려하는 장학금이라고 생각하니 자부심마저 들었다."

또한 이명박 정부에서는 '국가근로장학제도'를 확대하였다. 저소득층 학생의 생활비 마련을 돕기 위해 2005년부터 전문대 학생들을 대상으로 시행해왔던 '국가근로장학제도'를 2009년부터 4년제 대학 학생들에게도 확대·시행하고 있다. '국가근로장학제도'는 생활이 어려운 학생들에게 우선 근로의 기회를 제공하며, 재학 중 전공 관련 직업을 체험하면서 현장적응력도 익히고 취업 기회를 높이는 효과도 기대하고 있다. 또한 2011년 새로 도입한 '전문대생 성적우수 장학금', '글로벌 Ph.D 펠로우십 장학금' 등으로 장학금 수혜 대상을 더욱 넓혔다.

국가근로장학생인 어느 경북대 학생은 "일주일 30시간 근로와 시급 9,000원을 받으면서 1년여에 걸쳐 국가근로장학생으로 생활한 것이 긍정적인 변화를 가져왔다"면서 "재정적으로도 도움이 됐을 뿐 아니라 기업 문화를 체험하면서 진로 선택에도 많은 도움이 됐다"고 술회했다.

이처럼 이명박 정부는 주어진 여건과 상황에 맞는 국가장학금을 늘려가고 있으며, 2011년 한 해에만 약 5,218억 원 규모의 장학금을 지원하고 있다. 이는 2007년에 비해 5.3배 정도 증가한 수준이다.[3]

든든학자금, 능력과 의지만 있으면 누구나 배울 수 있도록

이명박 정부가 출범하면서 대학생의 학비부담 경감을 국정과제로 정하고 등록금 부담 완화 및 장학금 지원 확대와 더불어 고민한 것이 대학생 학자금 대출제도 개선이었다. 정책연구 결과와 여론 수렴 과정을 거쳐 마련된 안을 바탕으로, 2009년 7월 이명박 대통령은 학비부담 완화를 위한 대학생들과의 간담회 자리에서 '소득연계형 대출제도인 '취업후 학자금 상환제도ICL'[4]의 도입을 발표했다. 막대한 정부 재정부담 우려에도 불구하고 예산이 필요한 다른 정책들보다 우선 'ICL 제도' 도입을 결정한 것이다.

2009년 말경 제도의 기본적인 윤곽이 드러나자 ICL 법안 처리가 시급해졌다. 국회 교육과학기술위원회 여·야 간사 및 위원장은 ICL 법안을 2010년 1월 말에 처리하기로 합의했었다. 그러나 야당의원들을 중심으로 'ICL 제도'의 내용 중 일부 사항의 개선 및 '등록금 상한제' 시행이 이루어지지 않을 경우 관련 예산 및 법안 심의를 전면 중단하기로 하면서, 여·야 대치 국면이 지속되었다. 또한 2010년 1월 말 상임위를 통과한 법안이 2월 초 본회의에서 처리된다고 하더라도

3 맞춤형 국가장학금 현황 (단위 : 억 원)

		2007년	2008년	2009년	2010년	2011년
저소득층 장학금 지원	기초생활 수급자 장학금 ('08년)	-	700	1,672	1,597	2,025
	차상위계층 장학금 ('09.2학기~'11.1학기)	-	-	390	862	288
	저소득층 성적우수 장학금 ('11년)	-	-	-	-	1,000
	소계(A)		700	2,062	2,460	3,313
우수학생 장학사업	대통령 장학생, 국가장학생, ('03년) 국가 연구장학생	879	986	1,031	999	999
	전문대학 우수학생 ('11년)	-	-	-	-	96
	소계(B)	879	986	1,031	999	1,095
	대학생 근로장학금 지원(C)	100	80	1,200	750	810
	국가장학사업 지원액 소계(A+B+C)	979	1,766	4,293	4,209	5,218

신입생 등록일정을 고려할 때 ICL 제도를 2010년 1학기부터 도입하는 것이 사실상 어려웠다. 학생들의 등록금 부담을 줄이려는 정부의 노력이 물거품이 될 수도 있는 상황이었다.

2010년 1월 6일, 정부는 대통령 주재로 긴급 비상경제대책회의를 열어 대응책을 모색하였다. 비상경제대책회의에서는 여·야 합의대로 2월 1일에 법안이 통과되더라도 대출 신청자 소득분위 파악 등 후속일정을 감안할 때 신입생이 정시 등록 기간 내에 ICL 혜택을 받는 것은 불가능하다는 결론을 내렸다. 이에 회의 직후, 학생들이 2010학년도 1학기부터 ICL 혜택을 받을 수 있도록 하기 위해 국회의 조속한 법안심의를 촉구하는 성명을 발표하였다.

4　취업 후 학자금상환제도(Income Contingent Loan)는 대학 등록금 전액을 대출해주고 일정 소득이 생기면 원리금을 분할 상환하는 제도
　　- 부모소득보다는 수혜자인 학생의 장래소득을 고려하여 능력에 맞게 지원함으로써 수익자 부담원칙에 적합
　　- 한국장학재단이 국가보증으로 재단채권을 발행하여 조달한 재원으로 직접 학자금 대출업무 수행

　　※ 관련 법안 국회의결('10.1.18)
　　　- 「한국장학재단 설립 등에 관한 법률」, 「취업후 학자금 상환 특별법」
　　　- 취업후 학자금 상환 특별법 시행령 제정('10.2.2)

취업후학자금상환제도와 일반상환 학자금대출 비교

	취업후학자금상환제도(ICL)	일반 상환 대출
대출한도	등록금 전액(생활비 연 2백만 원 한도)	4천만원(대학)(생활비 연 2백만 원 한도)
지원기준	학점 기본조건(B학점) 경제적 요건(1~7분위)	학점 기본조건(C학점) 신용관리정보 규제중인 경우 대출 제한
상환	일정 기준소득* 이상 발생시 * 4인가구 최저생계비(연1,636만 원)	최대 10년 거치, 10년 상환 일정액 분할상환 방식
상환액	기준소득 초과소득의 일정률(20%)	대출 즉시 이자납부
이자부담	일정 기준소득 이상 발생시까지 이자납부 유예	(의무불이행시 연체이자율 16%)

정부의 성명이 발표되자 많은 언론에서 ICL 제도 도입이 지연되고 있는 원인을 국회의 업무태만 때문이라고 비판했다. 조속한 입법을 요구하는 여론은 걷잡을 수 없이 확대되어갔다. 언론을 통해 ICL 제도의 조속한 도입 필요성이 제기되면서 추가적인 제도 개선을 요구해왔던 시민단체와 학생들까지도 국회의 조속한 법안 심의를 촉구하였다.

국회도 더 이상 악화되는 여론을 견딜 수 없었다. 2010년 1월 초, 여·야 대표가 만나 ICL 제도에 대한 논의를 시작하면서 법안은 1월 14일 교육과학기술위원회를 통과하였고, 1월 18일 1개 사안처리를 위한 원포인트 국회가 열려 ICL 관련 법안이 의결되었다. 이 과정에서 등록금 인상률 상한제 법안이 함께 통과되면서 학생들의 등록금 부담 완화를 위한 새로운 기틀이 마련되었다.

그러나 국회 입법이 해를 넘기면서 이루어져 시간이 부족했다. 2010년 1학기부터 ICL 제도를 안정적으로 시행하기 위해서는 코앞에 와있는 신입생 정시 등록 기간 전에 준비를 마쳐야 했기 때문이었다. 자칫 신입생들이 ICL 혜택을 받을 수 없는 상황이 닥칠 수도 있었다. 정부는 국민건강보험공단과의 긴급협의를 통해 소득분위 파악 소요 기간을 기존 2개월에서 10일 이내로 줄일 수 있었다. 한국대학교육협의회(대교협)와는 신입생 정시 등록 기간을 2월 9일까지 연장하기로 협의하였다. 어려운 상황에서도 큰 결정을 해준 국민건강보험공단과 대교협, 대학들의 협조가 많은 도움이 되었다. ICL 제도 도입을 위한 준비는 차질 없이 진행됐고, 마침내 2010년 2월 2일 ICL 첫 대출이 이루어졌다.

'든든학자금[5] 제도'가 기존 대출제도에 비해 장점이 많은 것은 사실이지만 정책대출에 비해 상대적으로 금리가 높다는 지적 등 쓴소리도 많았다. 일부에서는 든든학자금의 상환 개시 시점부터는 복리複利를 적용하기 때문에 이자 부담이 크다는 비판도 제기되었다. 이용자 수도 당초 정부의 예상을 밑돌았다. 자녀 결혼 시 전세자금이나 주택 구입비용까지 도와주고 있는 우리나라 부모들을 생각할 때, 자녀의 대학 등록금도 기꺼이 본인들의 부담으로 껴안으려는 성향 탓도 크리라 여겨졌다. 든든학자금 이용실적이 예상보다 저조하자 제도 개선을 요구하는 목소리도 커지게 되었다.

이에 정부에서는 여러 가지 제도 개선을 해왔다. 대출금리 인하가 가장 민감한 사안이었는데 정부는 기업어음CP 발행 등을 통해 매 학기 대출금리를 지속적으로 인하해왔다[6]. 대출 심사기간 단축 및 제출서류 간소화, 특별추천제를 통한 학점요건 완화와 아울러, 생활비도 취업 후에 상환할 수 있도록 하는 등 학생들의 부담을 줄이기 위한 제도 개선을 추진했다.

등록금 부담완화를 위한 공동 노력

정부는 대학 등록금을 안정화시키기 위해 다각적인 노력을 기울이고 있다. 앞서 살펴보았듯이, 대선 공약으로 제시된 '맞춤형 국가장학제

---

[5] 대국민 명칭 공모 등의 과정을 거쳐 ICL은 '든든학자금'이라는 명칭을 얻게 되었으며, 이하에서는 든든학자금으로 바꾸어 부르기로 한다.
[6] 대출이자 인하 추이 : 7.8%[2008. 2학기] → 5.7%[2010. 1학기] → 5.2%[2010. 2학기] → 4.9%[2011. 1·2학기]

도'를 구축해 국가장학금을 2007년 대비 5배 이상 확대했다. 또 든든학자금 제도를 도입하여 자식 대학공부를 위한 부모님들의 부담이 크게 줄어들도록 하였다. '등록금 인상률 상한제[7]'를 정착시키고, 합리적 등록금 책정을 위해 교직원·학생·관련전문가 등으로 구성되는 '등록금심의위원회[8]'를 통해 등록금이 책정되도록 지도·점검하고 있다.

'대학교육역량강화사업' 등 대학재정사업 지원대상 선정시에 등록금 수준의 반영 비중을 확대하였으며, 등록금 재원이 적립금으로 오용되는 사례를 막기 위해 '사립학교법'을 개정하였다[9]. 또한 등록금 관련 정보를 투명하게 공개해 등록금 수준을 둘러싼 갈등 해결의 단초를 마련하였다. 등록금 산정 근거를 수요자가 명확하게 파악할 수 있도록 정보공시를 더욱 개선시킬 예정이다. 특히 '저소득층 학비감면 비율'을 정보공시 항목으로 포함하여 학비 감면 장학금[10]이 경제적 형편이 어려운 학생들에게 적절하게 배분될 수 있도록 할 것이다.

대학 총장을 비롯한 관계자들과의 만남도 부단히 이어오고 있다. 대학 측에서는 정부의 계속되는 등록금 인상억제 정책에 불만을 표시

---

7 직전 3개 연도 평균 소비자 물가상승률의 1.5배를 초과한 등록금 인상 불가, 위반 시 행·재정 제재
8 등록금심의위원회 관련 규정(고등교육법, 대학 등록금에 관한 규칙)
 (구성) 교직원·학생·관련전문가 필수, 학부모 또는 동문 포함 가능
 7인 이상으로 구성하되 어느 하나의 구성요소가 위원 총수의 1/2 초과 불가, 학부모 및 동문 총수는 위원 총수의 1/7 초과 불가
 (기능·권한) 해당 연도 적정 등록금 산정, 대학에 관련 자료 요청
9 건물의 감가상각비 상당액만 적립 가능하도록 제한 (2011. 6. 29, 사립학교법 공포)
10 (대학 등록금에 관한 규칙 제3조 제2항) 등록금 총액의 10% 이상에 해당하는 금액을 학생에게 면제하거나 감액하도록 규정되어 있고, 학비감면 금액의 30% 이상이 경제적 사정이 곤란한 학생에게 면제 또는 감액되도록 규정

하면서도 정부의 설득이 이어지자 결국 등록금 인상을 최소화했다. 그리하여 2009~2011년까지 3년간은 물가상승률보다 낮게 등록금 인상률을 억제하는 성과를 거두었다.

우리나라 대학재정의 근본적인 문제는 수입원이 학생 등록금에 지나치게 의존하고 있다는 것이다. 이를 개선하기 위해서는 대학재정의 다변화가 필요하다. 정부는 산학협력을 활성화시켜 민간 R&D 자금이 대학에 더 많이 유입될 수 있도록 하고, 기업의 대학과의 공동·위탁 연구개발 투자에 대한 세제우대도 검토하고 있다. 대학의 기부문화 확산을 위해 소액 기부금에 대한 세액공제 등도 관계부처와 협의해 추진할 계획이다.

2단계 : 대학구조조정과 등록금 인하

등록금 부담을 줄이기 위한 정부의 일관된 노력에도 불구하고 어려운 취업여건이 지속되고 하숙비 등 높은 생활비로 인해 등록금 부담이 커지면서 대학생들의 반발과 사회적 우려가 확산되고 있었다. 특히 2011년 들어 연초부터 민주당과 시민·사회단체에서는 등록금 문제를 이슈화하면서 '반값등록금'을 주장하기 시작했다.

한나라당에서도 2011년 4월 치러진 보궐선거 후 선출된 한나라당 원내대표가 등록금 문제를 언급하면서 등록금 부담 완화가 정치권과 사회의 주된 이슈로 부상했다. 5월 말부터는 대학생 중심의 '촛불시위'가 시작되었으며, 이러한 상황을 감안하여 한나라당은 2011년 6월 '등록금 부담 완화 및 대학경쟁력 제고 방안'을 전격 발표하게 되었다. 이 방안에 따르면 2012년까지 1조 5,000억 원의 재정과 5,000억 원의 교내 장학금 확충 등 대학 자구노력을 통해 등록금 부담을 인하하기로 하였다. 또한 2013년에 2조 3,000억 원, 2014년 3조 원을 지원해 각각 24%, 30% 이상 등록금을 인하시킨다는 계획이 포함되었다.

재정 지원 확대와 구조조정 촉진

2011년 6월 말 한나라당의 등록금부담경감대책 발표 이후 정부와 여·야 간에는 여·야·정 협의체를 구성해 논의를 진행하였다. 그러나 여·야·정 협의체에서 합의한 내용에 따라 2011년 8월에 갖게 된 국회 교육과학기술위원회의 법안심사소위원회에서는 관련 법안 처리를 위한 가시적 성과도출에는 이르지 못하였다.

이처럼 등록금 문제에 대해 이명박 정부는 깊은 고민과 근본적 대안 마련에 노력해왔다. 정부는 등록금 문제에 대해 단순한 시혜성施惠性의 복지대책이 아니라 미래 인재 양성, 대학경쟁력 강화라는 보다 근본적인 정책 목표 아래 대안 마련을 고심하고 있다. 우선 부실 대학 특별관리 등과 함께 일반대·전문대 통합, 대학·출연(연) 간 통합을 비롯한 우수모델 창출 등 구조조정 노력을 선행하고 있다. 교육과학기술부 내 자문기구인 '대학 구조개혁위원회'를 구성(2011.7.5)하고 부실 대학 구조개선 및 합병·해산, 국립대 선진화 등을 활발하게 논의 중이다. 또한 대학의 경비절감, 학사관리 개선(쿼터제 시범실시, 학·석사 통합 후 단축 등)등을 통해 전체 대학교육 비용을 낮추기 위한 노력을 병행하고 있다. 정부부처 내에서도 전체 재정 여건을 고려해 고등교육재정 확충, 초중등교육과의 형평성 등을 감안한 균형 잡힌 재정 지원 방안을 마련하기 위해 고심하고 있다.

한국형 대학체제 모델 만들기

몇 가지 쟁점에 대해 정부의 고민을 함께 생각해볼 필요가 있다. 누군가는 왜 정부가 국민의 소중한 세금을 사용해 사립대학의 등록금 부담 완화를 위한 재정 지원을 해야 하는지 의문을 가질 수도 있다.

앞서 밝힌 대로 사학 비중이 이례적으로 높은 우리나라 상황에서 전반적인 등록금 수준의 상승은 국민, 특히 서민생활경제의 부담이 커지는 결과를 초래했다. 동시에 계속되는 청년실업률의 증가와 취업 부담은 대학 등록금에 대한 학생들의 불만을 더욱 가중시키는 상황이다.

이런 상황에 직면해 대학체제에 대한 정책 선택이 불가피하다. 유럽처럼 국립대학을 더 많이 짓거나 사립의 국립 전환 등 등록금이 낮은 국립의 비중을 늘리는 방안, 또는 사립대학에 대해 일정 조건하에 적절한 보조를 통해 등록금 부담을 줄여주는 방안을 검토할 수 있다. 이 중 사립대를 보조하는 방안이 바람직하며, 이를 '한국형 대학체제'를 만들어가는 계기로 활용할 필요가 있다.

우리나라의 사학 비중이 높은 것은 결코 나쁜 조건이 아니다. 높은 사학의 비중과 역할은 대학이 국립 위주로 이뤄져 국가의 재정 지원 부담이 지속되거나 늘어나는 문제를 방지할 수 있다. 최근 영국, 이탈

한국과 일본의 학생 1인당 등록금 수준 비교

구분	한국(2008년)		일본(2008년)	
	국공립	사립	국공립	사립
학생1인당 등록금 수준(PPP, $)	5,315	9,586	4,602	7,247

리아 등 유럽 국가들이나 칠레, 브라질 등 남미 국가들이 대학재정 지원 부담을 줄이기 위해 등록금 수준을 올리거나 장학 혜택을 줄이는 과정에서 사회 갈등이 유발되는 것에 주목할 필요가 있다.

높은 사학 비중은 다른 측면에서 보면, 고등교육의 특성에 걸맞게 사학의 창의성과 자율성에 기반을 둔 좋은 교육이 이뤄지게 하는 필요조건이 될 수 있다. 즉, 현재처럼 사학의 역할을 유지하도록 하고 적절한 국가지원을 병행하면, 국립과 사립이 서로 특화된 역할 분담을 통해 균형적으로 발전하는 '한국형 대학체제'의 모델이 될 수 있다. 참고로 사학의 비중이 높으면서도 사립대의 등록금 수준이 국내 사립대보다 낮은 일본의 예는 시사하는 바가 크다.

일본의 경우에는 사학이라고 해서 정부가 재정 지원 대상에서 배제하지 않고 1970년 이후 경상보조를 계속함으로써 사학이 교육의 질을 적절하게 유지할 수 있도록 국가가 중요한 역할을 하고 있음을 참고할 필요가 있다[11].

재정 지원을 한다고 해도 일본과 같이 단순하게 경상비를 보조하는 방식을 선택하지는 않는다. 인건비와 운영경비에 대한 경상보조는 대

---

11 1970년 사립대학 보조금제도 창설, 1975년 '사립학교진흥조성법' 제정
  사립대 경상보조 : (1970년) 132억 엔(보조비율 7.2%) → (2010년) 3,222억 엔(11%내외)

학의 자구노력을 저해하고 경영효율화와 개혁에 둔감해지게 할 위험성이 있기 때문이다. 미국처럼 기부금·민간 R&D 등 다양한 수입원으로 교내장학금을 확충[12]해 학생 부담을 줄이고, 대학 스스로의 노력과 경쟁이 더 촉진되는 '한국형 사립대학 모델'을 만들 필요가 있다. 사립대학생의 등록금 부담 완화를 위한 재정 지원을 하되, 강력한 자구노력과 부실 대학 구조조정을 병행하는 것이 정부의 기본 철학이다. 그간 부실대학 구조조정은 정원감축 위주[13]로 이뤄져 왔으나, 2011년 하반기부터 부실대학이 퇴출되는 등 가시적 성과가 나타나고 있다.

대학의 자구책과 연계한 등록금 인하 지원

등록금 인하를 위한 재정 지원 시 그렇지 않아도 높은 대학진학률을 더 높이는 부작용은 없는지 우려하는 사람도 있다. 그러나 정부의 등록금 인하 정책은 대학의 강력한 자구노력과 연계해 전반적인 대학교육 비용을 줄이는 방향으로 이루어지고 있다. 또한 국제적으로 비교하거나, 국내 초중등 부문과 비교할 때 상대적으로 대학에 대한 지원이 열악하다는 것도 고려할 필요가 있다. 상대적인 재정 지원이기 때문에 바로 전체 대학진학률 상승으로 이어질 것으로 확대 해석하는 것은 무리가 있을 수 있다.

보통 대학진학률은 수많은 다른 사회경제적 요인에 의해 영향을 받

---

12 미국은 대학생의 62%이상 장학금 수혜, 총 등록금 대비 50%정도 경감(2007년, College Board) ↔ 한국은 국가·교내장학금으로 등록금의 28% 경감(2009년)
13 사립대 정원감축 실적: (2004년~2010년) △70,414명, (이명박 정부 이후) △10,149명

는 지표다. 예를 들어, 이명박 정부 출범 이후 2007년 대비 국가장학금은 5배 증가하고, ICL 도입 등을 통해 재정 투입이 크게 늘었고, 물가상승률보다 낮은 등록금인상률로 실질등록금은 낮아졌음에도 불구하고 대학진학률은 오히려 상승세가 꺾이는 현상이 진행되고 있다[14]. 즉, 비용이 아닌 다른 사회, 문화, 경제적 요인이 대학진학률에 영향을 미치는 것이다.

엄밀하게 보면 등록금의 수준은 대학진학률보다 등록률enrolment rate 과 뚜렷한 음陰의 관계를 갖는다. 미국 사례를 활용한 다수의 연구결과에 따르면, 등록금 100달러 상승시 등록률이 0.7% 정도 하락하는 것으로 나타난다. 즉, 사회·문화·경제적 요인으로 인해 통제가 어려운 대학진학률을 이유로 대학지원이 곤란하다는 논거로 삼는 것은 다소 부적절하다. 오히려 등록금을 이유로 크게 느는 휴학, 졸업 지연 등의 시간적·인적 손실을 줄이기 위한 특단의 조치가 필요하다고 진단하는 것이 현실적이다.

중요한 것은 이명박 정부 들어 대학진학률을 추세trend적으로 낮추기 위해 마이스터고 활성화, 재직자 특별전형, 특성화고 전액장학금, 특성학고 졸업자 채용확대 등 제도적 장치를 계속 정비 중이라는 것이다

이명박 정부는 역대 어느 정부보다 특성화고에 대한 지원을 확대하고, 고교 졸업 후 바로 취업할 수 있도록 인센티브를 강화했다. 특히 특성화고 졸업자가 산업체에서 일정기간 근무한 후 대학 진학 시 우

---

14 고등학교→고등교육기관 진학률 : (2006년) 82.1% ⇒ (2007년) 82.8% ⇒ (2008년) 83.8% ⇒ (2009년) 81.9% ⇒ (2010년) 79.0%

대하는 '재직자특별전형'을 계속 강화하고 있다. 또한 2011년부터 지원 중인 '저소득층 성적우수장학금'에서도 재직자특별전형을 별도로, 특성화고 출신으로 소득 5분위 이하인 경우 우선 선발하는 등 혜택을 부여하고 있다. 앞으로 등록금 부담 경감을 위한 방안을 마련하는 과정에서도 '재직자특별전형 대상자'를 우대해 지원할 예정이다.

대규모 재정을 투입하여 등록금 부담 완화를 추진하고 있는 시점에서 반드시 정부가 염두해 두어야 할 사항이 있다.

먼저 부실 대학에 대한 구조조정 문제이다. 재정 지원은 대학구조조정의 가장 강력하고 효과적인 수단으로 활용 가능하다. 정부는 국가재정이 부실대학의 연명 수단이 되는 것을 막기 위해 재학생 충원율, 취업률, 전임교원확보율 등 8개의 객관적인 지표를 종합적으로 평가해 43개 대학을 2012년 정부 재정 지원 대상에서 제외했다. 이와 함께 재정 지원을 받는 대학에 대해서도 대학의 등록금 동결, 재정 지원에 상응하는 교내 장학금 확충 등을 자구노력으로 요구해 대학의 각종 경비절감 등 재정 효율화를 유도하고 있다.

대학 등록금 인하가 한시적이 아닌 지속적인 현상이 될 수 있을지도 많은 사람들이 관심을 갖는 문제이다. 전례 없이 사립대에 대한 재정 지원을 하면서 기존처럼 단순히 장학금을 지급하고 마는 경우 어렵게 만들어낸 대학 개혁의 기회를 제대로 활용하지 못한다는 비판을 받을 수 있기 때문이다. 등록금 인하가 지속되지 않을 경우 정부의 재정 지원은 '밑빠진 독에 물 붓기'로 인식될 수 있다.

이번 재정 지원은 대학들이 등록금 수준 자체를 낮추도록 유도하고, 동시에 자구노력을 강하게 연계하는 것이다. 대학이 낮아진 등록금에 따른 수입 감소 부담을 자구노력을 통해 궁극적으로 흡수해가는 중장기적인 계획이 보다 중요하다.

등록금이 내려가다

2011년 9월 8일 교육과학기술부는 '국가장학금 지원' 사업 기본계획을 통해 저소득층 등록금 부담 완화를 위한 국가장학금 1조 5,000억 원 지원 계획을 발표하였다. 당초 발표된 국가장학금 1조 5,000억 원 규모는 2012년도 국회 예산심의 과정에서 2,500억 원이 증액되어 1조 7,500억 원의 규모로 국가장학금 지원 금액이 확정되었다. 2012년도 정부가 추진한 국가장학금 사업은 기존 저소득층 장학금을 국가장학금 사업으로 통합하고, 규모를 확대하여 등록금 부담이 큰 저소득층에 대한 재정 지원을 강화하였다. 국가장학금 I 유형과 소득 7분위 이하 대학생을 지원하는 국가장학금 II 유형으로 구분되며 I 유형 예산은 7,500억 원이며, II 유형 예산은 1조 원이다.

국가장학금 I 유형은 소득 3분위 이하 저소득층의 등록금 부담을 실질적으로 완화하기 위하여 국·공립대 연평균 등록금(450만 원)을 기준으로 소득계층별로 일정 금액이 지원된다.

나머지 1조원은 대학에 재학 중인 소득분위 7분위 이하 학생 수를 기준으로 학교에 배분한 후, 학교는 학생의 경제적 여건, 기존 장학금 수혜 현황, 급격한 생활여건 변화 등을 고려해 학생들에게 장학금으로 지급하게 된다. 이 재원은 등록금 부담경감을 위해 대학의 자체노

국가 장학금 I 유형의 소득분위별 지원금액

분위	기초	1분위	2분위	3분위
최저지원율	450만 원(100%)	225만 원(50%)	135만 원(30%)	90만 원(20%)

력을 유도하기 위한 인센티브로도 활용된다. 국가장학금 Ⅱ유형 지원 대상 대학은 대학의 등록금 인하 또는 장학금 확충 등을 통한 자체노력을 해야 한다. 2012년에는 1.75조원의 재정투입과 대학 스스로의 자체 노력을 통해 소득 7분위 이하 대학생의 등록금 부담이 25% 이상(전체 학생 기준 19.2%) 완화된 것으로 집계되었다.

소득분위별로 보면 기초생활보호대상자는 연평균 608만 원, 1분위는 383만 원, 2분위는 293만 원, 3분위는 248만 원, 4~7분위는 158만 원, 8~10분위는 46만 원의 등록금 부담 경감 혜택을 받는 등 소득분위가 낮은 계층에 보다 많은 혜택이 돌아가도록 하였다.

2012학년도에 국가장학금 Ⅱ유형의 경우 43개 정부재정 지원제한 대학 및 15개 평가 미 참여 종교계 대학의 신입생은 제외하였다. 앞서 언급하였듯이 국가장학금 Ⅱ유형은 대학의 자체노력을 전제로 지

국가장학금 시행 이후 소득분위별 등록금 인하효과 추정 (단위 : 만원)

	기초생보자	1분위	2분위	3분위	4~7분위	8~10분위
국가장학금 Ⅰ유형(소득분위별 최저지원)	450	225	135	90		
국가장학금 Ⅱ유형(자구노력 연계 추가지원)	평균 111.3만 원					
대학 자구노력	평균 46.6만 원					
총 부담 완화	608	383	293	248	158	46.6

원되며, 최종 집계결과 총 대상대학 344개교 중 335개교(97.4%)가 참여하여 재정지원을 받았다. 2012년에 대학들은 등록금 인하 4.3%(6,110억 원) 및 장학금 추가 확충 3,399억 원을 통해 총 6.8%(9,509억 원)의 등록금 부담 완화율을 기록한 것으로 나타났다.

명목 등록금 자체가 낮아진 것은 고등교육 역사상 처음 있는 일이다. 이는 과도한 등록금에 대한 사회적 요구가 그 어느 때보다 강했기 때문에 가능한 일이었다. 그러나 대학이 정부와 학생의 요구에 떠밀려 등록금을 한시적으로 낮춘 것은 결코 아니다.

먼저 대학 스스로 과도한 등록금으로 인한 부작용에 대해 책임의식을 느꼈다. 우리나라의 많은 대학들은 학생들의 등록금 없이는 원활한 운영이 사실상 힘들다. 가장 큰 비중을 차지하는 수입원인 등록금을 인하하는 것은 대학 입장에서도 큰 결단이 필요한 일이다. 그러나 많은 대학들이 등록금 인하를 실행했고, 등록금 수입을 대신할 대안을 찾기 시작했다. 이러한 변화가 가능했던 이유는 대학 수입원 다변화는 단순히 학생 부담 완화라는 목적을 넘어서 장기적인 대학 발전을 위해 꼭 이루어야 할 과제였기 때문이다.

대학의 적극적인 동참과 더불어 등록금 인하라는 역사적 사건의 배경에는 정부의 노력이 숨어있었다. 정부는 국가장학금 지원이라는 대규모 재정 투입을 결정했다. 등록금 부담을 낮추어야 한다는 논의는 오래전부터 있어왔지만, 실제로 국가 예산을 투입하여 학생 부담을 직접적으로 낮춘 것은 이명박정부에서 처음 실행된 것이었다.

등록금이 인하되는 사건으로 향후 대학들의 등록금 책정 기조가 인상 일변도에서 벗어날 것이라는 국민들의 기대감도 높아졌다. 이번 대책이 대학생과 학부모들이 만족할 만한 수준은 아닐지라도, 점차 그들이 체감할 수 있을 정도의 등록금 부담 경감 효과가 나타날 것이라 기대한다.

앞으로의 등록금 부담 완화

이번 등록금 부담 완화 방안은 2012년 정부 예산안 제출과 관련된 부분만 우선 발표한 것이다. 한나라당이 2011년 6월 발표한 내용에 담긴 2013~2014년 중의 등록금 부담 경감을 위한 재정 지원 방안에 대해서는 국회 예산심의 과정에서 계속 논의할 계획이다.

2013년 국가장학금 예산은 국가 재정여건을 고려하여 2012년 지원 수준(1조 7,500억 원)을 기획재정부에 요구한 상태이며, 추가지원여부는 정부 예산안 확정을 위한 협의, 국회 심의 등의 과정에서 국회와 긴밀하게 협의하여 결정해 나갈 예정이다.

대학생 등록금 부담 경감과 관련해 학생들의 입장에서는 부족하다고 느낄 수도 있다. 그러나 모든 재정 지원 사업은 국가 전체의 재정여건이 허용하는 범위 내에서 사업 간 우선순위를 비교해 추진되는 것이다. 이번 1조 7,500억 원의 대규모 재정을 지원해 등록금 부담 경감을 본격적으로 추진하는 것은 누가 보더라도 의미 있는 일이다. 학생들도 자신들의 요구가 한 번에 이뤄지는 것은 현실적으로 어렵다는 것을 이해할 것으로 본다. 학업에 힘쓰면서도 대학 구성원의 일원으로서 등록금이 제대로 산정되고 쓰이는지에 대해 계속 관심을 갖고 지켜보는 것이 바람직하다.

정부는 재정지원을 통한 등록금 부담 경감 노력과 함께 지속적인 등록금 부담경감을 위해 대학에 대한 기부 확대, 산학협력 활성화 지원 등 다양한 방법을 통해 대학의 수입 다변화를 지원하고, 대학 재정이 투명하고 효율적으로 운용될 수 있도록 제도개선도 병행 추진해 나갈 예정이다. 대학 재정 운영의 투명성과 효율성 제고를 위하여 2011년 7월 사립학교법을 개정하여 등록금 재원으로는 건물의 감가상각비 상당액 이외에는 적립할 수 없도록 하는 등 등록금으로 무분별한 적립금 조성을 제한하였다. 2012년 1월에는 사립학교 교직원 연금법을 개정하여 학교법인이 부담 여력이 있음에도 학교회계에서 교직원 연금 등 법정부담금을 충당하는 행위를 금지한 바 있다. 앞으로도 정부는 대학 등록금 책정이 투명하고 합리적으로 이루어질 수 있도록 다각적인 방안을 강구해 나갈 것이다.

대학들도 2018년 이후 대학 정원 수가 고교 졸업생 수를 초과할 것으로 예상되는 상황에서 뼈를 깎는 경영합리화와 경쟁력 강화에 힘써야 한다. 대학교육의 질을 높이고 세계 유수의 대학으로 성장하는 것이 중요하지만, 등록금 인상이라는 손쉬운 방법에 의존해 필요한 재원을 조달하는 것은 지속 가능한 대학으로 존립하기 어렵다. 정부는 이러한 대학의 다양한 재원조달 노력이 보다 쉽게 이뤄질 수 있도록 적절한 행정적 뒷받침, 세제稅制 상의 혜택 제공 등을 적극 추진할 계획이다.

PART 5

창의·융합으로 과학기술 르네상스를 열다

"과학기술은 미래를 여는 문이고, 우리가 선진 일류 국가로 갈 수 있는 지름길입니다. 원천기술과 융합기술이 미래를 열어갈 것입니다."

이명박 대통령(2011.8.)

'창의'와 '융합' 그리고 '인재'는 이명박 정부 과학기술정책의 키워드다. 과거 산업화 시대의 모방형 R&D 패러다임을 창의적·선도적 R&D 체제로 전환해 각 분야의 융합을 실현하려 한다. 교육과 과학기술의 융합(교육과학기술부), 과학기술과 생활·문화의 융합(국제과학비즈니스벨트), 교육과 연구 간 융합(대학)을 통한 시너지 창출, 그리고 R&D 투자 규모의 확대와 함께 인재 중심의 가치를 강조하고 있다. 이는 14~16세기 르네상스 시대의 변화를 주도한 요소들과 일맥상통한다. 바야흐로 대한민국에서 과학기술 르네상스 시대가 열리고 있다고 해도 과언이 아니지 않을까 한다. (본문 중에서)

CHAPTER 17

과학기술 르네상스

조율래[1] | 노경원[2] | 이근재[3]

제2의 과학기술 중흥 시대

과학기술 분야의 글로벌 리더를 향해

"우리나라는 선진국 기술을 모방하던 뛰어난 추격자에서 새로운 가치와 기술을 창조하는 글로벌 선도자가 돼야 합니다. 이를 위해 창조적 지식에 기반을 둔 기술혁신이 필수적입니다. 지식은 아무리 써도 고갈되지 않고, 쓰면 쓸수록 새로워지는 유일한 자원으로 지식 에너지가 미래 에너지라고 할 수 있습니다. 창조적 지식을 꽃피우기 위해서는 마음을 열어 분야 간 벽을 허물고, 여러 분야의 지식들과 기술들을 융합해야 합니다."

이명박 대통령, 2011.5.

과학기술은 인류 문명의 진보를 이끌어온 원동력이다. 과학기술의 발전이 경제의 생산성을 높이고, 인간을 더욱 자유롭게 만들어왔다.

특히 우리나라에서 과학기술이 갖는 의미는 남다르다. 좁은 국토에 자원도 미약하지만, 2010년 G20 정상회의를 성공적으로 개최하고 OECD 회원국 중 가장 빠른 경제성장을 달성하는 세계적인 나라로 발돋움하기까지 과학기술이 큰 역할을 했다. 세계 1위로 우뚝 선 반도체, 조선 산업이 그 생생한 사례다. 우리 경제의 발전은 밤낮 없이 현장을 지켜온 과학기술인의 열정에 빚을 지고 있다고 해도 과언이 아니다.

최근 에너지, 기후변화, 신종 질병 등 불확실성이 더욱 커지고 있는 지구촌 미래의 문을 여는 열쇠 역시 과학기술에 달렸다. 당면한 여러 사회문제를 해결하는 새로운 시대적 역할을 수행하고, 인류의 지속 가능한 성장을 위해 과학기술이 먼저 대응해야 한다는 인식이 확산되고 있다. 인류의 지속적 진보와 삶의 질 향상에 기여하는 동시에 미래 성장동력의 기반을 조성하는 것은 과학기술의 몫이다. 창의력과 상상력으로 끊임없이 도전해 그동안 풀지 못했던 인류 난제의 해법을 찾고, 과학기술 흐름을 주도하는 글로벌 리더로서 보다 나은 미래를 열어야 한다는 것이 바로 이명박 정부 과학기술정책의 비전이다.

---

1 현 제2차관. 연구개발정책실장, 정책기획관, 대통령실 선임행정관 등 역임
2 현 전략기술개발관. 비서실장, 행정관리담당관 등 역임
3 현 기초연구정책관. 대변인, 기초과학정책과장 등 역임

'창의, 융합, 인재'의 키워드로

최근 2~3년 사이에 대중화된 스마트폰의 핵심은 애플리케이션application, 즉 콘텐츠이다. 하드웨어보다 콘텐츠의 중요성이 더욱 커지고 있다. 그렇다면 콘텐츠의 질quality을 좌우하는 것은 무엇일까? 다름 아닌 창의력이다. 교육, 산업, 문화 등 거의 모든 분야에서 영역과 경계를 뛰어넘는 융합이 주목받는 것도 융합의 과정 속에서 기존의 틀을 벗어나는 창의력이 발휘되기 때문이다.

정부는 누구나 지니고 있는 창의적 역량을 보다 발전시킬 수 있도록 어릴 때부터 다양한 융합 환경을 제공하고 여건을 조성하는 데 관심을 기울이고 있다. 또한 연구에서 고도의 창의력이 발현되도록 R&D 지원과 제도 개선 등을 통해 연구자들이 연구에 몰입할 수 있는 환경 조성에도 힘쓰고 있다.

정책 분야에 있어서도 다양한 융합의 시도가 필요하다. 교육과 과학기술 간의 벽, 대학과 기업 간의 벽, 연구와 교육 간의 벽을 허무는 경우 융합의 시너지가 발휘되거나, 혹은 의도하지 않은 창의적 결과가 나타날 수 있다. 교육과 과학기술 각각의 동력이 융합돼 증폭된다면 1+1은 2가 아니라 그 이상이 될 수 있다. 어렸을 때부터 융합적 사고, 창의적 발상에 익숙해지도록 다양한 기회를 주는 교육, 기업이 요구하는 실력을 갖추도록 대학과 기업 사이의 문을 개방하는 교육, 출연연구소가 지닌 자산을 학생들과 나누는 교육기부 등은 모두 개방을 통한 융합의 모습이며, 창의적 인재를 배출하는 시작이다.

우수한 과학자들을 길러내고 이들이 마음껏 연구할 수 있도록 해야 진정한 '과학기술강국' 이다. 창의와 융합도 결국은 사람이 해내는 것이기 때문이다.

교육과학기술부의 탄생

2008년 2월, 교육인적자원부와 과학기술부를 합쳐 교육과학기술부가 탄생한 것도 융합의 맥락에서이다. R&D 패러다임을 모방형에서 지식창조형으로 전환하는 한편 국가 전체의 R&D 역량을 강화하는 새로운 공공 연구시스템을 구축하고, 각 혁신 주체들의 상호 협력을 뒷받침해 우리나라 과학기술 수준을 한 단계 도약시킨다는 인식에서 출발했다.

1960년대 이후 우리나라 산업정책의 두 축은 전략산업에 대한 집중 지원과 정부 출연연구기관의 연구개발 활동 지원 강화였다. 그러나 1980년대 들어 산업계의 연구개발 능력이 대폭 강화됐고, 1990년대 이후 대학과 기업연구 부분의 질적 도약으로 인해 연구자원의 효율적 활용에 대한 문제가 제기됐다.

더욱이 분야 간, 연구주체 간 협력을 통한 개방형 혁신open innovation이 주목받으면서, 핵심 연구주체인 대학과 출연연 사이의 연계와 협력을 통해 정부 연구개발투자의 통합적 기획 기능의 활성화가 필요하다는 인식도 높아졌다.

이런 차원에서 교육과학기술부가 탄생했다. 대학과 출연연 간의 융합, 고등교육과 R&D 간 융합 등 다양한 수준의 교육과 과학기술의 융합과 협력 시스템을 구축해 지식 창출의 시너지를 도출하고, 교육과학기술 역량을 한 단계 도약시키는 여건이 갖춰진 것이다.

R&D 투자의 획기적 증대

577 Initiative에 담긴 꿈과 도전

2008년 8월, 이명박 정부는 과학기술에 의한 성장잠재력의 지속적 확충을 목표로 새로운 R&D 투자목표와 전략을 담은 '이명박 정부의 과학기술기본계획 577 Initiative'을 수립했다. 577 Initiative는 국가 총 연구개발투자의 GDP 대비 5% 달성, 7대 중점과학기술 개발과 7대 시스템의 선진화·효율화를 통해 7대 과학기술강국을 실현하겠다는 의지의 표현이다.

기존 과학기술기본계획을 수정한 577 Initiative에서는 정부 R&D 투자를 2012년까지 2008년 대비 1.5배 이상 확대하고, 선진국 추격형에서 창의·선도형 R&D로의 전환을 위해 2008년 25.6%였던 기초원천연구의 투자 비중을 2012년까지 정부 R&D 투자의 50%까지 확대한다는 야심찬 목표가 제시됐다.

7대 중점 분야로 ①주력 기간산업 기술 ②신산업 창출 ③지식기반 서비스 ④국가주도 기술 ⑤현안관련 특정 분야 ⑥글로벌 이슈 대응 ⑦기초·기반·융합기술을 지정하고, 50개 중점 육성기술과 40개 후보기술을 도출했다.

과학기술기본계획(577 Initiative)의 주요 내용

구 분	이명박 정부의 과학기술기본계획
GDP 대비 총 R&D 투자비중	('06) 3.23% → ('12) 5%
정부 R&D 투자	('08) 11.1조 원 → ('12) 16.6조 원
기초·원천 연구비중	('08) 25.6% → ('12) 50%

7대 시스템의 선진화·효율화를 위해서는 ①세계적 과학기술 인재 양성·활용 ②기초원천연구 진흥 ③중소·벤처기업 기술혁신 지원 ④전략적 과학기술 국제화 ⑤지역 기술혁신 역량 강화 ⑥과학기술 하부구조 고도화 ⑦과학기술 문화 확산(과학기술의 생활화/과학기술의 사회적 역할 증대) 과제를 제시해 추진하고 있다.

2008년 하반기에는 미국발 글로벌 금융위기로 이명박 정부의 과학기술 투자 확대 의지가 시험대에 올랐다. 외환 부족으로 인한 환율 급등, 무역수지 적자 확대 등 실물경기의 위기감이 커지는 상황에서도 정부는 'R&D 투자와 기술개발은 생존과 성장을 담보한다'는 인식을 그대로 유지했다. 중소기업의 R&D 세제공제액을 15%에서 25%로, R&D 시설투자의 세제공제는 7%에서 10%로 확대하는 세제개편안을 2008년 9월 초에 수립해 민간의 R&D 투자확대를 유도했다. 또한 2008년 9월 국무회의 때는 2009년 정부 예산안을 확정하면서 R&D 예산은 타 분야보다 높은 증가율을 반영해 12조 3,000억 원으로 책정했다.

GDP 대비 R&D 투자비율 세계 3위권

'선진 일류 국가'로의 도약을 위한 R&D 투자는 당초 계획에 따라 차질 없이 진행되고 있다. 정부 R&D 예산은 2008~2011년 동안 정부예산 평균 증가율인 6.9%를 크게 상회하는 연평균 10.3%로 증가했다. 2011년에만 14조 9,000억 원으로 확정하는 등 이명박 정부의 R&D 총투자 규모는 국민의 정부의 3배, 참여정부의 1.5배 이상으로 늘어날

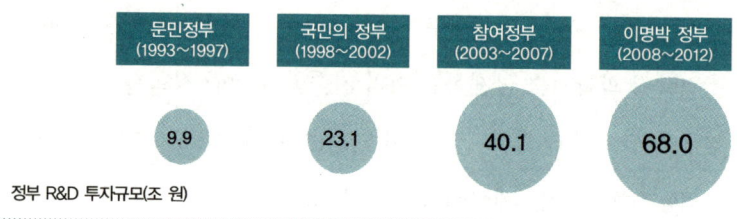

정부별 R&D 투자 추이

전망이다. 민간 R&D 투자 역시 추가 세액공제 등 정부의 지원시책에 힘입어 지속적으로 확대되고 있다. 2011년에는 최초로 국가 R&D 총 투자 규모가 50조 원을 넘을 것으로 예상된다.

국가과학기술위원회가 발표한 '2010년 연구개발활동조사' 결과에 따르면, 2010년 우리나라 총 연구개발비 규모는 43조 8,548억 원으로 전년대비 15.6% 증가한 것으로 나타났다. 또한 국내총생산 GDP 대비 연구개발비 비중은 3.74%로 전년도 3.56%에서 0.18%p 증가했다. 연구개발 투자 규모 면에서는 미국이 우리나라의 10.5배, 일본이 4.5배 수준으로 아직 격차가 크지만, GDP 대비 비중은 국제적으로 이스라엘(4.25%)과 핀란드(3.84%)에 이어 세 번째로 높은 수준이다. 민간 부문에서도 R&D 투자가 늘고 있고, 기업들도 수월성과 독창성에 기반한 원천기술 개발에 적극 나서고 있어 여간 반가운 일이 아니다.

정부와 민간부문의 R&D 투자 확대를 통해 제대로 연구할 수 있는 환경이 조성되고, 여기에 창조적 과학기술 혁신이 더해질 때 반도체, 휴대폰, 디스플레이를 잇는 차세대 먹거리가 창출될 수 있다. 빌 게이

주요국가의 연구개발비

구분	미국 (2008)	일본 (2009)	독일 (2009)	한국 (2010)	핀란드 (2010)	이스라엘 (2010)
연구개발비(억 달러)	3,981.9	1,690.5	925.9	379.3	91.7	92.2
배율	10.50	4.46	2.44	1.00	0.24	0.24
GDP 대비(%)	2.79	3.33	2.78	3.74	3.84	4.25

자료원 : OECD, Main Science and Technology Indicators 2011-1

츠 마이크로소프트사 창업자는 "위기에 처했을 때 과학과 기술에 투자한다면 더 나은 미래를 건설하는 데 필요한 수단을 발견하게 될 것"이라고 말했다. 과학기술에 대한 지원은 곧 '미래'에 대한 투자이다.

선진화된 R&D 행정체제, 국가과학기술위원회

정부 R&D 투자의 확대만큼 중요한 것이 예산의 효율적인 활용이다. 외국 정부는 R&D 예산의 효율성 확보를 위해 어떤 제도적 장치를 활용하고 있을까? 과학기술강국인 미국은 국가과학기술위원회NSTC와 과학기술정책실OSTP에서 R&D 예산을 최종적으로 배분한다. 또한 일본은 공무원과 민간 전문가 등 과학기술 분야 전문가 110여 명으로 구성된 종합과학기술위원회CSTP에서 국가 R&D 정책의 수립·조정 및 R&D 예산의 조정·평가를 통해 국가 R&D 추진방향을 실질적으로 결정하고 있다.

우리나라도 정부 R&D 투자가 크게 확대되고, R&D 수행부처의 수數가 증가하면서 부처 간 유사·중복 연구 등에 대한 우려가 나오자 국가 차원의 연구개발 종합관리 필요성이 대두되기 시작했다. 이와 관련 범부처 차원에서 과학기술정책을 조정·기획하기 위한 국가과학기술위원회가 설치됐고, 교육과학기술부가 사무국을 맡아왔다. 그러나 교육과학기술부 내에 비상설 자문위원회 형태로 설치된 국가과학기술위원회는 위상과 기능에 있어 한계가 있었던 것이 사실이다. 이에 따라 국가과학기술위원회의 위상과 기능을 강화해 독립성과 전문성을 갖춘 상설위원회로 신설하고, 국가 과학기술 컨트롤 타워 역할을 수행하도록 하자는 데 의견이 모아졌다.

과학기술계 전반에 걸쳐 공감대가 형성되자 상황은 빠르게 진전됐다. 정부는 2010년 10월, '국가과학기술위원회 위상 및 기능 강화방안'을 확정했고, 12월 관련 과학기술기본법 개정안이 국회를 통과했다. 국가과학기술위원회가 대통령 소속 상설 행정위원회로 개편되고, 독립성·전문성을 토대로 과학기술정책과 R&D 사업을 종합 조정하게 됐다. 2011년 3월, 과학기술기본법 개정안이 발효되면서 국가과학기술위원회가 정식 출범했다. 장관급 위원장과 상임위원을 포함한 10명의 위원으로 구성됐고, 자체 직제 및 예산을 갖는 독립 사무처도 신설됐다. 각 부처(청)가 개별적으로 운영하던 약 15조 원의 정부 R&D 예산을 체계적으로 배분하고 조정해 사업의 중복과 비효율을 개선하고 중장기 과학기술전략 수립을 일원화할 수 있게 됐다. 국가 R&D 체제의 선진화로 우리나라를 과학기술강국으로 견인하겠다는 이명박 정부의 강한 의지가 결실을 이룬 것이다.

2011년 4월 7일, 신설된 국가과학기술위원회 첫 회의에 참석한 이명박 대통령은 "국과위는 R&D 효율성 문제 등 당장 시정해야 할

국과위 개편 전후 비교

구분		과거		개편후
형태		비상설 자문(심의)위원회		대통령 소속 상설 행정위원회
R&D 예산배분·조정	국과위	예산 배분 방향제시	국과위	일부 R&D 예산 배분·조정
	기재부	예산 배분·조정+지출한도 설정, 예산편성	기재부	지출한도 설정, 예산편성

일도 하면서 근본적으로 미래 과학기술의 발전을 위해 어떻게 해야 할지 논의해 달라"라고 주문했다. 국과위 출범은 우리나라 국가 R&D 시스템을 선진화하고, 더 나아가 우리나라 과학기술 경쟁력을 지속적으로 강화하는 중요한 전환점이 될 것이다. 과학기술 컨트롤 타워이자, 플래닝 planning 타워로 국과위가 중장기 정부 R&D 투자 방향을 제시하고 사업 조정 등 전주기 R&D 관리를 수행하게 되면, 정부 투자의 효율성은 크게 향상될 수 있다. 그런 의미에서 국과위와 R&D 수행부처는 대체재가 아닌 보완재이다. 국과위 출범은 국가 과학기술 발전을 위한 부처 간 협력을 강화하는 계기가 될 수 있다. 교육과학기술부는 국과위의 범부처 과학기술정책 및 의견을 공유해 발전시키고, 국과위가 주관하는 범부처 사업에 적극 참여해 교육과학기술부 R&D 사업의 효율성을 높일 수 있을 것으로 기대한다.

기초과학 발전의 새로운 전기 마련

기초연구 지원 강화로 기초체력 키운다

2010년 10월, 노벨 물리학상 수상자 발표 시 많은 국민들이 아쉬워했다. '그래핀'의 물리적 특성을 처음으로 규명한 한국인 과학자인 미국 컬럼비아대 김필립 교수가 공동 수상자에서 제외된 것이다. 그러나 그의 아쉬운 수상 실패는 창의적 기초연구에 대한 국민들의 관심을 불러왔고, 정부가 기초과학 경쟁력 강화를 위해 나설 것을 촉구하는 계기가 됐다.

기초연구 성과는 장기간에 걸쳐 전 산업에 파급되어 견실한 경제성장에 기여한다. 연구개발투자의 경제성장 기여도와 미국의 산업특허 인용 논문의 70% 이상이 기초연구 지원에 의한 성과물이다. 그러나 성과가 나타나기까지 시간이 걸리고, 그 성과는 전 분야에 걸쳐 공유가 가능하기 때문에 '공공재 public goods'의 성격을 지닌다. 정부 차원의 관심과 지원이 절실하다는 의미이다.

이명박 정부는 R&D 투자 확대와 더불어 '기초연구는 국가 성장동력 확충을 위한 절대적 가치'라는 신념으로 과학기술기본계획에서도 기초연구지원 확대를 비중 있게 다뤘다. 또한 '기초연구진흥종합계획'을 마련해 중장기적 발전전략을 수립하는 등 기초연구 육성을 위한 구체적 목표를 제시하고 실천하기 시작했다.

【과학기술기본계획 및 기초연구진흥종합계획 中】
• 창의적 아이디어 발굴 · 실현을 위한 개인 · 소규모 연구 지원 확대
- 이공계 교수 개인 · 소규모연구 참여율 : 13%(2007) → 35%(2012)
• 창의적 · 도전적 연구 활성화 지원
- 고위험 · 고수익(High-risk High-return) 기초원천연구사업 투자 확대

기초연구는 개인의 창의성에 바탕을 둔다. 이에 따라 개인의 기초연구 역량을 향상시키기 위해 2007년 2,862억 원에 불과했던 개인 기초연구 예산을 2010년에 6,500억 원, 2011년에 7,500억 원으로 2배 이상 확대했다. 그 결과, 이공계 교수의 창의적 기초연구 참여율은 2008년 16.4%에서 2011년 30.8%까지 올랐다. 정부의 노력과 연구역량의 성장으로 인해 기초연구사업으로 창출된 연구논문은 양적인 증가와 함께 질적 수준도 지속적으로 높아졌다. 2007년에 9,198편이던 기초연구사업의 SCI 논문 수는 2009년에 1만 1,666편으로 증가했으며, 영향력지수IF 상위 5% 이내 저널에 실린 논문 수도 2007년 406편에서 2009년 677편으로 67% 증가했다.

"나중에 교수 되려면 논문 잘 나오는 토픽 잡아야죠." 석 · 박사 과정 학생들이 자주하는 말이라고 한다. 한창 학문적 호기심에 부풀어 있어야 할 학생들이 자신이 하고 싶은, 알고 싶은 분야가 아니라 결과 도출이 쉬운 안정 지향적 연구를 수행하려 한다는 것이다. 충격적이다. 선진국 추격형에서 벗어나 창조적이고 도전적인 연구를 확대하기 위해서는 지원 예산의 확대뿐 아니라 도전적 연구환경을 조성하는 일 또한 시급하고 중요한 과제가 됐다.

우리나라의 연구 성공률은 80%에 이른다고 한다. 많은 연구자들이 무척 안전한 연구만 하거나, 아니면 선행연구를 충분히 한 과제가 주로 선정된다는 뜻일 수 있다. 하지만 성공만 하는 연구가 과연 바람직한 연구일까? 도전이 없으면 틀을 깨는 도약과 발전은 없다. 수많은 실패 속에 한두 번의 성공이 큰 발전을 가져온다. 모험적이고 도전적인 연구 분위기를 조성하고, 창의적인 기초연구를 지원해야 하는 이유이다. 미국은 2007년 미국경쟁력강화법America COM-PETES Act 제정을 통해 연방연구기관은 예산 중 고위험·고수익 기초연구 지원에 투자할 비율을 정해 매년 의회에 보고하도록 규정하고 있을 정도다.

이명박 정부는 모험적이고 혁신적인 연구가 가능한 환경 조성이 무엇보다 중요하다고 보고, 양적지표 위주의 획일적인 평가를 벗어나 2010년부터 '성실실패용인' 제도를 도입했다. 즉, 질적 평가지표의 개발과 함께 실패하더라도 노력을 인정해주는 평가방식을 도입한 것이다.

'장기간 체내 삽입이 가능하고 인체신호를 특정할 수 있는 전극', '첨성대 모양의 풍력발전기', '에너지를 생산하는 배터리 빌딩', '새 날개를 닮은 비행기 날개', '태양에너지를 효율적으로 사용하기 위한 새로운 염료감응형 소자 연구'…. 성실실패 도입 첫 해 지원된 과제들이다. 예전 같으면 탈락했을 법한 고위험 연구과제들이다. 그동안 연구자들은 한 번 실패하면 다시 연구비를 받기 어려워 안전한 연구만 하려고 했다. 이제는 최선을 다한 성실한 실패라면 다시 연구비 지원이 가능해져 연구자들이 창의적 아이디어에 바탕을 둔 새롭고 위험한 연구에 계속 도전할 수 있게 됐다. 정부는 성실실패제도의 확대를 통해 실패의 요람에서 성공의 신화를 키우는 지원을 강화할 계획이다.

이와 함께 교육과학기술부는 미래의 성장동력 확보를 위해 국가 차원에서 지원이 필요한 대규모 융합연구를 위한 기획연구에 착수했다. 2년여에 걸친 기획연구와 전문가 의견수렴을 통해 세계 최고의 기초원천기술강국 도약을 비전으로 하고, 경제·사회적 파급효과가 큰 기술 분야에서 세계 1등을 목표로 하는 '글로벌 프론티어사업'에 본격 착수했다. 2010년 첫 해에는 신약개발 플랫폼을 개발하는 '의약바이오 컨버젼스 연구단', 가상현실 실현을 위한 '인체감응솔루션 연구단', 고성능 바이오매스 개발을 위한 '바이오매스 연구단' 등 3개 연구단을 선정했다. 2011년에는 4개 연구단을 추가로 선정하는 등 향후에도 지원을 강화해나갈 계획이다. 21세기 프론티어사업 등 그동안의 대형 국책사업의 계보를 이을 글로벌 프론티어사업은 2020년 이후 우리나라의 먹거리를 책임질 대표 원천기술 확보의 산실이 될 것이다.

녹색기술로 인류의 미래를 지킨다

2008년 7월 일본 도쿄에서 열린 주요 8개국[G8] 정상회의에서 이명박 대통령은 "대한민국이 온실가스 감축을 위해 선진국과 개도국의 중간자 역할을 맡겠다"라며 "온실가스 감축을 위한 노력에 동참하면서 온실가스 배출량 규제에 불만이 많은 개도국과 선진국을 연결하는 교량 국가가 될 것"이라고 강조했다. 더 이상 미룰 수 없는 지구온난화라는 글로벌 이슈 해결을 위해 우리나라가 선도적 역할을 하겠다는 의지를 전 세계에 표명한 것이다.

그간 지구온난화에 대해 막연한 두려움을 가지고 있었지만 이와 관련된 논의가 제대로 진척되지 못하면서, 구체적인 실천과 함께 희망을 보여주는 것이 필요했다. 2008년 8월 15일, 이명박 대통령은 우리나라의 새로운 국정지표로 '저탄소 녹색성장'을 제시하고 녹색성장의 원년을 선포하면서, "저탄소 녹색성장은 녹색기술과 청정에너지로 신성장동력과 일자리를 창출하는 신국가발전 패러다임"이라고 밝혔다.

2009년 1월, 교육과학기술부는 녹색기술 발전을 위한 범국가적 역량 결집을 위해 각 부처 공무원들, 과학기술 분야의 전문가들과 함께 수개월을 고심한 끝에 '범부처 녹색기술연구개발 종합대책(2008~2012)'을 수립했다. 선택과 집중의 원칙 하에 정부가 중점 육성해야 할 27개 녹색기술을 선정하고, 녹색기술에 대한 연구개발 투자를 2012년까지 2조 8,000억 원으로 확대한다는 중장기 연구개발 계획에 따라 차세대 녹색기술 개발과 인력 양성에 총력을 기울이고 있다. 그 결과 2011년에 이미 녹색기술R&D 투자규모가 2조 9,000억 원을 넘어섰고, 3,227억 원을 투자해 3만 여 명의 녹색기술 인력을 양성했다. 2012년 예산규모는 3조 5,000억 원을 넘었으며, 4,078억 원을 투자해 3만 2,000여 명의 인력을 양성할 계획이다.

2009년 6월, 프랑스 파리에서 개최된 OECD 각료이사회는 경제위기 극복과 녹생성장에 대한 비전을 담은 '녹색성장 선언문'을 채택했다. 21세기 신성장 패러다임으로 녹색성장 전략의 중요성이 국제사회에서 확인된 것이다. 우리나라의 녹색성장 리더십은 전 세계, 특히 개발도상국들의 성장 본보기가 되고 있다. 또한 2011, 2012년 연이어 전 세계 정부 대표들과 녹색성장 전문가들이 참여하는 글로벌녹색성장서밋GGGS을 성공적으로 개최함으로써 글로벌 리더십을 확고히 하였다. 특히 2011년 GGGS에서 이명박 대통령은 녹색기술 R&D 정책을 총괄 점검 지원하고, 글로벌 협력 네트워크를 구축을 담당할 녹색기술센터GTC의 설립을 선포하였다. 이에 2012년 3월 29일, 녹색기술센터가 개소됨으로써 녹색기술 R&D에서의 효과성과 효율성을 제고할 수 있는 정책 연구 기반을 완비하였다.

세계적 경기침체와 유가 하락으로 녹색성장이 후퇴하리라는 시각도 있다. 그러나 녹색성장은 가도 되고 가지 않아도 되는 길이 아니라, 반드시 가야만 하는 길이고, 이미 가고 있는 길이다. 녹색성장은 당면한 경제위기를 돌파하고 위기를 기회로 승화시킬 현실적 대안이다. 지구온난화와 기후변화에 대응하는 녹색기술 개발을 향한 정부의 고민과 노력은 앞으로도 계속될 것이다.

뇌연구는 신산업 창출의 블루오션

우리가 도전해야 할 많은 분야 중 가장 신비로운 것이 있다면 인간의 두뇌가 아닌가 싶다. 인간의 뇌는 인류 문명을 이룩한 창조의 근원이며, 지식기반 사회를 앞서가는 창의의 원천이다. 뇌연구는 BT, IT,

NT 및 CS(인지과학) 융합을 통한 신산업 창출의 블루오션이며, '100세 시대'를 맞아 더욱 관심이 집중되고 있는 분야이다.

최근 고령화 사회 진입에 따라 건강한 삶을 영위하는 것에 대해 개인과 사회의 관심이 고조되고 있다. 이명박 대통령은 "뇌의 신비가 밝혀지면 고령 사회의 큰 위협이 되고 있는 치매와 파킨슨병과 같은 뇌질환을 극복할 수 있을 것"이라고 강조한 바 있다. 이와 같이 뇌연구를 통한 삶의 질 향상을 위해 교육과학기술부는 5대 뇌 분야(뇌신경생물, 뇌신경계질환, 뇌인지, 뇌공학)에 대한 연구를 지속적으로 지원하고 있으며, 뇌과학 분야에서 글로벌 이니셔티브 선점을 위해 세계 최초의 초고자장 자기공명영상시스템(14T MRI) 개발을 추진하고 있다.

세계 각국도 뇌연구를 마지막 남은 미지의 과학 분야로 인식하고 연구에 매진하고 있다. 미국과 일본은 뇌연구 분야의 선도국가로 이에 대한 막대한 투자를 하고 있으며, 중국도 상하이에 신경과학연구소를 설립했다.

2009년 9월 교육과학기술부는 그간 지지부진하게 논의되던 '한국뇌연구원 설립 추진계획'을 확정했고, 2011년 6월에는 뇌 연구원 유치기관으로 '대구·경북-DGIST 컨소시엄'을 선정했다. 국내 뇌 연구자들의 오랜 숙원이던 뇌연구의 거점이 드디어 정해진 것이다. 2017년까지 세계 7위의 뇌강국 실현을 목표로 하는 '한국 뇌연구원'은 2012년 하반기에 착공하여 2014년 완공할 예정이다.

뇌연구 분야는 단기간에 먹거리를 창출하는 산업 분야는 아니지만 타 분야로의 파급효과가 높아 연관된 산업의 기술혁신과 신산업 창출을 촉진할 수 있다. 특히 컴퓨터, 지능 로봇 등 인간의 뇌를 모사하는 산업 분야는 뇌연구의 성과가 축적될수록 새로운 기술창출 가능성이 높아지게 된다. 정부는 인류가 도전받고 있는 미래 초고령화 사회의 극복을 위해 뇌연구 분야에 대한 지원을 더욱 확대하고 세계 각국과 함께 뇌연구 발전을 이끌어갈 계획이다.

과학기술도 인재가 핵심

과학기술 발전에 있어서도 핵심은 '인재' 다. 정부는 이런 인식을 바탕으로 2011년 5월, 창의적 과학기술 인재대국 실현을 위한 청사진을 마련했다. '제2차 과학기술인재 육성·지원 기본계획(2011~2015)' 이 바로 그것이다. 창의적 과학기술인재를 단계별, 체계적으로 양성하고 과학기술자들이 연구에 몰두할 수 있도록 전주기적인 지원시스템을 마련하는 것이 목표다. 이를 위해 정부는 향후 5년 간 초중등, 대학(원), 출연(연), 기업 및 인프라 등 5대 분야 15개 과제를 중점 추진해나갈 계획이다.

교육과 과학기술의 융합 시너지가 극대화될 가능성이 가장 높은 분야가 과학기술인재 양성 분야이다. 교육과학기술부는 청소년들이 창의적 사고력과 문제해결 능력을 키워 우수한 과학기술 인재로 성장하도록 초등학교에서부터 융합인재교육을 강화하고, 대학생부터 국가과학자에 이르기까지 학업과 연구에 몰입할 수 있는 지원 시스템을 마련하고 있다.

2011년 교육과학기술부는 학부에서 박사후 과정까지 단절 없이 연구에 몰입할 수 있도록 지원하는 GPS Global Ph.D. Scholarship 시스템을 구축했다. '글로벌 박사 펠로우십'으로 해외 유학을 선호하는 우수 학생의 국내 대학원 진학을 유도하는 등 우수 국내 박사 양성체제를 구축하고 있다. '대통령 Post-Doc. 펠로우십' 사업을 통해서는 연구역량이 뛰어난 20~30대 박사후 연구자 Post-Doc.를 발굴해 지원한다. 2011년에 선정된 260명의 글로벌 Ph.D. Fellow들과 15명의 대통령 Post-Doc. Fellow들이 창의적인 우수 연구자로 성장해 '국가과학자' 수준에 도달하기를 기대하고 있다.

과학강국의 꿈과 도전은 계속된다

"과학기술은 미래를 여는 문이고, 우리가 선진 일류 국가로 갈 수 있는 지름길입니다. 원천기술과 융합기술이 미래를 열어갈 것입니다."

이명박 대통령, 2011.8.

과학기술 중심의 '저탄소 녹색성장' 비전 확산, 전 세계 우수 연구자가 기초과학 연구에 몰입할 수 있는 '기초과학연구원' 설립 및 '중이온가속기' 건설, 다학제 융합 뇌연구의 거점인 '뇌연구원' 설립 추진, 과학기술의 중요성이 국가경영 핵심으로 녹아들어 탄생한 '국가

과학기술위원회', 원자력 안전규제의 독립성 강화를 위한 '원자력안전위원회' 신설….

이명박 정부는 출범과 동시에 과학기술 혁신을 국가정책의 핵심 가치로 삼고, 인류의 꿈과 상상을 현실화하기 위한 도전을 시작했다. '창의'와 '융합' 그리고 '인재'는 이명박 정부 과학기술정책의 키워드다. 과거 산업화 시대의 모방형 R&D 패러다임을 창의적·선도적 R&D 체제로 전환해 각 분야의 융합을 실현하려 한다. 교육과 과학기술의 융합(교육과학기술부), 과학기술과 생활·문화의 융합(국제과학비즈니스벨트), 교육과 연구 간 융합(대학)을 통한 시너지 창출이 바로 그것이다. 그리고 R&D 투자 규모의 확대와 함께 인재 중심의 가치를 강조하고 있다. 이는 14~16세기 르네상스 시대의 변화를 주도한 요소들과 일맥상통한다. 바야흐로 대한민국에서 과학기술 르네상스 시대가 열리고 있다고 해도 과언이 아니지 않을까 한다.

이명박 정부에서 추진한 과학기술 혁신정책이 열매를 맺기 위해서는 정부의 지속적인 투자와 제도적 지원뿐 아니라 과학기술인의 열정과 노력, 국민의 진심 어린 관심이 필요하다. 식품이나 원전 안전 등으로 인한 막연한 불안이나 사회 갈등을 줄이기 위한 과학기술인들의 참여도 절실하다. 또한 최첨단 기술 발전에 따른 윤리적·사회적 문제를 최소화하기 위해서는 사회와의 소통도 중요하다. 이제 과학기술을 통해 인류가 직면한 문제에 답하고, 건강한 미래를 만들어나갈 수 있도록 모두의 노력과 지혜를 모아야 할 때다. 대한민국이 과학기술 르네상스의 중심이 되는 그 날까지 우리의 꿈과 도전은 계속될 것이다.

CHAPTER 18

개방과 융합의 국제과학비즈니스벨트

용홍택1 | 조율래2

미래를 품다! 국제과학비즈니스벨트의 탄생

2011년 5월 16일 오후 1시 30분, 광화문 정부중앙청사 브리핑룸은 취재진으로 발 디딜 틈조차 없었다. 기자들의 표정에는 긴장감이 역력했다. 국제과학비즈니스벨트의 입지 선정 결과가 발표되는 순간이었다. 이주호 교육과학기술부 장관이 마이크를 켰다.

"거점지구는 대덕 연구개발 특구에 위치한 신동·둔곡지구로 확정하고, 기능지구는 청원군, 천안시, 연기군으로 결정됐습니다."

수십 대의 카메라 플래시가 동시에 터졌다. 2개월 여 동안, 아니

---

1 현 국제과학비즈니스벨트기획단장, 기초과학정책과장, 대통령실 행정관 등 역임
2 현 제2차관, 연구개발정책실장, 정책기획관 등 역임

2009년 종합계획 확정 이후부터 전국을 뜨겁게 달구었던 국제과학비즈니스벨트 입지가 드디어 결정된 것이다.

국제과학비즈니스벨트의 시작은 2007년 이명박 대통령의 대선 후보 시절로 거슬러 올라간다. 세계적 기초과학연구소인 스위스의 CERN(유럽핵입자물리연구소)을 방문한 이명박 후보는 깊은 인상을 받았다. 지름이 무려 27km에 달하는 지상 최대의 과학실험 장치인 LHC(강입자 가속기)를 중심으로 세계 각국의 과학자들이 모여 눈부신 연구 성과를 만들어 내고 있었다. 국제과학비즈니스벨트의 밑그림이 그려지는 순간이었다. 추락하는 잠재성장률을 끌어올리고 지식기반 시대에 걸맞은 나라를 만들기 위해서는 CERN과 같은 인프라가 반드시 필요하다는 생각을 하게 된 것이다. '세계적 기초과학의 허브', 지식을 산업으로 연계하는 '과학비즈니스의 거점'이라는 비전을 품은 국제과학비즈니스벨트 조성사업은 과학기술 분야 제1의 대선공약으로 채택됐다. 새로운 미래를 잉태할 국제과학비즈니스벨트의 씨앗은 이렇게 뿌려졌다

이명박 대통령의 당선과 동시에 대통령직인수위원회 국가경쟁력강화위원회 산하에 국제과학비즈니스벨트 태스크포스 팀이 구성되었다. 기초과학연구원과 중이온가속기에 초점을 둔 추진방안이 마련되고, 100대 국정과제에도 선정되었다. 그리고 2008년 10월, 교육과학기술부에 국제과학비즈니스벨트 추진단이 정식으로 구성되었다. 당시 목표는 2009년 초까지 종합계획을 수립하고 하반기 이전에 특별법을 제정하는 것이었다. 사실 이런 대형 국책사업의 계획과 관련

법령을 1년 안에 추진한다는 것은 매우 어려운 일이다. 추진단의 실무자가 10명밖에 되지 않는 열악한 상황에도 불구하고 정부는 강력한 의지로 추진하여, 2009년 1월 제29회 국가과학기술위원회에서 '국제과학비즈니스벨트 종합계획'을 확정했다. 이어 한 달 뒤에는 '국제과학비즈니스벨트 조성 및 지원에 관한 특별법' 안이 국회에 제출되기에 이르렀다.

그러나 여기서 끝이 아니었다. 또 다른 장벽이 나타났다. 국제과학비즈니스벨트의 입지가 여야의 쟁점으로 떠오르면서 국회 문턱을 넘지 못하고 법안이 표류하게 된 것이다. 충청권을 중심으로 한 야당 의원들은 특별법안에 충청권 입지를 명시할 것을 요구하고 나섰고, 여당 의원들은 반대하면서 좀처럼 의견차가 좁혀지지 않았다. 사실상 이런 대형 국책사업에서 특정 지역을 입지로 명시하는 사례는 거의 없다. 국제과학비즈니스벨트 특별법에는 '특정 지역이 아닌 국가 기초과학 연구개발 최적의 입지를 과학기술계 중심으로 논의, 검토해 결정한다'는 명제가 담겨 있었다.

2010년 1월, 돌연 상황이 급변하는 계기가 발생했다. 세종시 수정안이 발표된 것이다. 당시 정운찬 국무총리는 세종시 정부청사 건립을 취소하고 국제과학비즈니스벨트를 중심으로 기업, 대학, 연구소를 유치하는 대체안을 발표했다. 만일 수정안이 통과된다면 그동안의 국제과학비즈니스벨트 입지를 둘러싼 국회에서의 논쟁은 무의미한 것이었다. 그러나 정치적 이해관계가 얽히면서 세종시 수정안은 발표된 지 6개월 만인 2010년 6월 부결되고, 국제과학비즈니스벨트 입지에 관한 논의도 원점으로 되돌아갔다. 여야의 팽팽한 대립 속에 끝이 보이지 않았던 특별법 제정은 결국 2010년 12월 8일, 국회를 통과하면서 일단락됐다.

이후 국제과학비즈니스벨트 특별법은 시행령 제정을 거쳐 2011년 4월 발효됐다. 곧바로 국제과학비즈니스벨트위원회가 구성되면서 입지 선정 절차에 착수했다. 위원회는 대부분을 과학기술계 인사로 구성해 전문성을 높였고, 입지 선정과정에서는 모든 외부적 요인을 차단하기 위해 최종선정 전까지 관련 경과 일체를 공개하지 않았다. 최종 선정일 하루 전에는 급기야 모든 사무실의 출입문과 창문을 단단히 걸어 잠근 채 일하는 해프닝이 벌어졌다. 그만큼 입지 선정은 지역적으로 민감한 사안이었기에 객관성과 공정성을 최대한 확보하려는 노력의 일환이었다.

아무도 가지 않은 길, 기초과학연구원의 문이 열리다

국제과학비즈니스벨트의 입지가 결정된 지 꼭 1년이 지난 2012년 5월 17일, 우리나라 과학계의 지각변동을 알리는 경사가 전해졌다.

"기초과학연구원이 전 세계 과학자들이 오고 싶어 하는 '꿈의 연구원'이 되도록 지원과 노력을 아끼지 않겠습니다."

대통령 축사와 함께 국제과학비즈니스벨트의 핵심 연구기관인 기초과학연구원의 개원을 대내외적으로 공표했다. 아울러 연구원의 미래와 대한민국의 내일을 책임질 첫 연구단장 10명을 선정하고 이를 선포하였다.

오랜 기간 동안 우리나라는 정부 출연(연), 민간 기업이 중심이 되어 선진국 모방형의 응용·개발 연구를 중점적으로 수행해 왔다. 연구자원이 모자라고 기술역량이 부족했던 당시로서는 어쩔 수 없는 선택이었다. 다행히도 이 전략은 적중했고, 우리나라는 전쟁의 상흔과 폐허를 딛고 짧은 기간 안에 눈부신 경제성장을 이루어 낼 수 있었다. 하지만 선진국의 뒤를 쫓아가는 전략이 언제까지나 통할 수는 없었다. 어느 시점부터 점차 기술의 대외 의존도가 늘어나고 잠재성장률이 둔화되는 등 선진국 추격형의 연구개발 전략은 근본적인 성장한계를 드러내기 시작했다. 선진국보다 한발 앞서서 선진국이 아직 찾지 못한 지식과 기술을 먼저 선도해 나가지 않으면 안 되는 상황이 온 것이다.

'우리가 세계 속에서 뒤쳐지지 않고, 도리어 세계의 심장이 되어 미래를 이끌어 가는 리더가 되려면 어떻게 해야 할 것인가?'

현 정부 출범 이전부터 계속돼 왔던 질문이었다. 각고의 고민 끝에 그 해답을 '기초과학 육성'에서 찾았다. 우리의 미래가 바로 기초과학 투자에 있음을 절감하고, 그 실행 전략의 하나로써 기초과학연구원을 선택한 것이다.

그동안 기초과학연구는 대학을 중심으로 한 소규모 개인단위가 중심이 되었다. 상대적으로 대규모 재원이 투입돼야 하고, 장기간의 기초연구가 뒷받침 돼야 하는 분야는 불모의 영역이나 다름이 없었다. 그러나 미지의 세계를 탐구하고 새로운 지식을 창출하는 것은 기다

기초과학연구원의 연구영역

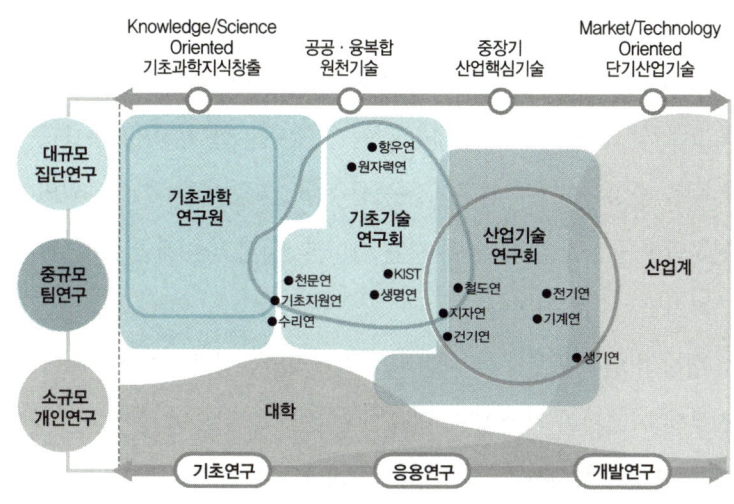

림과 노력 외에 많은 자본을 필요로 하기 마련이다. 아무도 가지 않은 길, 그리고 누구도 얻지 못한 열매를 얻는 일에 그만한 투자와 노력은 어쩌면 당연하다. 바로 그 길 위에 기초과학연구원이 있다. 연구단 별로 연구단장의 지휘 아래 연평균 100억 원 규모의 연구비로 장기간에 걸친 연구를 수행하는 대한민국에 유래 없는 기초연구 전담기관으로서 그 문을 열게 되었다.

새로운 미래를 위해서 설계된 연구기관인 만큼 기초과학연구원은 기존의 연구 패러다임을 혁신하는 것부터 출발하였다. 기초과학연구원이 무엇보다 중요하게 생각하는 것은 '사람'이다. 사람이 변화와 혁신의 핵심에 있다는 믿음 아래 뛰어난 연구자의 힘을 최우선으로 생각한다. 그동안 대학, 정부 출연(연) 등에서 수행하는 대부분의 연구들이 우선 필요한 분야를 정한 뒤 그에 적합한 연구자를 찾는 '테마 중심'의 전략으로 접근하였다면, 기초과학연구원은 핵심연구조직인 연구단을 이끌어 갈 연구단장의 역량, 다시 말해 그의 수월성을 최고로 삼고 그와 같은 인재를 찾는 일에 몰두한다. 이 같은 연구원 철학을 반영하여 1차 연구단장을 선정한 결과, 기초과학연구원의 첫 연구단장들은 기초과학분야 뿐만 아니라, 세계 과학계의 괄목할만한 과학자들로 이루어졌다.

현장의 연구자들이 늘 하는 이야기가 있다. 성과에 대한 재촉이나 정부의 이런저런 간섭 없이 마음껏 연구를 해 봤으면 좋겠다는 것이다. 특히 그 특성상 모험적이며, 막대한 재원이 투입되고도 성공을 담보하기 어려운 기초연구를 수행하는 과학자들은 더욱 그러하다. 기초과학연구원은 이러한 연구자들의 오랜 소망을 담아 연구자의 자율성을 최대한 보장하는 연구 시스템을 갖추었다. 연구단장에게 연구 주제, 예산 배분, 인력 구성 등 연구 수행에 있어 전권을 부여함으로써 각각 독립된 연구단별로 자신의 연구 분야에서 원하는 연구를 마음껏 수행할 수 있는 기반이 마련되었다.

또한, 기초과학연구원은 열린 조직을 지향한다. 연구원의 철학과 연구영역에 부합하는 연구를 수행하려는 연구자 누구에게나 개방되어 있다. 함께 협력하여 시너지 효과를 낼 수 있는 그 어느 기관과도 손잡을 준비가 되어 있다. 전 세계의 과학자들을 유치 대상으로 삼아 연구공간을 제공하고, 세계 유수 연구기관들과의 협력을 추진한다. 아울러 국내의 한정된 기초과학 자원을 효율적으로 활용하기 위해 기존의 대학, 출연(연)과 적극적으로 협조·연계할 수 있는 연구 네트워크를 제도적으로 구축하였다. 연구에 전담하는 본원 외에도 KAIST, GIST, DGIST, UNIST 및 POSTECH 등 지역의 과학기술 특화대학과 대덕의 출연(연)과 연계 운영하는 모델인 '캠퍼스'를 설치하고, 전국의 대학과 출연(연)이 오랜 기간 축적해 온 연구자원과 역량을 최대한 활용하기 위해 '외부연구단'을 운영한다. 기초과학연구원 연구자들의 지도와 교류 아래 대학의 신진 연구인력 양성의 효과도 더불어 기대하고 있다. 단순히 연구만 하는 기관이 아니라 대한민국의 미래를 개척해 나갈 인재들을 길러내는 일에도 적극적으로 참여하는 것이다.

기초과학연구원은 대한민국에서 전에 없던 연구원으로서 많은 이들의 기대와 관심을 한 몸에 받으며 막 첫 발을 내디뎠다. 장차 2017년까지 50개 연구단에 3,000여 명의 국내외 인재들이 함께 생활하는 살아있는 연구원이 될 수 있도록 하나 둘 운영에 착수하였고, 동시에 차기 연구단을 선정하기 위한 작업들도 분주하게 진행되고 있다. 머지않은 미래에 독일의 막스플랑크MPI, 일본의 이화학연구소RIKEN와 같은 세계적인 기초연구기관들과의 어깨를 나란히 하리라는 꿈을 안고서 말이다.

과학자들의 꿈의 구장, 중이온가속기

최근 세계적인 가속기연구소인 CERN에서 모든 물질의 질량을 부여한다고 해서 '신의 입자'라고도 불리는 '힉스 입자'가 발견되었다는 소식이 전해지면서 전 세계 과학기술계가 들썩이는 소동이 있었다. 물론 이 같은 발표에도 불구하고 아직 그 존재 여부에 대해서는 신중한 입장에 있지만, 이는 CERN에서 지상 최대의 가속기인 거대강입자가속기LHC가 본격 가동한 지 약 2년 반 만에 나타난 연구결과로 실로 주목할 만한 사건이다.

국제과학비즈니스벨트에도 이처럼 미지의 연구를 개척해 줄 대형 기초연구시설로 중이온가속기를 설치한다. 중이온가속기는 양성자보다 무거운 입자를 가속한 후 물질에 충돌시켜 새로운 원소를 생성·실험하는 장치로서, 핵물리, 천체물리, 원자력, 생물과 의학, 원자 및 고체물리 등 현대과학기술 분야에서 없어서는 안 될 첨단 연구시설이다. 지금까지 나온 노벨 물리학상 중 약 20%가 가속기와 관련이 있을 정도로 가속기는 최첨단 연구의 기반이 되고 있다. 이에 미국, 일본, EU 등 선진국에서는 이미 중이온가속기를 운용 중에 있으며 각 나라마다 경쟁적으로 신규 시설을 구축 중에 있다.

대한민국에 최적화 된 가속기를 찾으려는 노력은 국제과학비즈니스벨트 출범과 함께 시작됐다. '우리나라에 가속기가 과연 필요한 것인지?' 부터 '필요하다면 중이온가속기가 맞는 것인지?' 까지 국제과학비즈니스벨트 내에 중이온가속기를 설치하기까지 과학기술계의 수많은 논의와 고민이 있었다. 결국 선택은 중이온가속기였고, 2009년 한국형 중이온가속기를 도출하기 위한 개념설계 작업에 착수하였다. 개념설계를 통해서 제안된 한국형 희귀동위원소 가속용 중이온

중이온가속기의 원리

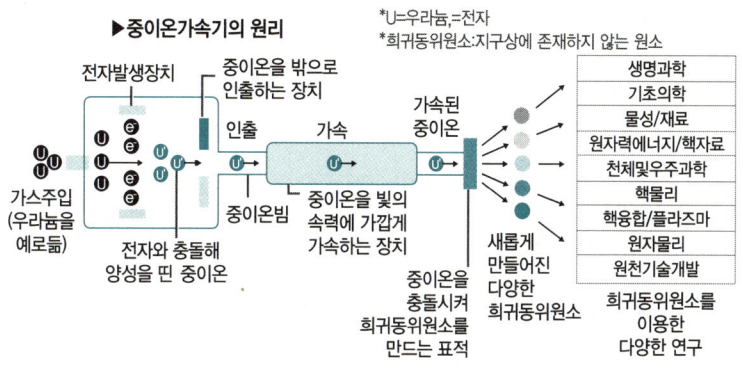

가속기는 높은 가속에너지로(200MeV/u) 우라늄Ur까지 가속이 가능하며 세계 최초로 동위원소 생성 방식인 IFF[3]와 ISOL[4]방식을 동시에 채택하여 다른 나라에서 현재 운용 중이거나 구축 중인 가속기에 비해 성능이 우수한 경쟁력 있는 시설로 평가되고 있다. 또한 빔의 세기가 동종의 가속기 중에서 세계에서 가장 강할 뿐만 아니라, 다양한 이온을 가속시킬 수 있어 폭넓은 범위의 연구 수행을 가능케 한다. 2011년에 있었던 중이온가속기 개념설계의 전반적인 내용과 향후 사업방향 등을 검토하기 위한 국제자문위원회(위원장 : 미국 페르미연구소 김영기 부소장)의 자문결과에서도 설계 독창성을 인정받은 바 있으며, 국제협력을 통해 성공적으로 구축될 경우 국제적 차원에서 과학기술 발

---

[3] In-flight fragmentation : 얇은 표적에 우라늄과 같은 중이온을 충돌시켜 다양한 고에너지 단수명 동위원소를 생성시키는 방식(소전류, 고에너지 빔)
[4] ISOL(Isotope Separation On-Line) : 두꺼운 표적에 양성자를 충돌시켜 다양한 저에너지 단수명 동위원소를 생성시키는 방식(대전류, 저에너지 빔)

전에 기여할 수 있는 시설로 평가받았다.

중이온가속기는 향후 6년간 약 4,600억 원 규모의 막대한 재원이 투입되는 우리나라 최초의 대형 기초연구시설인 만큼 성공적인 구축을 위한 치밀한 전략이 요구된다. 이를 위해 2011년 말에는 중이온가속기 구축을 위한 전담 조직으로 기초과학연구원 산하에 '중이온가속기구축사업단'을 설치하였다. 2017년 시운전을 목표로 국내의 가속기 관련 전문 인력들이 집결했고, 우리나라 최초의 중이온가속기 구축에 기여하고 싶다는 열정과 의지 하나로 한국행을 결심한 귀국 과학자들까지 똘똘 뭉쳐 현재 상세설계 작업이 한창이다.

한편, 세계적으로도 그 수가 많지 않으며 국내에서 구축 경험이 없는 중이온가속기의 성공적 개발을 위한 해외 가속기연구소[5]와의 인력·기술 교류를 위한 국제협력도 강화하고 있다. 그 결과 2012년 5월, 기초과학연구원과 독일 GSI 간 가속기 분야의 협력을 위한 MOU를 체결하였으며, 같은 해 8월에는 미국 페르미연구소 내에 미주지역 가속기연구소와의 협력을 위한 교두보로써 한-미 가속기 협력센터 KUCC를 설치하였다. 앞으로 중이온가속기 구축에 필요한 전문 인력 확보를 위해 매년 10여명의 석·박사급 신규 인력을 미주 지역 가속기연구소에 파견하여 양성해 나갈 계획이다. 향후 페르미연구소뿐만 아니라 미국 아르곤연구소, 미시건주립대, 캐나다 TRIUMF 등 북미

---

5 MSU FRIB(미국), 페르미연구소(미국), CERN(EU), GSI(독일), RIKEN(일본), GANIL(프랑스), TRIUMF(캐나다)

지역 가속기그룹과의 기술·인력 교류와 가속기 공동개발을 위한 협력이 본격화 될 것으로 기대된다.

신 물질의 발견에서 우주 탄생의 비밀에 이르기까지 앞으로 중이온가속기가 밝혀낼 미래의 비밀들은 무궁무진하다. 어떤 미래로 우리를 인도할지 짐작할 수 없을 만큼 무한한 가능성을 갖춘 연구시설이다. 지금처럼 한마음이 되어 중이온가속기 구축을 위한 로드맵을 착착 이행해 나간다면 그 가능성을 경험할 날도 멀지 않았다.

500인의 과학 두뇌, Brain Return 500

세계는 지금 치열한 인재전쟁을 치르고 있다. 중국의 천인계획[6], 이스라엘의 I-CORE 프로그램[7] 등 세계 각국은 국가 차원에서 철저한 목표와 전략을 바탕으로 국가 성장과 직결되는 인재를 유입하기 위한 경쟁을 벌이고 있다.

우리 정부도 'Brain Return 500'이라는 슬로건 아래 국제과학비즈니스벨트의 조성이 일단락되는 2017년까지 미래의 국가성장을 책임질 핵심 연구인력 500명을 세계 각국으로부터 유치하기 위한 야심찬

---

[6] 천인(千人)계획 : 국가 중점혁신 프로젝트, 중점학과 및 산업단지 등을 중심으로 5~10년간 1,000명의 해외 우수인재를 영입하여 창업 및 연구활동 지원
[7] Israeli Centers of Research Excellence : 이스라엘 자국의 첨단연구인력 300여명 귀국을 타깃으로 삼고 첨단 연구환경을 제공, 귀국 즉시 60만달러 지급하며 이후 연간 12만달러씩 5년간 지급

계획을 추진 중에 있다. 초기에는 기초과학연구원을 중심으로 인재 유치를 추진하고, 장기적으로 국제과학비즈니스벨트 내에 국내외 연구기관 유치를 통해 국제과학비즈니스벨트 전 지역으로 확대해 나간다는 복안이다. 저명 과학자에서 신진 연구자에 이르기까지 다양한 해외 인력을 국제과학비즈니스벨트로 유입하기 위한 핵심적인 기제는 국제과학비즈니스벨트 내에 설치되는 기초과학연구원과 중이온가속기가 될 것이다. 이 같은 글로벌 기초연구 인프라를 기반으로 우수한 연구환경에서의 연구를 열망하는 세계적인 과학 두뇌의 마음의 문을 두드린다.

과학 두뇌들에게 기초과학연구원과 중이온가속기라는 매력적인 연구 여건만큼 중요한 것은 연구무대를 옮기더라도 안정적으로 가족과 함께 정착할 수 있는 국제적 수준의 정주환경이 제공되는가이다. 이를 위해 국제과학비즈니스벨트 내에 연구자와 동반가족의 국내정착을 돕기 위한 원스톱 정주지원 서비스센터를 두어 다양한 주거 모델 건설, 언어와 문화장벽 없는 병원·은행·문화시설 등을 지원할 예정이다. 아울러 귀국 자녀의 교육여건 확보를 위해 외국인학교·국제학교 등에 대한 지원도 계획하고 있다.

우리나라는 1960년대에 척박했던 당시의 과학기술 환경에서 KIST를 설립하고 교포 과학자를 유치하는 등 적극적인 인재 유치 시책을 추진하였고, 이는 짧은 기간 안에 세계가 놀랄만한 눈부신 경제성장을 이루는 견인차가 되었다. 그로부터 반세기가 지난 지금 우리 정부는 Brain Return 500을 통해 새로운 도약을 꿈꾼다. 'Fast Follower'

가 아닌 21세기를 선도하는 'First Mover'로 다시 태어나기 위한 우리나라의 오늘의 선택은 '사람'인 것이다.

과학과 비즈니스의 융합을 꿈꾸다

'융합'은 거스를 수 없는 이 시대의 화두가 되었다. 지식, 과학, 기술, 교육 등 수많은 분야가 접목되면서 융합을 통한 성과들이 세계를 변화시키고 있다. 국제과학비즈니스벨트야말로 가장 이상적인 융합의 모델이 아닐 수 없다. 기초연구를 중점 수행하는 거점지구와 응용·개발과 사업화를 주로 하는 기능지구 간의 연계를 통해 과학과 비즈니스가 융합되는 신개념 국가성장거점을 지향하고 있기 때문이다.

국제과학비즈니스벨트는 기능지구 내 대학, 연구소, 기업들이 자유롭게 교류하고 협력할 수 있도록 공간적인 기반을 구축하고, 공동연구개발과 인력양성을 위한 시책을 집중 지원할 계획이다. 2012년에는 그 일환으로 기초과학 지식을 바탕으로 관련 비즈니스를 접목시킬 수 있는 과학경영 전문 인재 양성에 주력했다. 기능지구 소재 한국기술교육대(천안시), 충북대(청원군), 홍익대(세종시) 등 3개 대학에 과학-비즈니스융합전문가PSM 양성을 위한 특수대학원을 개설하고, 전격적인 지원에 나섰다. 국제과학비즈니스벨트 내 대학과 연구소가 보유한 기초연구성과 중에서 미래 활용가능성은 높지만 사장될 우려가 있는 연구성과를 지속적으로 후원하는 후속 R&D 지원에도 착수하였다. 또한 국제과학비즈니스벨트 내의 유망 중소·중견기업을 지원하기 위해 정부·지자체·민간 공동으로 과학벨트 투자펀드를 조성할 계획이다. 그 밖에도 학·연·산의 공간적 통합과 연구개발, 인력양성, 창업지원 등을 수행하는 SB Science Business 플라자와 같은 거점지구의 성과가 기능지구와 연계하여 비즈니스화 될 수 있도록 다양한 프로그램을 지원할 예정이다.

국제과학비즈니스벨트는 기초연구에서부터 사업화에 이르는 전 과정을 아우르는 거대한 융합의 거점이다. 응용·개발에 치우친 연구개발 생태계의 불균형을 바로 잡고, 과학과 비즈니스의 융합이 이루어지는 대한민국 국가연구 성장거점으로서의 역할을 다 할 것이다.

국제과학비즈니스벨트, 꿈이 만들어 가는 미래

앙드레 말로는 "꿈 없이 가능한 일은 없다"고 했다. 국제과학비즈니스벨트의 꿈은 이미 오래 전에 잉태됐다. 현 정부 출범 이전부터 지금까지 꿈을 실현하기 위한 노력들은 끊임없이 이어져 왔다. 오랫동안 꿈을 간직하는 사람은 그 꿈을 닮아 간다는 말처럼, 이 꿈은 우리 눈앞에서 하나씩 하나씩 실현돼 왔다. 사업의 정당성과 추진동력을 실어준 특별법 제정을 이루어 냈고, 입지 선정을 둘러싼 갈등과 위기를 돌파해 냈다. 기초과학연구원의 문을 열고, 국제과학비즈니스벨트 기본계획을 완성했다. 장기적인 청사진과 비전을 도출하기 위해 노력하는 가운데 수많은 난관들을 극적으로 극복했다.

이제 우리에게 남은 과제는 무엇일까? 지금부터는 보다 전략적인 실행에 나서야 할 때이다. 국제과학비즈니스벨트 조성사업이 정치적·지역적 이해에서 비롯된 산물이라는 오해의 시선과, 과연 지속적으로 추진될 수 있을지를 의심하는 우려의 시선을 깨끗이 잠재워야 한다. 이를 위해서는 차기 정부에서도 일관성 있게 추진해 나갈 수 있는 강한 추진력과 실행력이 필요하다. 한정된 재원 내에서도 대규모 예산을 투입하기로 한 어려운 결정이었던 만큼 흔들리는 모습을 보여서는 안 될 것이다.

국제과학비즈니스벨트는 그 이름에서도 알 수 있듯이 세계의 연구자들이 교류·연구하는 국제적인 연구거점을 목표로 하고 있다. 소극적인 자세로 인재가 모이길 기다릴 것이 아니라, 우수연구자 그룹을 구축하여 발굴된 연구자들을 적극적으로 섭외하고, 해외 학회와 포럼 등을 활용하여 홍보에 나섬으로써 세계적인 과학 두뇌를 우리의 연구무대로 불러 들여야 할 것이다.

이에 못지않게 우선되어야 할 것은 국내 연구자들을 위한 세심한 배려이다. 항간에는 국제과학비즈니스벨트 조성사업이 국내 연구자의 열악한 처우 개선보다 해외 과학자 유치에만 집중한다는 탐탁지 않은 시선도 있는데, 이를 불식시키기 위한 노력이 절실하다. 국내 연구자뿐 아니라, 해외의 우수 과학자에게도 널리 연구현장을 개방하기 위한 시도라는 것을 제대로 알릴 필요가 있다. 국적을 불문하고 차별 없이 연구 기회를 제공하고 다양한 경험을 가진 연구자들이 함께 함으로써 이상적인 시너지 효과를 창출할 수 있다는 공감대를 만들어 가야 한다.

　기초과학 육성은 거북이 같은 느림의 미학이 요구되는 영역으로 조바심은 금물이다. 국제과학비즈니스벨트가 열어줄 미래에 대한 확신, 그리고 끊임없는 관심과 투자가 필요하다. 개방과 융합의 창조적 과학기술의 산실, 국제과학비즈니스벨트에서라면 우리가 꾸는 꿈은 실현가능한 미래가 될 것이다.

CHAPTER 19

원자력에서 우주까지

양성광[1] | 노경원[2]

대한민국, 거대과학과 만나 인류 미래를 열다

우리나라는 미지의 세계에 대한 호기심과 탐구심으로 천문학을 국가 최고의 학문으로 중시하고 발전시킨 천문 강국이었다. 현존하는 가장 오래된 천문대인 신라 '첨성대', 1611년 흑점을 처음 발견했다고 알려진 갈릴레오 갈릴레이보다 1,000여 년 앞서 태양 흑점을 기록하고 있는 '고려사 천문지', 조선 시대 '간의대', '혼천의', '앙부일귀', '자격루' 등 많은 사료와 유물들이 우리나라 천문학이 세계 수준에 도달

---

1 현 연구개발정책실장, 기초과학정책관, 전략기술개발관 등 역임
2 현 전략기술개발관, 비서실장, 행정관리담당관 등 역임

하고 있었음을 말해준다.

　이와 같은 새로운 분야에 대한 도전과 창조정신은 원자력, 핵융합, 우주과학 등 거대과학 Big Science, Mega Science 분야로 이어지고 있다. 우리나라는 1958년 원자력 개발을 시작한 지 50년 만에 원자력 불모지에서 연구용원자로와 상용원전을 수출하는 세계 원자력 시장의 강국으로 부상했다. 또한 선진국보다 30~40년 늦은 20여 년의 짧은 우주개발 역사에도 불구하고 세계 11위권의 우주경쟁력을 갖는 국가로 발돋움했다. 세계 5위의 원자력 기술 강국, 세계 최초의 초전도 핵융합 연구장치 KSTAR 개발, 세계 5번째 3세대 방사광가속기 구축, 세계 7번째 기상위성과 세계 최초 해양위성 발사 등 거대과학 분야에서 단기간에 훌륭한 성과를 이뤄 국가 위상을 높이고 있다.

　특히 원자력 기술을 국가 신성장동력으로 삼아 수출산업으로 적극 육성하기 위해 총력을 기울였다. 그 결과 2009년에 요르단에 연구용원자로를, 아랍에미리트에 상용원자로를 수출하는 성과를 거뒀다. 우리나라 원자력 역사상 처음으로 원자력 종합시스템을 수출한 것이다. 이어 세계 중소형원자로 시장을 선점해 제2의 원자력 수출을 이끌어 낼 수 있는 신개념 원자로 SMART 개발에 성공해 2012년 7월, 표준설계 인가를 획득하였다.

　또한 우주시대에 대비해 우주선진국으로 도약하기 위하여 국가 역량을 결집한 결과 단기간에 많은 성과를 거뒀다. 1992년 우리별 1호를 발사한 이후 불과 20여 년 만인 2008년 국내 최초의 우주인 배출, 2009년 나로우주센터 준공, 비록 발사에 실패했지만 독자적인 한국형발사체 개발의 희망을 보여준 두 번의 나로호 발사, 2010년 정지궤도위성 천리안 발사 성공 등의 성과를 이뤄냈다.

선진국에 비해 늦은 출발과 전문인력, 기술, 예산 등에서 여러모로 부족했으나 세계적으로도 이례적인 빠른 성장을 이룬 것은 정부의 적극적인 투자와 성공의지, 연구원들의 열정과 노고가 있었기에 가능했다. 앞으로도 원자력, 우주 등 거대과학 분야에서 언제든 실패와 시행착오를 겪을 수 있다. 하지만 불굴의 의지로 중소형원자로 수출, 미래형 에너지 개발, 한국형발사체 개발 등을 성공시켜 거대과학 분야를 선도하는 나라로 발전시켜 나갈 것이다.

원자력·핵융합기술로 녹색미래의 희망을 키운다

'메이드 인 코리아' 원자로로 세계를 열다

오늘날 인구증가와 삶의 질 향상에 따라 에너지 수요가 급격하게 증가하고 있으며, 화석연료의 사용으로 인한 지구 온난화와 기상이변 현상 등으로 미래 청정에너지에 대한 관심이 급증하고 있다.

우리나라는 화석연료를 대체할 수 있는 에너지원 개발의 중요성을 일찍부터 깨닫고, 국민소득 80달러 정도밖에 안 되던 이승만 대통령 시절부터 원자력 개발을 시작했다. 1970년에 최초의 원자력발전소가 건설됐으며, 두 차례의 석유파동을 겪으면서 원자력의 필요성은 더욱 커지게 됐다. 정부는 원자력발전 확대와 함께 원자력 기술 자립을 추진했다. 이후 원자력개발사업에 대한 전폭적인 지원이 이뤄지면서 1980년대 말 경수로와 중수로용 핵연료 국산화에 성공했다. 마침내 1990년대 말에는 우리 고유의 모델인 한국표준형원전 개발이 이뤄졌다.

2008년에 출범한 교육과학기술부는 원자력발전이 국가 경제 및 과학기술 발전에 더욱 기여할 수 있도록 구체적이고 실천적인 정책을 추진했다. 지난 반세기 동안 원자력은 저렴하고 안정적인 전력 생산을 통해 산업발전과 경제성장의 밑거름이 됐다. 하지만 한반도의 테두리를 벗어나지 못해 '내수 산업'에 머물러왔다. 교육과학기술부는 이 같은 한계를 극복하고 세계적으로 인정받고 있는 원자력 기술을 수출하기 위해 강력한 수출 드라이브 정책을 추진했다. 그 결과 2009년 요르단에 연구용원자로를 수출하는 쾌거를 이뤘다. 요르단 연구용원자로는 우리나라가 최초로 해외에 건설하는 원자로라는 기념비적인 의미를 지닌다. 선진국의 전유물인 원자력 시스템을 통째로 수출한 것은 우리나라가 세계 원자력 기술을 선도하는 주인공이 될 수 있다는 가능성을 보여줬다. 이 같은 성과는 반세기 동안 연구용원자로를 꾸준히 개발하고 운영해온 경험과 기술력을 바탕으로, 원자력 시스템 수출을 반드시 성사시키겠다는 정부의 의지와 치밀한 전략이 어우러져 이루어낸 결과이다.

원자력 수출이 일회성에 그치지 않고 연속 수출을 통한 차세대 수출산업으로 완성되기 위해서는 더욱 치밀한 전략이 필요하다. 교육과학기술부는 2025년까지 10~20조 원에 달할 것으로 예상되는 세계 연구용원자로 시장에서 프랑스와 함께 2대 공급국으로 자리매김하기 위해 최신 기술을 적용한 수출용 신형 연구용원자로(부산 기장에 건설 계획)를 개발하고 있다. 이를 통해 국내 의료용 동위원소 수급난을 해소하고, 연구용원자로 설계 기술을 완성해 세계 시장의 경쟁력을 키우겠다는 것이 정부의 복안이다.

대형 산업용 원전에 있어서도 2009년 말 아랍에미리트UAE 원전 4기를 수주하는 경경사가 났다. 원전 4기에 대한 공사비만 200억 달러로 건국 이래 최대라는 수식어를 붙여도 손색이 없다. 우리나라가 30년간 쌓은 기술력과 더불어 모하메드 왕세자에게 이명박 대통령이 보인 상생의 설득이 주효했다. 이 대통령은 2009년 12월 아랍에미리트UAE 원전 수주 생방송 기자회견에서 "우리나라가 원전 수출국가로서 세계 원자력발전 시장에 당당히 참여해 가장 경쟁력 있는 국가가 됐다"고 평가하면서 "앞으로 아랍에미리트UAE와의 원활한 관계를 통해 제2의 중동 붐을 기대한다"고 밝혔다.

우리나라는 대형 원전의 틈새시장도 공략에 나섰다. 대용량 원자로를 운영할 수 없는 인프라를 가진 국가나 대형 전력공급시스템에서 멀리 떨어져있는 지역에 수출하는 것을 목표로, 중소형 원전 시장 공략을 위한 새로운 원자로 모델도 개발하고 있다. 우리 고유의 모델로 개발한 중소형 원자로인 SMART System-Integrated Modular Advanced Reactor가 바로 그것이다. SMART는 규모가 크며 전기만 생산하던 일반 원자력 발전소와 달리, 중소형 원전에서 전력 생산은 물론 바닷물을 민물로 바꾸는 해수담수화, 지역난방까지 활용할 수 있는 신개념의 다목적 원자로이다. 원자로의 주요 기기가 하나의 용기 안에 들어가도록 설계돼 일본 후쿠시마 원전 사고와 같은 대형사고 가능성을 크게 낮춰 기존 원전에 비해 뛰어난 안정성을 인정받고 있다. SMART는 대외적으로 개발 중인 중소형 원자로 중 개발 완성도가 가장 앞선 것으로, 브랜드 인지도가 높아 수출 가능성도 크다. 2012년 7월에는 신개념의 중소형 원자로로서는 세계 최초로 표준설계인가를 획득하여 중소형 원전 시장을 선점할 수 있는 기반을 마련하였다. 앞으로 SMART의 안전성과 상품성을 더욱 높이기 위해 2012년부터 3년간 290억 원 가량의 연구개발비를 지원할 예정이며, 원활한 수출 추진을 위해 국내에 SMART 시범 원자로를 건설하는 방안도 검토해 나갈 것이다.

다음 세대를 위한 미래 원자력 기술

미래는 준비하는 자의 몫이다. 우리나라는 꾸준한 연구개발을 통해 현재 가동 중인 원자력 발전소 관련 기술에서 세계를 선도하는 수준에 올라섰다. 이에 만족하지 않고 안전성과 경제성, 자원재활용성, 핵확산저항성 등을 획기적으로 향상시킨 미래형 원전 개발에도 힘을 쏟고 있다.

　미래 원자력시스템 개발의 핵심은 '고속로' 기술과 '사용후핵연료' 재활용 기술 개발이다. 현재 가동되는 원자력 발전소는 연료에 포함된 우라늄 중 우라늄235만을 연료로 사용하고, 90%가 넘는 우라늄238은 연소되지 않은 채 사용후핵연료로 배출되고 있다. 고속증식로는 힘이 센 고속중성자를 이용해 폐기물로 버려지는 우라늄238을 다시 연료로 사용할 수 있게 만들어 우라늄 활용도를 현재 원자력 발전소보다 100배 이상 높일 수 있는 '꿈의 원자로' 다.

  정부는 고속로 개발과 함께 사용후핵연료에서 우라늄 등 유용한 성분을 추출해 고속로의 연료로 공급하는 '파이로프로세싱' 기술도 함께 개발하고 있다. 파이로프로세싱은 사용후핵연료에 포함된 각종 핵물질을 고온에서 전기화학적인 방법을 이용해 분리하고 정제하는 기술이다. 이 기술을 고속증식로와 함께 이용하면 사용후핵연료의 부피를 20분의 1, 열을 100분의 1로 줄이고 회수된 핵물질을 고속증식로에서 재사용할 수 있다. 또한 이 기술은 핵무기로 사용되는 플루토늄을 단독으로 분리해낼 수 없어 사용후핵연료가 핵무기로 사용되는 것을 근본적으로 차단하는 평화적 재활용 기술로 국제 사회의 인정을 받고 있다.

  미국, 일본, 프랑스 등 원자력 선진국들은 미래에도 '원자력 최강국'의 자리를 유지하기 위해 미래 원자력시스템 개발에 매진하고 있다. 정부도 미래 원자력 개발 경쟁에서 주도권을 확보하기 위해 2008년 말 '미래 원자력시스템 개발 장기 추진계획'을 마련했다. 원자력 도입 반세기만에 새로운 반세기를 여는 장기 청사진을 제시한 것이다. 이런 장기계획을 바탕으로 기술을 개발한 결과, 2011년 자체적으로 고속로 개념설계를 완료했고 세계적 규모의 '소듐열유체 종합효과 시험시설'을 구축했다. 더불어 세계 최초로 '파이로 일관공정 시험시설'을 구축하는 성과까지 거두고 있다. 앞으로 '제4세대 원자력시스템 포럼'(원자력 선진국 13개국으로 구성) 등 다자간 협력과 미국, 일본 등 양자간 협력을 강화하여 미래 원자력 시스템 개발의 효율성을 높여 2020년대 후반에는 미래 원자력 시스템의 실증 시설을 구축·운영한다는 목표로 추진 중이다.

후쿠시마 원전사고 위기를 안전의 기회로!

2011년 3월 11일 발생한 일본 도호쿠 지역 지진과 거대 지진해일로 인한 후쿠시마 원전사고는 이제 어느 정도 안정화 단계에 접어들어 장기적인 수습방안이 모색되고 있다. 체르노빌 사고 이후 세계적으로 원전의 안전성 보완이 이뤄졌음에도 불구하고, 25년 만에 다시 발생한 대형사고는 모든 원자력 관계자들에게 큰 충격으로 다가왔다. 세계 각국에서 원자력발전의 필요성에 대한 회의감마저 불러왔으며, 우리나라에서도 '후쿠시마 원전사고로 누출된 방사능으로부터 안전한가', '우리나라의 원전은 안전한가' 라는 의문을 제기하게 됐다.

교육과학기술부는 후쿠시마 원전사고 직후, 한국원자력안전기술원과 함께 '원자력 안전 위기관리 상황반'을 설치하고 일본 후쿠시마 사고로 인한 방사능 영향의 추이를 언론과 국민들에게 시시각각 제공했다. 전국 무인환경방사선감시망 감시주기를 평상시 15분에서 5분으로 단축했으며, 국내에 방사성물질이 최초로 검출된 이후에는 매일 대기 중 방사성물질을 분석해 그 결과를 공개했다. 또한 국민들의 불안감 해소를 위해 빗물, 수돗물, 해수 등으로 방사능물질 감시범위를 단계적으로 확대했다.

2011년 3월 이주호 교육과학기술부 장관은 원자력안전위원회를 긴급 소집, '국내 원전 안전점검 세부계획'을 심의·확정해 국내 원전에 대한 총체적인 안전을 점검했다. 예상을 뛰어넘는 대형 지진과 해

일로 인한 원전 중대사고 발생 시 대처하기 위해 국내 가동 원전, 연구로, 핵주기시설 및 방사선비상진료기관 등에 대해 1개월간 특별점검을 한 것이다. 산·학·연 민간전문가 등 총 73명으로 민관합동점검단을 구성, '지진 발생→대형 해일→전력 차단→대형 원전사고'라는 최악의 시나리오를 가정해 안전성을 점검했다. 그 결과 현재까지 조사·연구를 통해 예측된 최대 지진 및 해일의 위기 상황에서 국내 원전이 안전하다는 것을 확인했다.

정부는 이에 만족하지 않고, 후쿠시마 사고를 거울 삼아 최악의 상황에서도 안전을 확보할 수 있도록 지진·해일·중대사고 등에 대응하는 6개 분야별 50개 장단기 개선대책을 추진하기로 했다. 구체적으로 원전부지가 완전히 침수되는 상황에서 원전에 비상전력 공급이 가능하도록 비상디젤발전기 시설 등에 방수문, 방수형 배수펌프 등 방수시설을 모든 원전에 추가할 계획이다. 이런 방수시설 설치에도 불구하고 비상디젤발전기가 작동하지 않는 경우에 대비해 차량에 장착된 이동형 비상발전기도 원전 부지별로 1대씩 신규로 확보하도록 했다. 원자로 내 핵연료가 손상되는 최악의 경우에도 일본 원전과 같이 수소폭발이 발생하지 않도록 전원이 필요 없는 최신형 수소제거설비도 모든 원전에 설치하도록 했다. 그 밖에 전국의 환경방사능 감시를 위해 2011년 4월 독도에 무인방사선감시기 설치를 시작으로, 기존 71개의 전국 환경방사능측정소를 120개까지 확대하고, 방사선방호약품 및 방독면 추가 확보 등 방재 장비를 확충할 계획이다.

2011년 7월에는 IAEA(국제원자력기구)로부터 IRRS(통합규제검토서비스) 점검을 받았다. IRRS는 IAEA가 회원국의 안전규제체제 전반을 종합적으로 검토하는 서비스로, 나라별 안전규제 수준을 국제적으로 비교할 수 있는 중요 지표로 인식되고 있다. 특히 이번 점검은 후쿠시마 원전사고 이후 처음으로 실시되는 IRRS 점검이어서 세계적으로도 관심이 집중됐다.

IAEA 점검팀은 점검결과 발표에서 "한국 정부는 원자력 안전을 위한 체계적이고 명확한 국가정책과 전략을 가지고 있다"며 "특히 원자력안전위원회 신설은 원자력 안전규제의 독립성, 전문성, 투명성을 강화하기 위한 한국 정부의 확고한 의지"라며 안전성을 높이 평가했다. 또한 "후쿠시마 원전사고 후 대응조치는 신속하고 효과적이었으며 대중과 국제 이해관계자가 함께하는 높은 수준의 조치였다"고 호평했다.

IAEA 점검팀은 이번 점검을 통해 원자력 안전규제시스템을 지속적으로 강화하기 위해 일부 보완이 필요한 사항도 제시했다. 정부는 IAEA에서 최종보고서가 오는 대로 제시된 권고·제안사항에 대해 계획을 수립해 이행할 준비를 하고 있다.

원자력안전위원회, 안전규제 독립성을 확보하다

원자력은 그 양면성으로 인해 원자력의 위험으로부터 국민의 생명을 보호하는 '안전규제'가 필수적이다. '안전규제'가 제대로 작동하기 위해서는 '이용·진흥'으로부터 독립성을 확보하는 것이 필요하다. 우리나라는 그간 교육과학기술부가 안전규제뿐 아니라 R&D 등 이용·진흥 기능도 일부 수행하고 있어 기능분리의 필요성이 꾸준히 제기돼왔다.

후쿠시마 사고를 계기로 원자력시설의 안전성에 대한 국제적 신인도와 국민의 신뢰 확보를 위해 국제기준에 부합한 안전규제의 독립성을 확보하는 원자력안전행정체제 개편이 필요하다는 논의가 활발해졌다. 그간 국회에 계류 중이던 원자력안전행정체제 개편과 관련한 법률안의 심사가 활기를 띠었다. 바람직한 안전행정체제에 대한 수차례의 논의 끝에 대통령 소속의 합의제 중앙행정기관으로 '원자력안전위원회'를 신설하는 법률이 2011년 6월 국회에서 통과됐다.

원자력안전위원회가 신설되면 우리나라 원자력 안전 행정에도 획기적인 변화가 있을 것으로 기대된다. 무엇보다 안전규제 전담 행정기관의 전문성을 바탕으로 독립적인 안전규제 행정을 하게 돼 국민의 신뢰 확보와 안전 선진국으로의 국제적 위상도 강화할 수 있다. 또한 다양한 분야의 전문가 의견을 충분히 수렴해 객관성, 공정성을 확보하고, 적극적인 국민 소통을 통해 함께 하는 안전규제 행정이 이뤄지게 된다.

우리나라는 앞서 살펴봤듯 연구용 및 상업용 원자로의 수출 성공, 세계 최초 신개념 중소형원자로 개발 등으로 세계 5위의 원자력기술 강국으로 자리 잡고 있다. 여기에 더해 IAEA의 원자력 안전 검증으로 국제사회로부터 국내 원자력 안전 수준을 객관적인 시각에서 평가받은 것은 매우 고무적인 일이다. 원자력안전위원회의 설치는 원자력 기술개발로 활용도를 높이고, 안전한 원자력 이용이라는 두 마리 토끼를 모두 잡는 기반이다.

이명박 대통령은 후쿠시마 사고 이후 "원전을 포기하는 것은 인류가 기술면에서 후퇴하는 것"이라며 "더 안전한 원자력발전소를 건설해야지 포기하면 안 된다"고 강조한 바 있다. 정부는 기술과 안전 면에서 모두 신뢰받는 원자력 개발을 위해 앞서 계획된 모든 사항을 지속적으로 점검하고 수행할 예정이다.

또 하나의 태양, 핵융합에너지

핵융합에너지는 태양의 원리를 이용한 것으로 안전하고 깨끗하며 고효율인 무한 에너지를 말한다. 이를 생산하는 기술은 인류가 당면한 기후변화와 에너지 문제를 해결할 수 있는 강력한 대안으로 떠오르고 있다. 우리나라는 핵융합 연구에 비교적 뒤늦게 뛰어들었음에도 불구하고 KSTAR Korea Superconducting Tokamak Advanced Research 장치 제작을 시작으로, 대형 국제공동연구인 ITER International Thermonuclear Experimental Reactor 사업에 주도적으로 참여해 세계적으로 인정받는 핵융합 선진국으로 거듭나고 있다.

핵융합은 태양과 같이 고온의 플라즈마 상태(원자핵과 전자가 분리되는 상태로 고체, 액체, 기체 다음의 상태)에서 발생하는데, 우리나라는 독자 기술로 만든 세계 최초의 초전도 핵융합 장치인 KSTAR에서 2008년 7월 첫 플라즈마 발생을 성공시켰다. KSTAR 장치에서 플라즈마 빛이 반짝하는 순간 시연회장은 환희로 가득 찼다. 그간의 국내 핵융합 연구에 대한 우려를 불식시키면서, 차세대 청정에너지로 기대되는 핵융합에너지 개발의 발판을 마련하는 순간이었다. 세계적으로 초전도를 활용한 핵융합 장치들은 시운전 기간에 심각한 누설과 결함으로 시운전이 지연되거나 최초 플라즈마 발생에 실패하는 경우가 많았다. KSTAR의 경우에는 철저한 운전 계획을 바탕으로 단 한 번의 시운전만으로 성공하면서 우리나라 과학기술의 저력을 보여줬다.

KSTAR는 최초 플라즈마 달성 이후에도 매년 기대 이상의 연구 성과를 달성하면서 국제 핵융합 연구의 중심 장치로 자리매김하고 있다. 특히 2010년에는 초전도 핵융합 장치로는 세계 최초로 '고성능 플라즈마 밀폐 상태'를 달성해 세계 핵융합 전문가들을 놀라게 했다.

우리나라가 EU, 미국, 일본, 중국, 러시아, 인도와 함께 참여하는 ITER 사업은 핵융합에너지의 전기 생산 가능성을 실증하기 위한 대형 국제공동개발사업이다. 핵융합에너지를 이용해 전기 생산 가능성의 실증에 성공하면 '무한청정에너지원'을 확보하는 길을 열 수 있다. 핵융합 선진국들의 경제적, 기술적 협력에 의해 국제공동개발로 추진하는 것은 대형 핵융합 장치의 제작에 엄청난 비용이 들어가고, 기술적 난제도 많기 때문이다. 2007년 10월 ITER 국제기구가 출범한 후 건설하기 시작한 ITER 장치는 회원국별로 할당된 주요 장치를 각국이 제작해 조달한 후 프랑스 까다라쉬에서 조립하는 방식으로 진행된다.

우리나라는 KSTAR 건설·운영을 통해 확보한 기술력과 관리 능력을 바탕으로 ITER 사업 추진에 주도적 역할을 수행하고 있다. 우수한 기술력으로 우리나라가 담당하고 있는 9개 주요 장치 개발 외에도 2011년 6월 기준으로 40건, 약 415억 원 상당의 과제를 ITER 국제기구와 회원국으로부터 추가로 수주해 핵융합 산업 활성화에 기여했다. 또한 ITER 국제기구에 사무차장을 비롯한 26명의 전문인력을 파견하고, ITER 이사회 및 산하위원회에 주도적으로 참여하고 있다.

정부는 국내 핵융합 연구기반을 강화하기 위해 핵융합 관련 기초연구와 인력 양성 사업을 2009년에 착수했으며, 미래 핵융합 실증로를 개발하기 위한 전략도 마련 중에 있다. 그리고 2010년 10월에는 대전에서 세계 최대 규모의 핵융합 학회인 제23차 국제원자력기구 IAEA 핵융합에너지컨퍼런스를 성공적으로 개최하는 등 세계 핵융합 선도국으로의 역할을 수행하고 있다.

이런 노력이 뒷받침된다면 차세대 에너지원으로 꿈꿔온 핵융합에너지는 더 이상 꿈의 에너지가 아닌 현실이 될 수 있다. 우리나라가 원자력발전소를 수출하는 원자력 강국인 것처럼 미래에 핵융합발전소를 수출하는 '핵융합 강국'이 되는 청사진을 그려본다.

'가속기'로 과학기술 연구의 한계를 뛰어넘는다!

과학기술 분야의 가장 핵심적이고 중요한 연구장치 중 하나로 '가속기'를 꼽을 수 있다. 가속기는 양성자나 이온 같은 입자에 높은 운동에너지를 부여해 원소의 특성을 바꾸거나 새로운 원소를 만들 수 있고, 암 치료 등에도 활용된다. 또한 전자를 가속해 얻은 빛을 방사광이라 하는데, 이는 태양빛 또는 병원에서 사용하는 X-선보다 10억 배 이상 밝은 강력한 빛으로, 인간의 능력으로 다룰 수 있는 시간과 공간의 영역을 뛰어넘게 한다.

가속기는 최고 수준의 기술이 녹아있는 최첨단 과학기술의 결정체라 불리는 만큼 엄청난 응용과 파급효과를 지니고 있다. 예컨대 역대 노벨상 수상자 연구의 약 20%가 가속기를 기반으로 할 정도로 기존 연구의 한계를 넘기 위한 필수 인프라로 인식되고 있다. 세계 각국은 국가 과학기술경쟁력과 연구개발 역량을 끌어올리기 위한 필수 장치로 가속기 구축에 경쟁적으로 나서고 있는 실정이다.

우리나라는 1994년 포항에 방사광가속기가 처음 설치됐고, 2012년 경주에 양성자가속기, 2015년 부산 기장 의료용중입자가속기에 이어 2017년 과학비즈니스벨트 거점지구(대전)에 중이온가속기를 설치할 계획에 있다. 이 같은 계획이 완료되면 국가 기초과학기술의 수준을 비약적으로 끌어올릴 수 있는 계기가 마련될 수 있을 것이다.

꿈의 '빛 공장' 첫 발을 내딛다

우리나라의 가속기 연구는 '가속기'라는 용어가 다소 생소하고 먼 얘기였던 1988년, 당시 설립된 포항공대 가속기연구소를 중심으로 연구가 시작됐다. 1994년에는 세계에서 다섯 번째로 포항방사광가속기가 완성돼 우리나라 과학기술인의 열정으로 만들어진 값진 결실로 평가받았다. 이듬해인 1995년 포항방사광가속기는 범국가적 첨단 거대 연구시설로 연구자들에게 개방됐다.

방사광가속기가 개방되면서 이를 활용한 연구 성과가 줄을 이었다. 2003년에는 비아그라 기작 원리를 규명한 연구결과가 국내 최초로 세계 최고 권위의 학술지 'Nature'의 표지를 장식하기도 했다. 2010년에는 '수소 대용량 저장가능 화합물 개발'로 'Science'에 게재되는 등 세계적으로 인정받는 연구성과가 속속 결실을 맺었다. 이처럼 방사광가속기를 활용한 논문의 수는 1996년 8편에서 2010년 475편으로 양적·질적 성장을 이뤘다.

2009년에는 이 같은 활용성과를 발판으로 더욱 수준 높은 실험이 가능하도록 방사광가속기의 성능 향상에 착수했다. 이 작업이 완료되는 2011년에는 100배 밝은 빛, 1/3로 축소된 X-선의 크기 및 1/10로 단축되는 실험시간 등을 통해 효과적인 첨단 연구 수행과 활용분야의 확대도 기대된다.

'살아있는 세포'의 실시간 3차원 분석

2011년에는 죽은(냉동) 세포의 거대분자 정적 분석만 가능했던 '3세대 방사광가속기'의 한계를 극복하고, 살아있는 세포의 단분자를 실시간 3차원 분석이 가능한 최첨단 연구시설인 '4세대 방사광가속기'를 만드는 일에 뛰어들었다. 쉽게 말해, 3세대가 퍼스널컴퓨터라면 4세대는 슈퍼컴퓨터 수준이라고 볼 수 있다.

3세대 방사광가속기를 16년간 운영해온 노하우와 경험을 바탕으로 우리나라는 4세대 방사광가속기를 미국, 일본에 이어 2014년까지 세계 3번째로 완성한다는 계획이다. 4세대 가속기는 21세기 첨단과학기술 영역인 Ultra-small(나노, 10^{-9}) 크기와 Ultra-fast(펨토, 10^{-15})초 시간 영역을 동시에 탐구할 수 있게 해준다. 연구가 진행되면 신약개발, 초미세 생명과학, 첨단소재, 에너지기술 등과 같은 국가적 신성장동력기술 및 산업발전에 크게 기여할 것으로 예상하고 있다.

한국형 '중이온가속기'로 과학기술 국격을 높이다

방사광가속기와 더불어 과학자들의 '꿈의 잔디구장'으로 불리는 중이온가속기가 2012년부터 본격적으로 조성되는 국제과학비즈니스벨트의 핵심 연구시설로 구축될 예정이다. 중이온가속기는 미세구조의 관찰을 목적으로 하는 방사광가속기와는 달리 원자 구조를 변화시켜 새로운 물질을 만들어낼 수 있는 중요한 기초과학 연구시설이다. 미국, 독일 등 과학기술 선진국에서도 경쟁적으로 구축하고 있는 기초과학 연구의 핵심시설이다. 한국형 중이온가속기 구축은 우리나라 기초과학의 획기적 발전을 통해 기초과학 선진국으로 나아가려는 정부의 강력한 의지 표방이다. 지금까지의 모방 Catch-up 전략에서 벗어나 창조적 성장으로 패러다임을 변화시키기 위한 세계적 기초과학 연구기반을 마련한다는 데 의미가 있다.

중이온가속기는 현재 설계 단계에 있으며 2017년 구축이 완료되면 새로운 동위원소 생성, 핵물리 연구 등 다양한 분야에 활용돼 이제까지 볼 수 없었던 전혀 새로운 연구성과를 창출해낼 것으로 기대되고 있다. 예를 들어 자연에 존재하지 않는 새로운 원소를 인공적으로 만들어 그 원소에 대한민국의 이름, '(가칭)코리아늄'이라고 명명하는 날도 올 수 있다. 이런 획기적인 연구성과를 통해 우리나라 과학기술 수준도 한 단계 높아지는 계기가 될 것이다.

더 넓은 우주로, 우리 힘으로 우주시대를 연다!

1957년 10월 4일, 구소련이 최초로 인공위성 스푸트니크를 쏘아 올리면서 우주를 향한 인류의 오랜 꿈이 이뤄졌다. 구소련의 인공위성 발사 성공은 미국에게는 우주개발의 선두를 빼앗김과 동시에 살상무기인 대륙간 탄도미사일의 개발 경쟁에서도 뒤처짐을 의미하는 것이었다. 구소련의 위성발사에 놀란 미국은 같은 해 12월 6일 뱅가드 위성을 발사했으나, 온 국민이 TV 중계를 지켜보는 가운데 발사에 실패했다. 이듬해인 1958년 1월 31일 스푸트니크 1호가 발사된 지 약 4개월 만에 미국의 첫 번째 인공위성인 익스플로러 1호 발사에 성공했으나, 이미 구소련에 우주개발의 선두를 빼앗긴 뒤였다. 이에 미국은 1958년 국방연구개발기관인 방위고등연구계획국DARPA과 비군사적 우주개발기관인 국립항공우주국NASA을 설립했다. 1960년대 중반 NASA 예산이 국가 전체 예산의 4%를 차지할 만큼 R&D 투자를 증가시켰다. 대대적인 이공계 전문인력 양성 사업도 시작해 수학·과학·공학교육을 강화했다. 이 같은 우주개발 분야의 투자 확대와 정책적 지원으로 1969년 아폴로 11호 우주선의 달 표면 착륙을 비롯해 1981년부터 비행을 시작해 얼마 전 임무가 종료된 우주왕복선 사업까지 이어왔다. 2011년 건설을 완료해 본격적 운영에 들어간 국제우주정거장ISS 사업도 하면서 미국은 구소련을 제치고 명실상부한 우주개발의 선두를 지키고 있다. 최근에는 중국, 일본, 인도 등 아시아 국가들의 우주개발 약진이 두드러지고 있으며, 개발도상국들까지도 앞다퉈 나서고 있다.

우리나라는 선진국보다 30~40년 늦은 1990년대 초 '우리별 위성'과 '과학로켓' 개발을 시작으로 우주개발사업에 뛰어들었다. 20여 년의 짧은 우주개발 경력에도 불구하고 우리 땅에서, 우리 발사체로, 우리 위성을 발사하겠다는 목표를 하나씩 실현해 나가고 있다. 국내외 우주개발 환경 변화를 반영하고 우주선진국으로 도약하기 위한 체계적인 기술개발을 위해 매년 '우주개발시행계획'을 수립·시행하고 있다. 그간 선진국 기술에 의존하는 우주개발에서 벗어나 독자적인 우주개발 능력을 확보하기 위해 우주기초기술과 핵심기술의 자립에 중점을 두고 연구개발을 강화하고 있다.

특히 지난 2008년 최초 우주인이 탄생한 이후 3년간 우리나라 우주개발이 어느 때보다 활발히 이뤄지면서 국민의 관심 또한 고조돼왔다. 2009년에는 나로우주센터 준공과 나로호 1차 발사에 이어 국제우주대회가 개최됐고, 2010년에는 나로호 2차 발사와 천리안 위성 발사 등 우주 분야의 국가 대형사업들이 연이어 치러졌다. 2012년에는 해상도가 1미터 이하인 서브미터급 지구관측위성 아리랑 3호 발사에 성공하여 세계 4번째 초고해상도 상용위성 보유국에 진입하였다. 이런 성과를 바탕으로 우리나라는 세계 11위권의 우주사업 경쟁력을 갖는 국가로 평가받고 있다.

나로호 1차와 2차 발사가 2009년과 2010년에 각각 국내 10대 과학기술뉴스의 1위와 3위로 선정된 것은 우주개발이 우리 사회의 주요 관심사로 떠올랐음을 말해준다. 최근 국가과학기술위원회에서 천리안위성 발사 성공을 2010년 정부 연구개발R&D의 두 가지 주요 성과 중 하나로 평가한 것은 우주 분야의 발전이 국가경쟁력에 큰 몫을 차지하고 있음을 말해준다.

대한민국 우주인, 꿈을 현실로

2008년 4월 8일 오후 8시 16분 39초(한국시각), 카자흐스탄 바이코누르 우주기지에서 우주인 이소연 씨를 태운 소유즈 우주선이 우주로 날아올랐다. TV 앞에 앉아 카운트다운을 외치던 국민들은 일제히 박수를 치며 환호했다. 우리나라 최초의 우주인이 탄생하는 순간이었다. 4월 12일 서울과 국제우주정거장을 연결하는 사상 첫 우주생방송에서 이명박 대통령은 이소연 씨와의 화상대화를 통해 "21세기는 우주시대가 온 것 같다. 우주과학시대를 여는 데 온 힘을 모아 대한민국이 과학기술 국가가 되도록 힘을 쏟겠다"고 격려와 응원의 메시지를 남겼다.

우주인 배출 사업은 정부가 우주개발중장기계획에 우주인 양성계획을 반영한지 7년여 만에 이뤄진 결과다. 1년 5개월에 걸친 우주인 선발 과정과 러시아에서의 훈련과정, 그리고 12일간의 우주 여정이 생생히 전달되면서 온 국민이 우주에 관심과 기대감을 갖게 됐다. 특히 우주인 배출 사업은 청소년들에게 우주에 대한 꿈을 심어주는 데 크게 공헌했다. 이소연 씨가 탑승한 소유즈호가 발사되던 날, 첫 우주인 탄생을 축하하기 위해 발사 모습이 생중계된 서울시청 앞 기념행사에 참석한 이선아 양(당시 서울 이화여고 1학년)은 "우주선을 타면 신기하고 재밌고 특별한 경험이 될 것 같다"며 "같은 여자로서 자랑스럽게 생각하고 이소연 언니를 본받아 훌륭한 사람이 되고 싶다"고 소감을 밝히기도 했다.

이처럼 우주인 배출 사업은 유인우주기술 확보를 통해 과학기술의 국제적 위상을 높였다는 측면 외에도 국민의 시야를 우주로까지 넓혀준 계기가 된 것에서도 의미가 크다.

우리 땅에서, 우리 위성을, 우리 발사체로!

미국, 러시아, 유럽연합EU, 일본, 중국 등 우주선진국들은 우주선진국 대열에 들어서기 위한 기본 조건인 위성, 발사체, 발사장의 세 가지 요소를 모두 갖추고 있다. 우리나라는 2009년 6월, 전라남도 고흥 외나로도에 나로우주센터를 준공하면서 우주선진국 진입을 위한 기반을 마련했다. 우주개발을 시작한 지 채 20년도 되지 않아 세계 10여 개국만 가지고 있는 우주센터를 우리 땅에 세운 것이다.

이명박 대통령은 나로우주센터 준공식에 참석해 "미국과 러시아, 그리고 유럽연합이 우주로 나갈 때 우리는 끼니를 걱정하는 나라였으나 우주개발을 시작한 지 20년 만에 우주센터를 세운 것이 자랑스럽다"며 "지난 60여 년 대한민국의 역사는 발전의 역사, 성공의 역사, 기적의 역사였으며 우주 분야 역시 예외가 아니다"라고 치하했다. 이 대통령은 또 "우주개발은 나라의 경제력과 과학기술력, 국가의지 등이 종합적으로 모여 이뤄진 결과물로 나로우주센터 준공으로 대한민국 국력이 한 단계 높아졌다"고 축하의 메시지를 남겼다.

그리고 두 달 뒤, 나로우주센터에서 우리나라 첫 위성발사체인 나로호가 과학기술위성 2호를 싣고 우주로 향했다. 온 국민의 기대와 응원 속에 비상한 나로호는 1단과 2단이 정상 분리됐으나 페어링 한쪽이 분리되지 않아 위성이 목표고도에 도달하지 못했다. 이명박 대통령은 직접 나로우주센터를 방문해 연구원들을 독려했고, 국민들도 이런 실패가 우주개발의 한 과정임을 이해하고 오히려 연구원들을 응원해주는 모습을 보였다. 이듬해인 2010년 6월, 나로호가 다시 한 번 우주를 향해 발사됐다. 발사는 성공적으로 이뤄졌지만 이륙 후 약 137초 뒤 통신이 두절되면서 2차 발사 또한 미완의 실패로 끝났다.

두 번의 나로호 발사는 아쉽게 성공을 거두지 못했지만 개발과 발사과정에서 적지 않은 성과가 있었다. 나로호 개발사업을 통해 대형 발사체를 쏘아 올릴 수 있는 발사기지 구축과 운영 경험을 얻었고, 발사체 추적·관제 및 데이터 송수신에 이르는 모든 장비를 테스트할 수 있었다. 이와 함께 위성 발사체의 전체 시스템 설계를 우주선진국인 러시아와 공동으로 수행한 것도 소중한 경험이 됐다. 발사체 상단부의 고체연료 로켓을 자체 개발한 것과 추력 30톤급 엔진 개발 능력을 쌓은 것도 큰 성과였다. 나로호 1, 2차 발사를 통해 축적된 위성발사체 체계 기술, 상단개발 기술, 발사장 지상시스템 운영 기술 등은 한국형발사체 개발 사업으로 이어질 수 있다. 우주개발에 대한 국민의 인식을 높여준 것에도 의미가 크다.

나로호 발사 실패 후 연구진들은 한·러 공동조사위원회와 국내 자체 조사위원회 활동을 통해 발사 전 과정을 되짚어 보면서 원인규명을 하고, 개발과정을 보다 더 철저하게 점검, 보완하고 있다. 나로호를 통해 한국형발사체에 대한 희망을 안고 있는 연구진들의 도전은 또 다시 이어지고 있다.

천리안 위성 발사로 위성강국 입지를 굳히다

우리나라는 위성 분야에서 세계 6~7위 수준의 고해상도 위성을 보유하고, 매년 1기 이상의 위성을 발사할 정도로 많은 발전을 이뤘다.

아리랑 1호 개발 경험을 통해 국내 주도로 개발된 아리랑 2호는 1미터급 해상도를 갖춘 지구 저궤도용 정밀 실용위성으로 위성 기술 발전에 획기적인 계기를 가져왔다. 2009년에는 유럽우주청을 포함해 총 3건의 위성 영상 수출 계약을 체결해 2,200만 달러의 수익을 창출하기도 했다. 2012년 5월 발사된 아리랑 3호의 0.7미터급 광학 영상과 발사를 앞두고 있는 아리랑 5호의 고해상도 레이더 영상과 연계한다면 재난재해 감시 등 위성의 영상 활용도는 더욱 확대될 것이다

2010년 6월에는 국내에서 개발한 첫 정지궤도위성인 천리안 위성이 남미 '기아나 쿠루' 발사장에서 성공적으로 발사돼 세계 7번째 기상위성 보유국이 됐다. 천리안 위성의 발사로 우리의 눈으로 우리 하늘과 바다를 볼 수 있게 됐고, 그간 기상정보를 해외에서 받던 수혜국에서 제공국으로 한 단계 올라섰다. 기술 및 산업화에서도 정지궤도위성 시스템 및 본체 기술 확보로 복합임무설계 기술을 자립화해 세계 상업용 정지궤도위성 시장의 진출을 위한 기반도 다지게 됐다.

민간 부문에서는 위성 수출 성과도 있었다. ㈜쎄트렉아이가 말레이시아 정부출연기업인 ATSB와 공동 개발한 '라작샛'이 2009년 7월 미국 팔콘Falcon-1 발사체에 실려 발사된 후 성공적으로 궤도에 진입했다. 같은 달에는 ㈜쎄트렉아이가 두바이 정부출연기관 EIAST와 공동 개발한 '두바이샛 1호'가 드네프르 발사체에 의해 성공적으로 발사됐다.

우주선진국과 발걸음을 맞추다

우주기술은 기후변화, 재난재해, 지구자원 관리 등 지구 문제를 대처하기 위해서도 중요하다. 우주개발에 참여하는 나라도 1980년 20여 개국에서 2009년 56개국으로 늘어났다. 우주선진국 간 재정 및 기술 위험 부담을 최소화하기 위해 국제우주정거장ISS과 유럽의 갈릴레오 프로그램 등의 국제 공동 프로그램도 확대되는 추세이다.

우리나라는 짧은 우주개발 역사에도 불구하고 급격한 발전을 이뤄 주요 우주협력 대상 국가로 인식되고 있다. 1990년대 초 본격적으로 우주개발을 시작한 이래 미국, 유럽, 이스라엘, 러시아 등과 우주 분야의 협력을 확대해왔으며, 다자간 국제우주협력기구에도 참여해 국제적인 영향력을 발휘해왔다.

2009년 10월 대전에서 열린 제60회 국제우주대회IAC는 우주 분야에서 우리나라의 높아진 위상을 확인할 수 있는 행사였다. 국제우주대회에는 역대 최대인 72개국, 총 4,000여 명이 참가해 우주과학과 우주탐험, 응용과 운용, 기술, 기반시설, 우주관련 산업 등을 주제로 약 1,400여 편의 논문이 발표됐다. 이 기간 동안 우리나라는 미국, 일본, 유럽 등 10개국의 선진 우주기관과 우주협력회의를 진행했다.

우주의 효율적 이용과 인류 공동의 이익을 위해 국제협력은 더욱 확대될 수밖에 없다. 우주 분야의 위상이 높아지면서 세계 우주개발의 협력 파트너로 우리나라와 협력을 원하는 나라도 늘어나고 있다. 정부는 앞으로도 상황과 능력에 맞게 국제협력에 적극 동참해 우주산업의 발전과 우주선진국으로 진입하는 기회를 마련해 나갈 것이다.

우주선진국 도약, 멀지 않았다

우주기술은 인류의 성장동력이자 인류 생존을 위해 반드시 필요하다. 이명박 대통령은 정부의 강력한 의지와 도전정신으로 인류의 풍요로운 삶과 세계평화를 위해 우주개발을 지속할 것을 강조했다. 지난 2009년 나로우주센터 준공식에서 이 대통령은 "앞으로 10년 안에 우리 힘으로 우주 시대를 여는 세계 7대 우주강국을 만들겠다"는 비전을 제시했다.

나로호 후속으로 국내 독자기술로 개발되는 한국형발사체는 국내 산학연 역량을 총결집하는 개방형 사업단 체제로 추진할 예정이다. 두 번의 나로호 발사 실패를 딛고 우주기술력의 도약과 국민적 신뢰를 회복하기 위해서는 새로운 우주개발 추진방안이 필요하다는 지적에 따른 것이다. 한국형발사체 개발을 통해 우리 위성을, 우리 우주센터에서, 우리가 원하는 시기에 발사해 위성뿐 아니라 달이나 화성, 그리고 더 먼 우주로 갈 수 있는 우주시대에 대비하고 있다.

정부는 장기간 대규모 예산이 투입되는 우주개발사업의 효율적 추진을 위해 각 사업의 개발단계별로 목표를 설정하고, 성과 결과에 대해 객관적으로 검증할 수 있는 체계를 강화하려 한다. 2012년에는 '제2차 우주개발진흥기본계획'을 수립해 우주기술 수요에 대비한 우주기초연구 지원 및 전문인력의 양성을 강화하게 된다. 인공위성 분야에서는 현재까지 총 10기의 위성을 개발·발사하며 축적한 기술력을 바탕으로 핵심부품 국산화, 세계 위성시장 진입을 달성하기 위해 우주핵심기술개발사업, 차세대 중·소형 위성 개발사업 등에 매진할 예정이다. 인공위성, 발사체 개발 등의 사업 중심에서 우주개발에 필수적인 핵심기술 자립도를 끌어올려 우주선진국으로 도약하는 발판을 마련할 계획이다.

거대한 꿈을 이루게 해주는 거대과학의 도전

우주, 원자력, 핵융합연구, 가속기 등 거대과학은 우주시대 진입, 에너지 문제 해결 등 인류의 미래를 개척하는데 기여할 뿐 아니라 우리 일상생활과도 매우 밀접한 연관을 갖고 있다. 매일 매시간 기상위성이 관측한 기상정보를 활용하고, 지구관측위성이 촬영한 세계 각 지역의 영상을 비즈니스에 이용하고 있다. 원자력 분야에서는 1978년 고리 1호기를 턴키방식으로 미국에서 통째로 들여온 지 불과 30여년 만에 우리의 원자로를 해외로 수출하는 단계로 성장했을 뿐 아니라 국내에서 운영 중인 21기의 원자로로 질 높은 전기를 OECD 국가 중 가장 저렴하게 공급해 산업발전과 국민생활에도 크게 기여하고 있다.

거대과학은 많은 과학자와 막대한 자금이 투입되는 분야로, 국가 경제가 성장단계에 있고 정부재정이 건전한 상태에서 투자가 이뤄질 수 있다. 우리보다 먼저 거대과학에 투자한 미국이나 일본은 과거 거대과학 붐을 거쳐 현재는 정부재정 악화로 투자 여력이 약화되는 추세이다. 이와 같이 거대과학은 정부재정과 깊은 연관성이 있다. 과학과 사회, 과학과 산업이 밀접하게 연결되기 때문에 거대과학 분야 과학기술자들은 사회, 국민과 함께한다는 자세를 가져야 한다. 또한 대규모 비용이 소요되는 거대과학 시설을 보다 가치 있게 활용하고, 국제사회에도 기여하기 위해서는 해외 과학자들과의 적극적인 협력도 필요하다. 국가경제력과 과학기술력, 국가 의지와 과학자들의 열정으로 거대과학을 국가경쟁력의 원천이 되는 신성장동력으로 성장시키기 위한 도전은 계속되고 있다.

CHAPTER 20

다빈치처럼

이진석[1] | 강영순[2]

왜 융합인재교육STEAM[3]인가?

높은 성취도에 비해 흥미 못 느끼는 과학·수학교육

그간 우리나라는 학생들의 과학기술 분야 진출을 확대하고, 학교의 과학교육을 개선하기 위한 사업을 2002년부터 시작했다. 실험실 현대화 사업, 학생 과학 동아리 활동 지원, 학교 밖 체험활동 활성화 등을 통해 초·중등 과학교육을 내실화하기 위한 지원을 해왔다. 특히 실험실 현대화 사업을 통해 전국 초·중·고 과학 실험실을 94%까지

---

[1] 현 경기도부교육감, 과학기술인재관, 학술정책관 등 역임
[2] 현 과학기술인재관, 경상대학교 사무국장, 대학지원과장 등 역임
[3] Science, Technology, Engineering, Arts & Mathematics의 약칭으로 과학, 기술, 공학, 예술, 수학 등 교과간의 통합적 교육 접근 방식을 일컫는다.

현대화해 실험, 탐구활동이 실제 교육에 도움을 줌으로서 TIMSS[4], PISA[5] 등 국제 학업성취도 평가에서 상위의 성적을 나타내는데 기여하고 있다고 평가된다.

그러나 2007년도 TIMSS 조사에서 학생들의 과학 및 수학에 대한 자신감은 과학 27위(50국), 수학 43위(50국)이며, 즐거움은 과학 29위(50국), 수학 43위(50국)로 과학·수학 학습의 태도나 흥미는 매우 낮은 편이다. 한 연구결과에서도 학생들의 43.2%가 과학교육 내용이 어렵다고 생각하는 것으로 조사됐다.

수학·과학 과목 성적은 좋은데 왜 흥미와 재미는 느끼지 못할까? 주요 원인을 꼽자면 과학교육의 경우 기술 및 공학 관련 내용이 부족하고, 실생활과 동떨어진 부분이 많다는 것을 들 수 있다. 수학은 학생 수준 차이를 고려하지 못한 획일적인 수업에, 어려운 문제풀이 및 암기 위주로 진행되어 좀처럼 학생들의 흥미나 학습동기를 끌어내기 어려운 것이 원인이라 할 수 있다. 우리나라 수학·과학교육의 이런 문제점이 아직까지 과학 분야 노벨상 수상자를 배출하지 못한 근본적 이유 중 하나가 아닐까 한다.

예를 들어, 모형항공기를 더 멀리 날리는 문제를 해결하려면 대칭

---

[4] 국제 수학·과학 학업성취도 추이(Trends in International Mathematics and Science Study): IEA협회(International Association for the Evaluation of Educational Achievement)가 매 4년마다 국가별로 4학년 및 8학년의 수학, 과학 학업성취도 변화 추이를 비교 조사 발표

[5] 국제 학업성취도 평가(Programme for International Student Assessment): OECD가 매 3년마다 국가별로 만 15세 학생들의 읽기, 수학, 과학에 관한 학업 성취도 수준을 비교 조사 발표

이라는 수학적 문제와 유체역학, 그리고 항공공학 등의 문제를 함께 연구해야 한다. 하지만 기존의 교과별로 분절된 주입식 교육방식으로는 학생들이 흥미를 잃을 뿐만 아니라 문제해결력도 생기지 않는다.

한 사례 연구[6]에서는 우리나라 과학·수학교육 풍토에 적응하지 못하다가 미국 학교의 개방적이고 토론과 반복을 허용하는 교육을 통해 수학의 흥미를 찾은 학생을 소개하고 있다.

"한국에서 수학을 좀 못한다고 생각했어요. 콤플렉스였거든요. 시험 보면 긴장감만 높아지고 항상 잘 못 봤어요. 근데 미국에 왔는데 처음에 수학이 한국보다 좀 쉬웠어요. 수학에 자신감이 붙다가 8학년이 되니까 저도 한국에서 배우지 못했던 걸 배우게 되는 거예요. 선생님한테 물어볼 기회가 많고, 친구들한테 묻고 하다 보니 처음 배우는 건데도 잘하게 되고 수학에 굉장한 자신감이 붙었어요. 성적도 많이 올랐고요. 한국에서 제일 싫어했던 과목이 수학이었는데 미국에서는 제일 좋아하는 과목이 됐죠."

이런 사례는 주입식, 점수 따기 경쟁을 위주로 하는 우리 교육 풍토의 변화가 절실하다는 것을 보여주고 있다.

융합인재교육(STEAM)

미국, 영국, 핀란드 등 여러 선진국은 창의적 인재 양성을 위해 수학·과학의 학교교육 혁신에 많은 공을 들이고 있다. 미국은 베이비붐 세대

---

[6] 조혜영, 「조기유학생 학업수행과 적응에 관한 연구:미국 소도시 유학생들의 사례」 p.222 한국문화인류학 40-2: 203~245(2007. 11) 한국문화인류학회

의 은퇴 시기가 도래하면서 많은 과학기술자의 공백과 과학기술 분야로 진출하는 학생 수 감소 등을 우려해 보다 많은 학생들이 과학기술 교육을 받게 하고 있다. 또한 학생들의 과학·수학의 학업수준과 흥미를 높이기 위해 1990년대부터 STEM Science, Technology, Engineering & Mathematics 교육을 통한 창의적 과학기술 인재 양성에 국가적인 지원을 하고 있다.

특히 미국 오바마 행정부는 '미국 경쟁력 강화법안(America Competes Act of 2007)'을 통해 STEM 교육을 강조하고 있다. 미국과학재단NSF은 2006~2011년 전략계획 중 STEM 분야를 집중 투자 대상으로 선정하고, 초중등 단계 학생들의 수학·과학 분야 성적 향상을 위한 투자를 아끼지 않고 있다. 2011년에는 전년 대비 40% 증가한 총 37억 달러를 STEM 교육 프로그램에 배정하고 있다.

이런 선진국들의 인재교육과 어깨를 나란히 하기 위해 우리나라도 융합교육을 본격적으로 시도하고 있다. 우선 이명박 정부는 2008년 출범과 동시에 '교육'과 '과학기술'의 융합시너지를 통한 창의적 인재 육성을 목표로 교육인적자원부와 과학기술부를 통합해 교육과학기술부를 탄생시켰다. 초·중등 및 대학교육과 기초 R&D를 융합해 시너지 효과를 끌어내자는 취지였다. 정부 초기에는 예상했던 시너지 효과가 쉽게 나타나진 않았다. 과거 교육과 과학기술의 칸막이를 넘는 교차 인사를 하거나 체육대회, 워크숍 등을 해봐도 잘 섞이지 않았다. 그러던 중 2011년 2월 과학기술 인재 양성을 위한 전담부서(과학기술인재관)를 신설하는 등 조직을 대대적으로 개편하면서 '교육'과 '과학기술'의 각종 융합시책들이 본격적으로 추진되는 계기가 되었다.

이 중 대표적인 정책 중 하나가 과학·수학 교육과정 개편 등을 포함한 미래형 융합인재교육STEAM이다.

융합인재교육STEAM이 과학기술 인재 만든다

STEAM은 Science, Technology, Engineering, Arts & Mathematics의 약칭으로 과학, 기술, 공학, 예술, 수학 등 교과 간의 통합적 교육 접근 방식을 일컫는다. 어려운 시험과목으로만 생각되던 과학·수학을 기술·공학·예술과 연계하고, 실생활과 접목시켜 학생들의 흥미와 융합적 사고력을 키우는 교육 방식이다.

융합인재교육STEAM은 미국 등을 중심으로 한 STEM 교육에 Arts를 추가해 과학수업에 예술적 요소와 교육기법을 접목한 한국적 융합교육이다. 교과 간 융합교육은 학생들의 과학기술에 대한 이해와 흥미, 잠재력을 끌어내고 창의성을 높이는 데 목적을 두고 있다.

교육과학기술부는 창의적 융합형 과학기술인재 양성을 위해 고교

융합인재교육(STEAM) 개념도

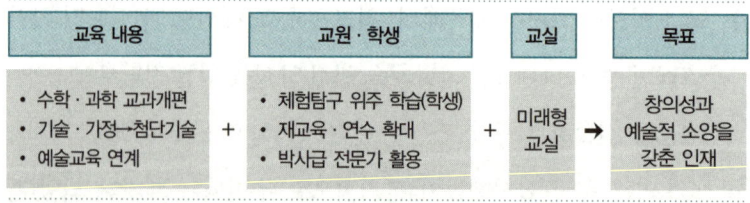

교육과정에 융합형 과학을 도입하고, 초중등 단계에서부터 우수한 학생들이 과학기술 분야로 진출할 수 있도록 융합인재교육STEAM을 추진하고 있다.

노벨상 수상자도 인정한 '융합형 과학과목'의 탄생

융합인재교육STEAM의 출발은 2009년 교육과정개정을 거쳐 2011년부터 적용되고 있는 '융합형 과학'에서 찾아볼 수 있다. 이런 교육방식은 '빅뱅' 만큼이나 과학교육계에 커다란 획을 그었다. 기존의 과학교과서는 물리, 화학, 지구과학, 생명과학 등 네 과목으로 엄격히 구분돼 역사적 순서나 맥락과 무관하게 각각의 지식들을 단편적으로 전달하는데 그쳤다. 반면 융합형 과학은 우주의 기원에서부터 출발해, 태양계와 지구가 탄생하고, 지구 안에서 생명체가 등장하고 진화하며, 현재 인류가 발전해오기까지의 과정을 실생활과 연계해 스토리텔링story-telling 형태로 풀어냈다. 이를 통해 학생들은 과학과 기술의 가치와 의미를 이해하는 한편, 우주, 자연현상, 생명체, 현대문명을 통합적으로 바라보면서 보다 폭넓고 유연한 사고력과 통찰력을 기를 수 있다. 가령 행성의 대기나 지각에 대해 기존에는 지구과학 시간에만 배울 수 있었으나, 이제는 물리의 운동·위치에너지, 화학의 원소 주기율표와 기체의 속성 등을 함께 배우는 식이다. 뿐만 아니라 기존 과학교과서에서 다루지 않던 디지털카메라, 컴퓨터 하드디스크, 나노물질, 디스플레이, 기후변화 등 최신 과학기술 이야기가 교과서의 절반을 차지하면서 현대과학의 발전 속도와 보조를 맞추고 있다.

하지만 융합형 과학의 탄생이 순조로웠던 것만은 아니다. 오랫동안 물리, 화학, 지구과학, 생명과학으로 나눠져있던 과목들을 하나로 융합하면서 일선 과학교사들에게는 신선하지만 한편으론 생소하고 낯선 충격이었다. 새로운 과학교육의 필요성을 절감하고 제작에 참여했던 연구진에게도 작업 과정이 생각보다 순탄하진 않았다. 그간 물리, 화학, 지구과학, 생명과학 등 분과별로 양성된 대다수 과학교사들은 융합형 과학의 내용이 많다고 여겼고, 전공과목이 아닌 내용에 대한 두려움도 있었으며, 스토리텔링 방식에도 익숙지 않다는 부담이 있었다. 또한 융합형 과학 교육과정을 개발하는 연구진이나 이에 관심을 갖고 있는 학계도 각자의 전공분야에서 완전히 자유로울 수 없다 보니, 교육과정 순서와 분량에서 자신의 전공분야가 차지하는 부분에 대해 민감할 수밖에 없었다. 가령 융합형 과학의 첫 단원에는 우주의 탄생 내용이 등장하고, 이어서 다음 단원에는 태양계와 지구 관련 내용이 나온다. 이는 지구과학 분야는 크게 부각된 반면, 물리와 화학 분야는 상대적으로 축소된 것처럼 보일 수 있었다. 하지만 연구진 간 치열하고 성숙한 논의 끝에 균등 배분이 아닌, 융합형 과학의 취지에 부합하는 교육과정으로 탄생할 수 있었다. 일선 교사들도 융합형 과학의 취지를 이해하고, 자발적인 연구모임을 조직하려는 의지를 나타냈다. 이에 호응해 교육과학기술부는 융합형 과학 표준수업 지도안 및 교수학습자료를 개발하는 교사연구회(2010년 9개, 2011년 9개)를 지원하고 있다. 연구진도 시·도별로 순회하며 24여 회에 걸친 연수, 강연, 설명회 등 활발한 홍보활동을 전개해 현장 교사들에게 융합형 과학의 취지와 내용을 설명하고 이해를 도왔다.

그 결과 융합형 과학 교과서는 도입 첫 해인 2011년, 전국의 고등학교 2,440개교 중 2,167교(89%)가 채택할 정도로 많은 관심을 받고 있다. 특히 일본의 노벨 화학상 수상자인 노요리 료지 일본 이화학연구소RIKEN 이사장이 "일본도 한국처럼 과학교과서를 개혁해야 한다"고 주장할 정도로 주목을 끌고 있다.

물론 융합형 과학교육이 꾸준히 지속되기 위해서는 교사 전문성 확보 등 넘어야 할 산이 많은 것도 사실이다. 하지만 융합은 이제 거스를 수 없는 대세가 되고 있다. 융합형 과학이 학교 현장에 안착되고 활성화되도록 하고, 다른 융합 교육의 모델이 될 수 있도록 모두가 관심을 가져야 할 때이다.

수학의 변신-재미와 생각을 통한 논리적 사고 배양

인류가 과일이나 물고기 등 주변 사물의 수량을 셀 수 있을 때부터 수학은 탄생했고, 과학기술 못지않게 인류 문명이 발전하는데 주춧돌 역할을 해왔다. 하지만 대다수 학생들이나 일반인들은 수학을 단지 입시용 과목으로만 여기고 있다. 학창 시절 어렵고 재미없는 수학 과목에 대한 안 좋은 기억 때문에 수학을 외면하고 있는 실정이다.

하지만 융합교육에서 필요로 하는 논리적 사고력, 추론 및 분석 능력 등은 수학을 통해 가장 효과적으로 길러질 수 있다. 융합인재교육 STEAM이 실질적으로 이뤄지려면 수학도 입시 위주의 주입식 교육에서 벗어나, 보다 쉽고 재미있게 배우며 생각하는 힘을 키우는 방향으로 개선될 필요가 있다. 이를 위해 이주호 교육과학기술부 장관은 2011년 2월 '수학교육정책팀'이라는 별도 조직을 신설했다. 이후 교육현장과 학계, 산업계, 과학기술계 등의 광범위한 의견수렴을 거쳐 2012년 1월 '수학교육 선진화 방안'을 발표하고, 2012년을 '수학교육의 해'로 선포했다.

수학교육 선진화 방안에서는 수학교육이 나아가야 할 방향을 세 가지로 설정했다. 생각하는 힘을 키우는 수학, 쉽게 이해하고 재미있게 배우는 수학, 더불어 함께하는 수학이 그것이다. 구체적인 추진방향은 어렵고 복잡한 공식과 문제 위주의 기존 수학교과서를 실생활과 연계한 스토리텔링 story-telling형 교과서로 개편하는 것이다. 실생활과 별 관련이 없어 보이는 수학 공식이나 원리들이 사실은 인류의 필요에 의해 창조되거나 발견돼왔고, 주변 사물이나 제품, 사회 시스템에 깊숙이 녹아들어있다는 것을 보여주는 것이다.

태릉고 2학년 이호영 학생이 말하는 미래 수학교육의 변화에 대한 바람도 교육과학기술부의 정책방향과 크게 다르지 않다.

"수학의 여러 공식들과 개념들을 단순히 문제를 풀기 위한 수단으로만 배우지 않고 왜, 어떤 배경에서 그런 공식이 나왔는지, 그것이 어떤 인류 역사에 영향을 끼쳤는지에 대해 배웠으면 좋겠습니다. 이런 수업을 제안해봅니다. 학생들과 교사가 앞으로 배워야 할 공식이나 이론들에 관해 토론을 갖는 것입니다. 학생들에게 이런 이론들이 나오기 전의 배경을 설명해주고 수학자가 이 이론을 생각하기 전의 상황까지 만들어 주는 것입니다. 그리고 학생들이 스스로 그 이론을 추론하고 만들도록 하는 것입니다. 이를 통해 학생들은 사고력, 논리력, 창의력을 기를 수 있을 것입니다. 학문의 기초인 수학의 재미를 모든 학생들이 알고 배울 수 있도록 수학교육이 변화되기를 소망합니다."

수학도 과학 못지않게 창의적인 체험과 탐구 활동이 가능함에도 불구하고 그간 입시 준비 때문에 칠판과 교과서 중심으로 단조롭게 진행돼 왔다. 이런 현실을 개선하기 위해 교육과학기술부는 다양한 교구와 소프트웨어들을 활용하는 미래형 수학수업 및 수학교실 모델을 개발해 일선 학교에 적용할 계획이다. 2012년 32개교에서 운영되는 '선진형 수학교실'이 그 출발점이다. 미래형 수학교육은 융합인재교육STEAM과의 시너지 효과를 통해 창의적 과학기술 인재를 양성하는 핵심 역할을 할 것으로 기대된다.

이에 맞춰, 2011년 8월 고시한 개정교육과정에서는 문제해결, 추론, 의사소통 능력 등 수학적 과정을 강화해 암기, 계산 위주에서 생각하는 수학학습을 지향하고 있다. 또한 진도 나가기에 급급했던 수학 수업시간에 학생과 교사가 서로 생각하고 토론할 수 있는 여유를 갖고, 보다 창의적 학습 활동이 이뤄지도록 학습량을 20% 감축했다.

교육과학기술부는 국내 수학교육 실태에 대한 심도 있는 비교·분석 결과를 바탕으로 공교육을 내실화하고 불필요한 사교육 부담을 줄이는 노력을 지속해 나갈 계획이다. 수학교사의 전문성 강화, 수학 수준별 수업의 활성화, 기초학력 미달 학생에 대한 지원 확대, 평가 난이도의 적정화, 학부모 수학교실 등을 통해 바람직한 수학학습 문화 정립을 꾸준히 추진할 예정이다.

과목간 융합, 이론과 실제의 융합

지식정보화 사회에 필요한 창의적 과학기술 인재를 육성하기 위해서는 기존의 학문 분류와 그에 따른 과목 분류 때문에 의한 경직된 교육 방식에서 벗어날 필요가 있다. 또한 학문 간 융합과 새로운 수업 방식 도입을 통해 과학기술에 대한 흥미를 높여 학생들의 창의력과 문제해결 역량을 강화시켜야 한다.

사람의 뇌는 논리적, 분석적, 과학적 기능을 담당하는 좌뇌와, 상상력, 예술적 소양, 직관적이고 종합적 판단을 담당하는 우뇌로 구성되어 있다. 현재 학교교육은 지식 중심의 논리적·분석적 능력을 중시하고 있어 좌뇌 발달에 치중하는 편이다. 하지만 세계적인 과학자 아인슈타인은 직관적인 영감, 즉 우뇌를 최대한 활용해 상대성 이론을 정립했다고 하며, 아르키메데스는 왕관의 순금 여부를 논리적 해명보다 목욕탕의 욕조에서 넘치는 물을 보고 직관적인 통찰로 그 방법을 찾아냈다고 한다.

창의력과 문제해결 능력은 뇌의 균형적 발달을 통해 개발될 수 있다. 이를 위해 기존의 과목 중심 수업에서 벗어나 학문 간 융합과 다양한 영역이 연계된 주제별 학습으로 종합적 사고를 유도하는 것이 효과적이다. 일례로 물을 주제로 한 수업이라면 액체, 고체, 기체로 변화하는 물의 상태를 통해 과학적 지식을 습득할 수 있고, 물레방아와 같이 물을 활용하는 도구를 제작하면서 기술과 공학을 체험하고, 물을 소재로 한 예술작품 제작 활동 및 감상을 통해 예술적 소양까지 동시에 함양하는 것이다.

기존 과학수업의 유형을 조사한 결과를 보면, 강의식 수업이 60.7%로 과학적 개념·탐구과정·과학적 본성에 대한 이해력과 과학적 태도 함양 기회가 부족했다. 과학과 기술 등 타 과목 간 접목을 하면 실생활에서 과학적 원리를 이해하고, 이를 활용한 각종 기술의 파악, 제품 속 과학 찾기 등으로 과학에 대한 친근감과 호기심을 높일 수 있다.

과학과 기술 과목뿐 아니라 다른 과목이나 일상 수업에서도 정형화된 교과서의 지식을 전달하고, 암기한 내용을 객관식으로 평가하는 방식이 이어져오고 있다. 이런 수업방식과 평가방식은 학생들의 창의성을 개발하는데 제 역할을 하지 못하므로 학교교육을 '주입식 지식 전달 교육'에서 '창의적 문제해결 능력 배양 교육'으로 전환해야 한다. 물론 기존의 이론과 원리를 가르치는 교육을 완전히 폐기하는 것이 아니라, 기존의 지식을 융합하고 종합해 창의적인 문제해결 능력을 키우는 교육과 새로운 균형점을 찾자는 것이다.

이런 융합교육을 통해 창의적인 문제해결을 도출한 대표적인 사례가 있다. 서울 광운중 이준기·준호 군 쌍둥이 형제는 지난 10년간 쓰여온 과학교과서에 잘못 실린 공룡뼈 사진을 발견했다. 생물학자를 꿈꾸는 그들은 '지구의 역사와 지각변동'에 대한 수업을 진행하던 중 '공룡의 뼈'라는 제목의 사진을 보고 "원시 포유류 화석이 아니냐"는 질문을 던졌다. 이에 대해 담당교사는 '공룡 화석이 아니라는 걸 증명해보라'는 과제를 내줬고, 두 형제는 공룡에 대한 지식을 총동원해 오류를 입증하는 내용을 노트에 담았다. 이는 한국지질자원연구원을 통해 그들이 분석한 내용이 맞다는 결론을 얻게 됐다.

두 형제는 그냥 지나칠 법한 사진을 토론수업을 하면서 자세히 분석했고, 오류를 입증하는 과정도 학생과 교사, 연구원으로 이어지는 교육 인프라를 통해 실천하는 살아있는 교육과정이었다. 교육적으로 작은 내용이라고 볼 수 있겠으나, 융합교육의 가능성을 어느 정도 시사하는 사례이다.

교사의 역량 강화

교육은 교사의 질質을 뛰어넘을 수 없다. 융합인재교육STEAM이 성공적으로 추진되려면 교사들의 역량 개발이 무엇보다 중요하다. 이를 위해 교육과학기술부는 단계별 교사연수체계와 교사 생애주기 연수체계를 만들어 교사들의 교육 능력을 향상시킬 계획이다. 우선 교사 중심의 교사연구회를 지원해 융합인재교육에 교사들이 자발적으로 참여하도록 하고, 과목 간 연계교육이 활성화되도록 하고 있다. 또한 수학, 과학, 기술 과목 교사들 간 협력 활동, 현장경험에 기반을 둔 다양한 콘텐츠 개발, 교수학습법의 개발 및 보급 등도 지원한다. 이런 지원을 통해 매년 말에 시·도교육청 수업사례 발표회, STEAM 교육 성과발표회 등을 개최해 교사네트워크의 장을 마련하려 한다.

또한, STEAM 관련 교사연수를 입문, 기초, 심화과정 연수의 3단계로 체계화하였다. 입문연수를 통해 STEAM 교육에 대한 기본 소양을 갖추게 하고, 기초연수를 통해 학교에서 STEAM 수업을 진행할 수 있는 역량을 키우며, '첨단과학 교사연수센터'를 통해 이루어지는 심화연수에서는 연수를 받은 교사가 자신이 정한 주제에 관해 직접

STEAM 수업을 설계할 수 있는 역량을 갖출 수 있도록 하고 있다.

장기적으로는 '단계별 맞춤 융합 인재 교사 연수프로그램'을 개발하고 교사 연수체계를 정비해 수학, 과학, 기술교사의 전문성 단계 및 교직 경력에 따른 연수를 실시한다. 또한 국내외 정부출연연구소와 대학, 정부기관 등이 보유한 첨단시설·고급인력 등을 활용해 첨단 과학기술현장 전문연수, 체험·탐구연수, 파견 등을 추진할 계획이다.

지원 인프라 구축과 체험·탐구·활용 중심 교육

과학자, 공학자, 기술자들의 교육 참여 기회도 확대된다. 이들이 과학·기술 교사들과 상호 교류하면서 학교교육에서 배우기 힘든 첨단 과학기술을 학생들에게 직접 교육하는 기회를 갖게 된다. 교육과학기술부는 이같이 초·중등학교와 기업·대학·출연(연) 등 과학기술 전문기관의 교류를 강화하는 지원시스템을 구축할 계획이다.

또한 이들 인프라를 활용해 공간적, 물리적 제약으로 학교에서 체험하기 힘든 내용을 학교 밖에서도 체험할 수 있도록 하는 교육도 시도하고 있다. 기존에 실시하던 생활과학교실 등 다양한 학교 밖 과학 활동을 융합인재교육STEAM과 연계해 체험·탐구 프로그램으로 확산하고 있다. 이와 더불어 교육기부와 연계하여 국내외 연구기관, 기업 등과 연계하고 대학생 교육기부단을 활용하여 다양한 종류의 융합인재교육 체험 프로그램 등을 적극 발굴·보급하고, 창의체험자원지도 CRM에 탑재해 학교현장에서 직접 활용하도록 지원할 계획이다.

뿐만 아니라 실생활 문제해결력을 키우기 위해 과학·수학의 개념 및 원리를 기술과 공학에 연계한 융합 인재 교육프로그램을 학교현장에 시범적용하고 보급할 계획이다. 융합 인재 교육프로그램을 통해 융합 인재 분야 학문에 대한 학생들의 이해와 관심을 높이고, 과학기술 분야로 진학을 희망하는 학생들을 조기 발굴하려 한다. 교육프로그램 개발은 '문제해결 · 설계중심 공학설계 Engineering/Technological Design'를 기반으로 실생활 문제해결력, 과학 · 수학 개념 및 원리탐구, 과학기술과 공학을 연계하는 것에 초점을 맞추어 진행하고 있다.

부산 낙동중 조미애 교사의 분석을 통해 앞으로 융합인재교육 STEAM이 학교교육을 어떻게 바꿔가게 될지 어느 정도 가늠해 볼 수 있다.

"간혹 과학 수업 중 '이런 과학적 지식이 어디에 사용되나요?' 라는 질문을 받게 될 때가 있는데 질문에 대한 답을 융합인재교육에서 찾을 수 있다. 예를 들면, 신체 구조 중 머리에 대해 학습할 경우, 머리카락만으로도 기초과학(머리카락의 성분 조사)에서 기술(머리카락을 손상시키지 않는 펌), 공학(머리카락으로 건강 체크법), 예술(머리카락으로 꾸밀 수 있는 기하학적 무늬 및 작품 제작), 수학(머리카락이 자라는 속도 계산)을 논할 수 있을 것이다. 융합인재교육을 통해 하나의 제재 題材가 기초과학의 원리에서 기술, 공학, 예술, 수학을 아우를 수 있는 적시교육이 될 수 있을 것으로 믿는다. 이러한 학문적, 학제 간 협동 작업을 통한 융합 인재 교육 프로그램의 개발과 스토리텔링 기술의 축적은 학생들에게 자기주도적 학습을 유도할 수 있는 재미있는 학습법이 될 수 있다."

융합인재교육 STEAM은 단지 초중등 학교교육에만 적용되는 원리가

GPS(Global Ph. D. Scholarship) 시스템

◆ 우수 과학기술 인재의 경력 단계별 추적관리를 통해 단절없이 학업과 연구에만 몰입할 수 있도록 장학금/연구비를 지원하는 제도

학부	석박사	박사후	연구자	국가과학자
대통령 과학 장학생	글로벌 박사 펠로우십	대통령 Post-Doc 펠로우십	신진, 중견, 리더	국가과학자 지원사업

아니다. 대학 학부교육에서도 전공 간 경계를 허무는 융합 인재 양성에 적용되고 있으며, 대학원 과정에서 새로운 학문분야 신설과 혁신적 융합연구로까지 확대되고 있다.

전주기적으로 과학기술 인재를 기른다

초중등 교육을 통해 양성된 창의적 과학기술 인재들이 대학 및 대학원에 진학해서도 재능을 단절 없이 개발할 수 있도록 지원하는 것도 국가적인 인재 확보에 있어 매우 중요하다. 2011년 도입된 '글로벌박사 장학금 GPS: Global Ph. D. Scholarship' 제도가 나오게 된 배경이다.

이 제도는 예비과학자들을 위해 학부과정에서부터 박사후 단계까지 국가가 지원하는 것으로 이전에는 학문분야에 따라 분절되고 사업 담당부서가 달라 체계적으로 지원되지 못했던 장학과 연구지원 사업을 '글로벌박사장학금 GPS' 시스템으로 통합했다.

GPS 제도의 혜택을 받는 과정을 예로 들어본다. 장영실(가칭)이라는 미래의 과학기술자를 꿈꾸는 과학기술 분야의 우수 학생이 있다. 이 학생은 국내 대학의 과학기술 분야 학과에 진학해 '대통령과학장학생'[7]을 지원할 수 있고, 선정된다면 4년간 등록금 걱정 없이 공부에 몰두할 수 있다. 학부 졸업 후 대학원에 진학해 계속 연구를 하고 싶다면 GPS 시스템에 지원할 수 있다. 만약 이 프로그램에 선정된다면 '글로벌박사 펠로우십'[8]을 통해 연 3,000만 원 수준의 재정 지원을 받게 되고, 학업뿐 아니라 연구프로젝트에 몰입할 수 있는 안정적 환경에서 박사학위까지 취득할 수 있다. 박사학위를 취득한 그가 박사학위 논문을 중심으로 추가적인 연구를 원한다면 '대통령 Post-Doc. 펠로우십'[9]의 지원을 받을 수 있다. 노벨상 수상자들이 30대 시절의 연구 성과를 기반으로 노벨상을 수상할 수 있었다는 점에 주목해 젊은 과학자들을 체계적이고 집중적으로 지원하려는 제도이다. 비록 가상의 사례이긴 하지만 장영실의 경우처럼 GPS는 학부생에서 국가과학자에 이르기까지 전주기적으로 지원을 받게 된다.

---

[7] 국내외 대학 자연계 및 공학계열 입학예정자를 대상으로 선발하고 일정 성적조건 충족 시 총 4년간 지원. 2011년도 신규 126명 포함 554명(예산 85억 원)을 선발하여 국내 대학의 경우 연 9.2백만 원, 국외 대학은 연 61백만 원 지원. 자세한 내용은 한국장학재단(www.kosaf.go.kr)에 공고된다.
[8] 국내 박사과정(석·박사통합과정 포함) 입학예정자를 대상으로 선발. 2011년도 신규로 287명(예산 94.5억 원)을 대상으로 연 30백만 원 지원. 자세한 사항은 한국연구재단(www.nrf.re.kr)에 공고된다.
[9] 박사학위 취득 후 7년 미만 경과자를 대상으로 초기 일자리와 연구비를 지원하는 사업. 2011년도 신규로 15명(예산 22.5억 원)에 연 150백만 원 지원. 자세한 사항은 한국연구재단(www.nrf.re.kr)에 공고된다.

그렇다면 GPS를 통한 지원은 어떻게 해야 받을 수 있을까? 한국과학기술원KAIST의 바이오 및 뇌공학과 박사과정에 있는 장민지 양은 펠로우쉽 지원을 받는 학생이다. 현재 몸 밖에서 신경세포로 이루어진 네트워크를 구현하는 연구를 진행하고 있다. 그는 예비 글로벌박사 펠로우로 선정되려는 이들에게 다음과 같은 정보를 제시한다.

"펠로우쉽 과정에 선정되려면 본인이 하려는 연구 주제가 구체적이며 분명해야 한다고 생각합니다. 단순히 어떤 걸 하고 싶다기보다 구체적으로 관심 있는 주제가 무엇인지, 그 주제와 관련해 이제까지 어떠한 연구들이 진행돼왔는지에 대한 지식을 갖추는 것이 중요하다고 봅니다."

현재 우수한 인재들이 의학 분야로 쏠리고 있는 것은 '안정적인 직업' 효과를 먼저 꼽을 수 있다. 우수한 인재를 과학기술 분야로 유도하려면 안정적인 직업 중 하나라는 인식이 확산돼야 한다. GPS를 통해 대학 진학 때부터 우수 인력에 대한 전주기적 지원체계를 갖추게 되면 과학기술 인재의 이탈을 막고 진입을 유도하는 하나의 제도적 발판이 될 수 있다. 또한 과학기술 인재가 계속해서 우수한 연구성과를 낼 수 있도록 '연구몰입 환경'도 조성하게 된다. 퇴직 후에는 자신의 지식과 경험이 사장되지 않고 후학들에게 연결될 수 있도록 다양한 지원프로그램을 운영하는 등의 여건을 마련하는 것도 중요하다.

행복한 과학기술 연구자를 위해

2011년에 스위스 국제경영개발원IMD이 발표한 국가경쟁력 평가에서 우리나라는 59개국 가운데 22위를 차지했다. 과학경쟁력 평가만 놓고 보면 세계 5위이고, 기술경쟁력은 14위를 기록하고 있어 국가경쟁력에 비해 과학기술 경쟁력이 훨씬 높은 셈이다.

하지만 높은 과학기술 경쟁력을 가진 우리나라의 과학자들은 만족스러운 연구 환경 속에서 연구하고 있지는 못한 것 같다. 세계적인 과학저널 네이처가 2010년 6월 과학기술인 만족도에 대해 조사한 결과를 발표했다. 조사 결과 과학기술인에게 가장 좋은 연구 환경을 제공하는 나라는 '덴마크'였고, 그 다음으로는 네덜란드와 스웨덴 등 유럽국가, 미국 등 북미국가가 중위권을 나타냈다. 우리나라와 중국, 일본을 포함한 아시아권에서 과학기술인의 만족도는 상대적으로 낮았다.

과학기술 분야가 국가발전에 기여한 면이 큰 반면, 과학기술인에 대한 처우는 상대적으로 낮은 것으로 인식되고 있다. 이런 사회 분위기는 과학기술 분야의 사기를 떨어뜨리고 기피현상까지 불러오고 있다. 실제로 우리나라 정부출연연구소에 근무하고 있는 과학기술인은 경제적 보상 측면에서도 의학계나 교육계에 비해 낮다는 상대적 박탈감을 가지고 있다. 고급인력임에도 불구하고 공급과잉으로 인한 실업의 증가, 기술 변화 속도의 증가로 인한 고용안전성의 감소, 연구인력 부문의 비정규직 증가, 여성 과학기술인력의 낮은 취업률 등 고용과 복지 측면에서 상당히 불안정한 위치에 있다. 이런 상황에서 과학기술인력이 국가경제의 핵심이라고 아무리 외쳐도 실질적인 자존감을 찾아주지 못하면 우수 인력의 과학기술 분야 이탈은 불가피하다.

교육과학기술부는 이 같은 문제 해결을 위해 몇 가지 방안을 추진해 왔다. 현재 연구원 간 경쟁을 통해 연구 생산성을 높이고 과제 책임자의 권한과 책임을 확대한 PBS[10] 제도가 인건비 과다확보 경쟁, 개인 연구역량 저하, 정부출연연구소의 고유기능 약화 등의 부작용을 낳기도 한다. 이를 완화하기 위해 정부출연연구소 정규직에 대한 정부 인건비(평균) 지원을 2008년 31%에서 2011년 70%까지 확대했다. 한편 정부출연연구소 예산 및 연구과제의 증가에도 불구하고 정규직 인력 정원의 정체로 비정규직 비율이 증가하는 것도 문제로 지적된다. 이에 대해 비정규직 중 우수 인력은 계약직으로 채용됐어도 총 인건비 한도 내에서 평가를 통해 정규직 전환 기회를 제공하는 등 인력 운영의 자율성을 강화했다. 또한 연구자 정년을 우수 연구원에 한해 선별적으로 현행 만 61세에서 만 65세로 연장할 수 있게 했다. 과학기술인의 노후 생활안정을 위해서는 과학기술인연금의 은퇴 후 연금(국민연금+퇴직연금+과학기술발전장려금) 규모를 사학연금의 95% 수준에 도달할 수 있도록 추진하고 있다. 교육과학기술부는 향후 생계형, 교육·훈련형 비정규직 현황 등을 보다 심층적으로 파악하고 이를 토대로 비정규직의 정규직 전환 및 처우개선 방안을 마련, 시행할 계획이다.

---

10 프로젝트기반시스템(Project-based System): 출연(연) 필요 인건비의 일정 부문만(2008년 31%) 안정적으로 지원하고, 부족한 인건비는 경쟁을 통해 프로젝트를 수주받아 충당하는 '프로젝트 기반'의 연구개발비 지원제도

우리 아이를 '다빈치' 처럼

영국 런던에서 개최된 2012 하계올림픽에서 우리나라 선수들은 체조, 펜싱, 양궁, 유도 등에서 금메달 13개를 획득하여 세계 5위의 스포츠 강국으로서 면모를 과시했다. 특히, 양학선 선수는 그동안 유럽, 중국선수들이 독무대를 이루던 체조분야에서 '양학선 기술'이라 불릴 정도로 자신만이 할 수 있는 독보적인 기술을 개발하여 금메달을 따는 쾌거를 이룸으로써 우리나라 국민들에게 '우리도 할 수 있다.'는 희망을 안겨줬다.

우리나라 선수들이 끊임없는 노력과 창의적인 기술개발 등을 통해 서구 선수들에 비해 열세인 신체적인 조건을 극복하고 좋은 성적을 거두는 스포츠 분야의 선전을 보면서 '세계적으로 제일 높은 교육열을 가진 우리나라에서 왜 아직까지 과학 분야에서 노벨상 수상자가 없을까?'라는 의문을 갖게 된다. 가까운 일본만 해도 2010년까지 총 18명[11]의 노벨상 수상자를 배출했는데, 우리나라는 왜 아직까지 이 같은 과학적 연구 성과를 내지 못할까?

이에 대한 해답을 2010년 울산대학교의 개교 40주년을 기념해 울산대를 찾은 미국 물리학자 이바르 예이버 Ivar Giaever 박사의 '내가 노벨상을 수상한 이유 Why I received the Nobel Prize : a personal account'를 주제로 한 강의에서 찾을 수 있다.

---

11 일본은 2010년말까지 문학상 2명, 평화상 1명, 경제학상은 없으나, 물리학상 7명, 화학상 7명, 그리고 생리·의학상은 1명으로 과학 분야에만 15명의 수상자를 배출

그는 "한국이 왜 과학 분야에서 노벨상을 수상하지 못한다고 생각하는가?"라는 학생의 질문에 "한국에 와서 강의를 하는데 질문을 하는 학생이 없었다. 여기에 문제가 있다고 생각한다"고 답했다고 한다. 우리나라가 과학 분야에서 노벨상을 받지 못한 이유로 '토론(논쟁) 없는 교육', 즉 강의 위주의 지식 전달 교육에 있다는 것을 지적한 것이다. 적절한 지적이 아닐 수 없다. 우리나라 교육의 문제점을 꼬집는 가장 단순하면서 명쾌한 해답이 아닐까.

"아는 것은 좋아하는 것보다 못하고, 좋아하는 것은 즐거워하는 것만 못하다知之者不如好之者, 好之者不如樂之者"라는 옛말이 있다. 머리로 아는 지식은 마음으로 좋아하고 즐기는 것보다 못하다는 것이다. 학생들이 지식보다 몸으로 실천하고 마음으로 즐거워할 수 있도록 주입식, 이론 위주의 교육을 문제해결력과 종합적·융합적 사고능력을 배양하는 교육으로 전환하는 것이 무엇보다도 중요하다.

이런 맥락에서 이명박 정부에서 새롭게 추진되고 있는 융합인재교육STEAM은 그 정책적 의미가 크다고 할 수 있다. 현재 교과별로 분절된 지식을 습득하던 학교교육에서 교과의 벽을 뛰어넘고, 스스로 탐구하며 종합적으로 생각하는 힘을 기르고, 사물과 자연현상을 보는 통찰력을 기르는 학교교육으로 바꾸는 것이 융합인재교육STEAM의 근본 목표이다. 이는 레오나르도 다빈치나 스티브 잡스와 같은 창의적인 융합형 과학기술 인재를 길러내는 기반이 될 수 있다.

2001년 시범사업 이후 이제 걸음마를 시작한 융합인재교육STEAM이 제대로 자리 잡고 본격적으로 확산되기 위해서는 해결해야할 과제도 적지 않다. 첫 번째 과제는 지난 수십 년 간 주입식 교육에 익숙해진 수학 및 과학교사들의 교수역량을 높이는 것이다. 교육과학기술부는 교사 3만여 명 연수, 170여 개의 교사연수회 등을 통해 체계적인 교원연수를 추진할 계획이다. 두 번째 과제는 그동안의 암기식, 주입식 수학·과학과목 교육방법을 체험, 탐구, 실습 중심의 교육으로 전환하기 위해서는 풍부한 교육 콘텐츠를 개발·보급하는 것이다. 이를 위해 리더스쿨 80개교, 교사연구회 170개를 선정하여 콘텐츠 개발과제를 공모 중이다. 앞으로 콘텐츠 개발을 위해서 교육연구기관, 대학 및 교육현장의 교사 등이 아이디어를 모으고 힘을 합해야 한다. 세 번째 과제는 융합인재교육STEAM이 가능한 교육공간을 확보하는 것이다. 현재 미래형 과학교실 32개를 선정하여 재정적 지원을 하고 있지만 융합인재교육STEAM의 확산을 위해서는 턱없이 부족한 실정이다.

융합인재교육STEAM이 본격적으로 보급·확산되기 위해서는 인프라 구축 및 교육콘텐츠 개발을 위한 정부의 재정적 지원과 함께 수학·과학 교사들이 융합인재교육STEAM의 장점과 필요성을 이해하고 적극 동참하는 노력이 무엇보다 필요하다.

이명박 정부는 '창의'와 '융합'을 중시하는 교육철학의 바탕에서 교육받은 과학기술인재들이 초중등-학부-대학원-박사 후 과정-연구원-은퇴 후까지 이어지는 전 생애주기에 걸친 지원을 받아, 과학기술강국 대한민국을 이끌어가는 인재로 성장하는 미래를 꿈꾸고 있다.

CHAPTER 21

연구자 세상

양성광[1] | 노경원[2] | 이근재[3]

과학은 '사람'이다

21세기에 들어 세계는 보이지 않는 전장으로 변하고 있다. 불확실한 미래를 대비하기 위한 수단을 확보하기 위한 전쟁이 벌어지고 있는 것이다.

그렇다면 그 핵심수단은 무엇일까? 미국이 제1차, 제2차 세계대전에서 승리할 수 있었던 힘의 원천은 양자이론의 '닐 보어', 상대성 이론의 '알베르트 아인슈타인' 등과 같은 천재 과학자로부터 비롯됐다.

---

1 현 연구개발정책실장. 기초연구정책관, 전략기술개발관 등 역임
2 현 전략기술개발관. 비서실장, 행정관리담당관 등 역임
3 현 기초연구정책관. 대변인, 기초과학정책과장 등 역임

IBM과 마이크로소프트의 협공으로 2류 기업으로 전락해 파산위기에 몰렸던 애플은 창시자인 '스티브 잡스'를 1996년 구원투수로 재영입한 이후 아이팟, 아이폰으로 이어지는 스마트 기기와 앱 스토어App Store⁴의 성공으로 재기에 성공했다. 애플은 2011년 2분기에 삼성전자의 2.6배에 달하는 10조 원의 영업이익을 달성하였고, 오늘날 IT업계의 흐름을 주도하고 있다. 창의적인 한 사람의 인재가 기업과 국가의 운명을 좌우한다는 것을 보여주는 좋은 예이다.

국제사회의 치열한 경쟁에서 우위를 점하고, 불확실한 미래에 등불을 밝히는 선도적 국가로서 입지를 다지는 최선의 방안은 창의적 인재 양성을 통한 혁신적 과학기술력 창출이라 해도 과언이 아니다. 교육과 과학기술은 미래를 위한 두 가지 핵심 키워드이다. 교육이 미래를 이끌 인재를 양성하는 국가의 대계라면, 과학기술은 인류의 지속 성장과 선진사회 건설의 원동력이라고 할 수 있다.

영국, 일본, 독일 등 주요 선진국들은 우수 연구자를 양성해 과학기술력을 강화하고, 국가경쟁력을 높이겠다는 목표로 최근 고등교육 담당 부처와 과학기술 담당 부처를 통합한 바 있다. 또한 중국은 '천인계획千人計劃'⁵을 통해 2008년부터 해외 우수 인재 1,000명 유치를 추진 중이며, 미국은 자국 내 대학에서 이공계 석사 이상의 학위를 받으

---

4 애플이 운영하는 아이폰 등 스마트 기기용 응용 소프트웨어 다운로드 서비스. 2008년 7월 서비스를 시작하여 아이폰의 판매촉진은 물론 새로운 수익원으로 급부상하였으며 2011년 1월 다운로드 횟수 100억 회를 돌파하였다.
5 세계 100위권 대학과 연구기관에서 대가(大家)급 연구인력 1000명을 스카우트해 100개 과학기술 분야에 투입한다는 중국의 우수 인재 유치 계획.

면 곧바로 영주권 취득자격을 부여하고 있다. 세계 각국에서는 우수 과학인재 확보를 위한 총성 없는 전쟁이 일어나고 있다. 이는 21세기 지식기반 사회에서 창의적 인재와 과학기술의 중요성이 점점 커지고 있다는 것을 의미한다.

이런 국제사회의 흐름 속에 이명박 정부는 출범 초기부터 기존의 선진국 추격형 전략에서 벗어나 세계를 선도하는 과학기술 강국으로 발돋움하기 위해 무엇보다 우수한 인재 양성을 위한 근본적인 해결책 마련에 고심했다. 선진국과 달리 우리나라는 고등교육지원과 기초과학 진흥이 분산돼 국력에 비해 기초과학과 원천기술이 뒤처져있었다. 교육정책은 대학 입시 등 단기 현안에 매몰돼 차세대 인재 육성에는 미흡한 부분이 많은 상황이었다. 과거 과학기술부는 생명공학Biotechnology, 나노기술Nanotechnology 등 기술 분야 중심의 연구개발 지원으로 선진국 수준의 기술을 확보하기 위한 추격형 연구개발정책이 주를 이뤘다. 교육부는 인문, 사회, 경제, 과학 등 다양한 분야의 학문적 발달과 인재 양성이라는 큰 틀에서만 교육정책을 펼쳤다. 21세기 지식기반 사회를 이끌어 갈 창의적 과학인재를 양성하기 위한 교육과 과학기술의 융합이 전혀 이뤄지지 못하는 상황이 이어졌다.

이런 국내외 현실을 고려한 타개책으로 교육부와 과학기술부의 통합을 위한 논의가 이명박 정부 출범을 위한 대통령직 인수위원회에서부터 시작됐다. 대학입시에 대한 국민적 관심이 높은 상황에서 두 부처가 통합되면 교육현안에 밀려 과학기술정책이 소외될 것이라는 우려도 있었다. 하지만 미래의 국가경쟁력을 과학기술 분야에서 도출하겠다는 정부의 단호한 의지 속에 두 부처의 통합이 구체화되기 시작했다.

"대한민국의 선진화는 얼마나 훌륭한 인재를 많이 확보하느냐에 달려 있다"는 대통령 취임사에서 알 수 있듯이 이명박 대통령은 부존자원이 빈약한 우리나라가 세계를 선도하는 국가로 도약하기 위한 핵심전략은 바로 창의적인 인재 양성이라는 확고한 철학을 갖고 있었다. 2008년 3월 교육과학기술부가 출범됨으로써 창조적·선도적 과학기술 개발을 위해 무엇보다 필요한 창의적 인재 양성의 기반이 이제 막 조성됐다고 볼 수 있다.

교육과학기술부는 교육과 과학기술 융합에 의한 시너지 효과를 극대화하기 위해 다양한 정책을 추진하고 있다. 고등교육과 연구개발정책을 융합한 세계 수준의 연구중심대학 육성사업World Class University 착수, 원스톱 연구지원 서비스 제공을 위한 한국연구재단 설립, 대학-출연(연) 간 인적·물적(시설장비) 자원교류 활성화와 학-연 공동 학위과정(전문대학원) 도입, 연구자 중심의 연구제도 개선 등을 주요 정책으로 꼽을 수 있다.

연구자 중심의 연구환경 조성

원스톱 연구지원을 위한 한국연구재단 출범

이명박 정부 출범으로 여러 가지 연구개발 지원정책이 달라졌지만,

가장 중요한 변화 중 하나는 한국연구재단의 설립이라고 할 수 있다. 과학기술부와 교육인적자원부가 통합돼 교육과학기술부가 출범된 것처럼 한국과학재단, 한국학술진흥재단, 국제과학기술협력재단이라는 세 개의 연구지원기관이 통합돼 한국연구재단이라는 하나의 연구지원기관으로 탄생한 것이다.

연구재단 출범을 통해 연구자들이 현장에서 느끼는 가장 큰 변화는 연구개발사업의 지원·관리체제가 일원화돼 연구자의 불편이 줄어들고 연구지원 서비스의 질이 높아졌다는 것이다.

기존에는 과학기술 분야 연구개발을 지원하는 한국과학재단과 인문사회 분야와 학술활동을 지원하는 한국학술진흥재단, 과학기술 분야 국제협력을 지원하는 국제과학기술협력재단이 각각 연구개발 활동을 지원해왔다. 이 때문에 연구자는 사업별로 상이한 양식에 맞춰 연구계획서를 작성하고 서울과 대전을 오가면서 평가를 받는 불편함을 감내해야 했다.

더욱이 3개 기관을 관장하는 주무 부처도 과학기술부와 교육인적자원부로 나뉘져 있어 연구개발사업 간 중복투자 문제에서도 자유로울 수 없었다. 3개 기관이 각각 과학기술, 학술진흥, 국제협력에 특화돼있었다고 하나, 연구개발지원이라는 큰 틀에서 볼 때 상당 부분의 교집합이 존재했기 때문에 연구개발 예산 투자의 효율성 측면에서 꾸준히 문제가 제기돼왔다.

하지만 하나의 통합된 연구재단이 출범하면서 이런 불편이 상당부분 해소됐다. 연구재단이 교육과학기술부라는 단일 부처 산하기관으로 연구개발 사업을 총괄하고 지원·관리하기 때문에 일관된 정책기조를 유지할 수 있게 됐다. 뿐만 아니라 하나의 과제지원 및 평가체계를 따르게 되는 등 연구지원 행정의 효율성이 크게 증대되고 연구자의 불편도 줄어들게 됐다. 더욱이 단일기관에서 과학기술, 학술진흥, 국제협력 업무를 담당하면서 상호 간 중복투자 문제가 개선되고, 분야별 연계를 통한 시너지 효과도 발휘하게 됐다.

연구재단 출범으로 인한 가장 큰 변화는 본격적인 PM_{Program Manager}제도의 도입이다. PM제도란 전문성을 갖춘 사람이 연구개발사업의 기획·평가 및 성과활용 등 연구관리 전 과정에 대해 책임을 지고 운영하는 제도이다. 이는 과학기술 분야별 민간 전문가가 급변하는 과학기술의 변화추이를 빠르게 감지하고 정책에 피드백할 수 있는 기반을 구축한 것이다. 근본적으로는 '연구자를 위한' 지원제도에서 한 걸음 나아가 '연구자에 의한' 지원제도로 개선하겠다는 의지를 실현한 것이다.

2009년 5월에 개최된 '한국연구재단 PM제도 발전방향 공청회'에서는 PM제도를 통해 "민간 전문가가 전문성을 발휘할 수 있는 기반이 마련됐다", "국가연구개발사업의 생산성과 효율성이 제고될 것이다"라는 다양한 의견들이 제시됐다. 정부는 물론 연구자 사이에서도 PM제도에 대해 기대하는 바가 크다.

연구재단은 설립준비 단계부터 미국의 과학재단_{NSF}, 독일의 연구협회_{DFG}, 일본의 학술진흥회_{JSP} 등 해외의 연구관리 전문기관을 벤치마킹하면서 해외 선진기관이 가진 장점을 우리 실정에 맞게 도입했다.

　미국이 1950년 NSF를 설립하는 과정에서 4년간의 긴 토론을 거쳐 NSF의 역할을 정립한 것을 참고했으며, 연구재단의 운영방향을 정립하기 위해 많은 전문가들이 참여하는 밀도 있는 논의를 했다. 문제는 '우리나라 실정에 맞는 선진화된 연구지원제도를 어떻게 구현할 것인가' 하는 것이었다. 우선 과학기술처 시절부터 운영해 온 전문위원제도를 발전시켜 한국연구재단법에 PM제도로 법제화했다. 아울러 민간 전문가가 연구기획 → 과제 선정·평가 → 진도관리 → 성과관리 등 연구사업 전 과정을 책임 있게 관리할 수 있도록 기능과 역할을 강화함으로써 연구자 중심의 지원체계를 더욱 공고히 구축하였다.

　연구재단의 출범으로 인문사회와 과학기술 분야 간 융복합 연구가 활성화될 수 있는 기반도 조성됐다. 학문의 융복합화가 가속화되면서 과학기술과 인문사회의 경계를 나누는 것은 불가능할 뿐 아니라, 그런 이분법적 프레임으로 연구개발 정책을 수립하고 지원하는 것은 현실과 동떨어진 것임을 알게 됐다. 교육과 과학기술이 융합된 연구재단의 출범으로 인해 연구자 간 교류의 장이 넓어지고 새로운 창의적 연구의 가능성이 높아진 것이다.

연구자 중심의 연구지원 패러다임 변화

이주호 장관은 취임 후 첫 현장방문(2010. 8. 31)으로 대덕 연구단지를 선택했다. 이 자리에서 '현장중심', '소통중심', '수요자 중심'을 과학기술정책 추진의 3대 원칙으로 "우수 인재들이 과학기술인이 되길 희망하며, 과학기술인이 자부심을 가질 수 있는 연구환경을 조성하겠다"라고 강조했다.

이 장관의 언급대로 교육과학기술부는 출범 이후, 국가연구개발사업 추진체계, 연구개발사업 관리규정, 연구비 지원 방식까지 연구개발의 모든 부문을 사람, 즉 연구자 중심으로 개선했다.

첫 번째 과제로 기존의 다양하고 복잡한 연구개발사업들을 연구자의 관점에서 과감하게 통폐합했다. 기초연구지원사업을 개인연구, 집단연구, 기반구축사업으로 간소화하고, 원천연구사업은 바이오, 나노, 정보통신, 기후변화, 융합, 공공복지안전의 6개 분야로 통합했다. 연구자가 자신의 역량과 관심 분야를 고려해 단계별로 계획된 국가연구개발사업에 참여하도록 한 조치다.

또한 연구개발사업별로 상이한 규정을 단순화해 기존의 5개 훈령, 7개 지침에 있는 내용을 '교육과학기술부 소관 연구개발사업 처리규정' 하나로 통합해 연구자는 이 규정만 따르면 되도록 조치했다. 비슷하면서도 조금씩 다른 사업별 규정을 숙지하느라 소모되던 시간을 줄여 연구자들이 연구에 더 집중할 수 있도록 한 것이다.

우수한 연구성과가 나오기 위해서는 연구자가 연구에만 전념할 수 있는 환경을 마련해주는 것이 무엇보다 중요하다. 그러나 복잡한 연구 관리제도와 소모적인 행정업무로 인해 연구자가 연구활동에 투자할 수 있는 시간이 줄어들고 있는 실정이다. 이에 교육과학기술부는 연구관리에 소요되는 소모적인 시간을 줄이고, 연구에 집중할 수 있는 환경 마련을 위해 불합리한 연구 제도를 대폭 개선했다.

우선 연구비 사용 항목을 규정한 기존의 '15세목'을 '6세목'으로 대폭 단순화해 연구비 집행의 자율성을 확대했다. 특히 인건비 부분은 연구실Lab 단위로 학생인건비를 통합해 운영하는 '인건비 풀링제'를 도입해 연구자가 탄력적으로 인건비를 운영하도록 했다. 그리고 연구자의 행정부담을 줄이기 위해 행정전담요원 배치를 허용하는 한편, 사업공고·과제접수·협약·성과제출 등 연구행정 업무를 온라인상으로 수행하는 시스템을 정비했다.

연구개발계획서의 항목 가운데 중복이거나 활용도가 낮은 항목을 대폭 간소화하였으며, 개인기초연구의 경우 결과보고서 제출과 결과평가를 대폭 간소화하여 연구자들이 각종 서류작성 부담 없이 연구에 더욱 집중할 수 있도록 하였다. 또한 우수한 연구 성과를 낸 연구자의 경우 별도의 선정평가 없이 후속과제에 참여할 수 있는 기회를 제공하여 연구자가 관심 있는 분야의 연구를 장기간 안정적으로 수행할 수 있도록 하였다.

그간 연구자들은 어려운 점이나 궁금한 점이 있어도 쉽게 말하기 어려운 환경에 있었다. 소위 연구비 지원기관은 '갑'이고, 연구자는 '을'인 전형적인 갑과 을의 관계였기 때문이다. 이런 문제점을 개선하기 위해 정부는 'R&D 도우미 센터'를 설치해 연구현장에서 궁금한 사항이나 애로 또는 건의 사항 등에 대한 답변을 즉각 처리하고, 각종 제도개선 수요를 현장에서 발굴해 개선할 수 있도록 했다.

깨끗하고 투명한 연구비 집행

정부의 연구개발 예산이 지속적으로 증대되면서 연구비를 부당하게 사용한 소수 연구자에 의해 대다수 선량한 연구자까지 의혹을 사게 되는 상황이 발생하기도 한다. 소수의 잘못된 연구비 사용을 막으려고 연구비 사용의 규제를 강화한다면, '빈대 잡으려다 초가삼간 다 태우는' 우를 범할 수 있다.

따라서 정부는 최소한의 규제로 연구자의 투명하고 올바른 연구비 집행문화를 유도하기 위해 샘플링 방식으로 선정한 일부 연구과제만을 대상으로 정밀정산을 하는 등의 정책을 추진하고 있다. 또한 연구비 집행현황을 실시간으로 모니터링하는 시스템을 구축하고, 국세청 전자세금계산서 발급 시스템과 연계한 시스템을 개발해 운영하고 있다. 이는 대다수의 선량한 연구자를 보호하고, 불필요한 행정업무를 줄여 연구자가 연구에 몰입할 수 있도록 함과 동시에 부적절한 연구비 집행을 사전에 차단하기 위함이다.

연구자 중심의 연구비 관리제도에도 불구하고, 연구비 부당집행이 발생할 수 있다. 이런 경우 연구비를 부당집행한 연구자에 대해 국가연구개발사업 참여 제한기간을 3년에서 5년으로 늘리고, 중대한 위반행위에 대해서는 해당 연구자가 수행중인 모든 연구과제의 협약을 해약할 수 있도록 하였으며, 소속 기관에 대해서는 간접비를 삭감할 수 있도록 규정해 연구비 사용에 대한 책무성도 강화했다.

R&D의 새로운 패러다임 - 고등교육과 R&D의 융합

출연(연), 변해야 산다

1966년 설립된 한국과학기술연구소 KIST는 우리나라 과학기술의 상징적 기관이다. 한미정상회담(1965.5)의 성과 중 하나로 미국의 도움을 받아 설립된 KIST는 기술발전과 근대화 과정에서 큰 역할을 했다. 기존의 국공립연구기관의 한계를 뛰어넘는 기관 성격과 운영 방식을 채택했다. 자율성과 독립성을 강조해 민간기구로 출범했고, 대통령이 설립자로 참여해 자본금을 납부하고 후원자 역할을 자처해 적극적 투자의지를 보였다. 주로 산업현장에서 활용이 가능한 산업기술연구에 초점을 두고 운영되었으며, 산업계를 비롯한 연구 위탁자로부터 연구 의뢰를 받아 계약을 맺고 연구를 수행해 결과를 되돌려주는 계약연구체제를 주된 운영원리로 채택했다. 이러한 운영방식은 당시에는 생소했으나, 연구와 생산 현장의 연계를 강화하기 위한 방식이었다.

다른 한편에선 절대적으로 부족한 국내 기술인력을 보완하기 위해 해외 한국 과학기술자들을 핵심 연구자로 유치하는 활동에도 적극 나섰다. 1966~1970년 사이 정부의 전체 과학기술 예산이 약 352억 원이었는데, 그 중 16%나 되는 54억 4,000만 원이 KIST 지원금으로 사용됐다. 당시 국내 국공립 이공계대학의 실험실습 및 시설비가 43억 6,000만 원인 점을 감안하면 KIST의 위상을 짐작할 수 있다.

KIST 설립 이후 박정희 대통령은 "제대로 된 과학기술연구소를 갖게 됐으니 이를 관리할 과학기술 진흥 정부기관이 필요하다"라고 언급(1966.11)했다. 이에 따라 과학기술전담 행정기구 설립 논의가 이뤄져 과학기술원, 과학기술처, 과학기술부 등이 제시됐다. 부총리 급인 과학기술원 안은 정부 내 다른 부처의 반대가 극심했고, 과학기술부 안은 과학기술 종합조정권이 없어진다는 우려가 강해, 결국 과학기술처로 결정됐다.

당시 산업발전에 따라 고급 과학기술인력의 필요성은 날로 증가하고 있었으나, 이를 뒷받침해줄 대학 등 교육기관은 턱없이 부족했다. 중화학공업 육성 등 경제발전계획을 실행에 옮기기 위한 인력이 부족했던 것이다. 이에 정부는 미국의 도움을 받아 한국과학원(KAIS, 1971)을 설립했다. 대학원임에도 불구하고 문교부가 아닌 과학기술처 산하에 설립해, 기존 대학과는 다른 자율성과 예산지원을 보장받았다. 당시 KAIS는 고급과학기술자 양성과 강도 높은 교육을 통한 우수인력 배출을 목표로 삼았다. 처음 한국과학원 계획을 입안했던 정근모 교수는 "노벨상이 아닌 시장을 지향한다"라고 밝히면서, 기초과학보다 산업기술 연구를 강조했다. 이런 정부 주도의 선진 과학기술 따라잡기Catch-Up 위주의 산업발전전략을 통해 1970~1980년대에 빠른 속도의 경제성장을 이루게 됐다.

하지만 1980년대 이후 기업의 연구개발 투자가 크게 증대하고, 대학의 연구 역량이 높아지면서 정부 출연연구기관의 역할에 대한 논란이 제기됐다. 기초연구 중심의 대학과 상용화 기술개발 중심의 기업 사이에서 출연(연)의 입지가 좁아지게 됐다. 산학연 간 과도한 경쟁이

연구개발 주체별 연구영역 변천

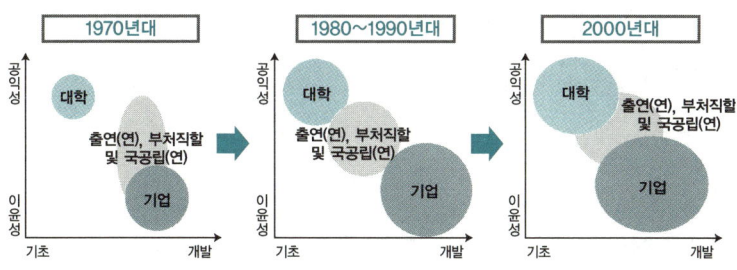

연구개발의 효율성을 떨어뜨린다는 비판도 나왔다.

KIST를 시작으로 설립된 출연(연)은 2012년 현재 24개에 달하지만 일부 기관을 제외하고 기관의 절대규모가 선진국의 국책연구소에 비해 작아 국제경쟁력 확보가 어려운 상황이다. 연구원 정원 제한으로 인력 확보가 어려운 상황에서 박사급 인력의 66%가 집결된 대학과의 인력 교류도 미미해 연구시설, 연구자 등 국가 차원에서 연구자원의 효율적 활용 문제가 제기되고 있다.

대학의 경우는 어떠한가? 많은 대학들이 연구중심대학을 표방하지만 연구비·연구인력·연구시설 등 연구역량 면에서 선진국 대학에 비해 크게 부족하며 교육중심대학과의 구분도 모호한 상황이다.

출연(연)-대학 연계 강화

최근 교육, 산업, 문화 등 거의 모든 분야에서 영역과 경계를 뛰어넘는 융합이 주목받고 있으며, 과학기술 정책분야에서도 예외 없이 다양한 융합의 시도가 필요하게 되었다. 교육과 과학기술간의 벽, 연구와 교육 간의 벽, 대학과 기업 간의 벽을 허물고 진정한 융합 시너지 창출이 요구되고 있다.

아울러, 최근 연구분야 간 융복합화와 연구과제·연구기관의 대형화 추세가 이어지면서, 출연(연)·대학·기업이 서로의 벽을 허물고 새로운 협력 모델을 창출하도록 강하게 요구받고 있다.

2008년 2월 이명박 정부와 함께 교육과학기술부가 출범함에 따라 출연연구기관과 대학 간 융합 시너지 효과를 창출할 수 있는 여건이 조성되었고, 출연(연) 및 대학 간 다양한 학·연 연계프로그램이 새롭게 시작되었다.

다학제 간 연구와 대학과의 연계를 통한 출연(연) 중심의 새로운 학·연 협력모델로 2008년 '학·연 공동연구센터DRC, Degree & Research Center'가 추진되었다. 이는 현 정부에서 주요하게 추진하고 있는 국정과제 중 하나로, 출연연구소와 대학이 인력, 시설, 장비 등 각각 보유한 유·무형의 자원을 공유해 교육과 연구의 시너지를 얻는 방식이다.

출연(연)의 우수한 연구 인프라를 활용하여 대학의 석·박사들이 연구자들의 지도를 받으면서 학위 과정을 진행함에 따라 연구기관은 연구에 참여하는 인력을 꾸준하게 확보할 수 있게 되었으며, 학생들

6　3개 센터(2008.12월 ~ 2011.11월) : 한국과학기술연구원-고려대학교, 한국표준과학연구원-POSTECH, 한국원자력연구원-서울대학교, 1개 센터(2009.12월 ~ 2012.11월) : 한국항공우주연구원-경상대학교

학·연 공동연구센터(DRC) 체계

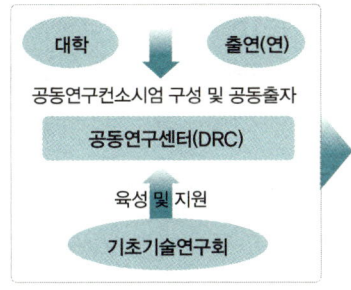

은 졸업 후 기업으로 진출하게 되어 산·학·연이 연계된 지속적인 연구협력이 가능하게 되었다.

학·연 공동연구센터DRC는 현재까지 총 4개의 센터[6]가 설립되었으며, 최근 3년간의 협력연구를 통해 출연(연), 대학 등에서 총 207명의 연구진이 참여(2011년 말 기준)하고, 이 중 98명의 석·박사 학생이 본 과정을 통해 연구를 함께 진행함으로써 우수 인력 양성 기반 마련 및 향후 취업 연계에도 크게 기여하고 있다. 삼성전자, 하이닉스 등 현재 기업에서도 활발히 연구되고 있는 분야를 연구함으로써 관련 학생들이 추후 유망분야 진출에 유리한 위치를 차지할 수 있게 되었다. 특히 항공우주특성화대학원은 출연(연)-대학-기업(한국항공우주산업)이 함께 연구를 수행하여 졸업 후 많은 학생이 바로 기업체에 채용되는 선순환 구조를 구축하고 있다

현재까지 추진된 4개 센터는 학·연 협력연구의 시범과제로 운영되어 아직 많은 출연 연구기관들과 대학이 참여를 못하고 있는 실정

이다. 하지만 기존 센터 운영 시 각 연구주체들의 높은 호응을 얻고 있으므로 이를 기반으로 많은 기관들이 참여할 수 있도록 유도하고 국가적 지원을 점진적으로 확대한다면 추후 융합연구 시너지 창출에 크게 기여할 것으로 기대된다.

또한 기관 간 융합연구 활성화를 위해 출연(연) 연구원들이 대학이나 다른 연구기관에서 겸직을 하며 연구활동을 할 수 있도록 '겸직특례조항'을 신설하고, 대학의 교원과 연구기관의 연구원이 대학과 연구기관 모두에서 교육 및 연구활동을 함께 수행할 수 있도록 '학연교수제도'도 새롭게 도입했다.

출연(연)-대학 협력의 선도모델 제시

기존의 학연 협력 방안들은 대학, 출연(연) 등 기관의 외형을 유지하는 가운데 시스템 개선을 통해 협력을 활성화하려고 했다. 이와 달리 이명박 정부 들어서는 기관 간 경계를 허무는 완전한 융합을 통해 시너지 효과를 극대화하려는 시도가 추진 중이다. 유사 분야 연구·교육 기능의 기관들 중 시너지 효과가 클 것으로 예상되는 기관들을 긴밀하게 연계해 인력교류와 인프라 공동 활용을 획기적으로 이끌기 위한 것이다.

대표적인 사례로 한국해양과학기술원(이하 해양과기원)과 부산지역 국립대학(이하 관련 대학)[7]의 연계를 들 수 있다. 해양과기원과 관련 대학의 연계 모델은 해양대가 위치한 부산 동삼동 해양수산혁신지구로

---

7 해양수산과학 관련 학과가 있는 부산지역 국립대학

해양과기원의 이전이 확정되고, 교육-연구 융합에 대한 성공적 역할 모델에 대한 필요성이 제기되면서 본격적으로 검토됐다. (구)한국해양연구원을 한국해양과학기술원으로 확대 개편해 연구력을 획기적으로 높이고, 해양과기원-관련 대학 간 긴밀한 인력교류를 이루는 것이 핵심내용이다. 해양과기원 설립으로 연구원들이 관련 대학에 겸직하면서 강의와 학생 논문지도 등을 담당할 수 있게 되고, 관련 대학의 교수가 해양과기원 연구원으로 겸직하면서 연구개발과제에 참여할 수 있게 되었다. 우리나라에 전례 없던 대학-출연(연) 연계·교류모델이 탄생하는 것이다.

연구관리에서 연구지원으로

정부 연구개발사업, '관리'에서 '지원' 중심으로

"국가 R&D 사업비는 눈먼 돈, 국민의 혈세 줄줄 샌다", "정부 R&D 시스템 관리 허술"

"현실과 동떨어진 연구비 규정, 과학자를 범법자 만드는 사회", "부처별로 다른 R&D규정, 연구원들 어느 장단에 맞추나"

정부 예산이 투입되는 국가연구개발사업과 이를 수행하는 연구자들을 바라보는 시각이 때에 따라 사뭇 다르다는 것을 단적으로 보여주는 언론 보도 내용들이다. 때로는 연구라는 명목으로 세금만 낭비하는 '밑 빠진 독', '눈먼 돈'으로 폄하했다가도, 노벨상 얘기가 나오면 선진국 현황을 예로 들며 R&D에 대한 지원을 확대하고 연구자에게 더 많은 자율성을 부여해야 한다고 지적한다.

연간 133억 원의 예산으로 정부 주도의 연구개발 사업을 착수하던 1980년대에는 연구과제 하나하나가 중점관리대상이었다. 한정된 예산을 효율적으로 사용해 단기간 내에 선진국의 기술을 따라잡기 위해서 담당 공무원과 과제관리기관 담당자는 연구 현장을 일일이 찾아다니며 연구비 집행, 연구장비 구입 하나하나까지 세밀하게 관리하는 체제였다.

그러나 연구개발예산의 규모가 대폭 커지고 국가 주도의 기획 Top-down 과제보다 개인의 창의성에 기반한 자유주제 Bottom-up의 기초연구 비중이 늘어나면서 연구개발사업 추진 방식에도 변화가 필요하게 됐다. 기존의 과제 '관리' 방식으로는 방대한 양의 과제를 실질적으로 관리하는 것이 어렵게 되었을 뿐만 아니라, 효율성도 떨어지면서 '관리' 보다 연구자의 자율성에 기반한 '지원' 이 더욱 중요하게 됐다. 연구자에 대한 지나친 규제와 간섭은 창의적인 연구성과에 걸림돌이 될 수 있다는 인식도 이런 변화에 일조했다.

연구자는 연구에만 전념

이명박 정부는 '현장 중심의 행정' 을 최우선 순위의 국가경영 철학으로 삼고 있다. 정책을 수립하거나 시행하기에 앞서 정책의 실제 수혜자를 먼저 살펴야 모든 사람이 공감할 수 있는 정책이 나온다는 의미이다.

교육과학기술부는 '현장 중심', '연구자 중심' 으로 연구자의 자율성과 창의성이 최대한 보장될 수 있도록 연구지원제도 개선을 지속하고 있다. 기초연구과제 수행 결과 탁월한 연구성과를 낸 연구자에 대해 별도의 선정평가 없이 후속과제에 참여할 수 있는 기회를 제공하는 방안을 도입하는 한편, 우수연구자의 경우 연구비 집행 잔액을 후속과제에 이월하여 사용할 수 있도록 할 계획이다.

연구자들이 본인의 연구 수행뿐 아니라 동료 연구자의 연구계획을 서로 평가하고 지원하는 시스템 도입도 검토 중이다. 연구과제 평가 시 관련 분야 연구자들이 함께 참여하는 '개방형 평가제도'의 도입을 통해 국가연구개발사업이 명실상부하게 '연구자에 의해' 기획되고 관리되도록 지속적으로 제도를 보완할 계획이다.

연구자 개인에 대한 직접적인 지원뿐 아니라 대학본부 등 기관을 대상으로 한 간접적인 지원도 강화한다. 대학의 간접비 지급율을 2012년 최대 40%로 상향 조정해 대학이 자율적으로 연구에 필요한 시설과 장비를 확충하고, 연구자들에 대한 지원을 강화하도록 유도할 계획이다. 이를 통해 대학의 연구역량이 높아지고 연구환경이 개선되는 선순환 구조를 기대하고 있다.

2009년 2월 KAIST 학위수여식에서 이명박 대통령은 "지식기반 사회에서는 대학과 연구기관의 경쟁력이 곧 국가경쟁력"이며 "과학기술에 대한 투자는 나라의 밝은 미래를 위해 반드시 필요한 일"이라고 밝혔다. 신바람 나는 연구문화, 연구자들이 자부심을 가지고 연구할 수 있는 연구환경에서 세계를 선도하는 우수한 인재들이 마음껏 나래를 펴는 날을 기대한다.

편집 후기

이주호 · 고경모 · 성삼제 · 홍성창 · 노경원 · 유희승 · 윤혜준

이명박 정부 출범 이후 교육과학기술 정책에 많은 변화가 있어 왔다. 그러나 어떠한 정책들이 어떠한 목표를 가지고 어떻게 진행되고 있는지에 대해 국민들은 물론 정책현장에 계신 관계자들도 전체적으로 파악하기가 쉽지 않다. 또한 한국의 교육과학기술에 대한 세계적 관심이 높아지면서 최근 진행되는 정책들을 설명하는 자료도 부족한 상황이다.

『인재대국 2012』는 교육과학기술부가 역점을 두고 추진하고 있는 유·초·중등교육, 고등교육, 과학기술 분야 주요 과제를 소개한 책으로, 2011년 11월 발간된 『인재대국』의 증보판이다. 교육과학기술 정책에 대한 이해를 돕고자 추진과정의 이야기, 담당자 소회도 함께 담았다. 이 책이 국민들과 관계자의 정책이해를 도와 정책의 안정적

착근에 도움이 될 것이라 생각한다. 또한 해외 학자나 정책 관계자들에게도 한국의 교육과학기술을 소개하는 좋은 자료가 될 것이다. 특히 이 책이 출간되는 2012년 10월 말에 '글로벌 인재포럼 2012'가 열리는 만큼, 이 책이 이명박 정부의 인재대국을 향한 노력을 국내외에 알리는 계기로 활용되기를 바란다.

이 책의 출간은 저자들만의 수고로는 가능하지 않았다. 목차와 내용구성, 자료수집, 원고정리 등에 많은 분들의 숨은 노력이 있었다. 교육과학기술부의 김진형 과장, 강정자 팀장, 고영훈 사무관, 구본억 사무관, 김연 사무관, 김효신 서기관, 권민경 사무관, 박시정 사무관, 박재성 사무관, 송근현 서기관, 송선진 과장, 윤경숙 팀장, 이정수 사무관, 정연웅 사무관, 김영권 사무관, 지혜진 사무관, 이효선 사무관, 라은종 사무관, 권영일 사무관, 김홍오 사무관, 김건섭 주무관, 김학승 사무관, 김지용 사무관, 전은별 주무관 등이 큰 도움을 주셨다.

대부분 저자들이 딱딱한 보고서에 익숙한 현직 공무원이다 보니, 좀 더 읽기 쉬운 글쓰기에 어려움이 많았다. 넓은 아량으로 부족한 글을 책으로 엮어 준 한국경제신문 한경BP 담당자 여러분에게 깊은 감사의 말씀을 전하고 싶다.

이번 『인재대국 2012』 발간을 통해 교육과학기술부가 추진하는 여러 정책들에 대한 국민들의 이해와 관심이 깊고 넓어지리라 기대한다. 아울러 대한민국이 명실상부한 인재대국人材大國에 한 발짝 더 다가서는 계기가 되기를 바란다.

인재대국 2012
대한민국의 교육과학기술정책

지은이 | 이주호 外
펴낸이 | 김경태
펴낸곳 | 한국경제신문 한경BP
등록 | 1967년 5월 15일(제2-315호)

제1판 1쇄 발행 | 2011년 11월 10일
제1판 4쇄 발행 | 2012년 7월 10일

제2판 1쇄 발행 | 2012년 10월 25일
제2판 2쇄 발행 | 2013년 1월 10일

주소 | 서울특별시 중구 중림동 441
전자우편 | bp@hankyungbp.com
홈페이지 | http://www.hankyungbp.com
전자우편 | bp@hankyungbp.com
T | @hankbp F | www.facebook.com/hankyungbp
기획출판팀 | 02-3604-553~6
영업마케팅팀 | 02-3604-595, 583   FAX | 02-3604-599

ISBN 978-89-475-2877-1   03350

값 18,000원

* 잘못 만들어진 책은 구입하신 서점에서 바꾸어드립니다.